MATRIARCA

MATRIARCA

MATRIARCA

TINA KNOWLES
com kevin carr o'leary

tradução: Karla Vaz, Marcelo Vieira e Theo Cavalcanti

GLOBOLIVROS

Copyright © 2025 by Editora Globo S.A. para a presente edição
Copyright © Tina Knowles 2025

Todos os direitos reservados. Nenhuma parte desta edição pode ser utilizada ou reproduzida — em qualquer meio ou forma, seja mecânico ou eletrônico, fotocópia, gravação etc. — nem apropriada ou estocada em sistema de banco de dados sem a expressa autorização da editora.

Texto fixado conforme as regras do Acordo Ortográfico da Língua Portuguesa
(Decreto Legislativo nº 54, de 1995)

Editora responsável: Amanda Orlando
Editor-assistente: Rodrigo Ramos
Revisão: Pedro Siqueira e Karoline Aguiar
Diagramação e adaptação de capa: Carolinne de Oliveira
Imagem de capa: Kelani Fatai Oladimeji (pintura), Getty Images (moldura), Joshua White (fotografia) e Blair Caldwell (fotografia da contracapa)

1ª edição, 2025

CIP-BRASIL. CATALOGAÇÃO NA PUBLICAÇÃO
SINDICATO NACIONAL DOS EDITORES DE LIVROS, RJ

K79m

   Knowles, Tina, 1954
      Knowles, Tina, 1954- Matriarca : a autobiografia / Tina Knowles, Kevin Carr O'Leary ; tradução Marcelo Vieira, Theo Cavalcanti, Karla Vaz. - 1. ed. - Rio de Janeiro : Globo Livros, 2025.
      568 p.; 23 cm.

      Tradução de: Matriarch
      "Inclui caderno de imagens"
      ISBN 978-65-5987-216-9

      1. Knowles, Tina, 1954-. 2. Mãe e filhas - Biografia. 3. Empresárias - Estados Unidos - Biografia. 4. Autobiografia. I. O'Leary, Kevin Carr. II. Vieira, Marcelo. III. Cavalcanti, Theo. IV. Vaz, Karla. V. Título.

25-96907.0
CDD: 650.092
CDU: 929:658

Meri Gleice Rodrigues de Souza - Bibliotecária - CRB-7/6439

Direitos exclusivos de edição em língua portuguesa para o Brasil adquiridos por Editora Globo S.A.
Rua Marquês de Pombal, 25 — 20230-240 — Rio de Janeiro — RJ
www.globolivros.com.br

Eu sou mãe do mundo. Cada um desses filhos é meu. Qualquer um que me permitir amá-lo será meu filho. Mesmo em caso contrário, ainda assim os amarei.

WILLIE MAE FORD SMITH (a mãe da música gospel), "I Dream a World"

SUMÁRIO

Árvore Materna   10
Prelúdio: Sob a nogueira-pecã   13

PRIMEIRO ATO: UMA FILHA   23

CAPÍTULO 1: Tenie B. Encrenqueira   25

CAPÍTULO 2: Galveston   41

CAPÍTULO 3: Weeks Island   49

CAPÍTULO 4: Santo Rosário   69

CAPÍTULO 5: Reivindicando nosso poder   81

CAPÍTULO 6: Sonhando nas entrelinhas   93

CAPÍTULO 7: Sabujos em nosso encalço   109

CAPÍTULO 8: Senhoras e senhores, as Veltones   115

CAPÍTULO 9: Um aprendizado em liberdade   127

CAPÍTULO 10: Antes de ir embora   137

CAPÍTULO 11: Crepúsculo dourado   151

CAPÍTULO 12: A volta da filha pródiga   161

CAPÍTULO 13: Na correnteza   171

CAPÍTULO 14: A persistência do destino   177

SEGUNDO ATO: UMA MÃE — 197

CAPÍTULO 15: Linhagem — 199

CAPÍTULO 16: Bebê Jazz — 211

CAPÍTULO 17: Passa rápido — 217

CAPÍTULO 18: Organizando a vida — 225

CAPÍTULO 19: Headliners — 237

CAPÍTULO 20: Parkwood — 245

CAPÍTULO 21: "Aquelas garotinhas Knowles" — 253

CAPÍTULO 22: Lições de sobrevivência — 263

CAPÍTULO 23: Três meninas — 271

CAPÍTULO 24: O pão da vida — 283

CAPÍTULO 25: A derrota é o combustível — 289

CAPÍTULO 26: Três irmãs — 293

CAPÍTULO 27: The dolls — 303

CAPÍTULO 28: Mãe da invenção — 313

CAPÍTULO 29: Nomeando seus destinos — 325

CAPÍTULO 30: Uma saída do nada — 331

CAPÍTULO 31: O estilo necessário — 341

CAPÍTULO 32: Johnny — 353

CAPÍTULO 33: Novos começos — 359

CAPÍTULO 34: Tina é o problema — 367

CAPÍTULO 35: Mulheres do século XXI — 375

CAPÍTULO 36: Com os olhos erguidos para as montanhas — 387

CAPÍTULO 37: Alegria e sofrimento — 405

CAPÍTULO 38: Paisagens americanas contemporâneas — 413

CAPÍTULO 39: À minha moda — 423

CAPÍTULO 40: Antes e depois — 429

CAPÍTULO 41: Frango frito e champanhe — 435

CAPÍTULO 42: O antigo bater das asas — 443

TERCEIRO ATO: UMA MULHER — 447

CAPÍTULO 43: O que acontece com um coração partido? — 449

CAPÍTULO 44: Alma sobrevivente — 455

CAPÍTULO 45: Solteira na cidade 465

CAPÍTULO 46: Recupere o ritmo 469

CAPÍTULO 47: Pronta para amar 475

CAPÍTULO 48: Raízes da Louisiana 483

CAPÍTULO 49: Os anjos da Tina 489

CAPÍTULO 50: Lua de Capri 493

CAPÍTULO 51: Cubra com cristais 497

CAPÍTULO 52: Eu me escolho 503

CAPÍTULO 53: Lendo as margens 509

Finale: As ondas de Malibu 521

Legendas das imagens 525

Agradecimentos 531

Sobre a autora 535

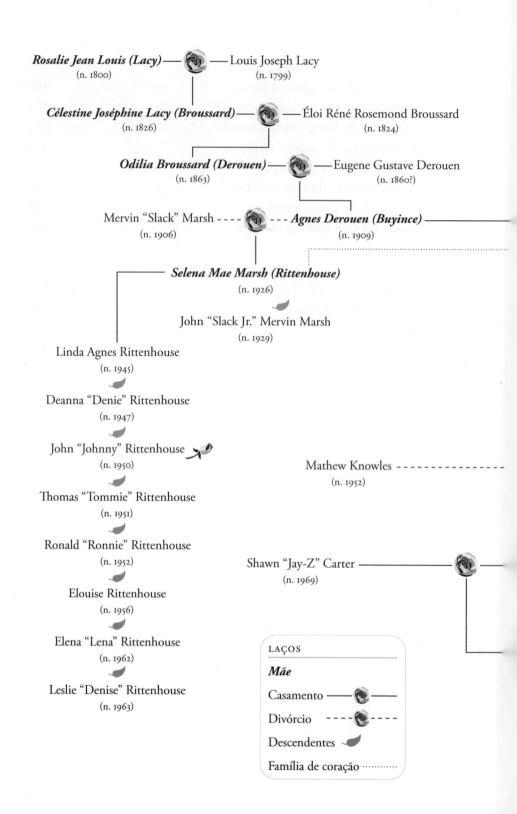

Árvore Materna

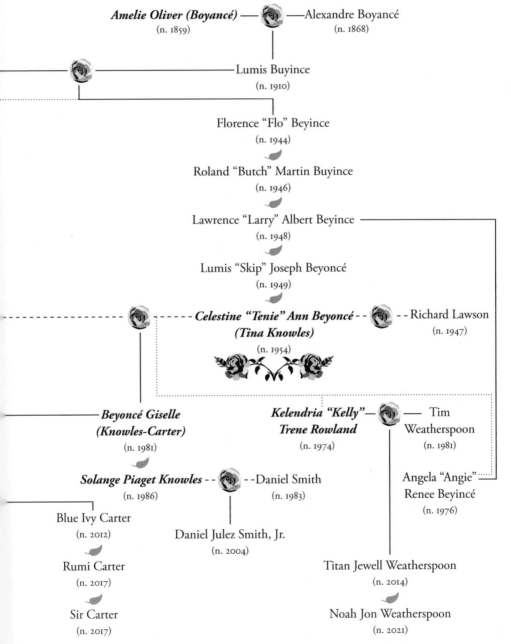

PRELÚDIO

SOB A NOGUEIRA-PECÃ

Dezembro de 1958

No futuro, a filha vai sentir falta da mãe chamando seu nome.

É difícil convencê-la disso enquanto ela é jovem. Não quando aquela voz é tão abundante no ar. Ela ouve a mãe que chama seu nome repetidamente, seja para fazê-la prestar atenção ou em um apelo para que reconheça seu valor. Às vezes, um suspiro de amor materno; outras, um alerta de perigo iminente.

Ela não tem como compreender, nesses momentos, o quanto um dia daria para ouvir aquela voz novamente.

— Tenie.

Eu tinha quatro anos e estava sonhando. Um sonho daqueles em que as lantejoulas que minha mãe costurava nos vestidos de domingo se transformavam em diamantes, prontos para serem colhidos e distribuídos apenas para os melhores amigos. Ou um em que descobríamos que o parque de diversões Pleasure Pier, em Galveston Beach, estava com todas as atrações liberadas e podíamos tomar quantos refrigerantes conseguíssemos beber. Sonhos assim. E, agora, lá estava minha mãe, chamando-me de volta ao mundo real, justo quando o sonho ficava bom.

— *Teeenie* — ela disse meu nome mais alto, o sotaque crioulo de sua infância suavizado, mas ainda presente. Agnes Derouen Buyince havia polido a voz suave até um tom agradável, aprimorando-a no caminho até a sexta série — o máximo de escolaridade a que uma garota Negra podia chegar na Louisiana, onde ela cresceu.

Antes de abrir os olhos, a primeira coisa que percebi foi que nossa casa estava aquecida. Em Galveston — ou em qualquer casa de gente pobre —, a calefação era desligada nas noites de inverno. Casas antigas como a nossa não tinham aquecimento central, de forma que nos virávamos com um aquecedor portátil. Mesmo em uma ilha isolada na costa do Golfo do Texas, as noites podiam ser congelantes.

Uma casa aquecida pela manhã significava que mamãe estava bem. Desde que me dera à luz — sou a caçula de sete filhos —, aos 44 anos, minha mãe estava doente. Ela ia ao John Sealy, um hospital filantrópico em Galveston, pelo menos duas vezes por ano, com palpitações que aparentemente eram causadas por sua constante preocupação. Seus problemas de saúde não eram invenções ou exageros; eram como um fantasma sombrio, à espreita para se manifestar. Eu morria de medo de quando ele finalmente dava as caras. Quando estava em casa, mamãe levantava antes de todos, por volta das cinco da manhã, para ligar o aquecedor. Se estivesse internada, meu pai ou um de nós precisava se levantar para fazer com que o aparelho pegasse no tranco. Nunca o fazíamos tão cedo quanto ela, e, pelo resto do dia, sentíamos como se estivéssemos sempre perdendo a corrida para o frio, que mantinha dois passos de vantagem. Naquela manhã, no entanto, eu sabia que ela estava bem, e estávamos aquecidos.

Éramos sete pessoas dividindo uma casa pequena, com dois quartos. Meus três irmãos mais velhos — Larry, Butch e Skip — dormiam em um quarto, e meus pais haviam instalado uma divisória no quarto deles para dar um pouco de privacidade à minha irmã mais velha, Flo. Minha cama ficava mais ou menos no meio daquele cômodo.

Aconchegada demais para me levantar, ouvi minha mãe preparando o café da manhã na cozinha. Meus pais faziam questão de que comêssemos juntos. Sentia o cheiro do pão caseiro no forno, das panquecas de noz-pecã na frigideira e das salsichas que meus três irmãos engoliam antes de ir para a escola.

Fechei os olhos novamente e lembrei que estávamos em dezembro — a contagem regressiva para o Natal e para meu quinto aniversário, em janeiro, estava oficialmente aberta. Pulei da cama, com os pés acolchoados do pijama batendo no chão. Deslizei sobre o piso de madeira desgastada como uma patinadora no gelo. Todos já estavam sentados à mesa, é claro. Eu sempre era a última a acordar.

Minha irmã Flo tinha catorze anos e em dois tempos se arrumava para a escola. Eu nasci no dia do décimo aniversário dela, e sua festa foi cancelada quando minha mãe entrou em trabalho de parto. "Ela chegou neste mundo já estragando a minha vida", dizia Flo. Butch, então com doze anos, tinha um charme e uma lábia que causavam alvoroço aonde quer que fosse — era amado pelas meninas, odiado pelos meninos. Larry, brilhante e quieto, tinha dez e lia o jornal que antes já havia passado pela minha mãe. Skip estava sempre contando piadas sem graça para tentar fazer meu pai rir. Aos nove anos, já era um mestre dos trocadilhos.

Era difícil arrancar uma risada de Lumis Buyince. Tão bonito quanto reservado, ele fazia esforço para parecer carrancudo. Eu me sentava em seu colo e tentava abraçá-lo. Ele permitia que eu permanecesse por um ou dois segundos e então dizia, com seu forte sotaque crioulo: "*Tá bom!* Agora já chega. Vai." Todos nós ríamos do quanto ele se sentia desconcertado com demonstrações de afeto.

Incrivelmente, nossa casa era tranquila. Meus pais se aproximavam da casa dos cinquenta e já eram avós quando eu nasci. Estavam cansados — e eu lhes dava uma canseira ainda maior. Com certeza eu tinha TDAH, mas na época isso não tinha nome. Só diziam que a criança era levada. Passei a ser chamada de *Dennis, o pimentinha*, por causa das tirinhas do *Galveston Daily News*. Entretanto, o apelido que de fato pegou foi Tenie B. Encrenqueira.

Tenie era uma abreviação de Celestine Ann, nome que ninguém pronunciava direito. A forma correta era "Celeste-een", mas viviam me chamando de "Sell-isteen" ou pior, "Sulluh-steen". O "B" vinha de Beyoncé, meu sobrenome, e o "encrenqueira" era por tudo o que eu fazia. Eu nunca machuquei ninguém — só me movia mais rápido do que conseguia pensar. Deus havia presenteado minha mãe, a pessoa mais cautelosa do mundo, com uma filha destemida. Ou, como ela dizia, sem um pingo de juízo. Então Tenie B. Encrenqueira servia em mim como uma luva.

Minha irmã e meus irmãos não queriam ser incomodados por uma criança de quatro anos hiperativa e viviam suas vidas longe de mim, com seus amigos na escola. Quando iam para a aula e meu pai saía para trabalhar no cais, ficávamos só minha mãe e eu. No instante em que todos saíam pela porta, ela já tinha ido à missa das sete na Igreja Católica do Santo Rosário, do outro lado da rua, que frequentava todos os dias. Depois, começava sua segunda jornada como costureira. Era sua profissão, como havia sido a de minha avó.

Minha mãe tinha um talento especial para criar peças únicas a partir de retalhos, ou seja, as sobras dos rolos de tecidos caros. Caso o preço original fosse exorbitante — algo como, digamos, seis dólares o metro —, os retalhos custavam cinquenta centavos. Às vezes, restava apenas meio metro, o suficiente para fazer um vestido de criança — e, nesse ponto, os vendedores praticamente nos davam o tecido de graça. Ela era uma artesã, pegava pequenas miçangas e as costurava meticulosa e milimetricamente em vestidos ou jaquetas, uma a uma, criando verdadeiras obras de arte.

Porém, nos dias de inverno como aquele, antes que qualquer trabalho desse tipo tivesse início, nós colhíamos pecãs. Era essa a época de colheita no nosso quintal, e minha mãe saía todas as manhãs após o café com uma sacola para enchê-la de nozes. Ela fazia pralinês, triturava-as para fazer massa de torta ou simplesmente nos dava as pecãs para que as quebrássemos e comêssemos ainda frescas, o que nos mantinha ocupados e com a barriga cheia. Nunca nos faltavam pecãs, e demorei a entender que isso acontecia porque eram de graça.

— Anda logo, Tenie — dizia minha mãe, com a enorme sacola de estopa marrom nas mãos, pronta para ir ao quintal. Eu a seguia de pijama, tentando dar cambalhotas enquanto a acompanhava.

A nogueira-pecã era imensa e linda, com uma copa arredondada. Eu rodopiava nos arredores de seu tronco cinza e áspero, fingindo ter uma fita nas mãos, enquanto cantarolava os primeiros versos de "Maybe", das The Chantels. *"Maybe, if I cry every night, you'll come back to me..."** Sem parar de

---

* Em tradução livre, "Talvez, se eu chorar a noite inteira, você voltará para mim". Trecho da canção "Maybe", do álbum *We are the Chantels*, lançado em 1958. (N. E.)

girar, olhei para os galhos robustos da árvore, fortes o suficiente para aguentar o peso dos meninos maiores. Meu irmão Larry havia instalado um banco lá no alto, entre os galhos. Aquela tábua de madeira era meu trono; o quintal, meu reino; e minha mãe, a rainha.

Ela me viu olhando para cima e soube imediatamente que eu estava prestes a subir, embora precisasse de mim no chão, onde as pecãs estavam. No início da estação, às vezes era necessário mandar os meninos sacudirem a árvore com um galho para derrubar as nozes em uma avalanche, mas, àquela altura, elas caíam livremente. Só era preciso chegar antes dos pássaros.

Para me manter no chão, ela contava histórias de família.

— Ouça, Tenie — minha mãe dizia, laçando minha atenção antes de começar a falar sobre minha avó ou sobre quando se casou com meu pai.

Enquanto ela falava, eu catava pecãs. Durante todo o tempo, dava cambalhotas ou rodopiava até cair no chão, agarrando-me à terra como se ela pudesse me arremessar longe. Mesmo assim, *eu ouvia*. Sorvia cada palavra que saía dos lábios de minha mãe. Aquela gente, a minha gente — meus ancestrais e meus pais quando eram jovens —, era formada por personagens de uma longa narrativa da qual eu passara a fazer parte. Seus percalços não eram meus, mas seus ensinamentos, sim. Aquela era a minha herança: histórias que muitos tentaram apagar ou impedir que transmitíssemos para que não soubéssemos nossas origens ou quem éramos.

Como na costura, minha mãe pegava histórias de vidas que poderiam ter sido descartadas ou esquecidas — fragmentos preciosos de informação — e as alinhavava em uma tapeçaria rica e única. Às vezes, tudo o que tínhamos eram nomes, mas até mesmo os nomes carregam universos, e, de mãe para filha, transmitimos essas histórias. Nós não seríamos perdidas.

Sob a nogueira-pecã, eu podia perguntar qualquer coisa à minha mãe. E, naquela manhã de dezembro, eu tinha uma dúvida. Na noite anterior, sentei-me ao lado do Larry, que escrevia seu nome no dever de casa. Disse a ele que queria treinar o meu nome, e ele me emprestou o lápis e ditou cada uma das letras para mim. Quando chegamos ao meu último sobrenome, Larry fez uma pausa. "O seu é diferente, Tenie", ele disse, lembrando-me de que todos nós tínhamos grafias diferentes para o último sobrenome dos nossos pais, Buyince. Havia Beyincé, Boyance e o meu, Beyoncé.

E então, no quintal, coloquei as mãos no chão e tentei plantar bananeira encostada na árvore enquanto formulava a pergunta.

— Mamãe, nossos nomes... — comecei, observando de cabeça para baixo ela se abaixar na grama. — Você sabe, todas essas grafias diferentes...

Falei como se ela nunca tivesse notado. Como se tivesse ido à loja e comprado um jogo de sobrenomes sem se preocupar com o fato de que as tigelas eram todas diferentes umas das outras.

— É o que eles colocam na certidão de nascimento — minha mãe respondeu, concentrada nas pecãs.

Caí para trás, chutando o ar como se isso pudesse aliviar a queda.

— Por que você não fez eles corrigirem? — Eu me sentei novamente. — Por que você não brigou com eles e disse que estava errado?

— Fiz isso uma vez. — Ela desviou o olhar. — Com o primeiro de vocês.

— E o que aconteceu? — Peguei uma pecã e já não sabia se queria mesmo entregá-la para que minha mãe a colocasse na sacola.

— Disseram que eu devia agradecer por meu filho ter uma certidão de nascimento, porque houve um tempo em que os Negros nem mesmo eram registrados.

Havia uma dor na voz de minha mãe, e ela começou a colher as pecãs mais rápido, como se fossem escapar.

— O que é uma cer... cer... — Eu já tinha esquecido a palavra.

— *Certidão*, Tenie — completou ela. — É o um documento que diz qual é o seu nome.

— Então eu quero mudar o meu. — Eu apertei a pecã com força entre o polegar e o indicador.

— Não faça isso. Seu nome é lindo. Celestine Ann Beyoncé.

Aquelas palavras soaram como música ao saírem dos lábios de minha mãe, mas eu não recuei.

— Odeio esse nome. Ninguém fala Celestine direito. — E, imitando a voz horrível de um zumbi que eu ouvira certa vez, pronunciei: — Sulluh-steen.

Ela riu, aproximando-se com a sacola, ainda mantendo uma das mãos abaixada para pegar pecãs.

— Que nome você gostaria de ter?

— Algum simples. — Finalmente coloquei a pecã na sacola. — Fácil. Linda Smith.

— Seu nome é Celestine. — Ela sorriu e agachou-se para afastar meu cabelo do rosto e tirar folhas das pernas do meu pijama. — Como minha irmã e minha avó.

A irmã de minha mãe morreu ainda bebê e ela foi batizada em homenagem à avó — minha bisavó — Célestine Josephine Lacy, que viveu quase cem anos.

— Ela era muito bonita — continuou minha mãe. — Assim como você. Ela se endireitou e acrescentou sua frase de sempre: — Mas beleza não põe mesa, Tenie.

Naquele dia, sob a nogueira-pecã, como tantas vezes antes, minha mãe me contou histórias de mães e filhas que vieram antes de mim. A casa dos Derouen, seu nome de solteira, a linha matrilinear digna de ser memorizada como as linhagens sanguíneas dos deuses gregos mitológicos que eu aprenderia depois. Sou filha de Agnes, cuja mãe era Odilia, cuja mãe era Célestine, cuja mãe era Rosalie. Minha mãe não tinha os detalhes encontrados nos registros dos genealogistas modernos. Ela tinha o que lhe fora passado: a sabedoria que essas mães legaram a suas filhas contra todas as probabilidades.

Nascida por volta de 1800, Rosalie foi escravizada durante toda a sua vida na Louisiana, onde deu à luz a filha, Célestine, em junho de 1826. Minha mãe me contou que sua bisavó Rosalie chamava Célestine de "Tine", pronunciando o apelido exatamente como o meu. Em uma época em que famílias Negras eram consideradas propriedade e frequentemente separadas, elas conseguiram permanecer juntas. Mesmo assim, foi por pouco. Certo dia, a viúva que escravizava mãe e filha anunciou que reduziria a força de trabalho e precisava de apenas seis de seus 29 cativos. Os demais seriam transferidos para parentes dela rumo a um destino incerto. No entanto, Rosalie segurou sua Tine, e ambas ficaram entre os seis escravizados que permaneceram.

Célestine tornou-se mãe de dois meninos ainda na adolescência. O pai biológico das crianças era o neto branco da viúva, Éloi Réné Broussard, cerca de dois anos mais velho que Célestine. Então, em 1853, a viúva morreu, e todas as suas "propriedades" foram a leilão. Três gerações da minha família

— Rosalie, Célestine e seus dois filhos — foram postas à venda para serem leiloadas separadamente.

Enquanto escrevo estas palavras, eu as pronuncio em voz alta e sinto o medo e a fúria correrem nas minhas veias; o trauma chegou até mim pelo DNA.

Éloi Réné Broussard apareceu no leilão. Um recibo mostra que ele pagou 1.705 dólares à vista por Célestine e os filhos. *Seus* filhos. Um parente da viúva desembolsou algum dinheiro pela vida de Rosalie, e ela foi separada da filha e dos netos. Não se sabe se algum dia voltaram a se ver.

Célestine e as crianças foram morar na casa de Éloi, onde ele já vivia com uma esposa e três filhas. Ele e Célestine tiveram mais dez filhos, e ela viveu na casa dele por cinquenta anos. Deu a sua primeira filha o nome de Rosalie em homenagem à mãe da qual fora separada e depois teve Odilia, a mãe da minha mãe.

Éloi era meu bisavô, mesmo com toda a sua complexidade terrível, era isso que ele era. Ele reconheceu a paternidade de todos os filhos de Célestine e lhe doou uma pequena porção de terra e algumas cabeças de gado antes de sua morte em 1904. Pelo que me foi contado, o reconhecimento da paternidade trouxe alguma segurança para Célestine, mesmo antes da Guerra Civil. Em algum momento, foi encomendado um retrato dela, um indicativo de sua posição social. Sei que a pintura retratava sua beleza.

Porém, sob a nogueira-pecã, o que importava era que Célestine havia sido escravizada, mas conquistara *a liberdade*, dando à luz seus filhos livres e permitindo que eles ficassem juntos.

Essas histórias sob a árvore alimentaram minha alma em parte porque minha mãe se certificava de que eu soubesse a honra que é ter pele Negra. Uma vez, eu estava usando uma camiseta que dizia "100% NEGRA" enquanto fazia compras quando ouvi: "É melhor você tirar isso." A voz era de um homem Negro que passava por mim, combinando o insulto com um certo tom afável para suavizar o golpe. "Você não é cem por cento." Ele disse isso porque minha pele era mais clara do que a dele.

Parei no meio do caminho e me virei para ele: "Irmão, eu sou a mulher mais Negra que você já conheceu".

Desde o meu primeiro suspiro, fui ensinada, orientada e acolhida no conhecimento de que é uma honra ser uma mulher Negra. Minha mãe cuidou disso, garantindo que eu levasse comigo todas essas mães que vieram antes dela. Rosalie, mãe de Célestine, mãe de Odilia, mãe de Agnes, minha mãe, e eu, mãe de Beyoncé e Solange. Isso não se resume a uma linhagem de sangue. Vi minha mãe cuidar de filhos que não eram dela. Eu mesma o fiz, com Kelly e Angie, que são tão minhas quanto se eu as tivesse carregado no ventre. Todas nós temos esse poder de sermos matriarcas, mulheres dedicadas à prática sagrada de amamentar, guiar, proteger — prevendo e relembrando. A sabedoria matriarcal é ancestral, preenchida com o amor mais duradouro e feroz de que se tem notícia.

Quando minha filha mais velha nasceu, minha mãe havia acabado de falecer, e era inconcebível para mim que ela não estivesse lá para me mostrar como ser mãe. Eu queria que fosse ela a contar essas histórias para as meninas, de todas as mães que superaram desafios incríveis para permanecer junto a seus filhos. Minha primogênita lembra demais minha mãe, mais até do que eu. No entanto, isso é genética. Afinal, como eu passaria adiante nossa essência? Essa sabedoria oral? O orgulho de nossa história?

Assim, meu primeiro presente para minha filha foi o meu nome, Beyoncé. Pouco importa como ele foi grafado quando me foi dado; era o nosso nome. Nossa história. O bem mais valioso que possuo e que então era meu para que o compartilhasse. Eternizei uma palavra.

PRIMEIRO ATO

Uma filha

1

TENIE B.
ENCRENQUEIRA

Junho de 1959

Eu já estava a três passos da porta quando minha mãe percebeu que eu tinha desaparecido de novo. Foi só ela se virar para entrar na cozinha e eu corri para a casa da minha irmã Selena.

— Você precisa me deixar pentear seu cabelo — ela gritou da porta. — E escovar os dentes!

— Está bem, mamãe. — Eu tentava equilibrar os tons de obediência e súplica enquanto mantinha o ritmo da corrida. Não podia parar. Um dia perfeito de verão — como aquele, quando eu tinha cinco anos — poderia durar para sempre se você o começasse cedo o bastante.

— Se não me obedecer agora, não vou deixar você sair, Tenie. — A voz dela estava, então, mais distante. Eu sabia que não falaria mais alto do que aquilo. Ela tinha o que o pessoal da ilha chamava de "temperamento doce", e eu conseguia correr mais rápido do que o som da sua bronca, mesmo que ele me seguisse na brisa que vinha da água atrás de mim.

Em Galveston, o vento do Golfo é um lembrete constante de que se está em uma ilha. A cidade é uma fina faixa litorânea a cerca de três quilômetros da costa do Texas. Naquele momento, o vento estava a meu favor e o asfalto acinzentado da rua estreita já estava quente sob o sol matinal texano.

Eu estava descalça — o único jeito de sobreviver ao mês de junho. Usar sapatos significava ter que cuidar deles ao tirá-los para brincar na praia ou subir em uma árvore, e eu precisava apenas dobrar a esquina e caminhar até o final do quarteirão para chegar à casa de Selena. Se fosse um pouco mais afastado que isso, minha mãe superprotetora e temerosa jamais me deixaria ir até lá sozinha.

Quando somos crianças, não fazemos ideia do quão pequeno é o nosso mundo. O meu se resumia ao meu bairro, e os quatro pontos da minha bússola eram bem definidos: o leste e o oeste eram marcados pelo vaivém diário entre minha casa e a de Selena. Depois, havia a igreja ao norte, tão perto que dava para ver a escola católica onde meus irmãos estudavam da nossa porta da frente de casa. E, apenas algumas quadras ao sul, havia a pequena faixa da praia segregada que nos era permitida. De quase cinquenta quilômetros de litoral, só nos deixavam acessar três quadras de areia e mar, entre as ruas 29 e 32. Para nós, as crianças na pequena ilha de Galveston, a vida girava em torno daquele pedacinho de praia — mas o que eu mais gostava era de passar o tempo na casa de Selena.

Selena tinha 27 anos quando nasci, e ela e o marido, John, já tinham oito filhos quando ela completou trinta. Meus sobrinhos e sobrinhas tinham idades mais próximas da minha do que meus irmãos, e eles eram meus melhores amigos.

Corri mais rápido pela rua, acelerando conforme passava pelas casinhas enfileiradas e apertadas umas contra as outras. Vi uma flor amarela na grama que não estava lá no dia anterior, mas, quando decidi parar para pegá-la, minhas pernas já tinham me levado até os degraus da pequena varanda da casa de Selena — sem a flor. Isso acontecia o tempo todo — meu corpo se movia enquanto minha mente tentava acompanhá-lo.

Finalmente eu podia parar. Meu coração estava disparado por causa da corrida, como se fosse um passarinho batendo asas no meu peito magro — e não só batendo asas, mas se jogando contra as grades da gaiola que eram minhas costelas em uma tentativa de escapar. Às vezes, parecia que meu coração era o meu guia, que fazia com que eu corresse rápido demais, deixando os meninos de pernas longas para trás. E eu, sempre tentando acompanhá-lo, nunca ia tão rápido quanto gostaria. Eu tinha um coração que ameaçava explodir e voar para longe de qualquer amarra — de mim, da minha família, de Galveston.

Dei-me um segundo para me acalmar do lado de fora da casa de Selena — que parecia enorme, mas eles ocupavam apenas o andar térreo do sobrado e não tinham nem mesmo quintal. De repente, voltei a entrar em movimento e tentei pular os dois primeiros degraus do alpendre, como faziam as crianças maiores. Na minha mente, aquela era uma altura imensa, um prêmio que, como a caçula da família, eu sempre perseguia. No entanto, não consegui tomar impulso suficiente, sendo obrigada a subir um degrau de cada vez, colocando os dois pés em cada um deles, como qualquer outra criança de cinco anos. *Da próxima vez*, eu disse a mim mesma enquanto marchava pela porta da casa de minha irmã, determinando que a linha de chegada era a sala de estar.

De imediato, a trilha sonora de toda aquela vida na casa de Selena me envolveu, animou e acolheu — os sons de seus três filhos e cinco filhas: Deanne, Linda, Leslie, Elouise, Elena, Tommie e, claro, Ronnie e Johnny. Não tente decorar todos os nomes — nem mesmo Selena conseguia.

E lá estava ela, minha irmã mais velha, virando-se para me ver enquanto exalava a fumaça de um cigarro. Selena Mae Rittenhouse fumava seus mentolados de forma cinematográfica: os dois dedos com unhas bem cuidadas seguravam o cigarro; ela enrolava a fumaça na língua e a soprava como um veredito glamuroso sobre qualquer situação. Era impossível conhecer minha irmã e não pensar na palavra "fúria" — uma centelha na forma esguia de uma mulher empoderada pelo batom vermelho-escuro, o uso de cintas e por dormir de sutiã para manter tudo firme mesmo depois de tantos filhos.

Selena, a quem os filhos chamavam de *M'dear*, mantinha a casa na rédea curta, soltando de vez em quando um "Pare com esse chororô porque não temos tempo para isso" para manter todos na linha. Seu marido era caminhoneiro e, com frequência, passava longos períodos viajando enquanto ela ficava com um olho nas costuras e o outro nas crianças. Não era possível ser muito delicada quando se tinha oito filhos nascidos um atrás do outro — seria difícil ser suave e manter tudo em ordem. Assim, ela não tolerava bobagens, mas jamais abandonara a postura de irmã mais velha. Quando coloquei o braço ao redor de sua cintura em um cumprimento, senti-me grata por aquela mulher linda e divertida, a irmã mais velha que todos na vizinhança gostariam de ter, ser minha.

Deanne — Denie — ligou o rádio e puxou Elouise para formar uma roda ao meu redor. Elas dançavam ao som de "Lonely Drops", de Jackie Wilson, o "Sr. Excitação". Galveston era uma cidade movida a rádio. No segundo *Say you will* do refrão, fiz um passo de dança em que me jogava no chão, mas logo continuei a andar pela casa.

Eu estava à procura de Johnny, é claro.

Avistei-o parado do lado de fora, na escada lateral. O sol iluminava seu rosto. Johnny vivia com a cabeça levemente curvada, como se sempre ouvisse — ou tentasse ouvir — algo de que só ele era capaz. Meu sobrinho tinha nove anos, quatro a mais do que eu, e era meu melhor amigo. Perguntar qual é minha primeira lembrança dele é como querer saber como soube que precisava de ar para respirar ou de água para beber. Johnny *simplesmente* estava lá. Minha mãe explicava nossa proximidade inseparável de forma menos delicada: "Quando o Johnny solta um pum, você tem que estar lá para sentir o cheiro".

Naquele momento, trocamos um sorriso. Os melhores amigos estavam reunidos, e eu já estava na porta quando o Ronnie pulou para me assustar. Na mesma hora, dei um salto para trás.

— Te peguei! — gritou Ronnie. — Te peguei, Tenie. Eu vi você chegando. Não foi, Johnny? E disse: "Ah, vou dar um susto nela". Né?

Revirei os olhos da maneira que minha mãe achava tanta graça que dizia que um dia poderia congelar aquela expressão, e me pus na ponta dos pés. Aos cinco anos, eu já era mais alta que Ronnie, que tinha sete — se bem que, naquela época, eu era mais alta que todo mundo. Sabia que o Ronnie *não suportava* isso porque ele transformava tudo em competição. Levantei o queixo para olhá-lo de cima.

— Não pegou, *não* — retruquei.

— Peguei sim, Tenie. Você tinha que ver a sua cara!

Levantei uma das mãos, pronta para outra de nossas brigas épicas. Uma vez por semana, Ronnie e eu tínhamos que ter pelo menos uma — e eram brigas de verdade, com socos e pontapés. Johnny, porém, interveio.

— *Foi* engraçado, Tenie — disse Johnny, com a voz suave e em tom de conspiração, tentando me fazer achar graça daquilo. Talvez tenha sido mesmo engraçado, mas só porque Johnny disse. Soltei o punho e empurrei o cabelo para trás da orelha. Em seguida, fingi ir para a esquerda, dei um giro para a direita em volta do Ronnie e terminei ao lado de Johnny, tão perto que meu pé esquerdo quase pisou no pé direito dele.

Ronnie se abaixou para pegar uma bola, fingindo que não havia sido enganado.

— Vamos jogar queimada na rua.

— Acho que devíamos ir à praia — sugeri.

— Não! Vamos de queimada — disse Ronnie.

Era sempre assim entre nós. Se eu dissesse que o céu era azul, ele diria que não era. Para ele, o céu poderia ser de qualquer cor, *menos azul*.

Dei de ombros, e Ronnie ficou na ponta dos pés.

— Por que você sempre tenta ser tão mandona assim?

— Não estou *tentando* — respondi. — Eu sou.

Johnny riu. Ronnie não.

—A gente decide no caminho — decidiu Johnny. E isso significava que faríamos o que ele quisesse, porque, no fundo, todos sabíamos que era *Johnny* quem mandava. Mesmo com apenas nove anos, a palavra final era sempre dele. Ele então entrou pela porta dos fundos da casa, parando apenas para dançar com as meninas ao final de "Little Bitty Pretty One".

Sem dizer uma só palavra, nossa turminha — quase todos os meus sobrinhos e sobrinhas — seguiu Johnny porta afora.

Do lado de fora, nos movíamos com aquela singularidade própria das crianças: ziguezagueando de um lado para o outro. Alguns de nós caminhavam de costas, só para manter a conversa, tropeçando e rindo. A flor amarela ainda estava lá, e dessa vez eu parei para pegá-la. Senti seu perfume e resisti ao impulso de esfregar o pólen no rosto ou no queixo de alguém. Em vez disso, coloquei-a atrás da orelha de Johnny, e sorrimos um para o outro.

A presença de Johnny me acalmava e refreava aquele meu jeito impulsivo que sempre me metia em problemas antes mesmo de eu saber o que estava fazendo — o mesmo jeito que fazia os adultos me chamarem de "dona encrenca". Mas Tenie B. Encrenqueira nem sempre era má; eu tendia a ser a vítima de cada impulso errado ao qual dizia "sim". Literalmente, eu brincava com fogo, atraída por sua natureza imprevisível que, por um segundo, parecia deglutir a minha. Ver uma chama pequena, linda e brilhante me dava paz.

Em casas como a minha, era preciso acender o forno com fósforos. Quando meu pai saía para trabalhar e minha mãe me deixava com meus irmãos mais velhos, às vezes, eu ia até a cozinha, ligava o gás e esperava alguns segundos antes de riscar o fósforo e, logo em seguida, vislumbrava uma bola de fogo que era a coisa mais bonita sobre a qual eu já pousara os olhos.

Um dia, pensei: "Ah, vou fazer uma bola de fogo bem grandona." Deixei o gás escapar por mais tempo e, quando acendi o fósforo, a labareda foi tão feroz que me lançou para debaixo da mesa da cozinha, onde me estatelei no chão. Fui a nocaute.

Recuperei a consciência quando meus irmãos, Skip e Larry, entraram.

— Ela está morta — disse Larry no tom casual de quem sabe que tudo está bem. Provavelmente ele me viu abrindo os olhos só um pouquinho, do jeito que as crianças costumam fazer. Fiquei brava porque ele lidou com minha "morte" com muita tranquilidade, mas mantive os olhos fechados, pois precisava de toda a simpatia possível para evitar problemas.

— Aham — concordou Skip. — O que faremos com ela?

— Vamos jogá-la no lixo — foi a resposta de Larry.

Eles me levantaram e começaram a me carregar para fora da casa. Foi então que gritei:

— Parem! Estou viva!

Tive, ainda, a audácia de ficar brava com meus irmãos quando meus pais chegaram e os dois me deduraram.

— Eles iam me jogar fora! — reclamei.

Meu pai mudou os fósforos de lugar, mas até isso parecia ser um desafio. Ronnie era sempre muito competitivo e, por isso, éramos companheiros de piromania. Ateamos fogo em um bolo de papel higiênico dentro da banheira, vendo-o queimar e se retorcer como se fosse uma cobra. Ronnie gostava de testar minha obstinação. Tudo o que ele precisava dizer era "duvido" e eu já estava pronta para qualquer desafio.

"Duvido você pular daquele alpendre." Eu virava o Super-Homem.

"Duvido você me bater." Eu me tornava uma campeã de boxe.

"Duvido você começar um incêndio." Um vizinho rabugento havia deixado suas botas surradas do lado de fora de sua casa, e o desafio era que eu não teria coragem de colocar fogo nelas. Fui para casa pegar os fósforos que papai achava ter escondido e algumas folhas de papel para garantir uma boa queima. Amávamos as cores do fogo.

Johnny me desafiava de um jeito diferente. Enquanto Ronnie ajudava a canalizar minha energia com peripécias momentâneas, Johnny era como um lar para toda essa energia. Ele me dava um propósito: protegê-lo. Por mais poderoso que fosse seu papel na nossa família — nada acontecia sem sua aprovação —, ele se tornava instantaneamente frágil quando o cenário eram as ruas de Galveston, nosso microcosmo. Em um piscar de olhos, o lugar que amávamos podia virar uma terra sem lei. Diziam que, desde os três anos, Johnny mostrava sinais de que era gay, e ele nunca precisou esconder seu brilho. Selena o amava tanto e o havia criado de maneira tão confiante que ele genuinamente sabia demonstrar quem era.

No entanto, os xingamentos eram frequentes, e adultos — estranhos —, às vezes, escutavam nossas conversas com indiscrição e torciam o nariz diante de sua liberdade, ou erguiam as sobrancelhas quando ele ria livre e desimpedido. Quando lançavam-lhe olhares ameaçadores e condenatórios, e eu os devolvia ainda mais dilatados.

Johnny ouvia minhas histórias, minhas explicações sobre como eu havia ralado o joelho ou ficado doente ao tentar descobrir se respirar debaixo d'água me transformaria em uma sereia. Ele só balançava a cabeça. "Lucille Ball", era como ele me chamava, apesar de ser tão jovem, pronunciando o *lu* de forma tão aguda quanto suas risadas ao ouvir sobre as últimas encrencas em que eu havia me metido. Com Johnny, toda aquela energia que eu tinha, todos aqueles grandes sentimentos, encontravam um propósito. Para mim, era uma honra protegê-lo ou presentear-lhe com uma flor atrás da orelha.

Naquele dia, todos nós caminhávamos relaxados e livres. Nossas duas famílias percorriam Galveston como uma só. "Se você vir uma dessas crianças, logo em seguida virão mais dezessete delas", as pessoas costumavam dizer, e todos nos destacávamos porque estávamos sempre bem-vestidos graças ao trabalho de costura da minha mãe e de Selena. "Elegante" era a palavra que descrevia nosso grupo, e esse era o padrão da nossa família.

Minha mãe transformava todos os meus vestidos em obras de arte bordadas, e os filhos de Selena usavam roupas impecáveis e extremamente bem cuidadas. Caso alguém se metesse conosco, nós podíamos derrubar o sem-noção, mas nossas saias estariam perfeitamente engomadas. E, do chão, nosso adversário ainda poderia admirar a bainha impecável da calça do meu sobrinho, com um vinco tão afiado quanto a lâmina de uma faca. Nosso estilo não tinha a ver com o que as outras pessoas pensavam de nós — era nossa primeira expressão de arte — uma celebração da beleza, dos detalhes, do design.

Como de hábito, diminuímos o passo ao passar pela casa dos Stanford — outra família com oito crianças. Elas começaram a sair, uma a uma, e logo se juntavam a nós.

— Praia? — sugeri a Johnny, mesmo já sabendo sua resposta. Johnny não gostava tanto da praia quanto eu.

— Vamos para a sua casa — disse ele, como eu já esperava. As crianças sempre se reuniam na minha casa por causa do quintal, que todos achávamos imenso. Minha mãe fazia questão de transformá-lo no lugar onde todos queriam estar. Ela fazia qualquer coisa para manter os filhos à vista e sob seu alcance, preocupada com o que pudesse nos acontecer.

Seu segredo era o programa de recompensas da Sperry & Hutchinson. A coisa funcionava assim: cada vez que alguém fizesse uma compra em algum supermercado, loja de departamento ou posto de gasolina conveniado recebia uma certa quantidade de selos verdes, parecidos com aqueles que se colocava nas cartas. Então, era só lamber o verso e os colar em um álbum próprio que, após estar completo, podia ser trocado por produtos de um catálogo chamado *Ideabook*. A maioria das pessoas escolhia itens para o lar, como liquidificadores ou conjuntos de louça. No entanto, minha mãe pensava grande: uma mesa de pingue-pongue, conjuntos de badminton e críquete, e — um dos seus maiores troféus —, um balanço. Consegue imaginar o impacto de trazer essas coisas para uma vizinhança pobre e repleta de crianças? Era como ter um parque de diversões no quintal, com a velha nogueira-pecã no centro de tudo e sempre sob o olhar atento de minha mãe.

Era preciso gastar dinheiro para ganhar os selos — algo que nós realmente não fazíamos —, mas descobri um jeito de contornar isso. Ronnie, Johnny e eu reuníamos algumas crianças e nos sentávamos do lado de fora do supermercado e eu dava a ordem: "Agora façam a cara mais triste que conseguirem."

Então, jamais viu-se um bando de crianças tão deprimidas. Com os cotovelos apoiados nos joelhos, e os queixos apoiados nos punhos, esperávamos pela nossa deixa. E nossas iscas eram as pessoas que saíam da loja. Os homens agiam como se nunca tivessem feito compras antes, guardando os selos nos bolsos como se fossem a coisa mais preciosa do mundo. Entretanto, os melhores alvos eram as mulheres que achavam que eram muito refinadas para esse negócio de colecionar selos, mas faziam questão de exibi-los para mostrar que gastaram o suficiente para ganhá-los.

"Que gracinha de família", uma delas comentava.

Eu olhava para cima, tentando parecer que nunca tinha ouvido aquilo antes:

— Nós? Gracinhas? Se a senhora diz...

Então vinham as palavras mágicas: "Vocês querem os selos?".

Na mesma hora, nos levantávamos como se ninguém jamais houvesse sido tão generoso conosco.

— Sim — eu respondia, a gratidão quase me deixando sem fôlego em minha atuação.

— Muito, muito obrigado — agradecia Johnny, de alguma forma conseguindo parecer hétero.

Nós, os pequenos trapaceiros, realmente vestíamos o personagem. Então, víamos as pessoas se afastarem, satisfeitas com sua demonstração pública de generosidade, e voltávamos a nos sentar, à espera da próxima "vítima".

Fingíamos ser pobres sem perceber que realmente éramos muito pobres. Parte disso vinha do fato de que vivíamos em uma vizinhança onde todos estavam no mesmo barco — não havia ninguém para nos sentirmos inferiores em comparação. Meus pais faziam parecer que éramos econômicos por escolha própria. Quando diziam "Não podemos pagar por isso" em resposta a algum pedido ou desejo, parecia que a decisão se baseava no valor que algo tinha para nós, nunca na falta de dinheiro.

Meu pai trabalhava como estivador, que provavelmente era o emprego melhor remunerado para um homem Negro em Galveston, talvez até no Texas inteiro. Estivadores conseguiam sustentar suas famílias, mas meu pai era cego do olho direito e surdo do mesmo lado. Quando ouvia pessoas perguntando à minha mãe ou aos meus irmãos mais velhos o que tinha acontecido com ele — ninguém nunca *lhe perguntava diretamente* —, eles mencionavam um "acidente" na Louisiana. Só fui saber a verdade muito tempo depois. Naquela época, meu conhecimento se resumia à informação de que sua deficiência limitava seu trabalho ao ato braçal de carregar caixas pequenas dos navios. Não havia muitas cargas leves, então, por mais que ele trabalhasse duro e ganhasse bem em um dia — talvez tanto quanto um homem em outro emprego ganharia em uma semana —, ele podia trabalhar apenas aquele único dia por várias semanas.

Meu pai também gostava de beber, e compensava o fato de não tomar uma gota de álcool de segunda a quinta-feira enchendo a cara todas as sextas e sábados. Minha mãe costumava mandar minha irmã mais velha, Flo, para acompanhá-lo no dia em que recebia para que trouxesse a maior parte do dinheiro para casa enquanto ele saía com os amigos.

Tínhamos em casa um bêbado de fim de semana, e os sábados eram os piores dias. Meu pai havia se tornado o barbeiro não oficial da turma da estiva, que formava fila no alpendre nas tardes de sábado para cortar o cabelo. A coisa começava ao meio-dia, quando bebiam cerveja ali mesmo, e isso continuava até que todos eles saíssem para beber mais. Minha mãe ficava então de plantão do outro lado da porta de tela até que ele retornasse. E, ao achar que eu ainda dormia, descia o sarrafo nele falando de seu hábito de sair para beber e como ele era irresponsável por ficar na rua "a noite inteira". Só que quando essas discussões aconteciam, era sempre por volta da meia-noite, de forma que, por anos, eu achei que chegar em casa nesse horário significava que a pessoa tinha passado a noite toda fora.

Eu odiava ouvir aquilo e a culpava pelas dificuldades deles, porque eu *amava* o meu pai. Ele era muito bonito e gentil, o meu herói. Enquanto ela sussurrava reclamações com os dentes cerrados, eu pensava: "Minha mãe só quer saber do dinheiro dele". Quantas vezes a confrontei na manhã seguinte, dizendo:

— *Você* deveria ser mais forte e simplesmente impedi-lo de beber, se isso te incomoda tanto!

O que eu não entendia era que minha mãe provavelmente ganhava mais do que ele como costureira, já que, muitas vezes, meu pai estava no que chamavam de "Pennies" — um tipo de seguro-desemprego que oferecia 35 dólares por semana para sustentar sete pessoas em casa, enquanto minha mãe sempre dividia nossa comida com os outros. Depois, na igreja — não importava quanto tivesse entornado na noite anterior, papai ia à missa todo domingo —, eu via minha mãe colocar um dólar, às vezes três, na cestinha de doações. Eu ficava furiosa:

— Mamãe, por que não podemos comprar nada que eu peço, mas você dá todo esse dinheiro para a igreja? Como você ousa dar um dólar inteiro?

Para mim — para *nós* — um dólar era *coisa à beça*.

— Tenie, é assim que a gente consegue seguir em frente. — Ela apontava para a cesta. — É assim que não passamos fome. Chama-se dízimo. Deus provê porque nós retribuímos.

Eu balançava a cabeça negativamente ao ver nosso dinheiro ir embora.

— Tenie, um dia você vai entender que é assim que consigo fazer esse dinheiro render.

Deus realmente devia esticar cada dólar até o limite.

Entretanto, naquele dia de junho, ao chegar no quintal com todas as crianças que havíamos juntado pelo caminho da casa de Selena, como eu poderia me sentir pobre? Pessoas que eu amava estavam espalhadas por todo lado, formando duplas e grupos. Algumas brincavam no balanço, outras começavam uma partida de badminton, enquanto Ronnie tentava organizar as equipes. Meu irmão Skip saiu para nos mostrar como jogar pingue-pongue, enquanto Larry usava sua mente de engenheiro para explicar a importância vital dos ângulos no saque.

Minha mãe pôs a cabeça para fora, e eu vi cada criança virar-se para ela de imediato e dizer:

— Mãe Tenie!

Alguns queriam dizer algo para ela, outros encontravam motivos para buscar seu carinho: um cadarço desamarrado, um copo d'água. Ela era conhecida como Mãe Tenie na vizinhança porque as crianças viviam dizendo: "Mãe Tenie vai nos levar à praia", ou: "Vou perguntar para a Mãe Tenie". Isso me enchia de orgulho — pensar que ela era, de certa forma, uma extensão de *mim*. Quando somos crianças, e mesmo depois de adultos, nossas mães se tornam sinônimos de quem somos. Elas existem para atender nossas necessidades. Muitos de nós acreditamos que *nós* somos tudo para elas, em vez de compreender a verdade: que devemos nossa própria existência a elas.

Todas as crianças no quintal sentiam isso, porque, quando estava com a Mãe Tenie, a pessoa se tornava filho de Agnes. Ela cuidava de todos nós, sempre inventando atividades para fazermos juntos. Qualquer evento gratuito que ela descobrisse enquanto lia o jornal de cabo a rabo era aproveitado. Se não houvesse nada de graça, sempre havia a praia. Em dezembro, ela ajudava as crianças a colher bolotas dos carvalhos de Galveston porque uma floricultura pagava cinco dólares por bacia, e minha mãe dividia o dinheiro de forma justa para que todos pudéssemos comprar presentes de Natal. Nos fins de semana de verão, ela levava a mim e as crianças da vizinhança à praia, com um cachorro-quente para cada uma e uma garrafa do refrigerante que estivesse em promoção no mercado. Nossa vizinha, a sra. Russell, também contribuía, dando-nos suas "commodities" — queijo processado, manteiga e fiambre —, e mamãe fazia aquilo render preparando sanduíches que alimentavam todos nós.

Mary Russell era nossa avó postiça. Era muito falante por conta da solidão de ter sobrevivido a todos os seus familiares. Se algum incauto passasse andando um pouco mais devagar pela porta de sua casa, logo ouviria um "Por que você não entra?" vindo do alpendre — e estava perdido. Supúnhamos que ela tinha perto de cem anos, pois nos contou que nascera como escravizada no orfanato de Brazoria County — ou, talvez, tenha sido levada para lá ainda muito pequena. Ela não sabia ao certo a própria data de nascimento. Crescera trabalhando nos campos de algodão e com o corte de lenha. Mais tarde, descobrimos que estimavam que a sra. Russell havia nascido por volta de 1870. Embora a escravidão tenha sido abolida no papel em 1863, o anúncio oficial da liberdade só chegou às pessoas escravizadas de Galveston, no Texas, dois anos e meio depois, em 1865. Quem sabe quanto tempo mais demorou até que a notícia da recém-conquistada alforria chegasse aos ouvidos de uma garotinha que vivia em uma plantação?

Ao seguir minha mãe e os sanduíches de queijo com fiambre que a sra. Russell preparava, as crianças juntavam mais vários amigos no caminho até a praia, sem nem mesmo precisar tocar as campainhas para isso. Bastava gritar do lado de fora das casas: "Mãe Tenie vai sair com a gente!".

Minha mãe sempre encontrou maneiras de transformar o pouco que tinha no suficiente. Dividia atenção, comida, dinheiro — e todo aquele cuidado — em porções iguais. Essa é a matemática da maternidade.

Durante esses passeios, minha mãe nos lembrava dos limites que nos eram impostos. Os brancos segregaram a praia e só permitiam que os Negros usassem três quadras dela. Aquele pedacinho de areia ficava entre o parque de diversões Pleasure Pier, à esquerda de quem olhasse para o mar, e a praia, à direita. Andávamos no carrossel e na roda-gigante com os brancos, mas apenas porque nós também gastávamos nosso dinheiro ali. Eles fizeram uma fortuna com aquele lugar. Já na parte da praia que tinha infraestrutura, como espreguiçadeiras, guarda-sóis, bares e restaurantes, considerada a praia "de verdade", nós éramos proibidos de pisar.

Mais adiante, uns cinco quilômetros à direita, havia uma parte da West Beach que podíamos frequentar. Os brancos achavam as pedras e a areia áspera desagradáveis e, informalmente, a haviam abandonado para nós. No entanto, não era possível chegar lá a pé. E era melhor nem sair do carro enquanto estivesse na avenida principal. Só quando descíamos a colina, já na West Beach, podíamos fazer o que quiséssemos.

Minha mãe nos ensinou essas e muitas outras regras de sobrevivência. Uma das crueldades do racismo é que as mães são obrigadas a agir como guardas dos próprios filhos, impondo regras feitas para limitá-los, dizendo constantemente o que eles não podem fazer, com medo de que sejam punidos ou até mortos.

Ela não estava errada. Alguns anos depois, meus irmãos Larry, Skip e Butch estavam andando de bicicleta na avenida principal. Eles haviam acabado de sair da escola e estavam acompanhados de dois amigos. Segundo eles, não se deram conta de onde estavam e pedalaram meio quarteirão além da linha que delimitava a área dos brancos — talvez em fila indiana.

Alguns adolescentes brancos diminuíram a velocidade do carro e pararam. Lançaram um xingamento racista para os meus irmãos e começaram a atirar neles com armas de chumbinho. Miraram nos rostos deles. Larry foi o que mais sofreu, sendo atingido no rosto, na cabeça e no pescoço. Os chumbinhos incrustam na pele, e a dor é insuportável. Meus irmãos chegaram em casa ensanguentados e feridos, tentando arrancar os chumbinhos com as próprias mãos. Meu pai estava no trabalho, e minha mãe pediu que um vizinho os levassem para o hospital.

E tudo isso por causa de meio quarteirão. Qual a graça que aqueles adolescentes viam em nos machucar? Eles tinham aqueles espaços apenas para guardá-los? Não os usavam nem mesmo para se divertir, então eles os tinham só para nos impedir de frequentá-los? Com toda a energia que investiam para proibir que pessoas Negras fizessem coisas, o que sobrava para eles que não envolvesse *nos excluir*?

Antes de meus irmãos serem alvejados, eu não conseguia dimensionar a pressão sobre minha mãe ao cuidar de todas aquelas crianças. Simplesmente ir à praia e manter todas as crianças Negras — seus filhos, netos e algumas outras que lhe foram confiadas por um dia — sãs e salvas era uma tarefa monumental.

Mesmo assim, ela continuou fazendo isso por nós. E, nos dias em que o tempo estava nublado ou frio, minha mãe às vezes nos deixava pegar a balsa gratuita até a Península de Bolívar e voltar. Era o caminho para a Louisiana, de onde ela viera. No balanço suave das águas, ela nos dava pão dormido para alimentar as gaivotas, e outras crianças empurravam umas às outras para tentar oferecer às aves um maior número de pedaços.

— Este é o nosso barco — ela dizia.

A balsa transportava carros, e eu os via saindo enquanto aguardávamos a próxima viagem de volta. Observava aquelas pessoas, imaginando para onde estavam indo. Galveston era uma cidade turística, então os destinos podiam ser muitos. Eu tinha a compreensão limitada de uma criança sobre a vida e a geografia, mas aquele foi o começo de uma percepção: quão pequeno era o meu mundo, e quão vasto devia ser o mundo lá fora.

O desejo de ver o que havia além dos limites de Galveston cresceu até eu pensar nisso o tempo todo. Mesmo naquele dia de junho, cercada por todo o amor no meu quintal, perguntei a mim mesma: como seria ir e não parar mais?

Johnny tocou meu braço. Seus dedos se abriram sobre o meu antebraço por um instante antes de se virar para a nogueira-pecã. Ele disse algo que não ouvi, mas as palavras não eram necessárias. Segui-o enquanto subia pelo tronco até nos acomodarmos no banco instalado em um dos galhos. Nós nos viramos um para o outro e começamos a bater palmas, no ritmo das cantigas que gerações de meninas Negras, e alguns meninos, passaram uns para os outros. Não me lembro por qual começamos naquele dia, mas sei que, se Johnny estivesse ao meu lado agora, poderíamos erguer as mãos um para o outro e nos deixar levar novamente pelo ritmo daquelas palmas.

Meu coração permaneceu naquela toada, contente — pelo menos por ora. Aquilo era fartura. Uma cantiga com meu melhor amigo, um balanço comprado com cupons, cachorros-quentes, refrigerantes de promoção, nosso próprio barco e o pão para os pássaros. Partilhar o que era nosso fazia-nos sentir que tínhamos algo para dar. Minha família contava os centavos, mas vivíamos como milionários.

2

GALVESTON

Julho de 1959

Naquele verão, o preço que minha irmã mais velha, Flo, pagava para ser autorizada a ir ao centro da cidade encontrar as amigas era minha companhia, pois minha mãe a obrigava a me levar com ela. Com uma irmã de cinco anos a tiracolo, uma adolescente de quinze não tinha como evitar confusões. Flo concordava com um sorriso cínico enquanto passava batom, decidida a agir como se eu não estivesse lá.

Eu era difícil de ser ignorada. As saias que mamãe costurava para nós eram rodadas; a minha, mais ainda, porque eu girava enquanto andava, o que significava que eu nem sempre enxergava o que estava à minha frente. Quando tropeçava, como sempre fazia, Flo seguia em frente como se nada estivesse acontecendo. Suas três amigas pareciam mais preocupadas comigo do que ela, mas, cerca de uma hora depois de andarmos pelo centro, percebi o truque de Flo. Em vez de se virar, ela apenas fazia uma pausa rápida diante da vitrine, conferindo no reflexo se eu a seguia, e continuava, impávida, com o passeio.

Caso você nunca tenha pisado em Galveston, era uma cidade muito parecida com Nova Orleans, mas com uma bela arquitetura disposta em ruas organizadamente numeradas. O "centro" ficava ao norte da Broadway, seguindo a oeste pela rua 20 até a 25. O distrito comercial Negro de Galveston também ficava ao norte da Broadway, se alongando para o oeste a partir da rua 25. Galveston tinha uma longa história de prosperidade e era conhecida no Sul pelo empreendedorismo Negro — nós possuíamos e operávamos nossas próprias lojas, como se o conceito de "da nossa gente para a nossa gente" definisse a cidade. Tínhamos nossos próprios mercados, restaurantes e teatros. Quando parentes de fora vinham nos visitar, algumas coisas em Galveston os marcavam tanto que eles falavam sem parar a respeito. Coisas que eu achava comuns os surpreendiam, como o fato de termos um posto de gasolina administrado por Negros.

Tínhamos um cinema que podíamos frequentar, o George Washington Carver Theater, de propriedade de brancos, que estava caindo aos pedaços, mas exibia filmes que mostravam pessoas como nós. Não havia muito tempo que *Imitação da vida* havia entrado em cartaz, e foi lá onde assisti *Porgy & Bess*, pelo qual fiquei obcecada. Eu adorava musicais e a ideia de transformar qualquer percalço em beleza através da música. Todos os anos, o Carver Theater fazia um grande evento ao reexibir *Tempestade de ritmo*, com Lena Horne, e *Carmen Jones*, com Dorothy Dandridge. Eu saía das sessões sentindo como se meu espírito tivesse crescido para se adequar ao exemplo das protagonistas. Eu sonhava que essas estrelas viriam a Galveston em turnê e me convidariam para segui-las.

Nunca fui ingênua — algumas pessoas riem quando digo que Galveston era progressista, mas não posso deixar de salientar a importância da cidade para nossa cultura. A ilha tinha uma longa história como um dos principais portos e centros comerciais dos Estados Unidos — ao lado de Nova York — e, segundo alguns, já foi a segunda ou terceira cidade mais rica da nação. Galveston era o porto de algodão mais lucrativo do Golfo, e todo o algodão do Texas passava por lá antes de ser vendido ao mundo. A vergonha disso tudo é que Galveston também foi um dos maiores portos de tráfico de escravizados no Atlântico. Cuba, a apenas oitocentos quilômetros de distância, era um importante centro de compra e venda de pessoas escravizadas da África, e Galveston era a primeira parada delas nos Estados Unidos antes de serem levadas para outras cidades do Sul.

Toda essa concentração de riqueza fez de Galveston a Wall Street do Sul. A importância da cidade para o Texas era tão grande que lá foi aberto o primeiro banco do estado e a primeira agência dos correios, além de ter sido a pioneira no que diz respeito a telefonia e eletricidade residenciais. Para nós, Galveston abrigava a primeira escola pública de ensino médio para Negros, a Central High, e a primeira biblioteca pública para Negros em todo o país. Intelectuais afro-americanos — a *elite talentosa* de que W. E. B. DuBois falava — vinham de várias partes do Texas e dos Estados Unidos para dar aulas aos jovens Negros da Central High. Galveston não era apenas rica; era um lugar de orgulho e excelência concentrados em um só ponto.

A tempestade de 1900 — um furacão que ainda hoje é o desastre natural mais mortal da história dos Estados Unidos — destruiu Galveston e matou pelo menos oito mil pessoas. A cidade ergueu uma muralha para se proteger da natureza, mas não pôde deter a inclemência das instituições financeiras. Imagine se Nova York nunca houvesse se recuperado do Onze de Setembro. A máfia tomou conta da cidade e transformou Galveston em um paraíso de contrabando e jogos de azar que atraíam milhares de turistas — uma Las Vegas antes de Las Vegas. A cidade tinha inúmeros clubes e restaurantes, e, mesmo quando eu não passava de uma criança, dava para perceber por que tanta gente ia para lá. Era um lugar pitoresco e bonito à beira-mar, com uma arquitetura deslumbrante.

No entanto, quando se avançava para as áreas onde vivia a população Negra, era tudo uma pobreza só. Intencionalmente, Galveston segregava os Negros na Zona Norte, acima da Broadway. Lá ficavam os dois conjuntos habitacionais construídos para nos agrupar. Quando minha família veio da Louisiana, era importante para meu pai que não morássemos nessa área. Vivíamos em um bairro pobre, de classe trabalhadora, mas meu pai acreditava que os conjuntos habitacionais tinham sido criados para perpetuar ciclos de pobreza. Mais tarde, quando fiz amizade com crianças que moravam lá, passei a visitar o lugar e adorava. Na minha perspectiva infantil, os apartamentos pareciam ótimos, enquanto nossa casa tinha buracos no chão.

Quando contei em casa como o conjunto habitacional era divertido, meu pai me interrompeu:

— Não quero saber de você por aquelas bandas — disse ele, com o sotaque crioulo que agora eu considero tão pitoresco. — Não quero saber de você perambulando pelos conjuntos habitacionais.

— Por quê? — perguntei, exasperada. — A vida lá é melhor do que aqui. As casas são melhores do que a nossa. Você fica por aqui achando que é melhor do que…

— Tenho três filhos. Preciso proteger meus garotos. Não quero saber deles por lá, muito menos você.

Além de ter aderido a uma espécie de política de respeitabilidade, ele também estava preocupado conosco. Para mim, no entanto, meu pai parecia se recusar a ver a realidade diante dos próprios olhos: Ah, eu pensava, ele acha que vivemos melhor que o pessoal do conjunto, mas isso não é verdade.

Essa conversa só aconteceu quando eu já era mais velha, embora me lembre de ter cinco anos e ver Flo, então adolescente, tendo as mesmas discussões com nossos pais. Ela era aluna do segundo ano na Central High, e, para alguém como minha irmã, o centro da cidade era uma grande atração. Ela adorava moda, e todos na família conheciam a história de quando Flo fugiu de casa ainda pequena porque não gostava das roupas que a mamãe fazia para ela. Ela foi até a casa de um vizinho, parou na porta e implorou:

— Não deixe a Agnes entrar! Não deixe a Agnes entrar!

Mesmo tão pequena, Flo já parecia conspirar com os adultos ao se referir à nossa mãe pelo nome. Mamãe teria um treco se nos ouvisse chamando--a de Agnes, mas a escolha do figurino era um assunto sério para Flo. E, por fim, eu também começava a me interessar por moda, e todas as lojas ficavam no centro. As três maiores eram a McCrory's, a Woolworth's e a Kress. Eram lojas populares — e estavam sempre cheias.

Essas lojas tinham lanchonetes com os melhores hambúrgueres e milk--shakes da cidade. Não podíamos comer lá dentro — esse era um direito só dos brancos —, mas havia uma janela, geralmente nos fundos, onde podíamos fazer nossos pedidos. Depois, íamos até um banco do lado de fora para lanchar. Eu não sabia que essa era a única opção; ainda estava aprendendo sobre os limites e barreiras que a segregação me impunha. Eu achava que comer do lado de fora era simplesmente natural. Flo, entretanto, tinha total consciência do que aquilo significava. Estudantes da idade dela, em 1959, praticavam pequenos atos de rebeldia pessoal como beber água do bebedouro com a inscrição "APENAS PARA BRANCOS" em vez daquele onde se lia "para Negros". Um amigo de Flo entrou no banheiro dos brancos de uma loja de departamentos só para ver como era.

Depois de comer, eu seguia com Flo e suas amigas para as lojas mais sofisticadas, de olho nas tendências e pensando no que pediríamos para nossa mãe costurar para nós. Os vendedores nos vigiavam, mas eu nem percebia. Flo e eu esperávamos pelo ônibus na esquina para voltarmos para casa, enquanto suas amigas simplesmente voltavam a pé para onde moravam, na Zona Norte.

O ônibus ainda era novidade para mim, e eu admirava como Flo conhecia todas as sutilezas de esperar por um, como uma maior de idade — os olhares ansiosos para a rua, o modo como ela alisava a saia ao se sentar. Ela se preparava para a vida adulta, e eu me inspirava nela, embora, para seu constrangimento, a emoção de ver um ônibus chegando me fizesse pular e gritar. Ela murmurou algo para mim, mas segurou minha mão quando embarcamos. A parte da frente estava vazia, exceto por uma mulher branca sentada com uma bolsa no colo e um resquício de batom roxo nos lábios. Notei o olhar que ela lançou para Flo.

Quando fiz menção de me sentar em um dos muitos assentos vazios na parte da frente, Flo apertou minha mão com mais força e me guiou para a parte de trás, que estava cheia de gente. Só havia lugar em pé. Somente depois que chegamos à parte de trás, o motorista, que era branco — e eu não sabia, mas apenas homens brancos podiam dirigir ônibus —, começou a andar novamente.

O ônibus deu um solavanco para frente. Eu não entendia por que estávamos espremidas ali com tanta gente. Quando o veículo inclinou em uma curva, Flo soltou minha mão para se equilibrar. Eu estava livre.

Caminhei até a frente do ônibus. Marchei com a certeza de uma criança de cinco anos metida a sabichona.

— Tenie! — Flo me chamou, mas eu não olhei para trás. Sentei-me e olhei pela janela.

Ouvi um coro atrás de mim: resmungos, suspiros e frases murmuradas pela metade. Não era apenas Flo que estava incomodada, todos os outros também. E tudo por eu simplesmente estar sentada em um assento. Eu não fazia ideia do motivo do alvoroço. Aquilo que era vida! Adorei assistir Galveston passar pela janela. Flo e os outros que ficassem de pé como bobos.

De repente, minha irmã apareceu ao meu lado.

— Vamos, Tenie.

Não me dei o trabalho de olhar para ela. Em vez disso, me ajoelhei no assento para ter uma visão melhor da janela — a janela que, naquele momento, era só minha. Flo agarrou meu braço e me puxou com força, como só os irmãos mais velhos sabem fazer.

— Ei! — reclamei, exagerada, como só irmãos mais novos sabem ser.

Uma voz cortante ecoou:

— *É melhor você não fazer isso com ela*. — Era a mulher branca. Havia saliva borrando o batom roxo em sua boca, que contrastava com o rubor de seu rosto. — A mãe da menina vai *mandar você embora* se souber o que está fazendo com ela.

Ela achava que Flo era minha babá. Seus olhos verdes e a pele morena contrastavam com meus cabelos loiros e encaracolados. A mulher pensou que eu era branca — alguém digno de sua proteção.

— A mãe *dela* é a *minha* mãe — respondeu Flo rapidamente, com uma exasperação desafiadora que ecoaria por toda a nossa vida.

A mulher franziu o rosto, confusa, e então olhou para mim como se eu houvesse rompido algum trato, como se tivesse vendido algo que não possuía. A expressão dela, como se estivesse prestes a deixar escapar um rosnado, me congelou.

Flo me pegou pelo cabelo.

— Vamos, Tenie.

Ela me arrastou para a parte de trás do ônibus, ao som de um coro de desaprovação. As pessoas ao redor balançavam a cabeça e faziam caretas de julgamento. Eu havia causado um desconforto, mas elas também estavam irritadas com Flo por permitir que isso acontecesse.

Eu disse algo maldoso para minha irmã sobre ela estar me machucando. Ela, porém, não passava de uma garota de quinze anos responsável por cuidar da irmã ingênua de cinco. Flo olhou para mim, e, por um instante, algo brilhou em seu rosto. Seus olhos estavam bem abertos, e eu não sabia ao certo se ela iria chorar ou me bater, mas ela desviou o olhar.

A mulher branca continuava a se virar e esticar o pescoço para chamar a atenção do motorista. Ele não olhou para trás, mantendo-se atento à sua rota o tempo todo. Não sei nem se ele percebeu o que havia acontecido.

Esse era o status quo, exatamente o que a classe política de Galveston esperava que se perpetuasse. Quando os policiais da região precisavam se posicionar e responder às perguntas dos repórteres sobre os levantes raciais no Sul, a resposta era sempre uma variação de: "Ah, não temos esse tipo de tensão aqui em Galveston. Nossos Negros são felizes. Eles têm bons empregos e gostam das coisas como são. É tudo muito pacífico."

3

WEEKS ISLAND

Agosto de 1959

ÉRAMOS NOVE PESSOAS espremidas no carro do papai, e já passava de meia-noite quando pegamos a única estrada que levava a Weeks Island. Todo verão, viajávamos para a terra natal de meus pais. A forma densa e rápida como o sotaque da Louisiana deles se intensificava fazia com que o nome do lugar se transformasse em uma única palavra na minha cabeça: *Weeksalund*.

    A viagem durava seis horas, e eu passava o tempo inteiro no colo de alguém. Como a mais nova, eu mudava de colo constantemente, indo parar, por fim, no banco da frente, no colo da Flo. Minha irmã estava espremida entre papai, à esquerda, e mamãe, à direita, com minha tia Linda roncando de boca aberta na janela escancarada do lado do passageiro. No banco de trás, estavam meus três irmãos e um primo. Sempre levávamos pelo menos um primo conosco nessas comitivas rumo a Weeks Island.

    Papai sempre preferia partir no final do dia para evitar o calor e dirigia o trajeto inteiro com os vidros abertos. Em todas as visitas, ele insistia em fazer surpresa aos irmãos, mesmo que chegássemos lá a uma ou duas da manhã.

    — Da próxima vez, podemos avisá-los que estamos indo? — perguntou Flo ao nosso pai, interrompendo o fluxo de pensamentos em que eu estava imersa e nos incluindo na conversa. — Porque é sempre constrangedor.

Como ela tinha quinze anos, tudo era constrangedor, mas eu tinha que admitir que minha irmã tinha razão.

— Não, é assim que fazemos. — Papai diminuiu a velocidade, pois estávamos quase chegando. — É a nossa tradição.

Flo suspirou daquele seu jeito tão característico e me passou para o colo de mamãe. Vi-a afastar migalhas invisíveis de seu vestido, que só poderiam ter sido deixadas por mim. Um lampejo da raiva típica das irmãs menores atravessou meu corpo, mas eu estava cansada demais para fazer qualquer coisa além de soltar um suspiro irritado. Nas visitas anteriores, eu havia chegado de pijama, no milésimo sono, carregada para fora do carro no ombro de alguém direto para um colchonete no chão ou para o canto de uma cama — morta para o mundo até acordar e encontrar meus primos me encarando —, a estranha que aterrissava no meio da noite, vinda do planeta Texas.

O balanço da estrada me embalava em cochilos, mas, daquela vez, eu estava determinada a permanecer acordada. Olhei para o banco de trás e vi meus irmãos tão vigilantes quanto eu na escuridão. Weeks Island era outro mundo comparado a Galveston. Havia vida à noite. Mesmo depois que os moradores iam dormir, era possível dirigir entre os turistas, com seus rostos iluminados pelos postes do centro da cidade ou pela luz pálida da lua sobre o Golfo. Ali, até a lua parecia mais distante, e os faróis do carro de meu pai só iluminavam o suficiente para que ele não saísse da estrada nas curvas. Cada uma delas, por sinal, parecia esconder um carvalho ou um cipreste que se erguia diante de nós. Musgo-espanhol pendia das árvores como trapos, e as raízes expostas lembravam dedos retorcidos, mãos prestes a me arrancar daquele carro.

Papai desligou o rádio, e tudo o que ouvíamos era o som das rodas esmagando a estrada de cascalho branco e o sibilo constante dos insetos. Ou seriam cobras? Durante a primeira parte da viagem, quando ainda estava no banco de trás, meus irmãos encheram minha cabeça com histórias aterrorizantes sobre Weeks Island: aranhas-armadeiras em teias capazes de capturar uma pessoa, cobras-d'água enroscadas à espreita em poças após a chuva e jacarés que deslizavam livremente pelos manguezais que formavam uma cerca pantanosa ao redor da ilha, isolando-a do resto da costa da Louisiana.

Seria isso o que incomodava a mamãe? Eu estava acostumada ao conforto do seu colo, mas assim que chegamos à ilha, ela ficou tensa. Aquele havia sido seu lar, e papai se mudara para lá ainda criança, após a morte de sua mãe. Apoiei a cabeça no ombro dela, esperando acalmar seus nervos. Eu começava a aprender que eu podia me tornar corajosa se achasse que alguém ao meu lado estava com medo.

Subimos o morro até a casa da tia Mandy. Ela era a irmã mais velha da minha mãe. A casa estava escura, mas ganhou vida assim que batemos à porta. Meu tio saiu para visitar as casas ao redor e reunir membros das famílias de meus pais, avisando que Agnes e Lumis haviam chegado. As mulheres começaram a preparar frango frito, e a porta da frente permaneceu aberta conforme mais adultos continuavam a chegar, abraçando meus pais, comentando o quanto meus irmãos haviam crescido e se inclinando para perto de mim para perguntar:

— Quem é essa aqui?

Meus primos, tirados de suas camas e lares, faziam a mesma pergunta — crianças com olhos sonolentos, semi-despertas, nos lançando olhares de reprovação, como se tivéssemos interrompido a melhor noite de sono de suas vidas.

A família de minha mãe estava contente em vê-la, mas foram os irmãos de meu pai que pareciam eufóricos por ter Boo de volta em casa. Esse era o apelido dele, o caçula da família. Bem melhor que seu outro apelido — "fedelho". E, de fato, ele parecia mais jovem na presença dos irmãos. Todos eram muito altos, mais altos até que papai, e eu abria espaço entre joelhos e pés enquanto meus parentes se apressavam para cumprimentá-lo. Olhei para cima enquanto eles o abraçavam — afastavam-se por um instante, faziam uma pausa e, então, o puxavam novamente para mais perto com um gesto brusco. Meu pai, que costumava dizer um curto e definitivo "Já chega" sempre que nós, filhos, o abraçávamos, deixava-se envolver pelos braços de sua família.

Cada tio fazia a mesma coisa ao chegar: abraçar Boo e fingir não notar seu olho direito. Falavam alto demais com ele no começo, mais do que o necessário, sabendo que ele também era surdo daquele lado.

Eles o haviam visto poucas vezes desde o acidente ocorrido ali em Weeks Island — o dia que mudou tudo —, e ainda tentavam se orientar.

— Você consegue dirigir bem à noite?

— Mas é claro! — respondia meu pai e rapidamente mudava de assunto.

— E tá tudo indo bem?

— Aham.

Uma panela caiu na cozinha. Estava vazia, e ninguém se feriu, mas o estrondo ecoou pela pequena casa, e minha mãe deu um salto, depois encolheu-se. Vi seus olhos percorrerem a sala, conferindo rapidamente onde cada um dos filhos estava. Papai a olhou, depois desviou o olhar.

Minha mãe sorriu, um daqueles sorrisos que só dá para perceber que são falsos se você a estudou de perto por cinco anos seguidos, como eu. Ela não se recostou; veio na minha direção e pousou uma mão avaliadora no meu ombro.

— Você está com sono — deduziu ela.

— Não estou, não — menti.

As pessoas começaram a se acomodar, comendo frango e bebendo. Eu queria continuar lá. Cheguei perto de minha mãe para fazê-la sentar, conduzindo-a suavemente, como só crianças conseguem fazer. Se ela ficasse de pé por mais um minuto, eu sabia que me levaria para algum canto da casa para dormir. Ela sentou-se no sofá, e eu subi em seu colo para garantir que continuaríamos ali. Eu queria ficar com os adultos. Queria saber o que eles sabiam.

Minha tia Mandy falava sem parar — talvez fosse sua forma de respirar, já que ela fazia isso tanto. Às vezes, ela ia a Galveston, e eu adorava a musicalidade de sua voz, seus apartes e confidências de adulto que conhecia todas as boas histórias. Minha mãe me contava a história da família para me educar, mas Mandy estava lá para compartilhar as versões mais coloridas, aquelas escondidas nas entrelinhas.

Não demorou até o assunto na sala ser o acidente na mina de sal. A explosão. Agora eu entendia como tudo aquilo ainda parecia recente para eles, mesmo uma década depois. Era uma história em que todos haviam desempenhado um papel — algo que ainda tentavam processar e digerir.

As lembranças que compartilharam naquela noite eram histórias das quais eu já conhecia algumas partes. Minha mãe era a narradora oficial, e, do lado do papai, era preciso arrancar as histórias da família dele. No entanto, o que aconteceu na mina era a única história que papai contava, porque ele ainda sentia raiva. Ele morreu com raiva daquele lugar por ter expulsado nossa família da Louisiana.

Todos em Weeks Island cresciam com medo de, um dia, serem forçados a partir. Não que lá fosse um paraíso — era um lugar onde se dançava conforme a música trabalhando dia após dia na mina de sal, o único emprego disponível na ilha. E lá estavam minha mãe e meu pai, lembretes vivos para cada parente do que poderia acontecer caso saíssem da linha. Até o inferno pode parecer paradisíaco quando ele é o lar que se é obrigado a abandonar.

No século XIX, a ilha foi uma colônia de escravizados. O território era ocupado por uma plantação de dois mil acres de cana-de-açúcar onde trabalhavam homens, mulheres e crianças Negras escravizadas. O dono da plantação era um homem branco chamado David Weeks e, embora o negócio aparentasse ser o açúcar, o verdadeiro comércio era a escravidão. Hoje, ao se ler as cartas da família Weeks, percebe-se a obsessão em evitar que seus cativos fugissem. O isolamento da ilha tornava as fugas difíceis — um fosso repleto de jacarés aguardava qualquer um que tentasse escapar daquele pequeno reino que o filho de David, William F. Weeks, herdou. As cartas de William mencionam continuamente os duzentos escravizados que ele chamava de "negos" e seus esforços para maximizar os lucros com o trabalho dessas pessoas, enquanto a economia do Sul enfrentava a Guerra Civil. Por volta de 1860, *quase metade* da população da Louisiana era composta por pessoas escravizadas. Em 1863, a presença de soldados da União no estado aterrorizou William, que temia que o Exército confiscasse seus cativos. Ele os traficou temporariamente para o Texas, onde os alugou para obter lucro. Pessoas mencionadas em listas de inventário — como Lucretia, Judah, Ellen e Spencer — podiam ser "alugadas". Segundo as palavras de William: "Homens a 25 dólares por mês; mulheres a vinte; meninos e meninas a quinze." Ele escreveu: "Esse valor deve ser pago em algodão pronto para o mercado, a oito centavos por libra." Seres humanos eram trocados pelo algodão que colhiam, pois o dinheiro dos confederados — as notas de cor cinza impressas a partir de 1861 — já não valia mais nada, pois não eram respaldadas por nenhum ativo.

William voltou para reassumir Weeks Island após a guerra, aproveitando-se da aprovação das Leis Negras pela Louisiana e outros estados do Sul. Esse estatuto criou mais trabalhos forçados, obrigando as pessoas "libertas" a assinarem contratos "de trabalho" anuais com salários baixíssimos, servindo aos mesmos senhores que antes os haviam tratado como propriedade. Eles eram cativos novamente e viviam sob as mesmas condições terríveis.

No fim, descobriu-se que, sob toda a vegetação de Weeks Island, havia algo ainda mais valioso que açúcar: um gigantesco domo de sal. Os herdeiros de William, enriquecidos pelo trabalho de pessoas escravizadas, venderam a ilha. Ao longo dos anos, várias companhias assumiram o gerenciamento do empreendimento — e das pessoas que o serviam.

Quando minha família morava na cidade, a companhia de sal era dona da ilha: da mina, das residências dos trabalhadores, da mercearia, das igrejas separadas para brancos e Negros, e até da barbearia — eles controlavam *absolutamente* tudo. A população Negra alugava casas de concreto e tinha suas vidas tão rigidamente monitorada que, se tinta amarela fosse distribuída na sexta-feira, era esperado que todas as casas estivessem pintadas daquela cor na segunda, quando o gerente da vila viesse fazer sua inspeção. Não havia eleições, e a lei era aplicada pelo sub-xerife, que também era o supervisor da mina. O juiz de paz e o policial da vila também trabalhavam para a mineradora.

Cada pessoa tinha um papel, e a maioria começava cedo. O primeiro emprego podia ser separar os pedaços escuros do sal aos onze anos, seguido pela costura dos sacos de sal na adolescência. Em seguida, o caminho era evoluir para carregador ou operador de guindaste — trabalhos que eram executados por décadas seguidas. A educação era precária; o ensino fundamental era o limite. As crianças Negras tinham a opção de pegar um ônibus para uma escola secundária a 55 quilômetros dali, em Nova Ibéria, e voltar após as aulas.

Entretanto, quem faria isso? Assim, no começo da década de 1940, quando tinha por volta de trinta anos, papai ganhava nove dólares por semana trabalhando na mina, o que dava 468 dólares por ano.

Papai se mudara para Weeks Island ainda jovem, após a morte da mãe, pulando da casa de um irmão para a do outro. Nunca soube qual foi o nível de escolaridade dele, já que, sendo órfão, ele precisou trabalhar em troca de um teto. Um dos lugares onde encontrou abrigo foi ao lado da casa dos pais de minha mãe. Meu avô materno, Eugene Derouen, trabalhava como varredor de sal na mina e teve dezesseis filhos com minha avó Odilia — a maior parte deles meninas. Minha mãe era a caçula. E, como eu, foi uma surpresa tardia, nascida quando Odilia já tinha mais de quarenta anos.

Imagino Lumis e Agnes, meus pais, na adolescência. Ele tinha uma queda por ela, claro — minha mãe era a mais bela das muitas meninas Derouen. Ela não era apenas linda de parar o trânsito, mas desde cedo demonstrava talento para criar lindezas. Sendo a mais jovem da família, a maior parte das tarefas domésticas já era feita pelas irmãs. Assim, ela inventava o que fazer: alisava os cabelos das mulheres da família ou colhia flores silvestres com as quais fazia arranjos em vasos de vidro. Porém, entre todos os seus talentos, a costura era seu maior dom. Começou cedo, fazendo roupas para as irmãs e acrescentando um toque especial a peças comuns.

Ao vê-lo pela vizinhança, será que Agnes percebia o quanto Lumis a achava bonita? Não sei dizer. Só sei que, aos quinze anos, ela só tinha olhos para outro rapaz da ilha: Mervin "Slack" Marsh, que havia partido para o Texas e voltado em um carrão de luxo para conquistá-la. Com dezenove anos e quase tão bonito quanto ela, Slack a escolheu como se fosse uma flor e a levou embora para Galveston. No entanto, o amor que sentia por Agnes como sua namorada contrastava com as exigências que lhe impunha como esposa. Slack ficava furioso por ela não saber cozinhar ou limpar a casa do jeito que ele esperava. De que adiantava saber pôr a mesa se a comida estava queimada ou sem gosto? Ele dizia que fazia sua parte, ganhando um bom salário como estivador no cais. Mas e ela? Nada do que minha mãe tentava parecia suficiente.

O casamento acabou com ela, física e mentalmente. Agnes engravidou e, no terceiro mês de gestação, recebeu a notícia da morte da mãe, em Weeks Island. Ela ficou arrasada, mas logo depois, com apenas dezessete anos, deu à luz uma menina: minha irmã mais velha, Selena Mae.

Ter um bebê em casa só fez Slack criticar ainda mais suas falhas. Para humilhá-la, ele mandou uma mensagem para Weeks Island pedindo que Lydia, a irmã de 26 anos de minha mãe, viesse cuidar da casa — a mesma Lydia que roncou durante toda a viagem de carro para Weeks Island. Quando jovem, minha tia era considerada caipira até mesmo para os padrões locais, e nunca perdeu o sotaque, enquanto o hábito era se esforçar para escondê-lo. Por isso, seu nome era sempre pronunciado "Leeedja", com os "Es" descendo como em um escorregador e o final subindo como se puxado por um gancho. Lydia, que era uma moça típica do interior, *amou* Galveston. Ela ficou radiante por deixar Weeks Island e logo encontrou um namorado — ou *némorédo*, como dizia com seu sotaque, rindo da sorte de ter uma nova vida longe da ilha.

Minha mãe, por outro lado, estava cada vez mais infeliz, presa em um relacionamento altamente tóxico. Quando engravidou pela segunda vez, sentiu-se ainda mais encurralada. Ela deu à luz o segundo filho, Slack Jr., em um dia quente de agosto de 1929. Com apenas vinte anos, ela já era mãe de dois.

Em uma noite, alguns meses após a chegada do novo bebê, Slack ultrapassou todos os limites. Pela primeira vez, minha mãe o enfrentou. Isso o deixou tão surpreso que a expulsou de casa.

Para piorar, Slack definiu que minha mãe só poderia levar um dos filhos. Ele declarou que ela teria que deixar Selena para trás.

Minha irmã tinha três anos, talvez quatro, no máximo. Tia Lydia ficou, prometendo cuidar de Selena. Devastada e perdida, minha mãe retornou à casa da família em Weeks Island. Separada de Selena por um ano, cada dia parecia uma eternidade.

Algum tempo depois que Slack finalmente permitiu que ela ficasse com Selena, mamãe começou a namorar papai. Ele havia se tornado um homem bonito, seu queixo firme espelhava a tranquilidade que ele passara a emanar. Em termos de aparência, meu pai poderia ser confundido com um irmão de Slack, exceto pelo fato de que era uma pessoa confiável. É verdade que gostava de beber com os irmãos nos finais de semana, mas isso era o de menos.

Mesmo antes de se casarem, depois que Slack finalmente concedeu o divórcio, meu pai criou ambas as crianças de Agnes como se fossem seus filhos. E, no fim, foi o que se tornaram. O sobrenome era Slack, mas isso pouco importava. Nossa família era o que realmente definia quem eram.

Eles esperaram bastante até terem mais filhos, mas, em 1947, meus pais já tinham outros dois: minha irmã Flo, então com três anos, e meu irmão Butch, que, com pouco mais de um ano, já começava a andar. Selena e Slack Jr. tinham vinte e dezessete anos respectivamente, e já davam início a suas próprias vidas. No fim daquele verão, minha mãe descobriu que estava grávida mais uma vez. Sei que ela se preocupava com como conseguiriam se virar, mas também sei qual era a resposta que sua fé lhe dava: Deus proveria.

Então, na sala de estar, com todos os meus parentes, as pessoas trocavam fatos e detalhes sobre o dia em que tudo mudou. Todos estavam envolvidos, porque todos os irmãos mais velhos de papai trabalhavam na mina. O tempo determinava a hierarquia na empresa e, como o caçula da família, meu pai tinha um dos piores trabalhos: detonar dinamite. Para fazer isso, ganhava aquele salário anual de 468 dólares. A mina estava em constante expansão, e os explosivos eram usados para quebrar o sal. Papai e outro homem foram até os recônditos mais profundos da mina. Havia duas equipes, pois brancos e Negros não trabalhavam juntos, e, obviamente, os Negros ficavam com os trabalhos mais perigosos — e a detonação era o pior de todos.

Por volta das três da tarde, meu pai e o outro homem que carregava a dinamite desceram o túnel de sal branco para a parte mais nova da mina. Os dois seguiram para as profundezas e então...

Bum!

Houve uma explosão. Uma banana de dinamite foi detonada antes da hora. Os estilhaços atingiram todo o lado direito do corpo de meu pai — um jorro de explosivo e sal lhe queimou o olho direito e estourou o tímpano.

O túnel atrás deles desmoronou, e rochas gigantes caíram sobre o outro homem, prendendo suas pernas. As lanternas que eles carregavam se apagaram, e os dois ficaram confinados em uma tumba escura como breu.

Os nove irmãos de papai ouviram a explosão da superfície da mina.

— Imploramos à administração — contou um dos meus tios. — Tipo: "Por favor, deixem a gente cavar, porque eles podem estar vivos." Mas a empresa disse: "Nada disso. É impossível alguém sobreviver a uma explosão dessas. Eles estão mortos".

A política da mina determinava que era perigoso demais cavar em busca de pessoas — Negras ou brancas — e começar a mover detritos sem saber o que mais poderia ceder. Entretanto, os irmãos do meu pai estavam desesperados, pois era o caçula deles lá embaixo. Era o Boo.

Todos foram mandados para casa. Sempre que havia uma explosão ou desabamento, não importava a hora, o incidente era chamado de "fechamento antecipado". Uma sirene era disparada e a área, evacuada. Não sei quem teve a ideia — provavelmente tio Alec, que era o mais próximo de papai em idade e temperamento —, mas todos os meus tios fingiram ir embora e então esperaram até que todos tivessem deixado a mina.

Eles pularam a cerca e ligaram o equipamento de escavação para ajudá-los nas buscas.

— Eles cavaram sem parar — lembrou o meu pai. — Até que me encontraram.

Meus tios removeram as rochas que prendiam as pernas do outro homem para libertá-lo. Ele havia entrado em choque e desmaiara. Papai estava fraco demais para andar sozinho, então seus irmãos o carregaram, assim como o outro homem, para fora da mina. Eles correram para o hospital que atendia pessoas Negras, um pouco mais ao norte da ilha.

Um médico disse ao meu pai que seu olho estava demasiadamente danificado para que voltasse a enxergar, e que também não recuperaria a audição no ouvido direito. O outro homem foi operado, e o cirurgião declarou que havia esperança de que precisasse amputar apenas uma das pernas.

Todos ainda estavam no hospital quando os administradores da mina chegaram acompanhados por policiais — que, obviamente, também eram funcionários da companhia. Todos os irmãos foram demitidos, incluindo meu pai e o homem de uma perna só, que ainda se encontrava na mesa de cirurgia. A alegação foi que meus tios desobedeceram a ordens da empresa e roubaram equipamento.

A polícia armou um circo ao prender meus dois tios mais velhos, os mineiros mais experientes da família. Eles foram chamados de "chefes da quadrilha" e acusados de "invasão e roubo".

Não sei quem deu a notícia à minha mãe. Imagino-a em casa, aquela mulher que sempre fora dona de uma fé profunda e que vivia com o constante temor de que algo terrível estivesse para acontecer. Grávida, ela ouve uma batida na porta. É alguém que diz que papai quase morreu e ainda perdeu o emprego — o que, em Weeks Island, era praticamente o mesmo que estar morto.

E meu pai continuou a contar a história.

Um homem apareceu sem avisar na casa deles pouco depois que papai saiu do hospital. Ele era branco, vindo de uma cidade distante ao Norte, e disse que queria falar sobre como fazer parte de um sindicato teria mudado tudo. Na primeira conversa, papai apenas ouviu seu discurso. Ele usava "nós" o tempo todo. "Nós", ele disse, souberam que meu pai foi demitido e que o homem que agora precisava de uma cadeira de rodas também ficou sem benefícios. "Nós", como ele repetiu, queria que papai ajudasse a organizar um sindicato para os mineiros de sal.

— Se você fosse sindicalizado, eles não poderiam ter feito isso com você — explicou o homem. — Você está cego de um olho, surdo de um ouvido e largado à própria sorte. Que tipo de acordo é esse?

Papai estava furioso demais para ouvir. A companhia percebeu que demitir dez irmãos afetou a produtividade, então decidiu recontratar os cinco mais velhos, o que deixou os mais novos com raiva dos mais velhos, que chamavam de vendidos. E os mais velhos achavam que os mais novos não entendiam que eles tinham bocas para alimentar. A companhia dividiu a família, e papai não tinha certeza de quanto tempo ainda poderia ficar em Weeks Island.

A primeira ameaça apareceu na casa dos meus pais alguns dias após a visita do homem do sindicato. Tudo o que o bilhete dizia era: PARE DE DAR CONVERSA A ESSA GENTE. Papai sabia que pessoas morriam por causa de sindicatos, mas não podia imaginar que algo do tipo poderia acontecer em Weeks Island. Mesmo assim, continuou em contato com o homem e depois levou os irmãos para uma reunião com ele. No fim, todos concordaram em se filiar ao sindicato.

A notícia chegou aos ouvidos errados.

Meus pais estavam em casa em uma certa noite, sentados em uma sala de estar idêntica à que estávamos todos reunidos enquanto ouvíamos sua história. O rádio estava ligado, sintonizado em uma estação de música gospel de Nova Orleans. O sinal era tão forte que cruzava as águas do Golfo. Flo e Butch, com quatro e um ano de idade respectivamente, dormiam no quarto.

Do nada, um coquetel molotov atravessou o vidro da janela da frente.

A garrafa se espatifou no chão, bem na frente deles. A gasolina pegou fogo ao se espalhar pelo cômodo. O incêndio tomou conta de tudo.

Meus pais conseguiram pegar meu irmão e minha irmã e, levando apenas os filhos, fugiram da casa em chamas. Papai disse que ficou parado do lado de fora enquanto assistia tudo pelo que havia trabalhado ser reduzido a cinzas.

Minha mãe puxou seu braço, dizendo que ele deveria correr. Um primo tinha um carro e os levaria para um local seguro. Com toda aquela confusão relacionada aos sindicatos, ela completou que já não era seguro esperar o sol nascer na Louisiana.

— Vou embora daqui com meus filhos — declarou minha mãe. — Não ficaremos nem mais um minuto neste lugar.

— E vocês vão para *onde*? — quis saber meu pai.

No entanto, ela já havia começado a correr, grávida e com os dois filhos a tiracolo, rumo à casa do primo.

Não havia outro lugar para onde ir, exceto o último lugar no mundo para o qual ela gostaria de voltar.

Galveston.

O plano de minha mãe era ir para a casa de sua irmã Lydia. Primeiro, eles precisavam chegar a Galveston, depois pensariam no que fazer — qualquer coisa era melhor do que ficar em Weeks Island. Naquela altura, Lydia havia se casado com o namorado, mas quando colocaram os pés em Galveston, provavelmente por volta das duas da manhã, descobriram que a "casa" de Lydia era um quarto de pensão. Receber uma mulher com dois filhos e o marido não apenas ia contra as regras do lugar, como também ela e o marido simplesmente não tinham espaço disponível.

— Procure o homem — disse Lydia à minha mãe, em seu sotaque carregado. Ela não precisou dizer quem era. — Está na mesma casa.

Slack, o ex-marido com quem minha mãe não falava havia anos. Que ela odiava. Ele era a única pessoa a quem podiam recorrer. Imagino-a ali parada, com Butch no colo e papai segurando Flo. Aquelas crianças eram tudo o que tinham na vida e não conseguiam nem mesmo um lugar para colocá-las para dormir. Minha mãe fez o que precisava ser feito e logo descobriu como Slack poderia ser útil.

A fachada da casa continuava a mesma desde que fora expulsa dali. Ela tocou a campainha.

De pijamas, Slack abriu uma fresta da porta e espreitou com descon-fiança aquela cena lamentável. Sua ex-esposa Agnes, que ele não suportava, estava ali, com uma criança de cada lado. Atrás dela, com uma mão protetora no ombro da mulher, postava-se Lumis, que ele conhecia desde menino. Lumis, que criara seus filhos.

— Não temos para onde ir — disse minha mãe.

Houve uma longa pausa. Não importa quantas vezes eu ouça essa história, sempre sinto que o destino da minha família estava em jogo naquele momento.

Slack abriu mais a porta e os convidou para dentro:

— Fiquem o tempo que precisarem.

E de fato ele os deixou entrar. Sinto que um milagre de misericórdia se manifestou de ambos os lados naquele momento: a disposição da minha mãe em ser humilde e talvez a esperança de Slack de que aquilo fosse o começo de sua redenção. Cada um escolheu fazer o que era mais difícil.

A nova esposa de Slack os ajudou a se acomodarem para a noite. Já perdi as contas de qual esposa ele estava — Slack não havia se tornado ne-nhum santo. Seguia sendo um mulherengo e um poço de mau-humor, mas se tornava mais gentil com o tempo.

Minha mãe acordou cedo na casa da qual um dia fugira. Ela se levantou e ajudou a sra. Marsh da vez com o café da manhã. Slack os lembrou de que falava sério quando disse que poderiam ficar o tempo que precisassem. Dias viraram semanas, e eles acabaram ficando lá por alguns meses enquanto reconstruíam suas vidas.

Muito tempo depois, perguntei à minha mãe:

— Como você se sentiu ao voltar para aquela casa?

— Péssima — ela respondeu sem pestanejar, como se estivesse espe-rando a chance de desabafar. — Eu não queria estar naquele lugar. Eu sentia o estômago revirar porque odiava todos os dias que passei lá da primeira vez, e odiei todos os dias depois disso também. Mas… — ela se interrompeu, deu de ombros e passou a mexer as mãos. — Ele e seu pai se deram muito bem — acrescentou, com um toque de amargura. — Slack gostou do seu pai.

E gostou mesmo. Os dois homens, tão parecidos que poderiam ser ir-mãos, tornaram-se bons amigos. Slack tinha uma dívida com meu pai por criar seus filhos como se fossem dele; meu pai devia a Slack por tê-los acolhido em sua casa. Slack operou um milagre ao arranjar um emprego para meu pai — não apenas um emprego, mas um trabalho sindicalizado como estivador. Por suas deficiências, ele era considerado inapto para a função, mas Slack arriscou o pescoço e conseguiu dar um jeito de colocá-lo no serviço. Ele lidava com as pequenas caixas que exigiam trabalho manual. Papai realmente estava longe de ser a pessoa certa para aquele serviço, mas isso ilustra bem a camaradagem entre todos aqueles homens Negros sindicalizados que trabalhavam juntos. Slack se arriscou ao ajudá-lo, mas qualquer um dos outros poderia ter delatado meu pai e feito com que ele fosse demitido.

Não havia muitas cargas leves, e era por isso que éramos tão pobres. Porém, ele recebia o suficiente para levar uma vida simples. Minha mãe encontrou uma casa que podiam pagar. Estava caindo aos pedaços, mas ela arregaçou as mangas: reformou todas as superfícies que pôde com tinta e papel de parede, arranjou algumas sementes e, começando pelas rosas, plantou um jardim.

Mamãe deu à luz o meu irmão Larry em março. No ano seguinte, veio o Skip, e, então, cinco anos depois, o grande susto — eu, a última da fila. Minha irmã mais velha, Selena, e o marido, John, mudaram-se para uma casa na esquina, e Slack Jr. começou a trabalhar como estivador com ambos os pais.

Mamãe criou um lar para nós do nada. Ela cultivou suas rosas e as fez florescer. Era assim que levava a vida.

E então, naquela sala de estar iluminada em meio à escuridão de Weeks Island, recostei-me nos braços seguros de mamãe. Ela me ergueu e fui carregada — em seus braços e em sua história — para o sono.

Acordei no canto de uma cama, com duas de minhas primas me encarando. Elas eram irmãs. Uma era bem mais alta que a outra. Eu me lembrava delas da noite anterior, mas não sabia distinguir quem era quem.

— Quer dar uma volta conosco? — perguntaram elas.

— O que vocês costumam fazer de bom? — eu quis saber.

— *Dar uma volta* — respondeu secamente a Alta, como se minha pergunta fosse idiota.

— Ah, tá bem. Vou com vocês. Só preciso ver se a mamãe deixa.

Acho que nunca pedia permissão para nada, mas, daquela vez, quis ver se ela oferecia algo melhor do que dar uma volta. Os meninos mais velhos já tinham saído para explorar a beira do manguezal, provavelmente para serem devorados por jacarés e nunca mais serem vistos. Flo conversava com uma prima mais velha sobre qualquer coisa, mas se calou quando me aproximei.

Encontrei minha mãe sentada ao sol do lado de fora com suas agulhas e linhas. Ao seu lado repousava uma pilha organizada de roupas que ela já havia remendado para a família. O ar era pesado ali, e Weeks Island não tinha uma brisa como a que soprava em casa. Imaginei como devia ser crescer naquele lugar, como ela, e torci o nariz só de pensar. Era comum eu imaginar como seria morar em algum lugar longe de Galveston, mas não ali. Às vezes, é preciso sair de casa para reconhecer onde realmente é o seu lar.

— Ainda bem que você mudou para Galveston — comentei à guisa de elogio.

Ela ergueu as sobrancelhas e voltou os olhos para o rasgo que estava costurando, dizendo apenas:

— Bom dia, Tenie.

— Bom dia, mamãe. Elas querem dar uma volta.

— Elas quem?

Apontei para a Alta e a Baixa. Quando se tem cinco anos, ninguém espera que você se lembre dos nomes. Mamãe assentiu e se levantou para me dar três moedas.

— Tenie, quero que você obedeça a suas primas hoje, está bem? — ela recomendou. — Weeks Island não é a sua casa. É a casa de outras pessoas.

Alta e Baixa me levaram porta afora, e nós descemos a ladeira cercada por casas em direção ao que chamavam de cidade. As residências tinham todas o mesmo tamanho e ficavam muito próximas umas das outras, alinhadas em fileiras ordenadas. De onde saímos, dava para ver onde toda aquela organização terminava, com o verde exuberante das árvores e o manguezal que pressionava as linhas retas daquela cidade construída em torno de uma mina de sal.

Minhas primas tinham dez e oito anos, ambas eram espertas e engraçadas e se provocavam mutuamente enquanto tentavam dar uma de guias turísticas para mim. Quando chegamos a uma piscina revestida de cimento no centro da cidade, ambas riram quando Baixa disse:

— Este é o lago. — E ela fez um gesto como se mostrasse um ponto turístico.

Ali por perto, avistei uma lojinha de esquina e lembrei das moedinhas que mamãe me dera. Talvez vendesse sorvete, o que era um atrativo por si só em qualquer lugar. Em Galveston, a sra. Sims era dona da loja de esquina que frequentávamos. Ela vendia o melhor sorvete, as casquinhas que nós, crianças, desfilávamos como troféus até derreterem sob o sol. Eu estava curiosa para ver como Weeks Island se saía nesse quesito.

Corri direto para a loja, com as meninas logo atrás. Vi algumas crianças brancas entrarem antes de mim, e Alta e Baixa pararam bem quando eu estava prestes a abrir a porta.

— Não podemos entrar agora — avisou Baixa enquanto eu estendia a mão para a porta. Ela me olhou como se eu tivesse perdido o juízo. Retribuí o olhar.

— Tenie, não podemos entrar quando há crianças brancas lá dentro — explicou Alta.

— Por quê?

— *Não podemos*, só isso — reforçou Baixa. — Temos que esperar até que elas saiam.

Elas, porém, estavam demorando *muito*.

— Não podem nos *impedir* de entrar numa loja — reclamei, já abrindo a porta. — Não *quero* esperar...

Dei um passo para dentro. A mulher atrás do balcão sibilou:

— Você precisa esperar lá fora.

Gelei. A frieza em sua voz havia sido mais aterrorizante que a ordem em si.

Do outro lado da porta, minhas primas chamavam meu nome. As duas crianças brancas estavam com balas nas mãos e me olharam com curiosidade.

A mulher colocou as palmas sobre o balcão.

— Saia. Agora.

Fiz o que ela mandou, surpresa demais para chorar ou reagir de verdade. Comecei a falar algo para as garotas, mas fui interrompida por uma delas.

— Já chega! — Cada uma de suas palavras era como um golpe duro cuja a intenção era fazer com que eu entendesse uma realidade ainda mais violenta. — Você não vai *nos* meter em encrenca.

— Tudo bem. — E, com isso, me recolhi à minha insignificância de cinco anos de idade.

Voltamos para casa apressadas. Elas usavam a linguagem secreta das irmãs: olhares rápidos, reviradas de olhos e acenos de cabeça. O que quer que tenham decidido naquele momento, era algo definitivo, porque, assim que chegamos, foram direto até nossas mães.

— Não vamos mais levar a Tenie com a gente — declarou Baixa.

— Porque ela fala demais — completou Alta.

Minha mãe e tia Mandy olharam para mim.

—Eu não... — comecei, mas a frase se perdeu. Eu não *o quê*? Não sabia dizer. Eu não era nada daquilo que a mulher da loja pensou que eu fosse. Nem o que as crianças com os doces pensaram que eu era. E muito menos o que minhas primas me julgavam ser.

Achei que mamãe fosse interceder, mas ela ficou do lado das minhas primas.

— Você não pode vir aqui e causar problemas para elas.

Só em Weeks Island me senti realmente confrontada pelo racismo. Foi a primeira vez que ele me atingiu de forma tão direta, mirando em mim com tamanha precisão que não precisava de qualquer explicação. Naquele momento, passei a ter compreensão suficiente para ligar os pontos: havia regras. Eu poderia até mesmo recitá-las: no ônibus, na praia e a que dizia que, se você estivesse andando na calçada e uma pessoa branca passasse, você tinha que desviar de seu caminho pela via. Quantas dessas regras eu conhecia sem nem me dar conta? E o que eu não sabia que poderia me ferir em um lugar como Weeks Island?

Butch entrou em casa com meus irmãos logo atrás. Ele já parecia um garoto do interior, falando como um nativo da Louisiana depois de passar apenas uma manhã ali. Eles tinham visto cinco cobras-d'água, incluindo uma que estava escamoteada em uma poça turva na escada de cascalho, na qual Skip quase pisou. A cobra sibilou, e eles saíram correndo. Minha mãe interrompeu a história deles para perguntar onde mais tinham estado e o que fizeram. Eles responderam como se estivessem sendo acusados de algo errado.

Cobras não assustavam minha mãe — ao contrário das pessoas. Fazia apenas quatro anos desde o assassinato de Emmett Till, o garoto de catorze anos de Chicago que, como tantas outras crianças, visitava parentes no Sul. Após três dias de sua chegada ao Mississippi com a família, ele foi a uma mercearia de esquina, assim como eu fizera mais cedo naquele dia. Ele comprou chicletes; eu queria sorvete. Meu irmão Butch faria catorze anos em breve. O que Emmett Till "fez"? Olhou nos olhos de alguém? Não éramos do Norte como ele, mas frequentávamos, em Galveston, as mesmas mercearias que as pessoas brancas, assim como ele fazia em Chicago.

Todos nós — incluindo Emmett Till — viajávamos no tempo e no espaço ao visitar o lugar onde viviam as famílias de nossos pais. No entanto, quando chegávamos a essas cidadezinhas, de repente era preciso mudar quem éramos. Eu via minhas primas como "treinadas" e não entendia por que não achavam errado ter de esperar do lado de fora da loja. Eu não compreendia que aquilo era uma estratégia de sobrevivência.

— Nunca se sabe o que pode acontecer — mamãe nos disse, embora parecesse estar falando para si mesma. — É preciso ter cuidado.

As mãos de minha mãe desceram para os lados do corpo e depois subiram até o peito. Senti um aperto no meu próprio peito, do tipo que surge quando se está numa piscina funda e levantamos o queixo acima da superfície. Começamos a bater os pés para impedir nosso corpo de entrar em pânico. Eu sempre havia presenciado a ansiedade de minha mãe, ouvido e visto, mas, ali, comecei a sentir o mesmo medo. Pior ainda, esse pavor parecia inato, como se estivesse presente o tempo todo, como se houvesse sido transmitido para mim com todos os seus traumas, apenas esperando para ser ativado dentro de mim.

Não me lembro quantos dias durou aquela visita. Eu mal podia esperar para voltar a Galveston e contava as horas como se fossem selos que eu trocaria por um dia mais perto de casa. Também estava acumulando histórias do interior para contar ao Johnny quando retornasse.

Butch estava feliz da vida, o Garoto do Campo, segurando galhos acima da cabeça para se equilibrar enquanto caminhava pelo pântano ou subia no barquinho minúsculo de um tio. Ele queria ficar na Louisiana — disse isso várias vezes — e eu percebia uma certa reação em meus pais sempre que ele repetia isso. Eu não sabia dizer se desejavam poder ficar também ou se apenas queriam que o filho tivesse o mesmo que eles um dia tiveram: uma vida simples, ainda que cercada de cobras e pessoas perigosas. Aquela terra era de Butch por direito, o lugar onde seu espírito se sentia em casa. Ele não merecia isso? Meus pais também não mereciam?

Minhas primas superaram a confusão que disseram que causei e voltaram a falar comigo. Eu ficava mais perto da casa da tia Mandy — e dela também. Ela era muito divertida, e, enquanto minha mãe contava histórias para explicar as coisas, tia Mandy contava histórias só por serem engraçadas. Foi dela que ouvi pela primeira vez a expressão "juntar as escovas de dente", utilizada para descrever a situação dos meus pais antes que o divórcio de mamãe fosse finalmente oficializado. Minha mãe ficou sem graça, mas estava tudo bem porque era tia Mandy quem zombava.

— Santa Agnes — ela ironizou. Eu ri e logo fui acompanhada pela mamãe.

— Antes de você aparecer, eles já tinham um lance — explicou tia Mandy. — Você sabia que sua mãe e seu pai cantavam no Canteen?

— Sério? — Eu sabia que minha mãe tinha uma voz belíssima, mas só a ouvia cantar enquanto trabalhava ou nos cultos da igreja. Eram as canções entoadas por ela que eu repetia quando cantarolava sozinha. Mas papai? Nunca o tinha ouvido cantar. — O que é o Canteen?

— Um bar — respondeu Mandy. — Seu pai era um baita cantor.

— Era um clube — corrigiu minha mãe mais que depressa. — Uma espécie de boate.

O Canteen era a pequena danceteria da ilha. Lembrei de tê-la visto quando passara pela porta com minhas primas.

— Na frente de todo mundo? — eu quis saber.

As duas riram.

— Sim — respondeu minha mãe.

— Eles eram bons — acrescentou Mandy, que nunca poupava palavras para agradar ninguém. — Eles eram muito bons.

— E o que aconteceu? — eu insisti.

Mamãe deu de ombros.

— Isso já passou, Tenie.

4

SANTO ROSÁRIO

Setembro de 1959

Apontei o lápis que minha mãe me dera e alisei a saia do uniforme. A gola branca da camisa estava engomada numa altura que roçava meu queixo se eu me movesse muito rápido. Usava uma gravata curta cruzada, que combinava com o suéter escuro. O tecido era áspero, mas me fazia sentir importante com a insígnia bordada, na qual se lia: Santo Rosário. Uma insígnia que eu ostentava com orgulho após anos vendo meus irmãos atravessarem a rua em direção à escola.

    Minha mãe tinha me deixado experimentar o uniforme uma vez, determinada a mantê-lo impecável para este momento: meu primeiro dia no jardim de infância. O primeiro sinal de que algo estava errado foi a cara fechada da irmã Fidelis. Ela era Negra, como todas as outras freiras do Colégio do Santo Rosário, e certamente a mais velha, com pelo menos oitenta anos aos olhos da minha versão de cinco. Aposto que ela já era o primeiro sinal de que algo estava errado no Santo Rosário havia gerações. Baixa e robusta, seu volumoso hábito preto girava ao redor dela a cada movimento. O rosto enrugado era emoldurado por um véu branco e encapuzado pela escuridão do manto. A irmã Fidelis tinha o terço mais longo que eu já tinha visto, frouxamente preso à cintura como uma arma pronta para disparar. Eu não sei o que eu havia imaginado na minha empolgação pelo primeiro dia de aula, mas aquilo era um campo de treinamento, e ela, nosso sargento instrutor.

A irmã Fidelis nos fazia formar fila do lado de fora antes de permitir nossa entrada. Dizia que, dali em diante, uma vez que o sino soasse, deveríamos ficar em silêncio. Primeiro as meninas, depois os meninos, e nos sentávamos nas carteiras em ordem alfabética pelo sobrenome. Ela percorria a fila de crianças, o hábito girando ao redor dela, tornando-a ainda mais imponente enquanto nos agarrava pelo queixo para girar nossos corpos na direção correta. "Silêncio", repetia incessantemente. Diziam que a irmã Fidelis poderia ter sido uma das freiras originais de 1886, quando o Santo Rosário foi fundado como a primeira escola católica para crianças Negras no Texas. As freiras também foram as primeiras mulheres Negras a ensinar no estado.

Minha mãe insistiu que eu chegasse cedo, mesmo que a escola ficasse do outro lado da rua. Pude ver meus colegas sendo levados de carro pelos pais ou descerem do ônibus acompanhados pelas mães, que vestiam elegantes uniformes de enfermeira ou carregavam as marmitas que comeriam na sala de professores na hora do almoço. Essas crianças, eu logo perceberia, eram filhos e filhas da classe média Negra de Galveston — professores, contadores, enfermeiros —, cujos pais acreditavam que um colégio particular católico era mais adequado que as instituições de ensino públicas, como a Escola Primária George W. Carver, na Zona Oeste, ou a Booker T. Washington, na Zona Leste. Eu não fazia ideia do que era classe social — apenas procurei rostos conhecidos da vizinhança, mas percebi que nenhum deles morava ali por perto.

O Santo Rosário já me parecia familiar porque vivíamos na igreja anexa. Mamãe ia à missa todos os dias, mas nós só íamos aos domingos e com mais frequência durante a Quaresma e a Semana Santa. Eu acompanhava meus irmãos enquanto cortavam a grama do pátio da escola ou ia com minha mãe quando ela levava as roupas que costurava para o coral.

— Silêncio! — ordenou a irmã Fidelis, mais uma vez interrompendo qualquer linha de pensamento infantil. Ela olhou para o alto ao ouvir o primeiro badalar do sino. — Entrem — ordenou, empurrando uma criança após a outra para dentro da sala. Encontramos nossos lugares rapidamente, e assim que sentei na carteira, pensei: "Isto é a escola". Vi a irmã Fidelis escrever seu nome no quadro-negro, de costas para nós, ornamentando os belos volteios de sua caligrafia. Eu estava admirando o arco elevado do L quando, de repente, ela congelou e baixou o giz.

— *Quem está falando?* — gritou ela.

Eu, porém, não havia ouvido nada. No máximo, um murmúrio. E não era meu.

Foi então que o garoto na carteira ao lado, que eu nunca tinha visto antes, apontou para mim. E eu, por reflexo, apontei de volta para ele.

A irmã Fidelis marchou até onde estávamos, o manto Negro girando e roçando nas carteiras enquanto ela passava. Ela nos pegou pelas orelhas, puxando com força para nos colocar de pé. Ela nos arrastou até a frente da sala. Havia uma vara sobre sua mesa, à espera daquele momento exato. O objeto era feito de madeira e tinha dois buracos.

— Estendam as mãos — ordenou ela.

O garoto imediatamente as escondeu nas costas. Ele parecia apavorado. Agora eu entendo o motivo — ele sabia o que estava por vir. Nenhum adulto jamais tinha me batido. Meus pais nunca me deram uma surra, muito menos usando uma vara.

Eu estendi as mãos.

A irmã Fidelis virou-se para o garoto, fulminando-o com o fogo dos olhos semicerrados. Por fim, ele também estendeu as mãos, já se encolhendo em antecipação à dor. Ele inclinou o corpo para trás, tentando afastar-se o máximo possível do que estava prestes a acontecer.

A irmã Fidelis desceu a vara sobre as minhas palmas abertas, e eu paralisei de dor. Tentei puxar as mãos, mas ela segurou meus pulsos com a mão esquerda, usando o indicador e o polegar como ganchos. Os dois buracos na vara fizeram um assobio agudo enquanto ela a balançava de novo — um alerta que precedia a explosão de dor. Hoje penso em como ela dominava a técnica de infligir o mal em crianças. Sabia exatamente como segurar os pulsos para manter as palmas bem abertas.

— Eu disse *silêncio* — reforçou ela na última pancada, soltando meus pulsos.

Era a vez do garoto. Quando a irmã desviou sua atenção para ele, virei-me para a porta. Minha camisa agora parecia apertada. O suéter, quente e sufocante.

"Isso não está nada bom", pensei. E corri para fora da sala de aula, em direção ao pátio, e atravessei a rua até em casa. Minha mãe resolveria aquilo.

Irrompi pela porta da frente.

— *Mamãe!* — gritei, arrancando o suéter.

Eu não conseguia descrever o que havia acontecido — não sabia que palavras usar —, então mostrei minhas mãos para que ela pudesse ver o estrago, na esperança de que aliviasse a dor que queimava.

— Isso não está nada bom — eu disse, por fim. Meus pés dançavam involuntariamente para tentar dissipar o ardor. — Eu não... — eu passei a sussurrar. — Eu não quero voltar.

Minha mãe olhou para minhas mãos. Ela sabia exatamente o que tinha acontecido. Ela intercederia por mim. Iria até a escola, e que Deus fosse misericordioso com as freiras, porque a irmã Fidelis precisaria de toda ajuda celestial possível quando minha mãe a encontrasse. Tudo o que ela fazia pela igreja, todo o trabalho que obrigava meus irmãos a fazerem, todas as vezes que meu pai dava carona quando alguém do Santo Rosário precisava ir a algum lugar. Nunca mais.

Quando minha mãe não disse nada, peguei meu suéter. Pensei que ela não tivesse entendido o quanto eu estava falando sério.

— Eu não vou voltar — declarei.

— Bem, essa não é uma opção — rebateu ela.

Fiquei confusa. Meus pais nunca me mimaram ou cederam aos meus caprichos. Eu era uma criança impulsiva e hiperativa, e eles impunham uma rígida estrutura de certo e errado, deixando-me lidar sozinha com as consequências. E eu confiava nesse método pois tinha certeza de que eles sempre ficariam do meu lado se alguém fizesse algo contra mim. Eram meus guardiães.

— Mamãe — supliquei, enquanto ela colocava o suéter sobre a minha cabeça.

— Tenie. — O tom dela era persuasivo enquanto ajeitava a gola. Foi até o espelho e ajustou o próprio vestido, certificando-se de que também estava impecável para sair de casa. — Vamos.

Eu acreditava que ela sempre cuidaria de mim. E, a cada passo em direção à porta do Santo Rosário, achei que ela provaria que eu estava certa. Só que não foi bem assim. Meu coração batia forte no peito, subindo até a garganta, quando a irmã Fidelis apareceu à porta com os olhos carregados de desprezo por nós duas.

— Celestine — disse ela, pronunciando "Sulluh-steen", como sempre fazia. Minha mãe não a corrigiu. Nem disse para nunca mais encostar as mãos na filha dela. Pelo contrário, obrigou-me a pedir desculpas por ter fugido. Depois, voltou para casa. Ela sequer olhou para trás. Esperei que o fizesse, mas isso não aconteceu.

Sozinha comigo do lado de fora da sala, a irmã Fidelis se abaixou até que seu rosto ficasse na altura do meu. Uma mulher velha e pequena diante de uma menina alta.

— Se você soubesse... — disse ela. E então, incapaz de resistir ao demônio cruel que sussurrava sobre seu ombro encurvado, completou com frieza: — Seu lugar não é aqui.

— Ouvi dizer que elas raspam a cabeça quando se tornam freiras — contou Marlene, enquanto esperava sua vez de pular corda. Naquelas primeiras semanas, Marlene era considerada a especialista em irmã Fidelis porque sua mãe havia sido aluna dela e lhe havia contado que a freira sempre tivera pavio curto.

— Será que raspam a cabeça antes de arrancar os peitos fora? — perguntou Patricia, a quem chamávamos de Tricia, terminando sua vez com um salto. Essa era outra teoria: quando as garotas entravam para o convento, arrancavam os peitos.

— Ai, meu Deus — eu disse. — Não acredito nisso. — Tampouco conseguia imaginá-las com uma vida antes do hábito. Elas eram figuras disformes que flutuavam pelos corredores com as mãos cruzadas sobre o peito e diziam na sua cara que sabiam o que você estava pensando.

Nós, crianças, estávamos todas no mesmo barco. E eu tive a sorte de fazer amigos enquanto navegava o mundo pela primeira vez sem as outras crianças da minha família por perto. Desde cedo, fui do tipo que fazia amizades com meninas. E talvez o fato de eu ter sido a primeira vítima da irmã Fidelis tenha despertado um pouco da empatia de minhas colegas.

O padrão se manteve nas semanas seguintes, embora ela nunca mais tenha me batido. Acho que eu fiz um estardalhaço tão grande que logo entenderam que eu não era do tipo que levava desaforo para casa. Entretanto, as freiras se tornaram mais criativas: me obrigavam a ajoelhar num canto ou a ficar em pé debaixo do sol, equilibrando livros na cabeça. A irmã Fidelis me pegava para Cristo junto com um garoto, Glen, cujo pai era barbeiro. Era sempre ele ou eu. Pegavam tanto no pé dele que foi a primeira vez que senti pena de outra criança. Um sentimento terrível, pois reconheci-o no olhar que os outros alunos às vezes lançavam a mim.

A irmã Fidelis sempre garantia que a turma inteira pudesse nos ver quando expulsava Glen e eu da aula.

Tentei puxar conversa com ele sob o sol escaldante, qualquer coisa para me distrair enquanto meus braços tremiam.

— Vamos dizer que estávamos rezando — sugeri.

Glen, no entanto, estava morrendo de medo, então desisti.

Cada vez que eu recebia um castigo, corria para casa. Pela primeira vez, a menina que sempre corria *para* algum lugar começou a correr *de* algum lugar.

— Mamãe, o que é "vaidosa"?

Eu chorava na soleira. Minha mãe aprendeu a não me deixar entrar em casa sempre que eu fugia da escola. A irmã Fidelis tinha acabado de me chamar disso.

— Que você se acha muito bonita — respondeu minha mãe enquanto abotoava meu casaco para me levar de volta.

Ah, eu pensei, decidindo ali mesmo que nunca mais deixaria que pensassem que eu era vaidosa. Seria mais fácil se elas pensassem que eu já sabia que não era boa o suficiente. Assim, não precisariam se esforçar tanto para me lembrar disso.

Mamãe aperfeiçoou a manobra de me levar de volta para a escola quando eu fugia. Quando eu olhava para ela em busca de compreensão, ela retribuía com um olhar triste e amedrontado.

Será que eu realmente acreditava que algo pudesse comovê-la? Sim, acreditava. Sinceramente, todas as vezes, eu pensava que minha mãe se redimiria comigo ao tomar uma atitude. Que o amor que sentia por mim seria maior, e qualquer controle que as freiras e a igreja exercessem sobre ela cederia diante de mim. Até tentei convencer meu pai a me ajudar — ele não suportava as freiras. Levava-me com ele quando as transportava como motorista e me deixava sentar no banco da frente, ao lado dele, agindo como se elas fossem invisíveis. Eu dizia a mim mesma que ele estava mostrando às freiras que eu estava sob sua proteção.

Mamãe ia à missa todos os dias às sete da manhã, sete dias por semana, 365 dias por ano. Só deixava de ir se estivesse hospitalizada — e, mesmo assim, fazia com que levássemos seu livro de orações e rezássemos o terço para ela. Aos domingos, nossas famílias compareciam em peso, reunindo-se nos lugares habituais. Ocupávamos cinco ou seis filas. Perto de nós sentava-se o primeiro marido de mamãe, Slack, que todos agora chamavam de Paizão; sua esposa, tia Terry; e os filhos Andre, Brandon, Steve e a bebê Sharon, que eram como irmãos para mim. Minha irmã Selena — sempre a ponte que nos unia como família — levava seus oito filhos. Eu me sentava ao lado do meu sobrinho Johnny, a menos que mamãe decidisse que devíamos ficar separados. Havia um monte de rituais envolvidos, e isso era exaustivo para uma criança pequena.

Nos cultos católicos, a Sagrada Comunhão é a mais importante profissão de fé. É ao mesmo tempo o alicerce e o ápice da crença — o verdadeiro motivo pelo qual todos estão lá. Caminha-se até o altar para receber a hóstia, a Eucaristia, como sinal de adoração mútua entre o fiel e Deus. Ele está presente na hóstia, e a pessoa demonstra que é digna de levá-lo consigo para o mundo. Se não for digno em vida, não participará da eterna aliança na morte.

— Tomai todos e comei — dizia o padre, segurando a hóstia. — Isto é o meu corpo, partido por vós.

Nem todos. Eu ajoelhava ao lado de minha mãe enquanto os outros recebiam a comunhão. Crianças precisavam ter sete ou oito anos para serem consideradas dignas da Primeira Eucaristia, e eu sempre morria de inveja porque Flo e meus irmãos mais velhos já a recebiam. Eles voltavam solenemente pelo corredor, parecendo modelos experientes numa passarela, tão adultos.

— Pode ir — falei para minha mãe em um domingo daquele inverno. Achava infantil ela ficar comigo. Eu não precisava de babá na igreja.

— Não posso — sussurrou.

— Claro que pode — insisti. Eu via o mundo com os olhos de uma criança; mundo esse que girava em torno do meu umbigo.

— Não, Tenie. Não me permitem.

— Por quê?

— Xiu.

Não me calei.

— Como assim não permitem?

— Tenie, se você não... — ela suspirou. — Depois.

Confrontei-a mais tarde, quando fomos dar uma volta. De maneira apropriada para a minha idade, mamãe me explicou que era porque ela era divorciada e, segundo a Igreja, isso a desqualificava para receber a comunhão. Era uma regra rígida.

Aquela mulher — a católica mais fervorosa que existia — rezava de joelhos, mesmo sendo considerada indigna de participar daquilo que todos os outros compartilhavam no altar. Enquanto isso, ela via o ex-marido, Paizão — que já tivera inúmeras esposas —, comungar sem o menor problema. E papai? Ele nos envergonhava com o cheiro forte de álcool do dia anterior. E os palavrões eram vírgulas para ele. Não fazia mal a ninguém, mas comparado a Santa Agnes? Aquela que tanto fazia pelo Santo Rosário?

Anos mais tarde, fiquei com raiva, mas, aos cinco anos, eu só via minha mãe recebendo a mesma mensagem que a irmã Fidelis jogara na minha cara: aqui não era o nosso lugar.

A irmã insinuava que as freiras sabiam algo sobre mim que eu desconhecia. Estava sempre na ponta da sua língua bifurcada, até mesmo quando devolvia um exercício de caligrafia:

— Se você soubesse — ela dizia —, daria graças a Deus por estar aqui.

Eu era diferente das outras crianças. Nas segundas-feiras, elas falavam sobre o sábado que passaram no Pleasure Pier, um parque de diversões à beira-mar, e um menino se gabava de ter comido tantos doces que vomitou. Parecia que ouviam "não" com menos frequência do que eu. Não sabiam o que era ouvir "não podemos pagar por isso". Eu sentia um pouco de inveja, mas o que realmente me afetava era perceber algo que não conseguia entender.

Como podíamos ter os melhores vestidos de Galveston, eu estudar em uma escola particular e, ainda assim, nunca termos dinheiro para fazer nada?

A verdade é que meus pais eram praticamente servos contratados do Santo Rosário, trocando trabalho pela minha educação e a dos meus irmãos. Por isso, meu pai era o motorista que estava sempre à disposição das freiras. E minha mãe costurava qualquer peça que fosse necessária tanto para a igreja quanto para a escola. E por isso meus irmãos limpavam todos os cantos do pátio. Era um sacrifício enorme trabalhar e humilhar-se para que os filhos e netos recebessem educação.

Apesar de tudo, minha família era útil para as freiras. Nas sextas-feiras, coroávamos a imagem da Virgem Maria. Escolhiam uma menina, e, no final do dia, ela colocava um vestido branco e um pequeno véu, que a faziam se sentir como uma noiva. Ela caminhava até a imagem com uma coroa de flores. A escola inteira assistia enquanto a consagração cantava "Mary We Crown You with Blossons Today".

Numa quarta-feira, vi a irmã Fidelis conversando com outra religiosa. Depois de alguns minutos, a freira veio até mim.

— Você tem um vestido branco? — perguntou, com sua voz surpreendentemente doce.

— Não sei — respondi. — Mas, se eu não tiver, a mamãe fará um para mim.

Fui para casa vibrando, e mamãe percebeu aquela energia feliz de que tanto sentia falta. Fomos direto à loja de tecidos. Ela procurou entre os retalhos de tecidos de noiva até encontrar os pedaços perfeitos para criar algo belíssimo. Aquilo era o auge da minha vida até então. Vi mamãe trabalhar naquela noite, e ela continuou até a tarde de quinta-feira. Quando as freiras me trataram mal naquele dia, pensei: "Eu sei que sou adorável. Sei que nenhuma de vocês me odeia de verdade, ou não teriam me convidado para coroar a Virgem Maria amanhã".

Mamãe aperfeiçoou cada detalhe do vestido, deixando-o pronto para sexta-feira.

— Ah, Tenie — disse ela, orgulhosa, quando eu o experimentei. E ela estava certa; era sua obra-prima. Colocou nele todo o amor e todos os desejos de uma vida inteira, criando algo à altura da ocasião. Algo digno de toda admiração.

Fui para a escola levando o vestido para trocar somente na hora da cerimônia, mais tarde naquele dia.

— Certo — disse a irmã Fidelis quando o viu. Ela chamou outra freira. Levantou o vestido, e eu vi a turma se aproximar para olhar.

Então, ela levou o vestido até Linda Kendeson e o segurou na frente dela.

— Linda — disse a freira. — Você vai coroar Maria hoje.

Linda era uma menina muito doce e, diga-se de passagem, havia acabado de passar por uma tragédia horrível. Sua mãe morrera repentinamente, mas esse era um assunto proibido na sala. Ela ficou afastada das aulas por um tempo. Fomos instruídos a ser gentis com ela, mas sem mencionar o ocorrido.

Eu queria vê-la feliz, mas não entendi o que estava acontecendo. Tampouco Linda, mas seu sorriso incerto foi o suficiente para a irmã Fidelis justificar o que estava fazendo comigo.

— Não quero que ela use o meu vestido — falei, mais alto do que esperava que saísse.

— Ah, veja só você. Tinha que ser. — A irmã Fidelis olhou para a outra freira, que assentiu, como se essa fosse a confirmação que faltava. — Você é a garotinha mais egoísta do mundo. Tem uma porção de vestidos lindos, e esta aqui acabou de perder a mãe. Você é má. Seu espírito é ruim.

Chorei, mais de vergonha do que de desapontamento. Não esperei pelo recreio para correr para casa. Quando contei para mamãe, vi um brilho se apagar em seus olhos também, mas só por um instante. Ela me pôs sentada no sofá, me abraçando e me posicionando de forma que eu não pudesse ver seu rosto.

— Bem, Tenie, de fato você tem uma porção de vestidos lindos. *E* você tem a sua mãe. — Ela me abraçou com força. — Linda não tem nada disso. Então você deve ser gentil. Deixe-a usar o vestido.

— Mas é o meu vestido.

— Então dê a ela o *seu* vestido. Porque podemos fazer outro para você. Não podemos fazer outra você, nem outra eu, e não podemos fazer outra mãe para Linda. Dê o vestido para ela.

Gostaria de dizer que assenti com a serenidade da Doce Virgem Maria enquanto concordava, mas estaria mentindo. Eu ainda não queria dar meu vestido para Linda, e não via por que deveria me envergonhar por ser uma menina má. Uma menina boa simplesmente cederia. Já uma menina má ficaria tão brava quanto eu estava.

— Mamãe, você deveria ir comigo à escola para pegar meu vestido de volta.

Ela me levou até lá, e, quando me entregou à irmã Fidelis, não apenas disse que não havia problema em Linda usar o vestido, como também que Linda poderia *ficar* com ele.

— A senhora pode deixar a Tenie coroar Maria na semana que vem? — perguntou mamãe.

— Vamos deixá-la algum dia. — A irmã Fidelis prometeu algo que não iria cumprir. Enquanto mamãe caminhava de volta, com os ombros caídos, virei-me, mas não sabia para onde olhar. Meus olhos pousaram nas mãos da irmã Fidelis, que esfregava uma das contas do terço como se fosse seu último centavo.

Ela se inclinou ligeiramente em direção ao meu ouvido:

— Vamos acabar com esse seu espírito rebelde.

Naquele dia, vi Linda Kendeson usar o vestido que mamãe fizera para mim, radiante, marchando em direção à imagem da Santa Virgem Maria. Vendo-a, senti algo que não esperava. Fiquei feliz por ela; orgulhosa de que meu sacrifício tivesse proporcionado um momento de alegria para ela.

Uma lição foi profundamente gravada em mim naquele instante: renunciar a coisas muito importantes para mim me fazia sentir muito bem.

5

REIVINDICANDO NOSSO PODER

Quando contei a Johnny sobre meus problemas na escola, ele pareceu entendê-los em um nível mais profundo do que o resto da família, não só porque ele sabia do que a irmã Fidelis era capaz, mas porque ele tinha uma vaga noção de como era se sentir um estranho dentro do próprio lar. Ele começou a me chamar de Lucy, por causa de Lucille Ball, do seriado *I Love Lucy*, que estava sempre se metendo em encrencas. Às vezes, ele murmurava o apelido enquanto tirava folhas do meu cabelo depois que eu dava quinze cambalhotas só para provar que conseguia, ou gritava enquanto apressava seu andar descolado para me alcançar quando eu me esticava demais em um galho e precisava ser resgatada.

Depois que completei seis anos em janeiro, todos nós nos preparávamos para o aniversário de dez anos de Johnny, no dia 10 de março. Dois dígitos. A expectativa pelo seu décimo aniversário deixava meus irmãos inquietos. Johnny carregava sua confiança de sempre, e ninguém em nossa família o pressionava a "ser menos gay". Naquela época, o termo usado era "maricas", mas, entre nós, nunca ouvi ninguém chamá-lo assim. Ninguém o desrespeitava, e acredito que isso se devia ao fato de que sua mãe o tratava com todo o respeito, assim como a minha. Elas o aceitavam como ele era, tanto quanto tinham palavras para isso naquele tempo.

Meus irmãos, no entanto, conheciam o mundo dos meninos do ensino fundamental e temiam o que poderia acontecer com Johnny. Eles eram superatletas, e definiam seu status social pelos esportes. Era assim que os garotos se comunicavam — ou não — entre si: simplesmente caminhando até uma quadra e começando um jogo de basquete. As provocações que acontecessem ali não eram levadas para fora do jogo. Ver meus irmãos jogando me fazia lembrar de como Johnny e eu nos comunicávamos. Bastava um olhar e os olhos do outro seguiam até o ponto certo, onde havia uma brecha a ser aproveitada. Com Johnny e eu, as oportunidades eram para conversar, rir ou notar algo incrível; com eles, era dar um passe para fazer uma cesta ou mostrar do que seus corpos, ainda em fase de crescimento, eram capazes.

Com as melhores intenções, meus três irmãos e os dois irmãos de Johnny, Tommie e Ronnie, decidiram levá-lo para jogar basquete. Ele topou, indo para a quadra do Santo Rosário comigo seguindo atrás deles. Sentei-me de pernas cruzadas ali por perto para observar.

Johnny tentava, correndo de seu jeito natural, sem querer dar uma de machão. Quando arremessava a bola, soltava um "aaah" agudo pelo esforço, soando como algo entre Lena Horne e ele mesmo. Usava o humor para manter a dignidade.

— Seja homem, Johnny — disse Skip. — Seja homem!

— Pegue a bola e arremesse — acrescentou Ronnie.

Eles nunca falavam assim com ele, mas essa era a linguagem da quadra. Essa era a cultura, e eles estavam convencidos de que Johnny precisava aprendê-la também.

— Seja homem — alguém repetiu, com desdém e impaciência, do jeito que falaria com um amigo no jogo.

Só que aquele era Johnny. Ele olhou para baixo por um segundo e disse calmamente, mais para si mesmo do que para os outros:

— Não gosto de nada disso.

Fim de papo. Levantei-me como se fosse tirar alguém dos trilhos de um trem, tão dramática quanto possível.

— Deixem o Johnny *em paz* — gritei, a heroína resgatando seu príncipe ferido. — Ele não quer jogar!

— *Lucy* — disse ele, exasperado, e eu ri. Os outros, porém, se mantiveram sérios. Eu era a guardiã de Johnny, mas os garotos achavam que também estavam protegendo-o. Atrás de Johnny, um garoto bonito se aproximou da quadra. Johnny seguiu meu olhar até ele. Era mais velho, primo de alguém, e lançou para meus irmãos o olhar típico de quem quer jogar. Sem dizer uma palavra, entrou no jogo, tomando o lugar de Johnny, e eles retomaram a partida.

Nós dois fomos para a casa da minha mãe, e eu imediatamente comecei a falar sobre como eles o haviam obrigado a jogar quando ele não queria.

— Eles estavam zombando dele.

— É sério, Johnny? — perguntou minha mãe.

— Não — disse ele. — Nada disso. Só não gosto de basquete.

Minha mãe fez uma pausa.

— Johnny... Como você pode... — Ela parou de falar. — Aqui. Venha.

Ela acenou em direção à sua mesa de costura, deixou que ele se sentasse em sua cadeira e puxou outra para si mesma. Esse era o seu modo "consertadora", com os movimentos rápidos e eficazes que fazia quando assumia um projeto.

— E se você fizer roupas para eles, Johnny? Eles vão adorá-lo. Não vão zombar de você.

Ela sabia o que os valentões da escola podiam fazer e entendia que ele precisava de uma armadura. Pegou as mãos dele e o guiou no caminho de um ponto de costura.

— Sei que você tem muita imaginação — continuou ela. — E sei que tem bom gosto. Se fizer roupas para eles, farão qualquer coisa por você.

Ela o ensinou a costurar, e a mãe dele, Selena, lhe dava aulas de reforço diárias. Costurar foi a porta de entrada para inúmeras possibilidades, permitindo-lhe dar vida às peças que tinha em mente. A visão já estava lá, e Johnny começou a fazer peças sofisticadíssimas ainda jovem. Nos anos 1960, ele desfilava com as roupas mais ousadas, primeiro criando-as para a família, depois para quem nos parava na rua perguntando: "Onde você comprou isso?". E sim, suas habilidades fizeram com que fosse adorado. Os garotos mais descolados pediam que ele fizesse roupas para eles, pagando em dinheiro vivo e também com proteção. Ninguém jamais o xingou, e ele entrou na adolescência em segurança — exatamente o que minha mãe, sua avó, desejava.

Mesmo assim... vejo quão limitada essa esperança era. Minha mãe não podia sonhar por ele além da sobrevivência, porque não foi apenas costurar que ela lhe ensinou: aquilo era o jeito dela — e eu não sabia na época — de conquistar amor. No esforço de nos manter seguros, ela nos ensinava que só seríamos amados na medida em que fizéssemos as pessoas se sentirem bem. E a única forma de provar nosso valor era demonstrá-lo aos outros.

Saber costurar nos abriu portas e nos deu segurança, mas, no fim das contas, ainda era uma troca. Minha mãe me ensinou muitas coisas, mas essa foi uma lição que levei quase a vida toda para desaprender.

Em 10 de março de 1960, noite do décimo aniversário de Johnny, Flo foi a um baile na Central High. Todos nós sabíamos que nossa escola — era assim que a chamávamos, não importava quantos anos você tivesse — era tão boa quanto a Ball High, a escola pública para brancos, e, em alguns aspectos, até melhor. Qualquer falta de investimento que nossa escola tivesse em comparação à dos brancos, a Central compensava com a qualidade do ensino. Por exemplo, o diretor, Dr. L. A. Morgan, tinha doutorado, e os professores lutavam para conseguir um dos cobiçados cargos e permanecer neles. O currículo era rigoroso, abordando até mesmo temas universitários. E, ao contrário da Ball High, a Central ganhava campeonatos estaduais de futebol, beisebol, basquete e atletismo. Flo estava no segundo ano e era muito popular, o que a tornava quase uma celebridade em todos os desfiles e jogos. Eu mal podia esperar para seguir seus passos.

Aquele não era um baile qualquer. Aproveitando que todos os estudantes ainda estariam na cidade na véspera das férias de primavera, Kelton Sams, um aluno do terceiro ano da Central, finalizava os preparativos para organizar um protesto não violento no dia seguinte, na lanchonete da Woolworth, no centro de Galveston. Um mês antes, estudantes do ensino médio haviam começado um movimento de *sit-ins*[*] no Sul, começando na historicamente Negra Escola Técnica e Agrícola da Carolina do Norte. Em três meses, o movimento se espalhou para mais 55 cidades, com alunos arriscando a vida para mudar a história.

Os colegas de Flo queriam enfrentar essa humilhação em Galveston. Kelton organizou um encontro com um seleto grupo de alunos da Central High no dia seguinte, na F. W. Woolworth's, na Market Street, no centro da cidade. O dinheiro deles era bom o bastante para todas as outras seções da Woolworth's — por que não na lanchonete? Quando se sentaram e pediram atendimento, a garçonete os chamou *daquilo* e se recusou a atendê-los. O gerente fechou o restaurante e até mesmo removeu os assentos próximos ao balcão. Mais e mais estudantes chegaram, e, com a escola em recesso, os alunos da Central High souberam do ocorrido pelo rádio e ocuparam os balcões de lanchonetes ao redor da cidade — McCrory's, Walgreen's, Kress. Minha irmã Flo participou dos *sit-ins* que o *Galveston Daily News* classificou como uma invasão de "negros sentados". Talvez para apaziguar Galveston, o jornal publicou que "muitos Negros foram vistos em postos de gasolina, enchendo o tanque antes de voltarem para Houston". Eles queriam descartá-los como agitadores de fora, mas eram os jovens de Galveston, como Kelton e Flo. E, poucas semanas depois do compromisso assumido por esses jovens, em abril, a Woolworth's cedeu, assim como outras lojas com lanchonetes, fazendo de Galveston a primeira cidade do Sul a acabar com a segregação no ato de comer um hambúrguer em paz.

Minha mãe sabia dos riscos e proibiu minha irmã de participar de outros *sit-ins*. Em setembro, Flo soube de uma ação planejada para aquela tarde, na recém-inaugurada lanchonete Dairy Queen, na esquina da rua 26 com a Broadway. Haviam construído uma janela nos fundos, onde os Negros deveriam pegar seus lanches, presumindo que aceitaríamos isso. Kelton Sams

---

[*] Um *sit-in* ou *sit-rown* é uma forma de protesto na qual uma ou mais pessoas ocupam uma área para reivindicar mudanças políticas, sociais ou econômicas. Os manifestantes recusam-se a abandonar o local a menos que suas demandas sejam atendidas. (N. E.)

estava organizando o protesto e disse que, daquela vez, as chances de estudantes serem presos eram grandes.

Não sei o que levou minha mãe a suspeitar que minha irmã estava tramando algo. Santa Agnes era onisciente — passiva, mas o olho que tudo via.

— Nem pense em ir lá — repetiu ela inúmeras vezes. Minha mãe sabia que algumas facções do establishment branco de Galveston viam a nossa vitória na Woolworth's como um placar que precisava ser empatado com sangue.

Quando Flo não respondeu, minha mãe armou um plano para me colar nela — uma pestinha da primeira série que quando voltasse para casa contaria tudo que a irmã havia feito.

— Tenie vai com você hoje — disse ela. — Tenie, não deixe sua irmã ir nesse protesto.

Flo manteve-se calada, até que, finalmente, minha mãe foi direto ao ponto:

— *Não vá.*

Flo me levou para fora e confessou:

— Eu vou.

Ela me deu uma escolha: eu podia ficar ou podia ir com ela. Peguei a mão de minha irmã.

Encontramos um grupo de amigos e fomos até a Dairy Queen. O cenário já estava armado. Kelton Sams fez alguns colegas comprarem hambúrgueres pela janela dos fundos, porém entrariam para comê-los. Cada vez mais pessoas Negras tomaram seus lugares. O dono da franquia ficou furioso e chamou a polícia para prender todos por vadiagem.

O que me lembro agora vem em flashes: recordo-me dos policiais chegando e, então, levando uma das garotas que estava conosco. Vi cerca de dez jovens no chão, algemados com as mãos nas costas. Alguns sentados, outros deitados.

Um policial tentou levar Flo e agarrou-a pelo braço. Comecei a chorar imediatamente — um choro falso — e pedia, aos berros:

— Por favor, não leve minha irmã!

Eu estava morrendo de raiva, mas algum instinto me disse para fazer uma cena de criança chorosa, ranheta e barulhenta, de modo que os policiais não me quisessem por perto. Fiz uma disputa de cabo de guerra com o policial agarrando um dos braços de Flo, até que ele cedeu, com cara de nojo. Puxei Flo para mim, meio que subindo nela, meio que puxando-a para baixo — uma atuação digna de Oscar. Ele se inclinou para ficar bem próximo dos nossos rostos e gritou com um bafo quente e áspero:

— Deem o fora daqui agora! — Foi o que fizemos. Treze jovens foram presos. As acusações de vadiagem foram rejeitadas por um juiz semanas depois, mas, mesmo assim, o *Galveston Daily News* publicou uma lista com os nomes completos e os endereços de todos os estudantes do ensino médio tratados como criminosos por sentar para comer um hambúrguer.

Jurei de pés juntos à Flo que não contaria nada à mamãe, mas, assim que chegamos em casa, disparei:

— Ela foi àquele *sit-in* que você disse para ela não ir!

Minha mãe ficou furiosa com Flo.

— Você não colocou só a si mesma em risco. Eles poderiam ter levado a Tenie para a cadeia também!

Minha irmã realmente não me suportava, e agora eu sabia o motivo. Eu sempre a dedurava. Mesmo quando ela fazia a coisa certa.

A fofoca começou perto da hora da saída. Um garoto chamado Lee veio até mim e Tricia, quase sem fôlego de tanto repetir a mesma história. Ele ouvira sabe-se lá onde que uma freira estava espancando um aluno da quarta série com uma régua, e ele tomou a régua dela.

— Ele a chamou de puta!

— Mentira! — reagi. Era impensável. Tomar a régua de uma freira e ainda chamá-la daquilo? A pessoa seria excomungada no mesmo instante. Era terrível, horrível… e a melhor coisa que eu já tinha ouvido.

O carro do meu pai estava na entrada de casa, e eu sabia que ele deveria estar trabalhando naquele dia. Pensei que minha mãe pudesse ter passado mal de novo e apressei o passo. Entretanto, ambos estavam na sala de estar. A coisa era séria, porque minha mãe parecia esgotada, como se estivesse prestes a desabar no sofá. Meu pai exalava a fumaça de seu Winston como se socasse o ar.

— O que está acontecendo? — eu quis saber.

— Nos deixe a sós um pouquinho, Tenie — respondeu minha mãe.

Eles continuaram sem dizer nada, e eu fui até o meu quarto para me trocar. Skip estava no quarto dos meninos, ainda de uniforme. Ele normalmente o tirava assim que podia.

— Skip, por acaso você...

Ele virou-se para me olhar, e parecia bem demais para alguém cuja alma queimaria pela eternidade. Meu irmão me contou que estava na aula quando pensou numa piada. Isso o fez dar uma risadinha, mas a irmã o ouviu e o chamou para a frente da sala. Ela o fez encarar a turma, ficou atrás dele e baixou suas calças.

— Na frente de todo mundo? — perguntei.

— Sim, na frente *de todo mundo* — confirmou ele, com os olhos arregalados. — Então ela começou a me bater com a régua. E eu não sabia o que fazer, porque queria levantar minhas calças, mas ela não deixava. Então tomei a régua dela.

— E você a chamou de puta?

— Aham.

Olhei mais de perto para Skip, pensando se devia informá-lo de que estava condenado à danação eterna, mas ele parecia orgulhoso.

— Tenie — disse ele —, todos na sala aplaudiram.

Não me importava se Skip iria para o inferno. Eu estaria com aquelas crianças que o aplaudiram no caminho para lá, e de mãos dadas *com ele*. Ele havia defendido todos nós.

Meus pais estavam na porta do quarto. Todos nós deveríamos ir para a igreja para conversar com o padre. As freiras haviam decidido que Skip estava possuído, e o padre teria que exorcizar o demônio do corpo dele. Minha mãe repetiu o que elas disseram, acreditando em cada palavra e agarrando-se à ideia de que a culpa era de Satanás e não do filho. Nem das freiras, que de tanto o machucarem fizeram com que aquilo acontecesse.

Meus pais me levaram junto, e marchamos lentamente até a Igreja do Santo Rosário como se fôssemos para um paredão de fuzilamento. O padre rezou sobre Skip, expulsando os demônios, enquanto as freiras, ajoelhadas e de cara fechada, murmuravam em solidariedade. Elas sequer nos dirigiram a palavra, desviando o olhar até que o padre aspergiu água benta na cabeça de Skip. O demônio fora exorcizado — ou minha família já havia sido humilhada o bastante. De qualquer forma, todos pareceram satisfeitos.

Minha mãe agiu como se aquele fosse o pior dia de sua vida, e talvez fosse mesmo. Entretanto, a recompensa de Skip foi se tornar uma espécie de herói na escola. Ele nunca mais precisou esperar em filas — os outros alunos o deixavam passar na frente, e os mais jovens abriam caminho para ele nos corredores.

As freiras retaliaram de milhões de maneiras. Comecei a me sentir cada vez mais prisioneira no Santo Rosário, contando os dias, que se arrastavam ao longo dos anos, para a liberdade. Parei de sair correndo, porque isso só me fazia sentir pior quando minha mãe não estava lá para me defender. Consegui escapar das freiras e ter uma professora "normal" por um tempo. Porém, na segunda série, voltei para as freiras. Elas continuaram a me pegar para Cristo — a filha do estivador, privilegiada por estudar ao lado dos filhos de famílias bem-sucedidas.

Comecei a ter sonhos com bruxas. Eu estava de uniforme enquanto as bruxas me cercavam, zombando de mim por ser tão idiota, tão burra que não conseguia vê-las escondidas nos hábitos das freiras. Elas fingiam ser tementes a Deus para atrair meninas estúpidas ao inferno. Nos sonhos, eu era separada da minha família, mas, às vezes, eles estavam lá, assistindo a tudo sem mover um dedo para me ajudar. Passei anos sonhando com as bruxas do Santo Rosário e ainda mais tempo desaprendendo as lições ensinadas a uma menina que se tornaria uma mulher que nunca era boa o suficiente.

Crianças são como argila: podem ser moldadas, mas também quebradas. Na quarta série, planejaram um grande evento para novembro, e solicitaram à minha mãe que fizesse todos os trajes para as meninas, é lógico, e ela encontrou os tecidos vermelhos e pretos mais bonitos para elas.

— Criem uma coreografia de dança espanhola para a apresentação — informou uma freira depois da aula. Ela escolheu duas garotas para serem as bailarinas principais e saiu, então pus-me a ensinar os passos a elas. Do nada, me tornei coreógrafa, instruindo-as da mesma forma que fazia com minhas sobrinhas, que eram pequenas naquela época.

— Um, dois, tchá-tchá-tchá — entonei, jogando uma das pernas para o lado e movimentando a saia. Estávamos realmente pegando o jeito. Agarrávamos a barra dos saiotes do uniforme e a levantávamos até a altura do joelho para girá-la ao ritmo da música que criamos.

Duas freiras voltaram e uma delas bateu a porta. Congelamos.

— Tinha que ser *você* — gritou uma delas. A mesma que me pedira para fazer a coreografia. — Você... você é uma *pervertida*! Por que está ensinando-as a tirar a roupa assim?

— Oi?

Não entendi nada. As duas freiras vieram em nossa direção, agarrando primeiro meu pulso e puxando uma das outras meninas para nos levar para o vestiário. A outra garota ficou do lado de fora. Elas nos fizeram levantar os vestidos, mostrando nossas roupas íntimas, e começaram a nos bater com varas. Foi humilhante, um trauma ainda maior do que aquele que sofri no primeiro dia no Santo Rosário.

As freiras, começando pela irmã Fidelis, fracassaram. Não conseguiram acabar com meu espírito rebelde. Sempre que chegavam perto disso, quando até minha mãe tentava me reprimir com suas boas intenções, algo acontecia e me mostrava que eu deveria resistir: Johnny tentando jogar basquete e sendo corajoso o suficiente para desistir; Skip tomando a régua usada para machucá-lo; Flo estendendo a mão para me levar para o protesto. Agora era minha vez. Já bastava daquilo.

Não muito tempo depois, declarei para meus pais:

— Não vou mais para o Santo Rosário.

A escola ia até a oitava série. Eu não podia imaginar passar mais quatro anos vivendo aquilo.

— Ah, vai sim — retrucou minha mãe logo de cara.

— Vou voltar a fugir — assegurei, com firmeza. — Aliás, acho que nenhum de nós deveria estudar lá.

Johnny estava no final do último ano, mas meus sobrinhos e sobrinhas ainda cursavam séries inferiores. Eu não me daria por satisfeita em me livrar daquilo sozinha.

E foi isso. Comecei a estudar em uma escola pública em setembro — na verdade, todas as outras crianças da família fizeram o mesmo. Da vez seguinte que uma freira me olhou nos olhos e disse que meu lugar não era ali, eu respondi de cabeça erguida:

— *Meu lugar é onde eu quiser estar.*

6

SONHANDO NAS ENTRELINHAS

Agosto de 1964

Minha mãe deu as coordenadas da cama do hospital, dizendo aos meus irmãos Larry e Skip exatamente onde estavam os formulários.

— Não vão querer só o último boletim da Tenie do Santo Rosário; leve todos eles. E a certidão de nascimento dela, tá bom?

Ela estava internada no Hospital John Sealy havia alguns dias, sem sinais de melhora. Adiaram o máximo possível minha matrícula na quinta série da Booker T. Washington. Mamãe estava ficando ansiosa, e tudo o que a deixava nervosa também a adoecia. Eu a queria em casa, não só porque sentia sua falta, mas porque não suportava mais estar naquele hospital. Passei horas demais folheando a mesma edição da *Ebony* de meses antes que alguém largara por ali, lendo e relendo a matéria de capa sobre Sidney Poitier pedindo carona para Nova York para se tornar ator.

Larry interrompeu a fala de minha mãe e minha leitura.

— Por que o papai não pode ir? — Ele estava começando o primeiro ano na Central High. Era esperto demais para lidar com assuntos de quinta série.

— Porque não. Quem faz isso sou eu. E agora vocês farão por mim. — Minha mãe decidiu que deveríamos ir para casa imediatamente para reunir os formulários e levá-los à escola. — Coloque-os em um envelope decente,

Larry. Isso é sua responsabilidade. — Seus olhos me examinaram. — Tenie, quando chegar em casa, coloque o vestido amarelo, aquele com os bordados no colarinho. Skip, vista uma camisa passada.

— Tá bom, mamãe — respondemos os dois. Larry, porém, notou que eu estava com um vestido azul quando saímos de casa em direção à Booker T. Washington. Eu poderia ter usado um tutu cor-de-rosa que Skip nem perceberia, mas Larry sempre obedecia a nossos pais ao pé da letra.

— Mamãe disse para vestir o amarelo.

— Prefiro este — declarei.

— Então por que eu vesti essa camisa? — perguntou Skip. Ele estava começando o nono ano e já preferia camisetas de futebol ou basquete ao incômodo das golas escolares.

— Porque sim — eu disse. — Sei lá. — Eu tinha um plano maior e fui direto ao ponto. — Larry, quando chegarmos lá, meu nome é Tina, tá?

— De jeito nenhum, Tenie.

— Apresente-me como Tina Beyoncé — pedi.

Esse foi o nome que escolhi, porque odiava Celestine com todas as minhas forças. Eu sonhava em mudá-lo e orava pedindo a Deus por uma chance. E Ele me concedera essa oportunidade; éramos só nós, as crianças, que faríamos a matrícula. Como eu poderia deixar mamãe no hospital, doente, e não fazer o que era certo por ela e por Deus, aproveitando essa chance?

— "Sulluh-steen" — zombou Skip, pronunciando meu nome errado de propósito, como todo mundo fazia.

— Quem? — perguntei. — Não conheço. Não parece ninguém que eu queira conhecer.

— Não conheço nenhuma Tina — rebateu Skip.

— Ah, sou eu. Vocês podem me chamar de Tenie, mas para todos os outros, é Tina.

— Você pode se chamar do que quiser — interveio Larry —, mas eles vão seguir o que está na certidão de nascimento, Tenie. É essa a regra.

— Então *não* entregue a certidão — sugeri.

Larry não respondeu. Ele tinha uma mente cartesiana: primeiro passo, colocar os formulários no envelope; segundo passo, entregá-los; terceiro passo, matricular a irmã e completar a tarefa.

— Por favor — implorei a Larry. — Sério, me ajuda nessa.

Nós três ficamos em silêncio ao entrar na Booker T. Washington, a escola primária para Negros da Zona Leste. O ensino ainda era segregado em Galveston, mesmo dez anos depois do julgamento do caso Brown *versus* o Conselho de Educação, que fez com que a Suprema Corte declarasse a segregação nas escolas públicas inconstitucional. Quando os estados basicamente se recusaram a acatar a nova lei, no ano seguinte, a Suprema Corte emitiu uma nova decisão, chamada Brown II, salientando que era necessário dessegregar as escolas, porém isso podia ser feito quando fosse conveniente para cada governo. Isso explica como, mesmo que tanto eu quanto a decisão de Brown *versus* o Conselho de Educação já tivéssemos dez anos, quando o assunto era a dessegregação escolar, Galveston ainda podia justificar sua demora.

A escola tinha aquele aspecto limpo e vazio típico de antes do início do ano letivo. O escritório principal ficava logo na entrada, e chegamos à porta ao mesmo tempo que uma mãe saía com um filho da minha idade. A mulher atrás da mesa olhou para nós enquanto entrávamos.

— Cadê a mãe dela?

— Nossa mãe está internada — respondeu Larry.

O semblante da mulher imediatamente se suavizou.

— Ah, sinto muito. Vou ajudar vocês.

Hoje penso em como devíamos parecer: crianças bonitinhas, paradas ali, tentando cuidar de negócios de adultos. A mulher tirou um formulário de uma gaveta e o colocou na máquina de escrever.

— Vejamos. — Ela girou o rolo. Olhei para Larry enquanto ela alinhava a folha.

Sussurrei para ele:

— *Por favor*.

— Nome?

Fixei meus olhos em Larry enquanto ele olhava para a mulher, depois para mim. Vi os cálculos em sua mente, pesando os dois caminhos. Ele pigarreou e se virou para mim:

— Diga a ela o seu nome.

— Sou Tina Beyoncé — falei, como se exalasse depois de anos prendendo a respiração. — Tina, Tina — repeti o meu nome erguendo o tom de voz. Só precisei soletrar meu sobrenome. Eu estava livre. A boca de Skip se abriu, mas ele não disse nada. Nunca fui tão grata aos meus irmãos.

Completamos o restante do formulário até que ela pediu minha certidão de nascimento e os boletins.

"Droga", pensei.

— Ih, vamos ficar devendo. — Larry escondeu o envelope atrás das costas. — Desculpe, esqueci.

— Mamãe está internada — informei novamente, já que tinha funcionado da primeira vez.

— Ela... ela sabe, Tenie... Tina — Larry se corrigiu logo em seguida.

Fiz o olhar mais pidão que eu costumava dar às pessoas para conseguir selos da s&h. A mulher se derreteu de novo.

— Na verdade, não podemos... Mas quer saber? — Ela parecia conversar consigo mesma. — Está tudo bem neste caso. Podemos matriculá-la, mas traga os documentos assim que puder.

Quando levamos a papelada, não importou o que estava escrito. Todos na escola já me conheciam como Tina Beyoncé. Mamãe teve alta, e eu fui ainda mais gentil com ela por conta de todo o problema causado pelo fato de minha oração ter sido atendida. Com a ajuda de Deus e dos meus irmãos, reivindiquei meu próprio nome.

Essa seria a hora em que eu levaria bronca. Eu sabia. Um tapa ou um sermão para me botar no meu lugar.

Já estava há uma semana na escola quando minha professora do quinto ano, a sra. Olivier, pediu que eu ficasse na sala enquanto as outras crianças iam para o recreio. Ela tinha sido muito gentil comigo — a primeira vez em minha vida escolar em que fui a queridinha da professora. As freiras eram cruéis como o diabo, mas, justiça seja feita, deram um bom pontapé inicial na minha educação. No Santo Rosário, elas não deixavam você pronunciar "vassoura" como "bassoura" ou "ketchup" como "kepchup". O castigo para má dicção era *imediato*. Também tínhamos acesso a livros e materiais didáticos melhores. Eu não apenas estava mais avançada em matemática e leitura do que meus colegas, mas, como a mulher me matriculou sem ver meus boletins, acabei na turma D, onde eram alocados os alunos que precisavam de ajuda extra.

— Tina — a sra. Olivier começou. Preparei-me para o castigo, enquanto ela me olhava, aparentemente à procura das palavras certas. — Você é muito inteligente.

Nenhuma educadora jamais havia dito algo positivo para mim antes. Quando uma professora acredita em você, isso pode sustentar você por toda a vida. Pode criar um novo alicerce, e tudo o que veio antes se torna adubo para o seu crescimento.

Esperei pelo "mas...", que não veio.

— É só isso, pode ir. — Ela abriu um sorriso.

Quando voltei do recreio, a sra. Olivier me entregou um bilhete que deveria ser dado à outra professora, a sra. Barrow. Os professores costumavam trocar bilhetes usando os alunos como pombo-correio. Só que, claro, eu sempre lia os bilhetes. Parecia uma informação ultrassecreta, mas geralmente eram sobre horários de almoço ou quem cobriria o intervalo de quem. Aquele, no entanto, dizia:

"Por mais encantador que seja ter esta aluna, Tina, em minha sala, está anos-luz à frente das outras crianças. Ela precisa estar na turma A ou B. Você pode recebê-la?"

Entreguei o bilhete da sra. Olivier fingindo, mal e porcamente, que não sabia do que se tratava. Olhei para as crianças, que olhavam de volta para a aluna nova. A sra. Barrow leu o bilhete e respondeu, com uma caligrafia elegante no rodapé: "Sim".

Aquele bilhete e aquele "sim" mudaram minha vida. Não apenas porque fui colocada na turma B, da sra. Barrow, ou por ter sido lançada em uma trajetória acadêmica que talvez eu tivesse perdido. Minha vida mudou porque sentado no meio daquela sala de aula estava Vernell Jackson.

Charmosa e com as pernas arqueadas — o que era praticamente uma moda na época —, Vernell tinha um sorriso tão precioso que não o distribuía de graça. Era mais provável que sorrisse de algo que ela mesma tivesse dito. Na verdade, eu havia me sentado ao lado dela em um dos primeiros dias no refeitório. O máximo que consegui foi um meio-sorriso, mas me lembrei dela porque era barulhenta e vibrante, cumprimentava as pessoas à medida que passavam. Eu era tão reservada; admirava aquele conforto em ocupar seu próprio espaço com tanta segurança.

Vernell e eu não conversamos muito naquela primeira semana na minha nova turma. Cheguei à sexta-feira me virando sozinha, mas ainda sem conhecer ninguém. Estava almoçando, novamente sentada com um grupo aleatório que não se opunha quando eu aparecia com minha bandeja.

Eu bebia meu leite quando uma garota veio até mim, flanqueada por outras três.

— Pra seu governo, Mary Elizabeth vai te pegar na saída.

A garota falava balançando para frente e para trás, como uma produtora de lutas de boxe, uma espécie de Don King de tranças.

— Eu?

—Aham. — Ela puxou uma menina bonita para perto de si. — Diz pra ela.

— Te pego na saída — murmurou a garota.

— Nem te conheço.

— E eu te conheço? — Ela falou como se fosse uma pergunta e fez uma careta quando a pequena Don King lhe deu um tapa nas costas.

— Aham — interveio a Don King. — Conhece sim. Esta é minha prima, e ela vai acabar com a tua raça.

— Certo. Você é Mary Elizabeth e vai me pegar na saída? — Encarei a garota.

A Don King bufou.

— Você é burra?

— Não — respondi —, mas a pergunta foi pra ela. — Apontei para a outra menina. Eu já estava pronta pra brigar com quem quer que fosse.

— Então, nos vemos na saída — disse a Don King. — Em frente à mercearia da srta. Sims.

A srta. Sims era dona da mercearia da rua 30 e a própria personificação da acidez, apesar de vender os doces mais tentadores da vizinhança. Eu era viciada em ir lá de qualquer forma, e meu item favorito eram os biscoitos Jack's, que Johnny e eu comprávamos, dois por um centavo. Ela era famosa pelo sorvete artesanal, mas isso era coisa de verão. A mercearia da srta. Sims era o ponto de encontro obrigatório para os alunos da Booker T. Washington, já que a maioria tomava o caminho mais curto pela rua M. Havia uma porção de solteironas naquela rua, que compunham uma verdadeira plateia de suas janelas, observando todos os acontecimentos. Elas eram velhas fofoqueiras intrometidas, que conheciam as novelas das vidas das crianças. E não faltava assunto, já que todas as brigas aconteciam ali.

Eu não estava com medo de Mary Elizabeth. Eu era Tenie B. Encrenqueira e encarava qualquer briga. "Sei que posso dar uma surra nessa daí", pensei. "Só não faço ideia de quem ela seja." É sempre bom saber com quem você vai trocar socos. De qualquer modo, caminhei até a mercearia e cheguei lá às três em ponto na maior calma do mundo, estalando os dedos e prendendo o cabelo para trás.

Havia cerca de vinte ou trinta crianças reunidas quando cheguei lá. A pequena produtora de brigas atiçava a multidão e me direcionou para que ficasse diante de Mary Elizabeth. A pobrezinha tentava fazer sua melhor pose de lutadora, movimentando a cabeça para manter o contato visual comigo enquanto eu observava toda aquela cena maluca. Era apenas eu de um lado e trinta crianças sedentas de sangue do outro. As solteironas estavam todas nas janelas, prontas para me ver despencar como o Hindenburg.*

Já estava aceitando a solidão da situação e esperando que, uma vez que eu derrubasse Mary Elizabeth, não houvesse um segundo ou terceiro round com suas amigas. Foi quando alguém surgiu por trás de mim e parou ao meu lado. Era Vernell.

— O que cês tão fazendo? — perguntou ela em sua voz alta exigindo atenção.

— Ela veio atrás de mim, e eu nem sei por quê — eu disse mais para Mary Elizabeth ouvir do que para Vernell.

— Então você não quer brigar? — quis saber a produtora aos berros. — Tá com medo?

— Não vou dar para trás — garanti.

---

* Dirigível alemão, considerado até hoje a maior aeronave já construída. Caiu em 6 de maio de 1937 por conta de um incêndio, matando 36 pessoas. (N. E.)

— Você *não* vai brigar — retrucou Vernell. — Mary Elizabeth é uma covarde. Ela não quer brigar com você. — E sussurrou para mim, em um tom que me deu ânimo: — Olhe bem para essa garota. Ela está com medo. Acham que você é mole. De mole, você não tem nada. Posso garantir.

A produtora se moveu depressa, pegou uma pedra e desenhou uma linha na terra entre mim e Mary Elizabeth.

— *Cruze essa linha*! — desafiou.

— Tá bom. — Dei um passo largo para frente. Vernell riu. Eu estava pronta para a briga, mas, ao que parecia, o ritual tinha mais etapas. A produtora então colocou uma lasca de madeira no ombro esquerdo de Mary Elizabeth.

— Derruba isso do ombro dela!

Mary Elizabeth estreitou os olhos para mim, com as mãos cerradas em punhos. Vernell deu de ombros, como quem diz, "Fica a seu critério".

— Tá certo, que seja. — Levantei a mão esquerda para derrubar a lasca e já estava fechando o punho direito para dar um soco quando...

Vrau! Alguém grande me pegou por trás e começou a me levar dali.

— Calma aí, Tenie — disse uma voz masculina.

Era Skip. Ele estava voltando da escola e me viu enfrentando trinta crianças. Comecei a chutar e me debater, fazendo meu melhor número de "me põe no chão!", fingindo que queria brigar. No entanto, eu estava aliviada. Vernell ria, e a última coisa que vi daquela multidão, enquanto Skip me carregava, foi seu enorme sorriso brilhando para mim.

— O que você está fazendo? — ele quis saber.

— Eu ia bater naquela garota.

— Quem é ela?

— Não faço ideia — respondi.

No dia seguinte, Vernell me explicou enquanto voltávamos da aula:

— Mary Elizabeth é uma frouxa e não quer ser assim. Essas garotas acham que, se você intimidar alguém, ganha reputação. E você é a garota nova, bonitinha, então logo elas pensam que você é mole.

Instintivamente, desviei do elogio.

— *Você* é bem bonita.

— Eu sei — declarou Vernell, como se a alegria de ser ela mesma ainda a divertisse. — Sou mesmo, né?

Rimos muito, como fazíamos todos os dias ao voltarmos juntas para casa, nos separando na mercearia da srta. Sims, onde ela seguia para a direita e eu, para a esquerda.

Todo mês de maio, meu pai fazia um escarcéu sobre o quanto odiava a atenção que vinha com seu aniversário.

— A culpa é dele — eu disse a Johnny, que estava ajudando a preparar o quintal para a festa, tentando torná-la especial. — Quanto mais rabugento ele fica, mais engraçado é, e as pessoas continuam exagerando.

Eu tinha um radinho, e Johnny e eu mexíamos os braços distraidamente ao ritmo de "Stop! In the Name of Love". Era tão divertido e elegante estar com Johnny. Ele usava uma das roupas pelas quais estava se tornando famoso na cidade, seu estilo característico de retalhos de poliéster costurados como minha mãe lhe ensinara. No entanto, aos quinze anos, ele era um prodígio — mamãe buscava beleza, Selena atingia um estilo incrível com sua costura, e Johnny visava estabelecer-se como artista. Assistíamos a um filme, e ele se entusiasmava ao ver alguém com uma roupa verde-limão. Então, encontrava um retalho dessa cor, mas o transformava em uma calça de cetim boca de sino antes mesmo de essa moda surgir. Ou criava um sobretudo longo que ele mal podia usar na rua, porque as pessoas não paravam de perguntar onde ele tinha comprado.

Nessa mesma época, Johnny conseguiu um ótimo emprego como garçom em um hotel, e já estava gerenciando pessoas. Ele dizia que era porque estava acostumado a nos "administrar".

— Aquela gente é moleza — ele comentava. — Já estive na trincheira com todos vocês. Sim, controlar vocês é como estar em uma trincheira!

Era uma sexta-feira, e começamos a festa de aniversário de papai mais cedo para encaixar nos horários de trabalho de Johnny. Assim eram as coisas com ele. Mesmo no Natal, quando a cozinha do hotel fechava às duas da tarde, nós simplesmente o esperávamos até as quatro. Ninguém comia antes que ele chegasse. Falávamos sobre isso, reclamávamos do hotel que lhe pagava tão bem, mas sempre o aguardávamos. Quando Johnny chegava, colocava a música para tocar, e todos começavam a dançar antes mesmo de nos sentarmos para comer. O clima da casa mudava completamente.

— O que você vai fazer com todo esse dinheiro? — provocávamos.

— Vou comprar um casaco de pele para a mamãe — ele respondia.

E Selena sorria, tragando elegantemente seu Salem mentolado, como se já estivesse vestindo um. E logo estaria mesmo. Johnny entrou na loja de departamentos Eiband's — a Bergdorf de Galveston — e tirou uma estola de pele de raposa no crediário. Ele pagou pelo casaco durante um ano inteiro, e isso virou uma lenda na nossa família. "Selena tem um casaco de pele *de verdade*", sussurrávamos, de forma que ela pudesse ouvir. Ela ficava nas nuvens com esses comentários.

Não havia necessidade de comprar um presente caro para o aniversário do papai — o que ele gostava mesmo era de ganhar dinheiro. Essa era uma piada recorrente na família, porque, em qualquer aniversário, Natal ou Dia dos Pais, todo mundo lhe dava cartões, e ele fazia um show ao abri-los, sacudindo-os para ver se havia algum dinheiro dentro. Ninguém realmente tinha dinheiro para comprar presentes, então colocávamos alguns dólares ali, sempre por volta de cinco. Ele jogava o cartão para trás, sem nem se dar ao trabalho de ler, e começava a contar o dinheiro. Quem o presenteava sempre dizia o que ele deveria comprar:

"Compre um maço de cigarros."

"Ah, compre alguns bombons de cereja ao licor."

"Isso é para um engradado de cerveja."

Quanto mais ranzinza ele ficava, mais as pessoas queriam lhe dar cartões para rir às suas custas, mas isso sempre me incomodou. Eu dizia: "Papai, você é tão grosso! Você deveria ler o que está escrito no cartão!". E, assim, eu me tornava parte da cena. "Sai fora", ele retrucava. "Vai tomar conta da sua vida." E aí todos riam mais. "Isso mesmo, Tenie, vai cuidar da sua vida", eles repetiam em tom de implicância.

Eu me magoava com esse descaso porque sempre fui daquelas que fazia os cartões com as minhas próprias mãos. Quando eu era criança, se visse uma folha de papel, acabava desenhando corações e tentando escrever "Eu te amo". Mamãe fazia uma grande festa quando os lia, chegava até a contar os corações, mas papai no máximo dava uma olhadela antes de jogá-lo sobre a mesa.

Claro, na festa, papai fez seu número depois do jantar, sacudindo os cartões. Ele estava completando 55 anos, o que parecia velho para mim quando eu tinha onze, então escrevi-lhe uma mensagem bem carinhosa. E o vi sacudir meu cartão e jogá-lo atrás de si. Todos me olharam, esperando pela minha reação. Entretanto, não quis lhes dar o gostinho de rir da minha cara.

Um dos meus sobrinhos então recebeu uma grande atenção por ter dado cinco dólares a ele. Eu me retirei para dentro de casa. Flo estava na cozinha, fazendo cara feia por ter que cuidar da louça, embora ninguém tivesse pedido que ela o fizesse. Às vezes, Flo ficava frustrada com algo e descontava em outro lugar. E eu então fazia o mesmo.

— Sei que ele não é realmente tão ranzinza — falei. — Mas é tão grosso.

Flo não disse nada, agindo como se lavar os garfos fosse a tarefa mais importante do mundo. Comecei a secá-los e empilhá-los.

— Tipo, eu não tenho dinheiro, mas ele simplesmente jogou meu cartão longe e sequer leu o poema que escrevi.

— Querida, acorda — declarou ela com a brutalidade de sempre. — Papai não sabe ler nem escrever.

Virei-me para olhar para Flo, sem saber se ela estava brincando. Não estava. Ela falou isso como se eu já devesse saber. E foi tão direta, como se eu fosse idiota por não saber. A ideia de que papai sabia ler era mais uma fantasia que a irmã mais nova tinha criado em sua própria cabeça. Eu me senti tola, e isso me deu aquela sensação familiar de querer sair correndo. Virei-me como se tivesse ouvido alguém me chamar, então fiz um teatro secando um último garfo. Dei meia-volta e saí pela porta da frente para me sentar no alpendre.

Como assim, *o papai não sabia ler*? Fiquei ali sentada, em choque, vendo uma vizinha passar como se o mundo ainda girasse. Era a srta. James. Minha mãe devia tê-la convidado para a festa. "Tome uma limonada." Eu não era minha mãe, que cuidava de tudo. Como eu sequer desconfiava de que meu pai era analfabeto? Não importava quantos formulários eu já tivesse visto ele trazer de casa do trabalho e pedir para que minha mãe assinasse ou preenchesse. Mamãe, sempre tão organizada, fazia com que isso parecesse normal. Aquela mulher, de quem todos dependíamos, pagava todas as contas e resumia as notícias do jornal que poderiam importar.

A srta. James acenou para mim e eu acenei de volta.

— Que festa, hein? — disse ela, maneando a cabeça na direção da música que vinha do jardim. Provavelmente Johnny, encarregado da trilha sonora, tinha aumentado o volume de "Shotgun", de Junior Walker. Caso eu não a convidasse para se juntar a nós, ela diria a todos que estávamos ouvindo música alta, mas eu apenas concordei:

— Pode crer. — E tentei sorrir. Será que ela sabia dessa coisa sobre o papai? Quem mais na cidade saberia? O quão desinformada eu estava?

Claro, foi Flo quem me contou. Minha irmã mais velha entendia o mundo e seus limites antes de mim: tínhamos que sentar no fundo do ônibus. Precisávamos arranjar um bom emprego e permanecer em Galveston. Papai não sabia ler nem escrever. Ela teve que me arrastar pelos cabelos para todas essas "verdades" que eu deveria ter descoberto sozinha. Eu estava completamente desinformada, não importava quantas vezes eu o visse estreitar os olhos e tirar os óculos para esfregar o nariz como se estivesse de repente cansado demais para entender o que estava à sua frente, ou o gesto de sacudir os cartões que ele recebia para jogá-los longe, sem ler.

Essa última revelação, relembrando toda a minha vida, me embrulhou o estômago de vergonha. Não pela incapacidade de meu pai, mas por tê-lo exposto a situações que o envergonhavam, ferindo sua autoestima. Eu lhe entregava cartas de amor que meu pai não era capaz de ler. "Ah, ele é tão rabugento", eu dizia, quando ele jogava o cartão sobre a mesa, quase chegando a acreditar que de fato ele só podia estar fazendo isso porque era uma pessoa ranzinza.

O que veio primeiro: a dificuldade dele de dizer "Eu te amo" de volta, ou sua necessidade de esconder a incapacidade de ler? Ele nunca foi uma pessoa afetuosa, porque sua vida foi marcada por experiências muito assustadoras e tristes. Será que ele algum dia foi à escola? Conheci de perto Weeks Island e sabia como ele e os irmãos foram entregues à própria sorte quando a mãe morreu. Desde pequeno, ele trabalhava muito. Quem garantia que ele fosse à escola? Quem lia para ele, soletrando cada palavra, até que ele conseguisse lê-las?

Levantei-me e fui até o quintal, caminhando cada vez mais rápido, fugindo dos meus próprios pensamentos. As pessoas dançavam ao som da seleção de Johnny. Meu pai tinha terminado de abrir seus cartões, mas continuava sentado na cadeira com o dinheiro contado, dominando a cena com seu jeito mal-humorado. Antes que eu percebesse o que estava fazendo, coloquei meus braços em torno dele. Eu me senti tão mal por tudo.

Ele se afastou depois de dois segundos, fazendo um som como se tivesse sentido dor.

— Tá bom — disse ele. Esse era sempre o sinal para largá-lo.

Ignorei.

— Anda — disse ele mais alto, para que todos ouvissem e entrassem na brincadeira. — Sai.

Em vez de fazer o que ele me pedia, li o que tinha escrito no cartão:

— Eu te amo. Você é o melhor pai do mundo.

— Tá bom, Tenie. — O tom de voz de meu pai se tornou um pouco mais suave, ainda que não muito. — Agora sai.

Naquele verão de 1965, quando Larry terminou o penúltimo ano do ensino médio e Butch se formou, o mundo além de Galveston parecia diferente de quando ingressei na quinta série, em setembro. O presidente Johnson vencera a eleição em novembro com o slogan "Candidato da paz", mas agora havia rumores de que o alistamento obrigatório seria ampliado à medida que a Guerra do Vietnã se prolongava. Naquele ano, Negros americanos representavam mais de 30% da infantaria dos Estados Unidos, enquanto somávamos apenas 12% da população do país. Em outras palavras, representávamos quase um quarto das baixas do Exército. Atuávamos em mais frentes de combate e morríamos mais — não é de admirar que o dr. King tenha descrito o confronto como "uma guerra de homens brancos, uma luta de homens Negros".

Butch se alistara cedo na Força Aérea, o que pode tê-lo salvado de ser enviado para o Sudeste Asiático. Em vez disso, foi destacado para San Antonio. A família foi de carro visitá-lo, e, exceto pela viagem a Weeks Island, aquela foi minha primeira vez fora de Galveston. Pernoitamos em um hotelzinho com uma piscina pequena e suja que, para mim, parecia incrível. Butch nos levou para passear, e foi extremamente gentil. Sua boa aparência havia sido reforçada por uma nova confiança. Eu dizia para mim: "Poderia ser você no lugar dele." E prometi que um dia eu levaria minha família para conhecer a vida que eu mesma construiria.

No verão seguinte, quando Larry se formou, o governo Johnson ofereceu aos estudantes o Teste de Qualificação para o Serviço Seletivo Universitário, uma espécie de vestibular que avaliava se os recém-formados eram inteligentes o bastante para ganhar isenção do alistamento. Havia uma sensação de que uma geração de meninos se tornaria adulta apenas para ser levada à morte.

Meus pais não entendiam muito sobre jovens indo para a faculdade em busca de um futuro melhor. Porém, se a ideia era ficar longe do perigo e sair de casa para sobreviver, isso eles compreendiam muito bem. Os dois haviam deixado a Louisiana com apenas as roupas do corpo e recomeçado do zero. *Isso* meus pais entendiam bem até demais. Ambos passaram então a ser totalmente a favor da faculdade. Assim, meu brilhante irmão Larry, que poderia ter ido para qualquer lugar que quisesse, optou pela Galveston Junior College.

Comecei o ensino fundamental II no outono de 1966, ao mesmo tempo que Skip ingressava no ensino médio. E até ele estava me deixando, embora não completamente.

Alguém da Ball High, a escola secundária dos brancos, o convidara para deixar a Central e estudar lá. Para conter as mudanças trazidas pela Lei dos Direitos Civis de 1964, muitas escolas limitaram seus programas de integração ao adotar o plano de "Liberdade de Escolha", que permitia que estudantes com mais de quinze anos *optassem* por integrar as escolas. Isso permitiu que a Ball High recebesse, de maneira lenta e gradual, alguns alunos Negros pré-selecionados — e, por ser um astro do esporte, Skip era valioso para eles.

"Liberdade de Escolha." A recíproca certamente não era verdadeira. Nenhuma família branca enviava seus filhos para a Central. Skip, no entanto, caiu na armadilha.

— O que será que ele tem na cabeça? — perguntei à minha melhor amiga, Vernell. —Aposto que todos os Negros que estudam lá estão na coleira.

Era assim que nos referíamos às crianças que se esforçavam para agradar os brancos para subir na vida.

— Ah, deixa ele — disse Vernell. — É uma boa escola. Os livros deles não têm páginas faltando. Eles fazem passeios.

— E daí? — retruquei, embora ela tivesse razão. Vernell se importava mais com os estudos do que eu. Ela era uma garota delicada que amava estudar, o tipo de pessoa que a minha mãe usava como exemplo sempre que eu, quando era moleca, chegava em casa toda suja e com folhas no cabelo depois de subir em uma árvore. — E ele terá muitas oportunidades lá — acrescentou minha amiga.

— Eles só o querem para fazer com que o time de futebol de lá fique bem na foto. É só isso que querem de nós. Não desejam ninguém como *eu*, pode apostar.

— Ah, sei lá, Tina. — Esperei que Vernell completasse a frase dizendo que eu não era ninguém, mas ela não fez isso. — Talvez não seja tão ruim assim. Você não pode obrigá-lo a ser um dos Bearcats do time de futebol da Central. Ele é um Tor da Ball High.

E Skip não se importava. Doía-me o fato de ele nunca reclamar.

Até o dia em que quase o mataram.

7

SABUJOS EM NOSSO ENCALÇO

Outubro de 1967

— Não acho que você deva ir — disse minha mãe a Skip na noite da festa. Ele estava se arrumando na frente do espelho antes de buscar a namorada. — Não estou com um bom pressentimento.

A preocupação da minha mãe com o mundo além de nossas janelas se tornara um murmúrio constante. Era primavera, eu tinha treze anos e Skip, dezessete. Ele a beijou delicadamente na cabeça e mencionou os garotos que o convidaram. Garotos brancos, do time de futebol, com quem Skip tinha amizade.

— Confia em mim — pediu ele. — Está tudo bem.

Ele havia conquistado essa confiança. Skip era o mais certinho de todos, nunca bebera ou fumara. Mamãe fez seu costumeiro drama e, como sempre, ergui uma barreira entre ela e eu. Eu temia o medo de minha mãe e como ele às vezes se apossava de mim quando eu a deixava chegar perto demais.

Imagino Skip na festa com a namorada. A doçura dele naquele corpo de quase dois metros de altura. Alguns garotos colocaram algo em sua bebida. Naquela época, isso era comum: sacanear o abstêmio para fazê-lo "se soltar". Ele não começou a trocar as pernas de imediato, apenas falou alguma bobagem que fez todos rirem. Então, ficou um pouco trôpego, e sua namorada ficou assustada.

— Vamos embora. — Ela agarrou o braço de Skip, embora, se ele caísse, ela cairia junto. Meu irmão não podia dirigir no estado em que estava, e a namorada não tinha habilitação. Na lógica que encontrou em meio à emergência, chamou dois táxis: um para levá-la para casa e outro para levar Skip.

Skip foi colocado no banco de trás do táxi, e ela deu o endereço ao taxista. Houve uma confusão com o número das ruas e Skip foi parar na casa errada, a casa da sra. Patrick.

Consigo ver meu doce irmão respirando fundo no carro, sentindo-se mal por não estar contando piadas para o taxista. Fazer os outros rirem era a sua especialidade. E posso vê-lo saindo do carro na casa errada, mal percebendo o que fazia. Cambaleando até o alpendre, sozinho e desorientado demais para entender o que acontecia.

A sra. Patrick era uma velhinha simpática que tinha um sofá no alpendre. Sempre que passávamos, ela acenava, e nós retribuíamos a gentileza.

Skip desabou no sofá, deitado de lado. A sra. Patrick ouviu o barulho do lado de fora e espiou pela janela. Com o rosto de Skip virado para o encosto do sofá, ela só viu um pedaço de sua pele, que parecia clara à luz do luar. Imediatamente, chamou a polícia.

— Tem um homem branco no meu alpendre — ela relatou.

Galveston era uma cidade turística. Pessoas brancas iam até lá, enchiam a cara e causavam confusão. No entanto, para resolver o problema bastava chamar a polícia, que levava os bêbados e, mais tarde, se teria uma história interessante para contar. Porém, não só para os policiais, mas para nós, as pessoas Negras, as prisões faziam parte do cotidiano. Quando o policial branco chegou, viu que quem estava no alpendre não era alguém de sua cor, mas, sim, um rapaz Negro. E grande. Jovem. Meu doce irmão.

A sra. Patrick entreabriu a porta para observar. Ela viu o policial, um sujeito baixinho, sacar o cassetete e voltou a olhar para o homem que dormia no alpendre. O que o faria agir assim com um homem branco? Olhando mais de perto, ela imediatamente avisou:

— Ah, não, é o menino Skip. — A voz da sra. Patrick era doce, agradável. — Ele é um bom garoto. Isso não é do feitio dele. Deixe-me telefonar para a mãe dele. Eles virão buscá-lo.

Ela continuou a falar, até que o policial a interrompeu:

— Negativo. — Seu tom de voz era alto e firme, como se quisesse convencer a si mesmo e a todos ao redor. — Ele está *preso*.

A sra. Patrick já havia corrido para dentro da casa e ligado para minha irmã Selena, enquanto o policial levantava o cassetete, colocando-o sob o queixo do meu irmão para acordá-lo. E, como em toda situação em que homens Negros são provocados a "resistir" ao serem machucados, ele empurrou a cabeça de Skip para trás com força, e meu irmão despertou.

Instintivamente, Skip deu um salto e tentou agarrar o cassetete. O policial o golpeou e deu um passo para trás, assustado. Meu irmão estava ainda mais forte por causa do que quer que tivessem colocado na bebida, e aquele policial nanico não conseguia contê-lo. Ele sacou uma arma contra Skip e chamou reforços.

Após a ligação da sra. Patrick, Selena ligou para nossa casa e mandou que os filhos corressem para ajudar Skip. Ronnie foi o primeiro a chegar, correndo como um velocista. Ele viu o policial apontando a arma para meu irmão, que estava furioso. Ronnie tentou dialogar com os dois, e, enquanto falava, outros seis carros de polícia chegaram. Os policiais saltaram dos veículos ainda em movimento, apontando suas armas para Skip. Eles o cercaram e o jogaram no chão, de bruços. Algemaram-no e ficaram de pé ao redor dele.

Foi essa a cena que minha mãe e eu encontramos ao chegarmos. Ela nem mesmo trocara a camisola, e eu vestia um pijama de algodão. Meu pai veio logo atrás, abotoando a camisa. Skip estava desorientado, enquanto os policiais gritavam com ele. Imobilizado no chão, ele repetia que não havia feito nada.

Mais familiares chegaram, e formamos um coro ao redor da cena. A sra. Patrick, transtornada, continuava a repetir o nome do meu irmão para provar aos policiais que o conhecia e que nada daquilo era necessário. Meu pai falava com uma voz calma, de homem para homem, para pessoas que ele sabia que não viam nem a ele nem ao filho como iguais. E minha mãe, a mais quieta e assustada de todos, implorava pela vida de Skip.

Eles o levantaram e seguiram com Skip para a viatura. Sabíamos que, uma vez detido, qualquer coisa poderia acontecer com meu irmão. Há muito se comentava no bairro que policiais levavam Negros para a praia e os soltavam apenas para atirar neles, alegando que haviam resistido à prisão ou tentado fugir.

Um dos policiais era Negro, e, depois que todos os brancos a ignoraram, minha mãe apelou para ele:

— Por favor. — Mamãe chorava tanto que sua voz doce se tornou embargada. Ela se ajoelhou diante dele. — Por favor, não deixe que matem o meu filho.

Ela repetiu isso inúmeras vezes, uma súplica em forma de oração.

— Por favor, não deixe que matem o meu filho.

O policial Negro nem mesmo olhou para ela. Simplesmente a ignorou, como se não tivessem nada em comum.

Mamãe ainda estava de joelhos quando as viaturas arrancaram cantando pneus, mas com as sirenes e as luzes desligadas. Sua oração transformou-se em um mantra de lamentação.

— Vão matar o meu filho. — Minha mãe repetiu isso tantas vezes que temi que ela também morresse. — Estão *matando* o meu filho.

Chegamos à delegacia e a encontramos quase às moscas. Era para os policiais, que haviam saído tão rapidamente em suas viaturas, terem chegado antes de nós.

Em silêncio, esperamos. Cinco minutos se tornaram dez. Quinze, e então quarenta longos minutos. Tínhamos certeza de que Skip estava na praia. Ele ainda estaria vivo? Já teriam acabado com ele? Eu era tão próxima de Skip que pensei que sentiria algo caso alguma coisa ruim acontecesse com ele. Não senti nada.

Foi então que uma única viatura chegou, mas ninguém desceu dela. Um dos funcionários da delegacia nos mandou embora. Não sabíamos se Skip estava morto naquele carro ou o que tinha acontecido. Não nos permitiram vê-lo nem verificar se ele estava lá dentro.

Ao longo da noite, minha mãe guiou nossas orações.

Na manhã seguinte, recebemos uma ligação informando que Skip seria liberado. Fomos todos até a delegacia, incertos sobre o que encontraríamos, porém, lá estava ele, de pé. Espancado, mas de pé. A camisa estava coberta de sangue seco, que parecia vir, em sua maioria, de um corte profundo em sua cabeça. Uma de suas costelas havia sido fraturada. Um de seus olhos estava tão inchado que eu me perguntei como ele conseguiria abri-lo novamente.

Skip nos contou que foi levado para a praia e espancado brutalmente. O clichê seria dizer que ele nunca mais foi o mesmo — porém essa é a mais pura verdade. Nenhum de nós foi. Até tentamos. Bem, minha mãe não conseguia fingir, mas Skip continuava, mesmo assim, a fazer suas piadas. Meu pai tentava esconder quando sua mente vagava de volta àquela noite, mas eu podia ver. Fiquei assustada com o quão vulnerável me senti e envolvi esse medo com raiva para me proteger. Eu não procurava por encrenca, mas estava pronta caso ela viesse até mim.

Nunca tivemos a chance de seguir em frente, por mais que quiséssemos. Depois disso, a polícia começou a nos perseguir com assédios constantes. O alvo passou a ser meu pai. Eles o paravam pela menor infração de trânsito. Minha irmã Flo começara a trabalhar como enfermeira no Hospital John Sealy e o turno era das três da tarde às onze da noite. Meu pai a levava e buscava todos os dias, e não era raro que as luzes vermelhas e azuis de uma viatura começassem a piscar atrás dele. Ficaram em cima de nós por anos, talvez tentando nos provocar para que fizéssemos algo. Para provar que estavam certos sobre nós. Que o que fizeram com Skip foi "merecido". Ou talvez estivessem apenas se divertindo às nossas custas.

Essa história se repetia em muitos lugares, um exemplo do que famílias como a nossa suportaram e continuam a suportar em todos os cantos. Isso me lembra das pessoas escravizadas que fugiam de Weeks Island e das leis de vadiagem que as jogavam na prisão, mantendo-as em um estado de escravidão contínua. Os capatazes estavam à solta.

8

SENHORAS E SENHORES, AS VELTONES

Janeiro de 1969

Harriet estava atrasada para o ensaio de novo. Perdão, *Harrette*. Ela insistiu em mudar de nome quando formamos nosso grupo vocal, The Veltones. Isso foi mais ou menos o máximo de esforço que ela fez no nosso primeiro ano como trio.

— Acho que devíamos começar sem ela — sugeri a Gail. Estávamos no meu alpendre, onde sempre ensaiávamos, ao som do gravador. Meu dedo pairava sobre o botão de *play* em "La-La Means I Love You", dos Delfonics. A letra estava na ponta da língua, mas precisávamos focar na coreografia para o show de calouros do nono ano.

— Vamos esperar mais cinco minutos. Podemos fazer mais alguns aquecimentos. — Gail DuPree era a outra integrante do grupo. Especialista em arranjos de harmonia vocal, ela tinha um ouvido incrível, sempre sabia o que soava bem. E o que soava bem era a harmonia de três garotas, não duas, sendo que uma delas só dava as caras quando bem entendia. O problema era o namorado de Harrette. Enquanto eu estava obcecada com o grupo — ensaiando todos os dias, transformando meu alpendre em palco, costurando nossos vestidos, economizando para comprar discos —, ela estava com o namorado. O rapaz gostava quando ela cantava para ele, mas, quando a viu no centro das atenções na Central Middle School, o ciúme bateu forte. Ele passou a encontrar meios de impedi-la de se apresentar. Eu não entendia como alguém poderia abrir mão de algo que amava por causa de um cara, mas Harrette dizia que era porque eu nunca tinha me apaixonado antes. Ela sabia que isso me incomodava.

Nosso público *crescia*. Havíamos ganhado certa notoriedade em Galveston no circuito de shows de calouros, o suficiente para que os apresentadores parassem de nos anunciar erroneamente como "The Belltones". Entretanto, as Veltones passaram a enfrentar muita concorrência. Da noite para o dia, depois que, em 9 de dezembro de 1968, as Supremes e os Temptations estrelaram um especial no horário nobre da NBC, grupos vocais femininos e masculinos viraram uma febre nas escolas Negras por todo o país. Eu me sentia a própria Diana Ross.

As Veltones eram conhecidas por nosso estilo, algo no qual eu focava tanto quanto nas harmonias. Minha mãe me ajudava a costurar todos os nossos vestidos, e eu visualizava nossas apresentações, imaginando o que funcionaria melhor — às vezes contrastando os *looks*, outras vezes fazendo com que combinassem. Nós não interpretávamos apenas músicas de garotas; gostávamos de recriar o som de Smokey Robinson com os Miracles, em especial as canções lentas que faziam o público se sentir adulto por dançarem colados.

Finalmente, a nossa terceira garota, Harrette, apareceu, com o namorado atrás dela. A garota chegou atrasada até mesmo em seu último dia como uma Veltone. Sem rodeios, ela nos disse que nos deixaria para passar mais tempo com o namorado. E, então, eles deram um beijão na nossa frente enquanto Gail e eu revirávamos os olhos, e foram embora, à procura de um novo alvo para os ciúmes do cara.

— Não precisamos dela — garanti a Gail, talvez num volume que Harriet pudesse ouvir. Para mim, ela tinha voltado a ser Harriet agora que não era mais uma Veltone.

— Ah, mas precisamos de *alguém*. — Gail se sentou no balanço que tínhamos no alpendre, e eu a acompanhei. Gail estava certa, um duo não tinha o mesmo apelo de um grupo. — E esse alguém precisa saber cantar — acrescentou ela.

— Bem, *nós* sabemos cantar — afirmei. E era verdade. Nós éramos mais do que uma imagem, nós tínhamos talento vocal. Ainda assim, o visual fazia parte disso, e eu tinha essa capacidade de enxergar o quadro geral do palco. Na minha cabeça, eu removi Harriet, deixando Gail, com seu corpo delicado, e eu, que era muito alta e magra. E era visível que faltava alguma coisa.

— Sabe, os garotos daqui adoram garotas curvilíneas — sugeri.

Gail olhou para nós duas e riu.

— Você está ótima, Gail — continuei —, mas precisamos de uma garota com curvas.

Minha melhor amiga Vernell tinha o perfil. Ela tinha uma voz grave, e achamos que as harmonias ficariam ótimas. Vernell ficou muito animada quando a recrutamos para o grupo.

— A coisa funciona da seguinte forma — eu expliquei no primeiro ensaio. — Começamos tocando a música bem alto para que as pessoas a reconheçam. Depois abaixamos o volume, e cantamos no microfone por cima dos vocais.

Era assim que todos fazíamos antes de começarem a lançar fitas só com a parte instrumental. Isso significava que nossos vestidos precisavam ser realmente especiais, já que todas aquelas pessoas ficariam olhando para a gente por vinte ou trinta segundos inteiros antes de cantarmos alguma coisa. Isso tornava a adição de Vernell ainda mais importante.

Só havia um problema: ensaiamos com Vernell por cinco dias, e ela simplesmente não conseguia cantar nada direito. Além disso, ela mudava de tom tantas vezes na mesma música que a canção se tornava uma colagem de melodias. Conseguimos fazer com que ela só precisasse cantar uma única harmonia, mas a dela saía como um grave, vazio e desafinado, digno de um filme de terror.

— A Bíblia diz: "Fazei um som alegre" — ela dizia. — Não importa se você sabe cantar ou não, desde que seja um som alegre.

— É, não podemos negar que ela faz sons — murmurei para Gail.

— Foi você quem a trouxe — retrucou Gail. — Cabe a você dar a ela a notícia de que não está funcionando.

Eu estava *tentando* levar a situação numa boa, porque Vernell estava muito empolgada, mas, no fim das contas, ela mesma jogou a toalha.

— Estou fora — disse ela, depois de uma última tentativa de alcançar um tom mais complexo que quase nos fez cair no chão de tanto rir. — A verdade é que eu só queria usar o figurino de vocês.

Ela ficou com alguns vestidos como uma oferta de paz, mas eu fiz rapidamente uma roupa nova para nossa próxima candidata, Polly. Pauletta namorava meu sobrinho Tommie, filho de Selena. Na verdade, nós o chamávamos de Padre, porque sempre foi muito certinho e religioso. Quando organizávamos funerais para insetos ou outros bichos do tipo, ele sempre fazia um sermão. Todos achávamos que ele se tornaria padre, mas, ao conhecer Polly, tudo mudou. Polly era tão linda que, se ela tivesse encontrado o apóstolo Paulo na estrada para Damasco, ele talvez tivesse mudado de ideia também.

Na primeira nota, Polly mostrou que sabia cantar de verdade. Gail e eu não conseguíamos parar de repetir o quanto ela era boa.

Provavelmente, *eu* também precisava ouvir algo assim. Um dos motivos pelos quais eu amava música pop eram as apostas: tudo importava para fazer alguém te amar. As boas músicas falavam sobre desejo e devoção — não correspondidos, talvez, mas nunca incertos. No entanto, quem não se sentia certa era eu, que tinha cada vez mais a impressão de estar sozinha naquela cidade de garotas curvilíneas que arrumavam namorados. Harriet estava certa ao dizer que eu nunca havia realmente me apaixonado. Para início de conversa, eu estava no ensino fundamental e era mais alta que todos os garotos, o que não era nada bom. Os meninos queriam garotas com as quais pudessem inclinar a cabeça para beijá-las, que tivessem pernas que desejassem tocar. Todos só queriam ser meus amigos, e eu exalava aquela energia de "irmã". *Eu não era uma opção.*

Estávamos certas sobre Polly. Ela era o que o grupo precisava e, em vez de nos limitar, Tommie acabou se tornando meio que nosso empresário, promovendo as Veltones e tirando nossas fotos. Agora, quando íamos para uma competição em alguma escola ou salão de sindicato, era Tommie quem providenciava o lugar para nos arrumarmos. Ele conseguia transformar um banheiro feminino em algo que parecia um camarim. Estávamos nos saindo muito bem no circuito de shows de calouros. Com vestidos curtos de um tecido vermelho estampado e botas de salto alto, nós irradiávamos sucesso.

Foi em uma tarde de ensaio que percebi que tinha encontrado minha paixão. Eu queria ser artista pelo resto da vida. No entanto, era tímida demais para contar a alguém que tinha qualquer aspiração. Certamente nunca disse: "É isso que vou ser", mas comentava com as minhas amigas: "Algum dia vamos ser descobertas e conseguir um contrato de gravação".

A mudança chegou em um Stingray vermelho conversível e com um corte de cabelo assimétrico. Lydia tinha 21 anos e namorava meu irmão Larry, e eu fiquei obcecada por ela. Ela estava sempre impecavelmente vestida e qualquer visual funcionava nela. Um dia, Lydia decidiu mostrar a esta garota de catorze anos um pouco de como era a vida em Houston. "Eu só estava tentando fazer média com a sua família", Lydia admitiria mais tarde, depois que eu lhe disse que ela foi a mentora que mudou minha vida.

O que aconteceu naquela noite de primavera foi o seguinte: eu esperei por Lydia no alpendre porque não queria que ela entrasse para falar com meus pais. Queria que fosse como nos filmes que amo, nos quais a heroína atende ao chamado para a aventura assim que ele surge. Ouço a guitarra marcante de Jimi Hendrix no volume máximo antes mesmo de ver seu carro.

Partimos para Houston, com ela girando o dial, passando pelas estações até encontrar uma música de que gostasse. Quando finalmente acha o que está procurando, suspira como se tivesse encontrado um amigo que a compreende. A trilha sonora estava definida. Lydia me pergunta do que eu gosto.

— Eu canto — digo quase sem pensar.

Ela se vira no banco para me olhar e acena, como se já imaginasse isso. "Eu pareço uma cantora", pensei. "E ela confirma."

Ela revela que o plano é irmos jantar em "um lugar bacana" e depois assistirmos Alvin Ailey. Não faço ideia de quem seja, mas balanço a cabeça, concordando.

— Pode guardar seu dinheiro — ela ordena. — Hoje é tudo por minha conta.

Quando estacionamos o Stingray no restaurante, sinto aquele pássaro batendo as asas dentro do meu peito. Ele sobe até a minha cabeça, e eu me endireito para lhe dar espaço enquanto entramos. A primeira coisa que noto é que o restaurante tem toalhas de mesa. Mais tarde, Lydia me dirá que era parte de uma rede de restaurantes, "tipo um Applebee's", porém, para mim, era o lugar mais elegante onde já estive. Estou apavorada com a possibilidade de fazer algo errado, então imito cada movimento de Lydia.

Depois do jantar, ela nos apressa para o teatro, e ocupamos nossos lugares. O Alvin Ailey Dance Theater, de Nova York, estava em turnê. Leio o programa como se fosse fazer uma prova, sem saber o que esperar de títulos como "Revelations", "Blues Suite" e "Reflection in D". Descubro que Ailey nasceu em Rogers, no Texas, uma cidade minúscula ao norte de Houston. Tento continuar a leitura, mas o público me deixa hipnotizada.

— Eles são tão chiques — comento com Lydia. Não consigo encontrar uma palavra melhor. Todos estão bem-vestidos e chegaram em carrões. Em Galveston, conheço apenas um único médico e um único dentista Negros, mas ali há um público inteiro repleto dessas pessoas. Não é só que elas sejam muito ricas, mas que são o tipo de gente que usa seu dinheiro para assistir a uma apresentação de dança moderna numa sexta à noite.

E agora estou sentada entre elas e penso: "Eu adoraria essa vida".

Entretanto, até mesmo esse pensamento se dissolve quando as cortinas se abrem. Qualquer ideia desaparece por completo com "Revelations", que é *extremamente* enraizada no Texas e, ao mesmo tempo, transcendente. Começa com os tons suaves de marrons e bege dos tecidos do cenário, os dançarinos que se movem ao som de música gospel, transmitindo a dor e o medo de meus pais, como se Ailey houvesse caminhado ao lado deles em Weeks Island. O espetáculo avança para os brancos e azuis-claros da vida que conheço em Galveston — as nuvens e ondas brancas do céu e do Golfo, e os trajes das pessoas que se reúnem para serem vistas na orla. Então, chegam as luzes vermelhas e os tecidos Negros enquanto um único dançarino corre ao som de "Sinner Man", capturando exatamente como me sentia no Santo Rosário. Ailey encerra com a alegria, a liberdade e a redenção de "Rocka My Soul in the Bosom of Abraham".

Sentada ali, vejo o que a arte é capaz de fazer. Os momentos específicos que Alvin Ailey representou de sua vida parecem se alinhar com os meus. Olho novamente para o público ao meu redor, e todos têm aquele mesmo olhar brilhante de reconhecimento. É o que acontece quando contemplamos uma obra de arte que enxerga você. Estou mudada.

Mal consigo falar quando as luzes se acendem. Sinto-me como quem acorda de um sonho bom e por fim está completamente desperta, e agradeço a Lydia por me levar. Repito os agradecimentos até que ela me deixe em frente à minha casa. E eu a agradecerei pelo resto da minha vida.

Minha casa não parece tão pequena quando cruzo a porta da frente, nem meu mundo em Galveston soa decadente como eu achava antes. Parece apenas o começo da minha história, algo que não quero esquecer ou negar, mas no qual desejo me inspirar, como Alvin Ailey fez. Ele levou Rogers, Texas, consigo, e, quando chegasse a hora, eu levaria Galveston comigo.

Porque, por fim, eu descobri que precisava ir embora.

Quando o verão chegou, eu tinha uma grande queda por Robert Fulton e o encarava como se ele me devesse dinheiro. Ele era dois anos mais velho, e eu o procurava em todos os lugares, menos na escola, já que ele sempre matava aula. Pensei em fazer o mesmo e tentei convencer Vernell a me acompanhar.

— E nós vamos fazer o quê? — ela quis saber. — Todo esse trabalho só para andar por essa cidade? Nem pensar!

Era por isso que Vernell só tirava notas altas.

A coisa estava tão ruim que acabei fazendo uma confissão para minha mãe quando estávamos na cozinha:

— Ninguém nunca gosta de mim. Eu gosto mesmo desse garoto, mas, para ser sincera, mamãe, eu só queria *um* namorado. Não qualquer um, mas, ok... *qualquer um serve.*

Minha mãe sentou-se à mesa.

— Vamos à igreja — disse ela.

— Ai, meu Deus, mamãe, isso não tem nada a ver com...

— Não. Você vai à igreja comigo e vai rezar. Esse garoto vai gostar de você.

Foi aí que Skip chegou, interrompendo a conversa. Os treinadores da Ball High disseram que ele precisava ganhar peso durante o verão antes do último ano do ensino médio e queriam que ele comesse o tempo todo, especialmente à noite. Dois ovos mexidos, duas salsichas Blue Ribbon Texas com carne suína e bovina, e, para completar, duas torradas com manteiga e geleia de ponta a ponta, além de um grande copo de leite às dez da noite. Ou seja, ele deveria devorar tudo o que houvesse na cozinha que não fosse a pia, nem os móveis.

Minha mãe na mesma hora se pôs a preparar o banquete de Skip, e o cheiro da comida me conquistou.

— Faz um pouco para mim também, mamãe — pedi.

Acompanhei Skip quase mordida por mordida e fui para a cama tão cheia que dormi como um anjo rechonchudo. Na manhã seguinte, minha mãe me acordou para a missa das sete.

— Você quer que esse garoto goste de você ou não? — perguntou ela quando me virei na cama. Eu queria, então me levantei, fui à igreja e acendi uma vela pela minha vida amorosa.

— Você vai ver — garantiu ela, assentindo em aprovação.

Durante o resto do verão, comi todas aquelas comidas deliciosas e altamente calóricas com Skip tarde da noite. Aos poucos, percebi que Skip e eu começamos a ganhar peso; ele, com músculos devido aos treinos que realizava durante todo o dia, e eu, com as curvas que tanto desejava. Eu ainda era muito magra, mas comecei a ter seios e quadris. E, do nada, as pessoas começaram a *me notar*.

Em setembro, fui ao Down Beat com Johnny. Era um clube para todas as idades em West Beach, montado sobre um deque ao ar livre. Robert Fulton estava lá, e ele não apenas percebeu minha presença, como também dançou comigo. Começamos a namorar, e esse milagre tornou-se uma das histórias preferidas da minha mãe para recrutar novos fiéis para a igreja. "Sabe, ela rezou por esse namorado", ela contava para absolutamente todo mundo. "E veja só: agora ela não consegue se livrar dele! *Rezar é melhor do que vodu!*"

Minha mãe estava certa sobre eu não conseguir me livrar de Robert. Ele era ótimo, mas eu meio que queria ser duas garotas: a que tinha um namorado e a que continuaria a dedicar todo o seu tempo livre para ensaiar com as Veltones. No fim das contas, o trabalho falou mais alto. Eu via Robert conforme minha agenda com as Veltones permitia, o que provavelmente passava a impressão de que eu estava me fazendo de difícil, mas a verdade é que eu levava o canto muito a sério.

Eu fazia as nossas roupas com minha mãe, trocando ideias com ela. As contribuições dela eram práticas, enquanto as minhas tinham a intenção de chamar atenção. Uma das minhas criações favoritas foi um vestido que eu achava simplesmente genial: economizei para comprar botas de cano alto de verniz, dois pares azuis e dois brancos. Cada uma de nós usava uma bota de cada cor, e fiz minivestidos azuis no lado da bota branca e brancos no lado da bota azul. Todo mundo ficou enlouquecido com o visual.

Parecia que as coisas estavam realmente acontecendo para nós, mas então a tia de Polly começou a implicar conosco, reclamando que as Veltones estavam tomando muito do tempo dela em casa. A tia pegava pesado com Polly, mas nós entendíamos que ela tinha uma vida difícil. Sua mãe havia falecido, e coube à tia solteira acolher várias crianças. Ela era muito rigorosa e não queria que Polly fizesse nada além de ficar em casa cuidando dos irmãos — sem exceções, e isso incluía os ensaios.

— Então vamos ensaiar na sua casa — propus a Polly.

— Pode até ser, mas eu preciso tomar conta das crianças — ela explicou.

— Eu posso ajudar com elas — propus.

— Eu também — acrescentou Gail. — É só mandar que sentem a bunda na cadeira e assistam a gente cantar.

Então, as Veltones transferiram seu quartel-general do meu alpendre para o apartamento da tia de Polly, que ficava em um dos conjuntos habitacionais, cantando para as crianças e ninando um bebê enquanto dançávamos. Era simplesmente o que precisávamos fazer para manter o grupo unido.

E valeu a pena, pois fomos convidadas para um grande show de calouros em Houston. Vencemos e, após a premiação, o público nos cercou para tirar fotos. Foram tantas que acabamos adiando nossa volta para Galveston. A tia de Polly ficou furiosa quando Tommie a deixou em casa tarde da noite.

Após essa apresentação, a tia de Polly não permitiu mais que ela participasse de concursos. As Veltones podiam ensaiar — ou melhor, cuidar das crianças —, mas os shows estavam vetados. Só que fomos escaladas para um festival em Houston no qual sabíamos que haveria olheiros de gravadoras. Gail, porém, confessou que achava que a coisa com o grupo estava ficando muito séria e ela queria passar mais tempo com o namorado. Tommie e Polly eventualmente se casariam também. E, assim, as Veltones se separaram bem no momento em que estavam prestes a serem descobertas.

Quando contei aos meus pais o que havia acontecido, eles aceitaram o encerramento das atividades do grupo como se as Veltones fossem apenas um passatempo. Fiquei confusa, porque meus pais sempre haviam sido ferrenhos apoiadores nossos. Papai fazia questão de ser nosso motorista, levando-nos para casa quando os ensaios terminavam tarde e nos acompanhando nos shows e concursos. Minha mãe não poderia ter feito mais por nós, gastando um dinheiro que não tinha para me ajudar a fazer as roupas, comparecendo a cada apresentação e sempre encontrando um jeito de nos motivar individualmente.

— Mas eu quero ser cantora! — Minha voz oscilava entre a de uma criança sonhadora e a de uma jovem adulta que estabelecera uma meta. Eu não disse: "Eu vou ser cantora", mas sim que *queria* ser uma.

— Você pode cantar quando quiser — retrucou meu pai.

— Não, eu quero viver disso — expliquei. — Quero ser uma cantora *de verdade*.

— Ai, minha filha — minha mãe fez um muxoxo. — Você já viu alguma cantora em Galveston?

— Bem, elas não ficariam *aqui*.

— Querida, eu adoraria que você pudesse se tornar uma cantora, e faria qualquer coisa para que isso acontecesse, mas precisamos ser realistas. — A vida que minha mãe havia levado não permitia que sua filha corresse esse tipo de risco, já que tudo o que havia aprendido era a vender o almoço para comprar a janta. — Se você concluir os estudos e conseguir um bom emprego, nos correios ou no hospital...

— Como assim, *se* eu concluir os estudos? — eu a interrompi.

— Tenie, você é uma garota muito atraente. Quero dizer, qualquer homem ficaria muito feliz em cuidar de você.

— Mas e se eu quiser cuidar de mim? E se eu quiser me virar sozinha? Porque é isso o que eu quero. Quero ser a pessoa que cuida de mim mesma. — Fiquei tão surpresa com minha raiva crescente quanto minha mãe. Ela achava que havia reconhecido um talento, porém, após passar todos aqueles anos me dizendo que o que importava era ter personalidade, ela então

veio com essa história de que *se eu fosse bonita o suficiente, isso bastava.* —
O que você está querendo dizer? Que eu deveria simplesmente tentar arrumar um marido?

— Você sonha alto demais, Tenie — lamentou ela. — Você poderia
muito bem se casar e se estabelecer aqui em Galveston.

Eu não sabia o que dizer. Minha mãe sempre me falava coisas como:
"Você precisa aprender a costurar porque assim nunca ficará sem dinheiro".
No entanto, depois que me tornei uma jovem bonita, minha segurança poderia vir de um homem.

— Acho que posso ser cantora — repeti de forma mais suave dessa vez,
sem ter muita certeza das minhas palavras.

Minha mãe reuniu uma vida inteira de boas intenções e declarou:

— Não quero que você se desaponte.

Ela tentava me proteger de ser derrotada pela vida. Meus pais, que fariam qualquer coisa para realizar meus sonhos, não sabiam como apoiar, de
forma segura, aquele sonho de ser cantora.

Na verdade, eu também não sabia como ser uma cantora sem Gail
e Polly. Dei a Gail minha bênção para deixar o grupo e garanti a Polly que
o fim do grupo não era culpa dela. As Veltones sequer fizeram um show de
despedida.

O futebol seria o passaporte de Skip para sair de Galveston. Ele se destacava
na Ball High, apesar das minhas dúvidas sobre ele estar lá e dos medos da
minha mãe de que ele sempre seria um alvo em uma escola de brancos. Ser
um jogador de futebol com seu tamanho e sua habilidade não o tornava
imune ao racismo, mas lhe dava o privilégio de certa proteção. Os orientadores escolares o ajudaram com as inscrições para bolsas universitárias escrevendo cartas de recomendação que davam a impressão de que ele e todos os
outros jogadores do time eram as revelações do futebol texano. Meus pais,
que não perdiam um jogo, estavam radiantes. Era uma bênção com a qual
eles jamais poderiam ter sonhado, mas que se tornara a mais pura realidade.

Certa noite, cheguei em casa depois de sair com Johnny. Skip estava
sentado à mesa da cozinha. Meus pais se calaram assim que entrei, então

soube que era algo sério. Skip parecia perdido, como se o mundo desabasse ao seu redor.

A namorada dele estava grávida. Do meu quarto, pude ouvir a conversa

— Você precisa fazer a coisa certa — disse meu pai. — Essa garota vai ter um bebê, e você tem que se casar com ela.

Skip teria que ficar em Galveston, e todas as vidas diferentes que ele poderia ter vivido evaporaram diante de seus olhos. Meus pais achavam que estavam fazendo o que bons cristãos deveriam fazer. Outras famílias poderiam ter optado por priorizar a fama e a fortuna — que beneficiaria, inclusive, a eles próprios — e teriam enviado dinheiro para a garota, se ela tivesse sorte. Porém, esses não eram meus pais.

Sem conseguir dormir, fui até a cozinha e encontrei papai e mamãe ainda à mesa, lamentando por Skip.

Aquela não foi a primeira vez que um jogador de futebol da Ball High engravidou a namorada, mas provavelmente foi o primeiro caso a envolver um jogador Negro. Imagino a conversa — aquela certeza, a portas fechadas, de que aquilo tinha a ver com o fato de uma garota Negra estar em apuros. O próprio pessoal da escola entrou em ação. Um conselheiro conversou com alguns ex-alunos, telefonemas foram feitos, e arranjaram para Skip um bom emprego na Pennzoil, uma empresa de derivados de petróleo, em Galveston.

O casamento não deu certo. Pessoas assim tão jovens mudam, mesmo com uma filha — e outra que veio logo em seguida. Nunca tive ilusões de que Skip se tornaria um jogador profissional ou ficaria famoso. Ou de que estudar em uma boa escola o salvaria de qualquer tristeza nesta vida. No entanto, foi difícil ver aquela porta se fechar — e perceber que meus pais ficaram ainda mais temerosos de arriscar qualquer coisa por um dos meus sonhos.

9

UM APRENDIZADO EM LIBERDADE

Setembro de 1969

PARA NÓS, crianças de Galveston — pelo menos as crianças Negras —, o fechamento da Central High School em 1968 foi tão monumental quanto a tempestade de 1900 que devastou a cidade. Galveston foi finalmente forçada a cumprir uma ordem da Suprema Corte que determinava que a partir de setembro de 1968 todos os estudantes deveriam frequentar a escola que fosse mais próxima de suas residências. E assim, as famílias brancas que moravam mais perto da Central do que da Ball High e se preocupavam com a ideia de enviar seus filhos para uma escola de Negros tiveram seu problema resolvido. A Central High foi simplesmente desativada e transformada em uma escola de ensino fundamental. Abrimos mão de nossa cultura e de nossa história para sermos tratados como cidadãos de segunda classe na Ball High.

Quando comecei o segundo ano do ensino médio, os professores que teriam me dado aula na Central tentavam desesperadamente conseguir um emprego na Ball High. Pessoas que ocupavam cargos administrativos de alto escalão na Central foram forçadas a se submeter a entrevistas para posições inferiores. Havia bons professores brancos e alguns aliados entre os estudantes da Ball High, mas a maioria dos alunos *não* nos queria lá. Eu certamente não queria estar ali, mas havia aqueles "Negros bem treinados", bajulados pela administração branca e encarregados de nos manter sob controle. Eram espertos, "articulados".

"Por que você está tão brava?", me perguntavam. Porque *sim* — e essa pergunta só me fazia listar ainda mais motivos para a minha irritação. Todos os programas que tínhamos na Central — clubes acadêmicos premiados e um grupo de teatro que levou Galveston ao campeonato estadual de dramaturgia — tinham sido extintos. "Os brancos ficam com todas as vagas na banda", eu explicava. "E todas as líderes de torcida também são brancas. Eles nos fazem agir de um certo jeito e mesmo assim somos totalmente ignorados." As líderes de torcida dos Bearcats, o time de futebol da Central, tinham sorte se as deixassem ao menos fazer um teste para a equipe dos Tors. O que a Ball High queria eram nossos atletas. Nos jogos, às vezes começávamos a entoar os cantos dos Bearcats, tomados pela nostalgia, embora ainda fôssemos adolescentes. No entanto, o pessoal da Ball High acabou com isso mais do que depressa, enviando seus embaixadores "bem treinados" para nos calar.

— Agora estamos na Ball — um deles me disse.

— Ainda sou uma Bearcat — rebati.

— Mas lembre que eles tiveram que integrar as duas escolas.

— Quer saber? Não tenho problema com a integração, e eu até entendo isso. O que não entendo é por que não apagamos tudo e começamos do zero com uma escola nova, um lugar realmente integrado, onde todos tivessem que se esforçar e competir em pé de igualdade.

O rapaz deu de ombros, mas não havia como explicar a tristeza que eu sentia quando, para ele, tudo parecia apenas uma oportunidade. Meu sonho de infância de me tornar uma Bearcat tinha sido roubado. Mal podia esperar para ser uma *majorette* na Central, como minha irmã. Para andar sobre o tapete vermelho em todos os eventos Negros da comunidade. Para me conectar com os empresários Negros e com os membros da associação de pais e mestres, que usavam a Central como ponto de encontro para inspirar os mais jovens.

Não havia muitas pessoas que realmente entendiam o que estava acontecendo, mas os poucos que tinham consciência acabavam se reunindo. Um grupo, liderado pelo jovem Michael Merritt, criou uma espécie de sindicato dos estudantes Negros. Para dar crédito à Ball High, devo dizer que a direção nos deu liberdade para desenvolver um programa de estudos afro-americanos. Michael era especialista nos Panteras Negras, e eu me tornei obcecada pelo movimento. Eu me inspirava ao participar do Programa de Café da Manhã Gratuito para Crianças em Idade Escolar dos Panteras e no engajamento de mulheres como Ericka Huggins e Elaine Brown, que mais tarde se tornariam líderes do movimento. (Anos depois, tive a oportunidade de dizer à Elaine Brown o quanto ela significava para mim em um jantar que ofereci na minha casa.)

Um garoto branco da Ball High ajudou Michael a produzir um evento no auditório durante o Mês da História Negra, que destacava os líderes do movimento de libertação Negra. Cada um de nós interpretou um deles e eu fiquei com o papel de Angela Davis, principalmente porque na época eu ostentava um enorme penteado afro, que vinha cultivando até alcançar a perfeição.

No final, todos levantamos o punho e dissemos *"Black Power"*. Foi a atitude correta, mas não soou bem para a diretoria. Eles apoiavam o evento, mas não gostaram do nosso gesto. Não enxergavam que celebrar a beleza e o poder de ser Negro não era, automaticamente, um ataque aos brancos. "Não tem a ver com vocês", eu tentei explicar. "Tem a ver com a gente." No entanto, uma das formas como o racismo opera é por meio do apagamento. Não queriam que conhecêssemos nossa história porque tinham medo do que seríamos no futuro.

Naquele verão, consegui um emprego na lojinha de presentes do Sea-Arama Marineworld, uma das principais atrações turísticas de Galveston. O Sea-Arama era um parque aquático novíssimo, com aspirações de ser uma Disney aquática, mas ainda caipira o suficiente para promover shows de luta com jacarés. Eu ia até lá de bicicleta todos os finais de semana e, depois, durante todo o verão. Dava para saber que a estação tinha chegado quando o cheiro de cloro das piscinas invadia as nossas narinas, limpando os seios da face.

Trabalhei com minha amiga Vernette — não confundir com Vernell —, que era alguns anos mais velha do que eu. Enquanto Vernell era uma aluna nota dez que vivia nos conjuntos habitacionais, Vernette era de classe média e falava de forma mais refinada, resultado de ter crescido em um bairro branco. E, como quase todo mundo naquela época, ela adorava fumar maconha. Eu não me importava com isso, mas nunca tinha fumado.

Vernette me chamou de "careta", algo que nunca tinham dito sobre mim em toda a minha vida, então dei uma tragada no baseado dela. Como achei que não estava fazendo efeito, fumei mais um pouco — e descobri que não era para mim. Fiquei tão paranoica que saí correndo para casa. Quando minha mãe abriu a porta, acidentalmente soltei uma baforada de fumaça bem na cara dela.

Depois desse dia, perdi o interesse em fumar, mas Vernette me ensinou a apertar um bom baseado. Assim, seus amigos não desconfiariam que eu era uma dedo-duro. A partir de então, era eu quem apertava os baseados de todo mundo, e eles estavam sempre ocupados demais admirando meu talento para perceber que eu não fumava junto. Pode ter certeza: meus baseados viraram lenda.

Minha mãe temia exatamente esse tipo de problema e me proibiu de ir a qualquer festa ou evento para adolescentes. Havia um clube juvenil ali perto chamado Psychedelic Shack e tentei convencê-la a me deixar ir.

— Fica tão pertinho!

— Tenho um mau pressentimento sobre esse lugar. Sempre tem briga lá — disse minha mãe.

—Aham, mas todos os meus amigos vão. Todo mundo vai.

— Você não é todo mundo — respondeu ela.

— Vocês precisam arrumar algo *para fazer*. — Eu tinha acabado de completar dezesseis anos, aquela idade em que tudo que meus pais faziam me irritava. Como eles já eram mais velhos, tinham tempo de sobra e, na minha cabeça, minha mãe não tinha nada melhor para fazer além de pegar no meu pé. — Você não confia em mim?

Minha mãe não respondeu nada, o que, para mim, já era uma resposta em si. Ela não confiava. Quando saíamos juntas, ela percebia o olhar dos homens me examinando de cima a baixo. Eu não me vestia para chamar atenção — Johnny e eu fazíamos as roupas que amávamos. Aos dezesseis anos, eu usava aqueles tops curtos com calças de cintura baixa e justas. Me sentia linda e leve assim.

Isso não incomodava minha mãe — até que o mundo começou a reparar em mim. Ela percebia os olhares dos homens antes mesmo de eu notar, então parecia que era do nada quando ela perguntava: "Por que você está sempre com essa barriga de fora? E por que usa esses vestidos tão curtos? Precisamos ir para casa para você pôr algo mais decente."

Ela só queria me proteger, mas eu via isso como um constrangimento.

"Você não é melhor do que as fofoqueiras da srta. Sims", disse a ela uma vez.

Isso a machucou, porque ela as odiava tanto quanto eu. Eram as mulheres que se sentavam nas varandas próximas à loja de doces da srta. Sims — que, para Johnny e para mim, era nosso lugar preferido, já que ainda amávamos doces. Conforme crescemos, elas passaram de vigiar nosso comportamento infantil a prever nossa ruína. Sempre cochichavam sobre Johnny ser gay, alto o bastante para que pudéssemos ouvir. Elas ressentiam o fato de que ele não escondia os trejeitos femininos na voz e, talvez mais ainda, o fato de que ele não recebia nenhum tipo de repreensão por conta disso. Ao contrário, Johnny havia até comprado um casaco de pele para a mãe — ele não sabia que deveríamos ser pobres e agir como tal? Não deveria estar escondendo quem realmente era?

Quando meu corpo começou a mudar, virei um novo personagem na novela delas.

— Essa Tenie... não duvido nada que engravide antes dos... — A mulher levantou a voz para me chamar. — Quantos anos você tem, Tenie?

— Dezesseis — respondi.

— Então falta pouco — previu ela.

Johnny e eu apenas reviramos os olhos, mas demos o troco numa noite em que resolvemos dar um show para elas. Eu queria muito tomar um sorvete e coloquei um travesseiro debaixo da roupa para parecer grávida. Caprichei no visual enquanto passávamos por elas, segurando as costas como se estivessem doendo, enquanto Johnny fingia estar furioso.

— Tá vendo agora o resultado? Eu te disse para não se meter com aquele garoto! — gritou ele, fingindo que ia me dar um soco.

Tentamos a todo custo não rir, porque podíamos ver as velhas correndo com seus andadores até a janela para olhar.

— Ai, você me bateu forte — gemi. — Por favor, Johnny. Somos uma família.

Rimos disso por semanas. Só que, então, a coisa aconteceu bem perto da gente: minha melhor amiga Vernell descobriu que estava grávida.

O pai era o baterista da banda da escola. Ele era lindo — tinha a pele cor de chocolate e um sorriso radiante — e estava sempre mascando chiclete Doublemint, que deixava seu hálito com um cheiro maravilhoso. Costumava andar por aí com suas baquetas, girando-as e batucando em qualquer coisa, só para garantir que todos soubessem que ele tocava bateria. Vernell estava perdidamente apaixonada, mas ele colecionava filhos com outras. Vernell, a aluna nota dez, acabou concluindo os estudos em um supletivo. Eu tinha amigas que eram precoces, e eu as amava pelo que eram, mas Vernell não fazia esse tipo. Por isso, sua gravidez me chocou — e aterrorizou minha mãe. Ao ver seu modelo de "boa menina" engravidar, ela imaginou que sua filha impulsiva seria a próxima.

— Mamãe, fazer sexo nem passa pela minha cabeça — eu lhe garanti. — É sério, eu só quero sair para dançar com Johnny e ser livre.

Minha mãe até me deixava sair, mas somente com minha irmã Selena e Johnny.

Com eles, eu era mais direta.

— Não estou transando com ninguém — informei à Selena e ao Johnny, sem rodeios. — Não vou me enroscar nesta cidadezinha. Não quero saber de relacionamento sério nem de nada que possa me aprisionar em Galveston. Não vejo a hora de dar o fora daqui.

Levando as mãos à barriga, eu me esforçava para respirar, apesar do enjoo.

Era por volta de seis da manhã. Meu pai e eu estávamos na emergência do John Sealy Hospital, um lugar que eu já conhecia bem aos dezessete anos. Não apenas por causa da minha mãe, mas porque, com tantas crianças na família — bem mais de uma dúzia —, toda semana alguém ia parar na emergência.

O John Sealy era um hospital de caridade, pois fazia parte da Escola de Medicina da Universidade do Texas, o motor econômico da ilha. Eles formavam alguns dos melhores médicos do estado, mas os pacientes eram basicamente tratados como cobaias.

Flo trabalhava lá como enfermeira, mas isso não nos garantia nenhum tratamento especial. Eles nos atendiam quando bem entendessem. Não era raro passarmos o dia inteiro esperando, e eu já estivera ali vezes o suficiente para ver como o atendimento era ruim tanto para Negros quanto para brancos, já que as famílias brancas pobres também tomavam um chá de cadeira. No entanto, os que mais sofriam com a espera eram os hispânicos.

Meu pai e eu chegamos à emergência antes do sol nascer, incapazes de esperar mais. Eu passara a noite em claro, vomitando sem parar. Ele me levou porque minha mãe estava acamada, recuperando-se de um dos seus problemas de coração.

O sotaque do meu pai dificultava o entendimento da equipe do John Sealy — tornava mais fácil ignorá-lo. Quando ele levava minha mãe, não importava o estado em que ela estivesse, de alguma forma, era ela quem acabava falando. Eu, entretanto, mal conseguia abrir a boca, e a recepcionista, que já nos vira ali incontáveis vezes, apenas apontou para a sala de espera.

Ficamos sentados por horas, vendo pessoas serem atendidas antes de nós, enquanto eu me remexia no assento em busca de uma posição que aliviasse o enjoo. Eu sentia um frio danado, o que hoje sei que significava que eu estava com febre.

Um homem por fim apareceu. Era um médico de jaleco branco. No entanto, ele não se apresentou ao meu pai. Muito menos a mim. Talvez tenha dito algo como "Siga-me". Ou talvez apenas tenha gesticulado.

Eu *me lembro* que meu pai se levantou para me acompanhar, mas o homem ergueu a mão. Era uma ordem para que ele ficasse. Mais três pessoas brancas — dois homens e uma mulher, também vestidos com jalecos brancos — se juntaram ao médico enquanto caminhávamos para uma ala de triagem, onde fecharam a cortina ao redor de um leito. Enquanto eu descrevia meus sintomas, o médico principal me perguntou, sem rodeios:

— É possível que você esteja grávida?

— Não. — Eu estava no segundo ano do ensino médio e era virgem. — Eu nunca fiz... — Furtei-me até de falar a palavra "sexo" na frente deles, mas o grupo nem se preocupou em fingir que estava ouvindo. Fizeram um exame rápido, enquanto o médico conversava com os outros três como se eu não estivesse ali. Era o professor deles.

— Bem, venha conosco — ele por fim se dirigiu a mim e caminhou em direção a uma porta fechada. Dentro da sala de exames, onde todos se aglomeraram, havia uma cama de hospital com estribos de metal. Eu nunca tinha visto nada parecido.

Eles me deram uma camisola hospitalar e pediram que eu tirasse a roupa e deitasse na cama. Não entendi nada, mas fiz o que me foi pedido, me contorcendo para me cobrir com a camisola enquanto tirava a camisa e a calça. Fiquei de calcinha e sutiã, o que irritou o médico quando me deitei.

— Você precisa tirar isso — disse ele.

— Não, eu não quero.

A expressão dele era severa.

— Há outras pessoas que podemos ir ajudar.

Aquilo foi uma ameaça. Eu estava passando tão mal que não sabia o que fazer, de modo que tirei a calcinha, e então ele agarrou meus pés para prender cada tornozelo em um estribo.

Quando ele iniciou um exame pélvico, comecei a chorar, repetindo "não". Eu implorava para que ele parasse — a dor era excruciante, a humilhação, ainda pior. Os outros médicos se inclinaram para assistir. Ele não se importou com o meu sofrimento, agindo como se eu fosse apenas um objeto de estudo. Eu implorava para que parasse, mas ele continuou.

O médico usou um espéculo em mim, frio e duro, e rompeu meu hímen. Comecei a sangrar.

Eu não sabia porque estava sangrando. "Ai, meu Deus. Tem algo errado comigo. Eu vou morrer", pensei. Algo havia mudado no semblante de todos, até mesmo no médico responsável. Eles ficaram quietos e o médico falou mais baixo. Eles se deram conta de que "puta que pariu, ela não estava mentindo". Pude ver a culpa estampada nos rostos de todos, a vergonha pelo que fizeram e a percepção de que eu estava muito doente.

Eles se apressaram, correndo para me tirar de lá o quanto antes. Do nada, começaram a me tratar com muito mais gentileza, mas jamais explicaram o que tinham feito e por que eu sangrava. Um dos alunos me deu uma toalha para que me limpasse sem nem mesmo olhar para mim. Disseram que tinha pego um vírus intestinal e que logo eu ficaria boa, e então desapareceram. Em um instante, a garota Negra que escondia uma gravidez ou uma DST se viu rebaixada à condição de cobaia.

Após me vestir — embora eu continuasse mais fria que nunca — fui até meu pai, ainda aos prantos. Não lhe contei o que ocorrera imediatamente, mas o fiz — por alto — no carro.

Em casa, fui direto até o banheiro, e pude ouvir meu pai falando com a minha mãe:

— Levaram Tenie, fizeram um exame e, bem, ela disse que começou a sangrar.

— Você acha que ela estava grávida? — perguntou mamãe logo de cara.

— Não. Porra, não.

Naquele exato momento, uma parede se fechou entre minha mãe e eu. Eu tinha sido violada, mas sua suposição imediata era de que eu estava mentindo para ela sobre ter uma vida sexual.

Eu estava tão confusa quanto ao sangue que liguei para minha irmã Flo. Ela me explicou que eu nunca tinha feito sexo e foi por isso que sangrei. Contei para Flo o que mamãe dissera, que não havia acreditado em mim.

— Eu a odeio — admiti. Toda a impotência que senti na sala de exame havia se concentrado e, então, recaía em minha mãe. Não era capaz de perceber seu medo e necessidade de me proteger. Vi apenas a vergonha. — Para mim, já chega.

No entanto, Flo, que era enfermeira no John Sealy, estava mais preocupada por eu ter sido submetida a um exame vaginal invasivo sem meu consentimento ou, como era menor de idade, sem a autorização do meu pai. Já tinha visto Flo furiosa, mas nunca daquele jeito. No hospital, a desculpa esfarrapada foi que acharam que meu pai não falava inglês e, por isso, estavam "apenas tentando me ajudar". Flo narrou a história em detalhes aos meus pais, deixando claro que eles sabiam que assim romperiam meu hímen.

— Vocês deviam processá-los — ela lhes disse. — Eles cometeram um crime.

Meu pai estava furioso, mas minha mãe manteve sua atitude de sempre:

— Essa é uma batalha perdida. Você não quer que eles se voltem contra você, é o seu emprego.

Mamãe proibiu meu pai de se envolver.

Para piorar, logo desenvolvi icterícia, e meus olhos ficaram levemente amarelados. Daquela vez, foi minha mãe quem me levou ao hospital. O que aconteceu foi que os médicos estavam tão ocupados me torturando — assumindo que esta garota Negra estava grávida ou tinha alguma DST — que não perceberam um quadro de hepatite viral.

Minha mãe sentiu o distanciamento entre nós, mas eu nunca falei com ela sobre o que havia acontecido ou sobre o que a ouvi dizer. Isso foi pior para mim do que vê-la não se posicionar contra as freiras no Santo Rosário. Passei a enxergá-la como uma mulher fraca, incapaz e sem disposição para me proteger.

Eu estava mais determinada do que nunca. No ano seguinte, quando estivesse no terceiro ano do ensino médio, eu me formaria e daria o fora de Galveston. E deixaria minha mãe para trás.

10

ANTES DE IR EMBORA

Minha mãe não queria que eu andasse com garotos da minha idade, mas toda sexta-feira à noite ela deixava Selena levar Johnny e eu ao Session. Essa era uma noite musical realizada no ila Hall, o salão do sindicato dos estivadores ao qual meu pai era filiado. Tratava-se de um pequeno salão de baile onde se podia dançar e onde costumavam tocar bandas ao vivo. Lá, se apresentavam grupos em ascensão ou em declínio — o meio-termo perfeito — como The Stylistics e The Chi-Lites, além de um dos nossos favoritos, Archie Bell & The Drells, que tocavam "Tighten Up". Era possível ficar cara a cara com os artistas, pois o salão só acomodava cerca de trinta mesas e um pequeno palco.

Johnny e eu passávamos a semana inteira trabalhando nos nossos *looks* e passos de dança. Éramos muito bons e, sinceramente, deveríamos ter sido pagos, porque éramos nós que animávamos o lugar. Minha mãe associava o salão ao trabalho do meu pai, e, com Selena, eu estava em boas mãos. Entretanto, havia *homens* lá. E, se ela soubesse quantos deles tentaram dar em cima de mim, teria ficado muito mais apavorada com essas noites do que com o Psychedelic Shack.

Eu também estaria protegida com Selena e Johnny, que havia completado vinte anos e se tornado um homem bonito, de bigode e cabelo um pouco comprido na nuca. Pagávamos cinco dólares por uma mesa, que incluía um balde de gelo, alguns copos descartáveis e alguns refrigerantes. No Session, era esperado que cada um levasse a sua própria bebida alcoólica, de forma que Selena trazia rum de casa para misturar com as cocas — mas só para ela. Johnny e eu passávamos a maior parte do tempo dançando. No dia do show dos Chi-Lites, consegui uma mesa bem na frente do palco porque tinha uma quedinha pelos dois vocalistas, Eugene e Robert.

Depois da apresentação, um cara se aproximou da nossa mesa e me entregou um bilhete onde estava escrito: "Eugene quer conhecer você no camarim".

Mostrei o papel para Johnny e, antes que alguém pudesse perguntar por mim, já estávamos indo para os bastidores. Selena nos deixou ir sozinhos, confiando no nosso discernimento, então fomos conhecer todo mundo. Enchi-lhes de perguntas sobre como era a vida na estrada e para onde iriam a seguir.

— Partiremos amanhã — respondeu Eugene. — Venha tomar café conosco antes de irmos.

Johnny deu uma risadinha, porque sabíamos bem o que ele queria dizer. O pobre Eugene era um doce e não fazia ideia de que eu era tão jovem — eu parecia ter 21.

Mantive a calma, tentando parecer adulta e indiferente.

— Não dá, preciso chegar cedo ao trabalho amanhã — menti. E nem importava que fosse sexta-feira à noite. Johnny me olhou, achando graça.

— Melhor irmos então, Tina — disse Johnny. — Você sabe, *o dever nos chama*.

— Sim. Foi um prazer conhecê-lo — eu me despedi de Eugene mantendo o ar sério.

Saímos dali o mais rápido possível, antes que eu desse um ataque, pois Eugene era um homem feito. Provavelmente já passara dos trinta!

Selena riu muito enquanto Johnny nos levava para casa. Ela entrou, enquanto Johnny e eu ficamos conversando no carro. De repente, eu estava vendo Galveston de um jeito diferente; fazendo um inventário mental do que sentiria falta. As sextas-feiras à noite com Johnny estavam no topo da lista. Eu tinha medo não só de deixá-lo para trás, mas também de deixá-lo *sozinho*.

Eu sabia que ele era solitário, mesmo comigo por perto. Todos gostavam do Johnny, saíam com ele, mas quem realmente o conhecia como eu?

Ele não tinha nenhum amigo gay, e eu sabia que era porque homossexuais tinham medo de serem vistos juntos. Vi gente ser ridicularizada e humilhada vezes o bastante para ser ingênua desse jeito.

— E quanto a você? — Eu já havia feito essa pergunta de diversas maneiras. Se eu estava por aí dispensando os Chi-Lites, ele não merecia ao menos ter a oportunidade de ser cortejado por alguém?

— O que tem eu?

— Johnny, você já está velho demais para não ter um namorado.

Ele jogou a cabeça para trás e riu. Uma risada daquelas que enchem o carro.

— Você vai me arranjar um?

— Sei lá — respondi. — Mas nós precisamos fazer algo a respeito.

— Tá certo, anjo da guarda. Lá vem você de novo com esse papo de "nós".

— Sim, nós. — Fiz uma pausa. — Você realmente acha que sou um anjo da guarda? — Eu não sabia como me sentir em relação a isso.

— Bem, tentar ser você tenta. Você está sempre procurando quem precisa ser salvo.

— Não acho que você precise ser salvo, Johnny, mas precisa de um companheiro.

E eu estava determinada a ajudá-lo a encontrar um.

Eu dividia o microscópio com Jerry na aula de biologia, nos alternando para estudar lâminas com culturas de células. Jerry era meu parceiro de laboratório — um cara branco, grande e muito extravagante. Ele não tinha vergonha de ser assim, mas sofria na escola. Eu o adorava, então sabia que podia lhe fazer uma pergunta sincera.

— Onde vocês costumam ir?

Ele levantou os olhos do microscópio e apoiou o cotovelo na bancada, inclinando-se para mim. Continuei, com a certeza de que ele havia entendido o que eu queria dizer.

— Para se divertir. Onde vocês se encontram?

—Ah, no Kon Tiki — respondeu ele, casualmente, como se não tivesse acabado de me entregar uma espécie de mapa do tesouro.

— O que é Kon Tiki?

— É um bar — disse ele. — Tem dança todos os dias da semana. É muito legal.

Rasguei um pedaço do meu caderno de ciências.

— Preciso do endereço, Jerry. Prometo que vai estar seguro comigo.

Na sexta-feira seguinte, fugi com Johnny, dizendo à mamãe que estávamos indo ao Session com Selena, mas, na verdade, atravessamos a Broadway em direção ao Kon Tiki. Era um lugar discreto, e percebi que provavelmente já havia passado por ali inúmeras vezes sem notá-lo.

Johnny ficou parado na entrada, e eu segurei a porta para ele:

— Faça as honras.

O bar era escuro, mas acolhedor, com lindas luzes coloridas e uma decoração inspirada em ilhas tropicais. A pista de dança estava lotada, com pessoas se acabando ao som de "It's Your Thing", dos Isley Brothers. No entanto, eu não conseguia tirar os olhos de Johnny.

Ele estava tão *feliz*. Era quase surreal testemunhar aquela descoberta em primeira mão enquanto caminhávamos pelo Kon Tiki. De vez em quando, ele segurava meu braço de um jeito sutil, um código secreto para que eu olhasse discretamente e reconhecesse alguém que ainda estava no armário. Eu era muito nova e não sabia para onde olhar, com medo de fazer alguém pensar que eu estava julgando.

Então, quando uma garota veio até mim e me chamou para dançar, aceitei na hora. Apertei o braço de Johnny.

— Conheça gente — recomendei, e corri com a garota para o meio da pista.

Dançamos uma música após a outra — de "I Want You Back" a "Family Affair", do Sly, e depois a nostálgica "Ain't No Mountain High Enough", do Marvin Gaye. Mesmo de olhos fechados, eu podia sentir a alegria e a entrega de todos ao redor. A linha do baixo vibrava através de nós, a bateria nos ancorava ao ritmo, as pessoas cantavam juntas versos que, de repente, pareciam a perfeição.

Abri os olhos e vi um grupo de homens Negros se abraçando quando uma nova música começou, como se aquela canção pertencesse a eles. Quando eu dançava com Johnny, sempre sentia que havia algo em jogo — claro que dançávamos para impressionar quem estivesse por perto, mas também era algo sagrado, que pertencia só a nós naquele exato momento, naquele ritmo. Éramos *estrelas*. Não investiríamos tanto esforço e planejamento em nossas performances privadas se isso não fosse importante. No entanto, só me dei conta disso ao ver tudo aquilo ser compartilhado em comunidade naquele local. Aquilo era alegria — alegria Negra e *queer* — *vivida*, não por necessidade de sobrevivência, resiliência ou resistência, mas pela plenitude do momento. Éramos *todos* estrelas.

Já tinham se passado algumas músicas quando olhei para baixo e vi pequenas luzes piscando no chão, seguindo o ritmo da música.

— Uau! — falei para a garota. — Que coisa mais linda.

Ela riu, mas eu estava hipnotizada. Isso foi antes das discotecas virarem moda, então eu nunca tinha visto um chão de pista de dança como aquele. Por fim, fiz uma pausa e informei à garota que queria ver como Johnny estava. Ele, por sinal, estava me esperando com um sorriso radiante.

— Você viu o que tem no chão da pista, Tenie?

— Aham, são lindas aquelas luzes. Muito legal, né?

— Sim, mas você viu o que as luzes são?

Olhei de novo e estreitei os olhos.

— São pênis — disse ele. E eram mesmo. Caímos na gargalhada. O clube era famoso por suas silhuetas coloridas de pênis. O Kon Tiki fora alvo de um incêndio criminoso no antigo local onde costumava funcionar, e acho que colocaram aquela pista de dança para deixar bem claro que não tinham medo de nada.

Depois daquela primeira noite, Johnny começou a frequentar o Kon Tiki sem mim e fez amigos por lá. Ele me levou a um show de drag queens, foi a primeira vez que nós dois assistimos um, e eu amei. Era uma cultura incrível que conseguia se manter *underground* em Galveston, então não contei nada a ninguém, e Johnny também não. Era difícil, porque eu achava que o mundo precisava conhecer aquilo, mas não cabia a mim espalhar.

Johnny fez amizade com as drags, que logo reconheceram nele um gênio da confecção de figurinos. Ele começou a costurar as roupas delas e se tornou a pessoa certa para transformar qualquer visual. Criava peças de beleza estonteante, com a atenção aos detalhes que aprendeu com Agnes e Selena. Nessa época, ele já havia ganhado tanto dinheiro que, quando os vizinhos de cima da sua mãe se mudaram, ele alugou o segundo andar do duplex. Os dois andares compartilhavam a mesma escada lateral, e quem estivesse na casa de Selena podia assistir ao desfile de visitantes em busca de glamour de Johnny.

O pai dele, por sua vez, coçava a cabeça, intrigado ao ver aquela gente entrando e saindo. As drag queens desciam do apartamento de Johnny transformadas, impecáveis, de peruca e maquiagem, vestindo as roupas que ele fazia para elas.

— Tenie, você sabe, esses rapazes sobem para ver meu filho — o pai de Johnny me disse certa vez —, mas nunca descem. Saem apenas essas moças.

Rimos muito disso.

Comecei a ajudar Johnny com os cabelos e a maquiagem. Muitas vezes, eu olhava para uma de suas clientes e pensava: "Acho que posso fazer isso muito bem". Eu tinha uma visão, e Johnny e eu estilizávamos as perucas juntos, ouvindo música e contando piadas. Eu amava aquele momento no espelho, quando a transformação acontecia, mas a pessoa ainda estava se acostumando com sua nova imagem. Havia um brilho de reconhecimento em seus olhos. Fazíamos com que parecessem extraordinárias, mas, de alguma forma, aquilo também revelava quem realmente eram. Foi quando percebi que gostava de fazer as pessoas se sentirem bonitas, para que pudessem enxergar o quanto eram belas *de verdade*.

Enquanto me preparava para o terceiro ano do ensino médio, comecei a contar os meses até a formatura e minha saída de Galveston. Eu não sabia para onde iria, mas como Johnny havia encontrado o seu pessoal, no qual poderia se inspirar e que o faria crescer, eu precisava encontrar a minha turma.

Os policiais teriam ficado muito felizes em me expulsar da cidade.

Em uma noite de verão, eu estava entre um grupo de adolescentes felizes que saía em bando do cinema Martini, com o som da música tema de *Shaft*, de Isaac Hayes, ainda ecoando em nossos corações. Descemos do nosso lugar no mezanino e nos reunimos do lado de fora do cinema. Eu estava com minha amiga Vanessa. Vernell e eu meio que a adotamos na Ball High, depois que minha amiga enfrentou algumas garotas que praticavam bullying contra ela. "Parem", ordenou Vernell. Ninguém ousava encará-la — ela era durona — e, atrás dela, estava eu, pesando não mais que quarenta quilos, tremendo da cabeça aos pés, dizendo: "É isso aí, deixem ela em paz". Funcionou. Quando Vernell largou os estudos para ser mãe, Vanessa e eu viramos carne e unha.

Shaft havia acabado de estrear, então aquele era um grande evento para todos nós. As meninas apareceram com botas de cano alto e minissaias, e muitas passaram a ostentar grandes penteados afro, como o meu. Vanessa e eu estávamos um pouco afastadas do grupo porque eu tinha horário para voltar para casa e esperava Skip vir nos buscar de carro.

Foi então que uma viatura se aproximou com um policial ao volante.

— Venham aqui — ordenou ele.

Olhei para trás e percebi que ele falava conosco. Eu tinha acabado de assistir a *Shaft*, então o espírito do detetive particular do movimento Black Power interpretado por Richard Roundtree estava incorporado em mim. Desde que Skip levou uma surra dos policiais, minha família sofria constantes assédios, mas, geralmente, não passavam de parar meu pai ou um de meus irmãos no trânsito. Caminhei até o carro sem dizer uma palavra sequer.

— Qual o seu nome? — Aquilo não era uma pergunta, mas uma ordem.

— Por que você quer saber? — rebati.

— Eu disse para me dizer seu nome. — O homem se virou para Vanessa, que respondeu de imediato. Ele tomou nota em um bloco e voltou-se novamente para mim. — Você precisa me dizer seu nome.

— Não vou dizer meu nome. — Por dentro, eu estava me preparando para a briga, porque já estava farta daquelas pessoas. — Estou esperando minha carona e você está me assediando.

— Se não disser…

Ele olhou por cima do meu ombro e viu todos aqueles jovens, que agora começavam a gritar:

— Por que você está pegando no pé dela? Vai arrumar o que fazer!

Ele, no entanto, prosseguiu, irritado:

— Se não me disser seu nome, vou ter que te levar para a delegacia.

— Então me leve.

Ele saiu do carro, me agarrou pelo pulso e me jogou no banco de trás. Em seguida, pegou Vanessa.

— Ela já disse o nome dela! — gritei. — Deixe ela em paz.

Entretanto, para ser sincera, eu temia ficar a sós com ele. Vanessa começou a chorar quando foi colocada no banco de trás comigo, o que me deixou ainda mais furiosa. Talvez ele achasse que aquele teatrinho me faria dizer meu nome. Não fez.

— Beleza — disse ele, praguejando entre os dentes enquanto engatava a marcha.

Ele nos levou até a delegacia, mas, quando chegamos lá, não nos ficharam. Apenas nos mandaram sentar e disseram que não podíamos sair. Vi o policial tentando explicar algo ao sargento, e percebi que o clima entre os dois esquentava. O superior parecia furioso com seu subordinado e, lá pelas tantas, foi até nós.

— Sabem, vocês são duas garotas de bem. — Seu tom combinava simpatia e malícia. — Vocês não deviam ficar andando por aí desse jeito. — Ele fez uma pausa. — *Rodando bolsinha.*

Ele estava insinuando que trabalhávamos como prostitutas. No entanto, não passávamos de duas adolescentes.

— Do que você está falando? — perguntei. — Senhor, nós estávamos no cinema. Somos *estudantes* da Ball High. Um monte de gente pode confirmar que estávamos assistindo o filme. E então esse policial chegou e começou a exigir que eu dissesse meu nome. Por que eu deveria lhe dizer isso? Só porque estou na frente do cinema?

— Bem. — O sargento havia abandonado o tom amistoso. — Ele vai levar vocês para casa. E não para a esquina onde as encontrou.

Vanessa e eu começamos a descer as escadas para ir embora, com o policial que nos abordou mais cedo logo atrás de nós.

— Não queremos que você nos leve para casa — falei rapidamente. — Estamos bem.

No entanto, ele queria algo mais.

— Seu nome é Beyoncé?

Continuei andando. Vanessa olhou para trás.

Ele sorriu, debochado.

— Fui eu que dei uma surra no seu irmão.

Girei nos calcanhares. Agora eu reconhecia aquele corpo franzino. Aquela raiva. Aquela cara de rato.

— Bem, pelo que eu me lembro, foi ele quem te deu uma surra.

— Se vocês não forem para casa, eu vou prender as duas.

Peguei emprestada uma fala de Shaft. No filme, ele diz a frase de maneira lenta e displicente. Fiz o mesmo:

— *Teu cu*.

Vanessa e eu então saímos correndo, não apenas para fugir dele, mas porque eu era tão protegida que nunca tinha andado sozinha à noite sem Johnny ou um de meus irmãos...

Skip! Havia me esquecido que Skip tinha ido me buscar. Caso alguém no cinema tivesse contado a ele que eu fui levada pela polícia, ele poderia estar a caminho da delegacia. E o que poderia acontecer com ele? O mesmo policial daquela noite terrível estaria lá — e puto da vida.

Graças a Deus, o carro de Skip estava na garagem quando cheguei em casa. Ele havia me esperado na porta do cinema e, depois, foi para a casa dos nossos pais, pensando que talvez eu tivesse conseguido outra carona. Estavam todos prontos para sair de carro pela cidade para me procurar.

Contei-lhes sobre o ocorrido. Meus pais ficaram furiosos, mas não havia nada que pudessem fazer. Nenhum de nós podia. Fui para a cama ainda na pele de Shaft.

Uma das muitas vezes em que nós, adolescentes, irrompemos em aplausos durante o filme foi quando Shaft liga para a namorada para dizer que não poderia encontrá-la naquela noite. "Algum problema, querido?", ela pergunta. Ele responde com um sorriso malicioso: "Aham. Na verdade, dois: nasci preto e nasci pobre."

Todos nós rimos, porque nos reconhecemos ali. Porque também sabíamos o mesmo que Shaft. As pessoas podiam tentar nos derrubar; nos acusar de ser algo que não éramos; nos assediar, mas podíamos olhá-las bem nos olhos e dizer: "Teu cu".

• • •

O terceiro ano foi um borrão, um misto de empolgação, nervosismo e admiração pelos colegas que sabiam exatamente o que fazer tão logo se vissem livres da escola. Um seria mecânico, o outro médico, ou pai. Uma menina seria enfermeira, tantos outros iriam para a faculdade. No entanto, em vez de uma profissão, eu tinha um lugar em mente: Los Angeles. Disse a todos que partiria no primeiro transporte disponível logo depois da minha formatura em 1972. Acho que meus pais esperavam que eu pegasse meu diploma de malas prontas e já com um carro ligado no estacionamento da escola, mas a verdade é que fiquei em Gavelston e trabalhei o verão todo, economizando para uma passagem aérea para L.A. Eu havia começado a juntar dinheiro ainda no último ano do ensino médio, trabalhando nos finais de semana no Sea-Arama e fazendo bicos depois da escola, guardando cada centavo. Meu plano era juntar o suficiente para comprar a passagem em setembro. Quando me perguntavam no que eu trabalharia lá, eu respondia: "Fazendo cabelo ou algo do tipo".

Aquele verão também serviu para preparar meus pais, acostumá-los à ideia. Entretanto, a expectativa só fez com que se agarrassem ainda mais a mim. Eles estavam na casa dos sessenta anos e, depois de longos momentos difíceis, precisavam cada vez mais dos filhos. Minha mãe não queria que eu fosse embora; eu sentia que ela me prendia em Galveston usando a culpa como chantagem emocional. O que quer que ela dissesse, eu só conseguia ouvir a pergunta que fizera ao meu pai no dia do exame: "Você acha que ela estava grávida?". Isso só continuou a aumentar a distância entre nós duas.

No final de agosto, eu estava perto de atingir a meta para comprar a passagem. No fim de uma determinada tarde, fui à casa de Selena. Johnny estava trabalhando no hotel, e eu observava minha irmã costurar, como fazia nossa mãe. Falei para mamãe que não tinha certeza sobre o que fazer agora que havia concluído os estudos, mas queria fazer algo que fizesse as mulheres se sentirem bem consigo mesmas. Algo relacionado à beleza, talvez. Sua resposta foi: "Se você começar a trabalhar com costura a sério, nunca ficará sem dinheiro."

Houve, então, uma comoção, alguém anunciando sua presença em voz alta. Era meu sobrinho Ronnie, com quem eu costumava trocar socos, por mais que nos amássemos muito, muito mesmo. Ele e seu melhor amigo

Nap tinham ido de carro até San Diego e se mudado para a casa da minha sobrinha Linda. Ela era a filha mais velha de Selena, tinha quase trinta anos e se mudara para o Oeste depois de trabalhar para a Liga Urbana Nacional,[*] em Houston. Algo aconteceu em seu casamento, e, de repente, ela estava morando sozinha na Califórnia. Eu sabia que Linda era quase uma miss de tão bonita — e inteligentíssima, mas ninguém nunca focava nisso por causa de sua beleza. No anuário da Central High de 1964, cada veterano teve que escolher uma citação significativa. A de Linda foi: "Ser mulher é uma tarefa difícil, pois consiste principalmente em lidar com homens." Ela entendeu cedo.

Linda certa vez voltou para casa na Páscoa ou em algum outro feriado, e eu lhe disse: "Vou te visitar quando estiver na Califórnia."

Ela riu de mim e encarou meus grandes planos com bom humor. "Com toda a certeza. Você será muito feliz lá."

Aquele incentivo foi o bastante para me encorajar por meses a fio.

Ronnie e Nap chegaram um dia na casa de Linda e ela os deixou ficar.

— Não vamos ficar em Galveston por muito tempo — informou Ronnie, cheio de pose, todo californiano, de um jeito que me fez endireitar a postura para ao menos mostrar que ainda era mais alta do que ele. Eles voltariam para San Diego no Dodge Charger azul-petróleo de Ronnie.

— Como é San Diego? — eu quis saber. — Fica longe de Los Angeles? — Los Angeles e Oakland eram tudo que eu sabia sobre a Califórnia, a terra dos astros e dos Panteras Negras.

— Fica a três horas de lá, subindo a costa. — A maneira como Ronnie pronunciou a palavra "costa" me soou extremamente glamurosa.

— Irei para lá em breve. Estou juntando dinheiro e devo estar pronta em algumas semanas.

— Vem com a gente então, Tenie — convidou ele. — Você vai economizar, porque tudo que precisamos é de uma força para a gasolina.

---

[*] Organização apartidária de direitos civis que promove a justiça econômica e social para afro-americanos e luta contra a discriminação racial. É a mais antiga associação desse tipo nos EUA. (N. E.)

— Mas eu quero ir para Los Angeles — retruquei.

— Eu sei, mas San Diego é bacana. E fica perto. Linda não vai se importar que você passe uns tempos na casa dela.

— Ela simplesmente deixou vocês ficarem? — Quando ele assentiu mais que depressa, baixei a voz: — Quando vocês vão voltar?

— Depois de amanhã. Como eu disse, o lance aqui é oi e tchau.

"Tchau", pensei. Só de ouvir essa palavra, eu sabia que estaria naquele carro a caminho de San Diego. Não avisei ninguém, seguindo meu coração antes que meu cérebro me alcançasse. Isso me permitiu me despedir apenas rapidamente, até mesmo de Johnny e dos meus pais, jurando que voltaria logo. Mamãe ficou de coração partido.

Honestamente, não me lembro exatamente o que foi dito. Minha mente viu a oportunidade de dar o fora e, na próxima cena de que me recordo, eu estava na estrada para San Diego, com a bunda quase arrastando no chão do carro. A frente do Dodge Charger era longa, mas o banco de trás ficava a uns quinze centímetros do chão. Sentei-me sobre alguns travesseiros que mamãe insistiu que eu levasse, e é claro que até nisso eu a confrontei:

— Não quero levar essas tralhas.

— Tenie, o banco de trás é muito baixo — argumentou ela. — Leva esses travesseiros e faz tipo um colchão. E leva este cobertor.

Ela estava certa, embora, aos dezoito anos, eu me recusasse a admitir isso. De tempos em tempos, os garotos trocavam de lugar comigo para que eu pudesse passar pelo menos uma horinha no banco da frente para esticar as pernas. Nap, entretanto, tinha as pernas tão compridas que era maldade fazê-lo sentar-se todo espremido lá atrás. Eles se revezavam ao volante, e um dormia enquanto o outro pisava fundo, e parávamos nos acostamentos para descansar porque não tínhamos grana para hotéis.

Dirigir sem parar fez o carro de Ronnie começar a soltar fumaça pelo capô — um problema que, com o conhecimento que tenho hoje, imagino que fosse no radiador. Vimos o vapor subir, o motor superaquecer, a água borbulhar. Paramos em uma oficina mecânica.

— Tenie, vai lá e fala com o cara, porque precisamos disso consertado *hoje* — pediu Ronnie.

— Isso, vai lá e dá mole pra ele — acrescentou Nap.

— Sem chance.

— Só inventa uma história triste — insistiu Ronnie. Se o carro tivesse que passar a noite na oficina, não teríamos onde passar a noite, e eu já teria que usar tudo o que tinha para pagar o conserto.

— Vocês não tinham nem o dinheiro da gasolina, né? — atestei. — Foi por isso que me chamaram para vir. No fim das contas, estou gastando a mesma grana de uma passagem de avião.

— Aham, mas estamos quase chegando, Tenie — garantiu Ronnie.

— Eu poderia estar olhando para você lá de cima — brinquei, abraçando o travesseiro que eu não queria ter trazido. — Aliás, mais de cima *ainda*.

O mecânico concordou em começar o serviço imediatamente, mas já era noite quando voltamos à estrada. Dirigimos os últimos quatrocentos quilômetros com os vidros abaixados, a toda velocidade sob um céu estrelado.

Finalmente chegamos à casa de Linda. Ela abriu a porta e deu de cara com Nap, Ronnie e eu, de mala e cuia. Não liguei antes, não perguntei se poderia ficar — simplesmente apareci —, dezoito anos de pura audácia.

— Tenie! — Linda abriu mais a porta. — A casa é sua. Fique à vontade.

II

CREPÚSCULO DOURADO

Agosto de 1972

Foi o azul da água que me cativou. Sempre fui uma rata de praia, mas San Diego era diferente. Em Galveston, os sedimentos e os vazamentos de óleo do Golfo significavam que, quanto mais fortes as ondas, mais turva ficava a água. O oceano na Califórnia lembrava o azul dos gizes de cera. Até mesmo a areia brilhava como ouro em pó, o que todo novo morador de San Diego logo aprende que é apenas mica moída, mas, para mim, sempre seria ouro.

Fiz o jantar naquela primeira noite na casa de Linda, me familiarizando com a cozinha e ouvindo um dos discos de Marvin Gaye dela para criar uma conexão que transcendesse os onze anos que nos separavam. Todo mundo amava Marvin Gaye. Fiz macarrão com o que ela tinha, lavando a louça conforme cozinhava, do jeito que minha mãe me ensinara. Era isso que os adultos faziam — preparavam o jantar e planejavam a noite sabendo que ninguém está em casa esperando acordado pelo seu retorno. Ronnie e Nap saíram para deixar San Diego dar outra olhada neles, enquanto Linda e eu dirigimos para o Oeste para ver o pôr do sol.

Eu tirava fotos na minha mente e enviava cartões-postais imaginários para Johnny e para o restante da família.

— Eu poderia ficar aqui o dia todo — comentei com Linda.

Minha vontade era dizer: "Virei aqui todos os dias". Não queria me precipitar, mas já havia decidido que ficaria na Califórnia, custasse o que custasse.

Isso significava arranjar um emprego — e rápido, mesmo que Linda me hospedasse. Não me via sem trabalhar. Eu era filha da minha mãe, mesmo que sequer tivesse ligado para ela para avisar que havia chegado. Talvez fizesse isso no dia seguinte. Ou no outro.

Linda trabalhava feito louca como secretária executiva no escritório da Liga Urbana Nacional em San Diego. Qualquer um que trabalha em uma organização sem fins lucrativos sabe que tem que se desdobrar em inúmeras funções e, mesmo assim, ainda haverá trabalho a ser feito. O mote da Liga Urbana era promover o empoderamento econômico como chave para a igualdade social. Linda podia ajudar a organizar um seminário de orientações para entrevistas de emprego pela manhã, depois uma consultoria para pequenos negócios, e ainda levar para casa a inscrição de um estudante do ensino médio para uma bolsa de estudos e analisá-la. A Liga Urbana era conhecida por recrutar a elite corporativa branca dos Estados Unidos para que investisse em comunidades Negras e, muitas vezes, os cheques chegavam depois que a empresa se queimava por discriminação no ambiente de trabalho e precisava mostrar que estava "aprendendo". Igualzinho ao que ainda acontece nos dias de hoje.

— Vou dar uma passada no seu escritório — eu disse. — E sair para ver as modas de San Diego.

— E arranjar um emprego — completou ela.

— Já? — retruquei. — Tudo bem, vou fazer isso.

— Não pega bem eu trabalhar para a Liga Urbana e ter um caso de desemprego dentro de casa. Que tipo de colega de quarto eu seria?

— *Colega de quarto* — repeti. Abracei-a, e ela riu. Ela sabia que estava me dando uma imensa oportunidade.

Mamãe lembrou que havia ampla oferta de empregos em Galveston quando ligou para Linda naquela primeira semana, querendo saber de mim. Ninguém sabia jogar uma culpa como minha mãe — chamávamos isso de "Agnes Todinha" —, mas eu via cada ligação como um laço que ela jogava para me puxar de volta. Quando eu morava sob seu teto, ela morria de medo de que algo acontecesse com a gente. Pelo menos podia acordar no meio da noite e rezar pela certeza dos nossos corpos dormindo em segurança. E, agora, ela tinha que lidar com o fato de que nenhum de seus filhos vivia mais com ela, e eu, a ovelha mais desgarrada, também havia ido embora e colocado mais de mil quilômetros de distância entre nós.

Linda não queria ouvir nada sobre o Texas depois que desliguei. Éramos parecidas nesse aspecto: partimos e, para ela, isso já era o suficiente. Entretanto, eu havia fugido para a Califórnia em busca de uma vida, enquanto ela fugira de uma. Linda nunca falou mal do marido que deixou para trás, mas estava claro que eu não devia fazer muitas perguntas. Não sabia se haviam se divorciado ou apenas se separado; só que ela fora casada, costumava trabalhar no escritório da Liga Urbana em Houston e, tempos depois, se mudou para San Diego.

Saímos pela cidade, caprichando no visual para ficarmos bem atraentes. Linda tinha um corpo escultural e, assim como eu, fazia suas próprias roupas. Nós nos produzimos completamente, com tops curtos que combinavam com as minissaias e as botas, porque éramos mulheres dos anos 1970. Minha paleta de cores era branca e creme, ou minha favorita: laranja — jamais o preto sem graça.

Os amigos de Linda acharam graça de mim, a garota que falava com um sotaque texano tão carregado que fazia o sotaque de Linda voltar. Suas amigas eram, em sua maioria, do trabalho e pareciam muito maduras. A astrologia estava em alta na Califórnia new age, e quando Linda ficou um pouco mais quieta, uma delas comentou:

— Você está sendo muito sagitariana.

— O que isso significa? — eu quis saber.

— Ela não quer que ninguém saiba o que a incomoda — respondeu a amiga. — Ela só te dá abertura até certo ponto.

— O suficiente para você saber que eu não caio nesse tipo de conversinha — interrompeu Linda.

— Viu? — disse a amiga. — E qual é o seu signo?

— Capricórnio — respondi.

— Ah! Igual a minha irmã! Você é boa de briga, né?

— Aham — concordei.

— Ela também. Eu não a procuro para falar sobre os meus problemas, mas para resolvê-los. Ela não gosta de lero-lero.

Fiquei com isso na cabeça. Será que meu signo diria algo sobre como arrumar um emprego?

Essa era minha maior preocupação, mas por fim tive sorte e consegui um trabalho em uma pequena butique que pertencia a uma mulher Negra. Logo fiz amizade com a funcionária que trabalhava comigo. Ela tinha quase a minha idade e era linda. Passávamos o dia inteiro agindo como se fôssemos as vendedoras mais elegantes e receptivas de San Diego. Ela crescera na cidade, e eu sempre lhe perguntava sobre a Califórnia. Foi ela quem me ensinou sobre terremotos, explicando que os californianos nunca entram em um cômodo sem antes observar se há algo que não pareça estar muito firme. Ela nunca enfrentara um terremoto grave, mas sua mãe sim, e isso lhe bastava.

— Tudo pode, do nada, desmoronar — ela me explicou. Essa frase lembrava as coisas que a minha mãe falava, com seu medo constante de que, a qualquer momento, pudesse perder tudo.

Certo dia, fui apresentada à mãe dela, que, por sinal, não era nada parecida com a minha.

— Seu cabelo está horrível — ela disse à filha como uma saudação, e então me elogiou aleatoriamente por alguma coisa. Não me lembro de uma única palavra gentil dela para a minha amiga. Era como se a gentileza fosse algo desconhecido na relação entre elas. Isso virou rotina, e minha amiga ficava arrasada sempre que sua mãe dava as caras.

Um dia, ela abriu o jogo comigo e explicou que sua mãe era tão propensa à inveja que já havia tentado seduzir seu namorado. Fiquei estarrecida.

Mal podia esperar para chegar em casa e ligar para minha mãe.

— Mamãe, você é tão boa para mim — falei de pronto, surpreendendo até a mim mesma. Eu não sabia exatamente o que queria dizer, apenas senti que precisava falar com ela. O muro entre nós, construído sobre algo que eu havia escutado e nunca questionei, começou a desmoronar.

Comecei a chorar.

— Você sempre foi tão boa para mim. E eu aqui, fazendo você sofrer, sem nem mesmo ligar para avisar que está tudo bem.

— O que você...

— Só me ouve, não há nada de errado além da forma como eu tratei você. Você é a melhor mãe do mundo. E eu? Tenho agido como uma completa imbecil. Olho para as mães dos outros e penso: "Meu Deus, eu não fazia ideia de que mães assim existiam". E aqui estou eu, tratando você desse jeito, e queria me desculpar por isso.

— Ah, Tenie — disse ela. Então a ouvi dizer ao meu pai: — Nossa filha está bem. Fizemos as pazes. — Ela fez uma pausa, e percebi que estava chorando. Sim, dessa vez, eu era o motivo de suas lágrimas.

— Perdão — pedi. — Eu... bem, eu quero que você saiba...

— Não, não — ela me cortou. — Peço desculpas por uma porção de coisas também. Reconheço que fui muito rígida com você.

Era disso que eu precisava. Era isso que tinha nos afastado.

— Por que você não confiava em mim? — Precisava saber por que ela achava que eu precisava ser constantemente monitorada.

— Não é que eu não confiasse em você. Eu não confiava no mundo. Sei do que as pessoas são capazes de fazer com as outras.

Finalmente fiz a pergunta que permaneceu sem resposta por anos:

— Mamãe, aconteceu algo com você? Por que você sempre teve tanto medo do que os meninos poderiam fazer comigo? O que houve?

— Ah, Tenie... — Senti uma porta se fechando entre nós novamente. Ela não respondeu, e nunca responderia. Eu já tinha a pressionado o suficiente. Repeti que a amava e o quanto era grata.

Eu não precisava saber o que houve com ela para entender seu medo de que acontecesse comigo também. Ofereci à minha mãe o benefício da dúvida, primeiro aceitando a mulher que ela era antes de pedir que aceitasse a mulher que eu estava me tornando. Aquele foi o começo da reconstrução do nosso vínculo como melhores amigas. Como éramos quando eu era criança.

Precisei deixá-la para perceber o quanto a amava.

Eu estava na Califórnia havia cerca de cinco meses quando Ronnie e Nap se mudaram de volta para o Texas, no começo de 1973. Na manhã em que partiram, eles se demoraram mais do que deviam para ver se eu mudaria de ideia e voltaria com eles, mas não o fiz.

— É o nosso lar, Tenie — argumentou Ronnie.

Era e não era. Eu não tinha ido para o Dia de Ação de Graças nem para o Natal e comemorara meu aniversário, em janeiro, com Linda e meus novos amigos. Sentia, porém, falta de Johnny. Quando o sol da Califórnia brilhava no meu braço enquanto andava de carro, pensava: "Johnny adoraria este lugar", e queria mandar essa sensação para ele. Só que não dava para enviar a Califórnia pelo correio.

De qualquer modo, eu já estava pronta para me mudar de novo — mas não de volta para o Texas. Linda começara a namorar um DJ que morava em Los Angeles. Eu a acompanhava nos finais de semana que passava por lá, que acabaram se tornando *todos* os finais de semana. Seu DJ era convidado para tudo, então nos colocava nos melhores lugares. E não eram boates.

Los Angeles tinha uma cultura de festas realizadas em residências seme-lhante a Galveston. Linda e eu chegávamos com nossos macacões justos, con-vencidas de que, atrás de cada porta, haveria uma celebridade nos esperando.

— Tenho certeza de que já vi esse cara antes — eu sussurrava para Linda sobre algum homem atraente que bebia um coquetel. — Já o vi na TV, tenho certeza.

Eu queria morar naquela cidade, mas não queria pressionar Linda. Então, no momento em que ela cogitou a possibilidade de nos mudarmos, já que passávamos grande parte do tempo por lá, concordei antes mesmo que ela fosse capaz de concluir seu pensamento.

Linda era esperta: arrumou um emprego como assistente administrativa em um escritório de advocacia de Los Angeles. O salário era bom, certamente maior do que o que a Liga Urbana lhe pagava. Sua ideia era sugerir projetos sociais para a empresa.

Eu tinha gostado de trabalhar na boutique, então fui até a Broadway, a loja de departamentos no Santa Barbara Boulevard — que hoje se chama Martin Luther King —, em Crenshaw. Era um bairro sofisticado, situado ao pé de Baldwin Hills e do View Park, que recebia personalidades Negras que, na última década, haviam se mudado para esses bairros depois que a Suprema Corte determinou que já não podiam mais nos impedir de viver ali. A inte-gração levou as famílias brancas a fugir, e, no lugar delas, vieram nomes como Ray Charles, Nancy Wilson e Roxie Roker, estrela do seriado *The Jeffersons*, e seu filhinho, Lenny Kravitz. A atmosfera me lembrava a de Galveston, onde as crianças podiam correr e andar de bicicleta sem correr o risco de serem alvejadas com armas de chumbinho ou que a polícia aparecesse para acabar com a diversão. A diferença era que ali todos eram ricos e viviam em ruas repletas de palmeiras no que muitos chamavam de "Beverly Hills Preta".

Fui então até a Broadway em busca de um emprego. Eu toparia qualquer função que me oferecessem na loja. A moça do RH e eu nos demos bem logo de cara.

— Sua maquiagem está extremamente profissional — observou ela. Em seguida, fez uma pausa, inclinou-se para a frente e confidenciou: — Não deveria te contar isso, mas tem uma empresa japonesa chamada Shiseido que está montando um estande aqui e está contratando. Eles precisam de maquiadoras para trabalhar apenas nas lojas voltadas para o público Negro.

Eu nunca tinha ouvido falar da Shiseido, uma marca de cosméticos de Tóquio que recentemente expandira seus negócios para o mercado norte--americano. Entretanto, eu entendia de maquiagem. E, mais do que isso, eu queria um trabalho que me permitisse ajudar as mulheres a se sentirem lindas. Na verdade, eu queria um trabalho e ponto.

Eles gostaram de mim e disseram que muitas mulheres Negras frequentavam a loja e precisavam de alguém em quem pudessem confiar para cuidar delas.

— Sou a pessoa certa — garanti.

Consegui a vaga na hora.

Passei a usar os produtos e fiz de Linda minha cobaia. Ela amava Los Angeles, mas, após passar tanto tempo com ela, comecei a perceber os altos e baixos de sua personalidade. Ela podia ser a pessoa mais calorosa do mundo, mas, do nada, parecia que um interruptor se desligava, e ela se isolava. Algumas pessoas fazem isso quando não têm mais nada para oferecer. Linda, às vezes, fazia isso mesmo quando ainda tinha muito.

Eu soube aceitar esse lado dela porque Los Angeles era cheia de possibilidades — não havia tempo para me concentrar em coisas ruins. A magia estava por toda parte, com aquela sensação de que todos nós viemos de algum lugar apenas para estar *ali*.

Los Angeles, em 1973, ditava a cultura de todo o país, e era possível sentir isso no ar. Era de suas ruas que saíam as próximas tendências de maquiagem, os novos penteados da moda, os jeans indispensáveis — e isso antes mesmo de vê-los em revistas ou na TV.

A cidade era um imenso set de filmagem.

E eis que uma estrela entrou em cena no meu trabalho: Tina Turner, vinda de sua casa em View Park como uma Vênus descendo do Monte Olimpo, só que de calça jeans. Eu a avistei de longe — afinal, quem poderia não notar aquele longo cabelo acaju caindo sobre os ombros de uma jaqueta de couro justa? Caminhei apressada até minha amiga Paula, que fazia maquiagens para a Fashion Fair, uma marca nova, mas que já se tornara a mais influente do mercado de cosméticos destinado a pessoas Negras.

Sussurrei, porque aquele era um assunto de extrema importância e exigia a máxima discrição:

— Acho que aquela é a Tina Turner.

Paula, sempre sofisticada e belíssima, com um batom marrom contornado por uma linha de lápis preto intenso, conferiu com um olhar rápido.

— Aham, é ela sim — confirmou, com uma naturalidade impressionante. Paula era sete ou oito anos mais velha do que eu, e às vezes falava como se isso fizesse toda a diferença. — Ela vem aqui o tempo todo, já que mora na vizinhança.

— Aqui entra todo tipo de gente — acrescentou a mulher que comandava o estande da Fashion Fair.

— Todo tipo de gente? — repeti. — Mas Tina Turner é outra categoria.

— Só não passe atestado de boba — pediu Paula. — Não dê uma de caipira.

Voltei para o meu posto e aguardei. De repente, Tina se virou e olhou diretamente para mim. Acho que fez isso porque eu a observava como um cachorrinho pidão, implorando silenciosamente para que ela viesse até onde eu estava. Minhas mãos tremiam.

— Olá — cumprimentei, querendo dizer: "Eu queria ser cantora e nunca imaginei que sairia da minha cidadezinha, e agora estou aqui conhecendo você, Tina Turner."

— Oi — respondeu ela. — Estou procurando um brilho labial.

— Ah — falei, como se ninguém nunca tivesse pedido brilho labial e eu, por acaso, tivesse um bem ali. — Experimente este.

Ela estava de cara lavada, sem maquiagem alguma, mas não precisava de nada para ser glamurosa. Ela simplesmente exalava glamour. Há todo tipo de gente, mas Tina Turner era única.

Dei meu sonho de viver em Los Angeles por encerrado na noite em que Linda me disse que estava voltando para Houston para reatar com o marido, George. O interruptor em sua mente havia sido acionado, e não adiantava argumentar. Eu não podia bancar um apartamento sozinha, então ela concluiu que eu voltaria junto com ela.

Na manhã seguinte, contei à Paula.

— Venha morar comigo — ela me convidou.

— Tá falando sério? — Imediatamente, porém, me arrependi de lhe dar um segundo para reconsiderar a oferta que, para mim, era uma boia salva-vidas.

Paula, porém, manteve-se firme:

— Eu tô falando sério, sim.

Ela morava em uma quitinete na Melrose. Disse que daríamos um jeito de fazer as coisas funcionarem e foi exatamente o que aconteceu. Mudei-me para lá, economizando até que pudesse pagar minha própria quitinete no mesmo prédio. Mesmo depois que me mudei, ainda jantávamos juntas, revezando entre o meu apartamento e o dela. Nos momentos em que mais precisei, lá estava Paula, com seu batom *Cinnamon Crush* e sua base *Perfect Finish*, tudo da Fashion Fair.

Sempre quis que Linda também soubesse o quanto ela significava para mim. Minha gratidão sempre esteve na ponta da língua, tão presente que, do nada, sempre que a via, eu dizia espontaneamente: "Você sabe que realmente mudou minha vida, né?".

12

A VOLTA DA FILHA PRÓDIGA

Junho de 1974

Eu tinha uma blusa que amava desde sempre, com uma estampa retrô incrível. Minha mãe a fizera para mim, e eu a usava o tempo todo na adolescência. Quando comecei a crescer e ela ficou curta, Johnny a cortou para mim. Tornou-se uma daquelas blusas estilo "Por que você está sempre com essa barriga de fora?" que mamãe odiava.

Eu ia com aquele top para tudo que é lado em Los Angeles. Sua origem era uma apara de tecido que minha mãe encontrou a preço de banana, que então mediu, cortou e costurou para mim. Independentemente das alterações que fiz ao longo dos anos, a estampa permaneceu a mesma.

Da mesma forma, meu próprio estilo estava enraizado em quem eu era. Eu sempre atendia quando era requisitada, e, então, minha mãe precisou de mim. Eu tinha voltado para casa no fim do ano, minha primeira ida a Galveston desde que parti, e vi que, naqueles catorze meses, minha mãe envelhecera um bocado, algo que não tinha me ocorrido em nossos telefonemas. A mulher forte que eu imaginava do outro lado da linha já não existia. Sua artrite passou a tornar tudo mais difícil, e sua hesitação em fazer qualquer coisa que pudesse sobrecarregar seu coração parecia ter se intensificado ainda mais.

— Não temos ninguém para tomar conta de nós — queixou-se minha mãe, o que não era totalmente verdade, tampouco completamente falso. Todos os meus irmãos tinham suas próprias famílias para cuidar, e era aquela velha história de que a filha dedicada e solteira deveria assumir o cuidado com os pais.

Naquele inverno, minha mãe e meu pai ficaram muito doentes, e então a necessidade se tornou uma urgência. Eles precisavam de alguém ali, e eu era esse alguém.

— Lucy — disse Johnny ao me abraçar, na tentativa de me dar algum ânimo, pois eu estava muito triste por estar de volta a Galveston. — Lucy Ball, aqui está você.

Lá estava eu.

Dava para ver o que a artrite havia tirado da minha mãe, e eu me tornei suas mãos na cozinha. Sempre a via cozinhar, especialmente seu lendário gumbo, mas desde então ela ficava apenas ao meu lado, guiando-me na hora de cortar o salsão milimetricamente, mostrando como retirar o miolo do pimentão sem desperdiçar nem um pedacinho, cortando três maços de cebolinha com precisão para não deixar nada de seu suco se perder na tábua, fatiando a linguiça na largura exata para que cada pessoa que alimentávamos se sentisse cuidada e, ao mesmo tempo, para que a refeição rendesse, garantindo que até uma visita surpresa sentisse que já estávamos esperando por ela.

Levar aquela panela gigante até fogão já era um grande esforço por si só, mas o recipiente se tornava ainda mais pesado com os mais de dez litros de água que eram adicionados. Eu já tinha lavado o frango porque a base do gumbo é frango cozido. Incluí temperos para que cada mordida fosse muito saborosa e adicionei os vegetais. Quando começou a ferver, acrescentei o caranguejo para que o sabor dos frutos do mar fosse incorporado à mistura.

Mamãe me guiava no preparo do roux, primeiro derramando o óleo vegetal com sua mão trêmula, até finalmente confiar essa tarefa a mim. Ela fazia alguns barulhinhos que serviam como parâmetro para a quantidade de copos de farinha que eu adicionava lentamente. Eu mexia os ingredientes na panela enquanto ela me instruía a acrescentar mais óleo quando necessário. Entrávamos em um ritmo constante de mexer e trocar ideias por 45 minutos até que o roux e a conversa assentassem. Para fazer o gumbo à nossa moda crioula, o ideal era que o roux desabrochasse lentamente até atingir a consistência e a cor de um *fudge* amarronzado, mas se eu ou o fogo nos empolgássemos e o roux escurecesse demais antes da marca crucial dos trinta minutos... Bem, talvez ainda houvesse uma chance de salvá-lo, mexendo freneticamente para tentar reverter o estrago. Entretanto, se o roux queimasse, o gumbo estaria arruinado.

Caso isso acontecesse, a lição era aprendida da forma mais difícil: eu me xingava pelo erro enquanto lavava a frigideira e a colher, para começar tudo de novo, do zero.

O quiabo é essencial para o gumbo, o vegetal trazido para a Louisiana com a receita originária da África Ocidental — onde, em muitas culturas, nossos ancestrais chamavam quiabo de *gombo*. E então, na cozinha da minha mãe, pegamos outra frigideira para fritar a quiabo. Havia mais calor e mais óleo, porém, o inimigo dessa vez era a baba. É isso que faz algumas pessoas acharem que não gostam de quiabo, quando, na verdade, nunca comeram um bem-feito. Para evitar isso, minha mãe me fazia adicionar um pouco de vinagre. "Um pouquinho mais", ela dizia, até que não fosse mais necessário.

Eu via como ela escutava o som da fritura do quiabo, o chiado passando de opaco a agudo à medida que o vinagre deglaçava a panela. A mudança de tom lhe informava se a temperatura estava correta. Todos os sentidos em alerta, ensinando-me a usar os meus.

Tudo cozinhava à medida que adicionávamos a linguiça — que as pessoas sempre procuravam na tigela para ter certeza de que a iguaria havia sido dividida de forma justa. Em seguida, vinha o frango — as coxas e geralmente três peitos desfiados — e os ingredientes essenciais: tomates pelados e o quiabo previamente preparado.

Somente então adicionávamos o roux, mexendo com toda a delicadeza do mundo. E eu sentia que minha mãe queria pegar aquela colher para avaliar por si mesma como o roux se separava na água. Ela provava primeiro. Sua expressão nada revelava até que eu provasse também. "Precisa de mais tempero", eu dizia, e ela concordava.

Caso eu exagerasse, adicionávamos mais água. Depois, cobria-se a panela e deixávamos cozinhar por três a quatro horas. O tempo não se apressa nem desacelera por ninguém — nem pelo homem, nem pelo gumbo. Ele nos mantinha ali, tomando conta daquela panela como se fosse uma criança que dependia de nós para o que quer que fosse. Nós a observávamos com preocupação, entre risos e comentários, mas sempre com a colher de pau de cabo longo alcançando as profundezas da panela, fazendo com que o calor e os ingredientes circulassem.

Quando ficava pronto — quando o sabor do gumbo dizia o que ele era (porque nunca há dois gumbos iguais) — só então minha mãe me deixava acrescentar o camarão, que se tornava rosado aos poucos, indicando que o trabalho estava concluído.

Uma espécie de paz tomava conta da minha mãe nesse momento, sua mão pousava em minhas costas, sua cabeça inclinava-se até tocar meu ombro em um misto de alegria e orgulho. Essa refeição eterna, essa tradição transmitida de mãe para filha — através do tempo, das reviravoltas e das adversidades que se impunham a nós — estava servida.

O gumbo se tornou minha carta na manga quando comecei a namorar em Galveston. Preparava essa receita intrincada para um cara bonito e seus amigos, que me achavam uma cozinheira incrível. "Mano, além de linda, ela também manda bem na cozinha!", diziam eles.

Mal sabiam que eu tinha começado pelo mais difícil, mas parava por aí — gumbo era o único prato que eu sabia preparar.

Eu tentava me divertir em Galveston, mas não parava de pensar na minha outra vida em Los Angeles. Johnny entendia isso e, em uma noite em que saímos para dançar, ele me levou a um show de drags. Voltei a ajudá-lo com os *looks*, e as queens me receberam de braços abertos, como alguém que trazia notícias do front.

Eu começava qualquer conversa com "A última moda por lá é..." ou "Quer saber o que estão fazendo em Los Angeles?" e elas me ouviam com atenção. Johnny e eu dávamos a elas confiança para ganhar troféus nos bailes. Para nós, havia Los Angeles, Milão e Galveston. Eu era a *Vogue*.

Eu dizia a mim mesma que tinha voltado apenas por um curto período, mas o tempo passava e eu continuava lá. Certo dia, eu estava na farmácia pegando remédios para meus pais quando ouvi uma voz atrás de mim:

— Será apenas minha imaginação que me faz perder a cabeça?*

Virei-me e dei de cara com meu amigo Carlos, do ensino médio.

— Ai, meu Deus! — gritei. — Conheço essa voz! Como você está?

Carlos tinha feito parte de um grupo parecido com as Veltones, só que o dele era uma imitação descarada dos Temptations.

— Soube que você estava na Califórnia — comentou ele.

Era isso que eu ouvia aonde quer que fosse em Galveston, geralmente acompanhado de uma leve inclinação de cabeça que significava "Ouvi dizer que você achou que era alguém importante". A diferença é que Carlos não estava sendo irônico.

— É, eu estava. — E então lhe contei toda a história sobre meus pais.

— Você foi para lá cantar? — ele quis saber.

— Oi? Ah, não. Não.

Uma senhora, cujo nome eu não lembrava, nos observava.

— Você devia vir cantar na minha boate — convidou Carlos. — Quer dizer, a boate não é minha, mas eu tenho uma banda que toca lá.

A senhora franziu os lábios. Provavelmente achou que Carlos estava tentando me impressionar.

— Olha só! Isso é muito legal.

"Sra. Williams! Era esse o nome dela."

— Você devia vir cantar com a banda — insistiu ele. — Tocamos jazz, mas também músicas recentes.

— Carlos, já faz muito tempo desde que eu cantava… — retruquei.

— Você era boa, Tina — ele insistiu. — Apareça lá na próxima sexta, só para cantar algumas músicas. Veja como se sente. Não aceito não como resposta.

— Ok — concordei, surpreendendo a mim mesma e à sra. Williams, que nem se deu ao trabalho de disfarçar a expressão curiosa. — Vou ter que arrumar alguém para ficar com meus pais.

---

* Tradução livre de "Just My Imagination (Running Away with Me)", canção dos Temptations, do álbum *Sky's the Limit*, lançado em 1970. (N. E.)

Carlos me deu o endereço; ficava perto do Session. Quando ele saiu, a sra. Williams me olhou como se tivéssemos sido interrompidas.

— Tina Beyoncé. Soube que você se mandou para a Califórnia. — Eu podia ouvir a fofoca tomando forma em sua cabeça. — Aquela menina Tenie voltou e agora vai virar cantora de bar, enquanto os pais dela estão doentes.

Caso Johnny estivesse ali, teria feito um carinho na minha barriga de brincadeira, só para dar a ela uma história ainda mais bombástica para contar.

— Sim, sra. Williams — falei, com toda a educação do mundo. — Eu me mandei, mas estou de volta. Tenha um bom dia.

A banda de Carlos gostou de mim, e o lugar era um espaço charmoso em Galveston. Naquela primeira noite de sexta-feira, fiquei surpresa com o quão nervosa eu estava. Nunca tinha sentido um nervosismo tão grande com as Veltones, porque eu tinha outras duas garotas ao meu lado, e éramos muito próximas. Eu estava sempre ocupada incentivando-as e ajudando-as a se sentirem confiantes para me preocupar comigo mesma.

Havia um pequeno espelho na boate, e me olhei mais uma vez. Alguém havia esquecido um enorme buquê em um vaso, mas um lírio cor-de-rosa ainda resistia. Peguei-o, limpei um pouco e o coloquei no meu cabelo, como a icônica gardênia de Billie Holiday.

Cantei algumas músicas lentas que a banda conhecia, como "Baby Come Close", de Smokey Robinson, e "Betcha By Golly, Wow", dos Stylistics. Eu me apresentei na boate durante todo o verão, sempre encontrando uma flor para colocar no cabelo. E eu amava aquilo. Amava cada segundo no palco, mesmo que continuasse nervosa.

A frustração, porém, me atingiu quando percebi que minha carreira como cantora jamais iria decolar. Meu público sempre seria apenas meia dúzia de turistas que, ao voltarem para casa, nem se lembrariam do meu nome.

Butch nos fez uma visita em um domingo, trazendo quatro motos de trilha — caso ficasse preocupado, ainda que por um segundo, com a possibilidade de não parecer durão para os caras que ficaram em Galveston. Eles costumavam espancá-lo o tempo todo porque ele era muito bonito, e todas as garotas falavam sem parar sobre seus lindos olhos verdes. Quando entrou para as Forças Armadas, começou a malhar e a treinar caratê para ganhar músculos. Também passou a trabalhar como mecânico na Força Aérea e fazia um bico consertando motocicletas. Ele queria abrir sua própria oficina, o que, lá pelas tantas, acabou fazendo.

Formamos um grupo de dez pessoas, talvez mais, ao redor das motos. Caso alguém da nossa família subisse em uma delas em um raio de dez quarteirões de casa, era bem capaz que mamãe fosse parar no hospital ou coisa pior. Então, Butch fez com que todos fôssemos até West Beach, bem longe do paredão da orla.

Era fim de tarde, e seguimos para o Oeste, na direção do pôr do sol. Estávamos todos descalços — eu usava um top curto e um jeans de cintura baixíssima, e o vento balançava meu penteado afro. Parecíamos uma bela gangue hippie de motoqueiros, que seguia em comitiva para além dos limites da cidade.

Meu sobrinho Ronnie quis apostar corrida comigo, e eu topei. Pegamos um longo trecho de estrada e aceleramos juntos. Se Butch tinha saído ileso, por que não aconteceria o mesmo com a gente? Com vinte anos na cara, eu ainda disputava com Ronnie para ver quem era melhor. Passei por um monte de gente que me encarava, e foi então que me dei conta de que devia estar indo muito rápido. "Pelo menos estou vencendo ele", pensei, até que, de repente me dei conta: "Espera aí… cadê o Ronnie?".

Estreitei os olhos para olhar no pequeno retrovisor e procurar por Ronnie, mas o que vi foi uma viatura me perseguindo. Luzes piscavam e uma sirene raivosa uivava, embora eu só a tenha ouvido quando diminuí a velocidade.

Adivinhe quem era o policial? O mesmo que bateu em Skip e tentou me prender depois que assisti *Shaft* no cinema.

— De novo, não — falei em alto e bom som.

— Você está pilotando descalça, em alta velocidade e sem capacete — gritou ele, com os perdigotos voando de sua boca. — Você está presa!

A polícia monitorava minha família havia anos, embora "assédio" fosse a palavra mais apropriada para o comportamento deles. O policial me jogou dentro da viatura. Ele tinha contas a acertar, então, no caminho para a delegacia, deliberadamente, virou à esquerda para que seguíssemos acompanhando o paredão até o Menard Park. Aquele era um parque frequentado por Negros, e nós dois sabíamos que, aos domingos, todo mundo que eu conhecia em Galveston estaria lá.

O policial dirigiu devagar pelo parque para que todos pudessem me ver. As pessoas que caminhavam pelo calçadão paravam para tentar descobrir quem estava no banco de trás da viatura. O homem riu das pessoas que espiavam.

— Veja só quantos macacos — disse ele. — Estamos passando pelo zoológico!

Eu o xinguei de tudo quanto era nome, mas podia ouvir as pessoas do lado de fora perguntarem: "Aquela não é a Tina Beyoncé?".

Quando chegamos à delegacia, vi que ele falou com uma mulher horrível, que entrou na sala de triagem. Ela disse que precisavam fazer uma revista íntima em mim.

— Por infração de trânsito? — perguntei. — É sério?

Ela não respondeu e, em vez disso, agarrou um punhado do meu cabelo e puxou com força.

— Ai! — gritei, tentando me esquivar quando ela veio agarrar os fios com a outra mão.

— Você tem que tirar isso.

— Não posso, é o meu cabelo.

— Bem, então tire a roupa.

— Para quê? — Eu procurava por algum vestígio de humanidade nela. — Para quê?

Mesmo assim, tive que fazer o que me foi ordenado. Aquela foi a situação mais humilhante pela qual já passei. Quando terminou, pus novamente minha roupa, tentando vestir também uma armadura de dignidade. Ela me conduziu até uma cela cheia de garotas. Eram as *bad girls* detidas por briga ou coisa pior. Admito: fiquei morrendo de medo delas.

— Onde estão seus irmãos gostosos? — perguntou uma, que usava um delineador bem escuro. Havia um tom de malícia na voz dela, porém, envolto em pura gentileza. Levantei os olhos, e ela sorriu. Então todas começaram a falar ao mesmo tempo:

— Espera, você é irmã do Larry, né?

— Caramba, o Butch! Meu Deus!

Outra mencionou Skip, e mais uma perguntou:

— Quantos irmãos você tem?

Elas me fizeram rir, e, de repente, eu já estava enturmada com aquelas garotas encrenqueiras, mas doces. Tinham a idade dos meus irmãos e tentavam impressionar a novata assustada. Havia um baralho na cela, e elas jogavam truco, tentando me ensinar as regras. A conversa logo mudou para maquiagem, e seguimos assim, indo de um assunto para outro, nos divertindo como nunca.

— Você devia passar a noite aqui — disse a do delineador.

— Por quê?

— Porque, se passar a noite aqui, sua multa vai cair pela metade.

Especialistas no assunto, todas assentiram.

— Sério? — Meu tom, porém, estava longe de denotar descrença. Era mais de "Valeu pela dica". — Ok, então vou ficar.

Em seguida, outra carcereira mal-encarada (onde é que achavam essas mulheres?) veio até a cela.

— Tem uns trinta rapazes na recepção — ela informou.

Meu irmão Butch trouxe todo mundo da praia e mais alguns outros, empilhados em carros, para a delegacia. Não queriam que mamãe soubesse o que tinha acontecido porque ela estava muito doente.

— Diga a eles que está tudo bem — pedi. — Vou passar a noite aqui. Peça que voltem pela manhã.

A mulher bufou e saiu. Ela sumiu por três minutos, talvez dois, e depois voltou:

— Seu irmão exigiu que você desse o fora daqui imediatamente e quer saber onde está o seu dinheiro.

Todos sabiam que eu guardara todo o dinheiro que trouxe de Los Angeles.

— Qual irmão? — perguntou uma das garotas. — Manda ele entrar!

Eu me despedi das minhas novas amigas e de todo o meu dinheiro. O policial colocou um monte de acusações contra mim, então acabei usando toda a minha grana para pagar multas. No fim, tive que contar tudo para a mamãe, já que estava lisa, mas ela não ligou para o dinheiro.

— Eles vão matar meus filhos. — Ela levou uma das mãos ao peito, como sempre fazia, como se estivesse tentando manter o coração no lugar. — Precisamos fazer alguma coisa.

Ela ligou para minha irmã Flo. O sogro dela era motorista de um advogado branco muito influente, Ballinger Mills Jr., um nome que era sinônimo de Galveston.

— Eu não pediria isso a você se não achasse que meus filhos estão correndo perigo — disse mamãe a Flo. — Só preciso de cinco minutos do tempo do sr. Mills.

Ele comandava o escritório de advocacia mais antigo do Texas e era bisneto do primeiro texano a receber licença para advogar. Ironicamente, ele não morava muito longe de nós, talvez porque sua mansão tivesse resistido à tempestade de 1900 e o mundo tivesse se reerguido em torno dela. O sogro de Flo nos levou até lá, e entramos pela entrada de serviço, direto para a cozinha. O chão era de ladrilhos pretos e brancos, tudo impecável. O sr. Mills entrou com a imponência de um juiz que chega a um tribunal.

Mamãe tentou manter a postura e o tom formal, mas, conforme contava tudo o que estávamos passando, começou a chorar. Ela relatou tudo o que a polícia fez com nossa família, começando por Skip, e todas as vezes que meu pai foi parado sem motivo. Mencionou humilhações que eu nem sabia que meus irmãos tinham passado e falou sobre minha revista íntima na cadeia. Eu não tinha percebido o quanto aquilo a horrorizara.

Mills ficou cada vez mais indignado.

— Isso é um absurdo — disse ele. — Porém, acaba hoje.

Ele fez um telefonema. E tudo parou, como ele prometeu. Entretanto, e se meu cunhado não fosse motorista de um homem rico? O que teria nos acontecido?

Mamãe ligou para nossa prima Naomi, que trabalhava nos arquivos da polícia. Eu a conhecia por causa das edições antigas da *Vogue* que me dava. E, assim, minha ficha desapareceu. Mamãe sempre resolvia tudo.

13

NA CORRENTEZA

Agosto de 1975

Começamos a conversar do jeito que fazíamos na praia em Galveston. Ele era um dos caras mais legais que eu já conhecera. Tinha 1,92m e, como eu, 21 anos. De uma forma notável, mantinha um ar distinto até mesmo em um traje de banho.

Isso aconteceu na praia da rua 29, que ele sabia que fazia parte do nosso espaço da praia desde que passou férias em Galveston quando criança. O pai dele era professor na Universidade Fisk, em Nashville, onde Rusty também estudava. Ele fazia mestrado em filosofia, assunto sobre o qual ele conseguiu de alguma maneira falar muito a respeito naqueles minutos que passamos caminhando pela areia.

Entramos no mar juntos e um vento forte veio da direção do oceano, agitando uma pequena bandeira perto do posto de salva-vidas. Isso chamou nossa atenção para os dois jovens salva-vidas brancos que dividiam um baseado.

— Ah, eles estão aqui fumando maconha — comentou Rusty. — Belos salva-vidas que nós temos.

Nós rimos e nadamos para nos afastar um pouco mais da praia.

As ondas começaram a se tornar mais frequentes. Aos poucos, a água estava batendo na minha cintura, e, de repente, já estava na altura do meu peito. "Como assim?"

— Fomos pegos por uma corrente subterrânea! — avisei, tentando não entrar em pânico.

Esse tipo de corrente se forma quando as ondas criam canais de água que se afastam da costa. Elas pegam quem estiver por perto e puxam para o mar.

— Precisamos tentar voltar — continuei. Rusty era mais alto e tinha mais chances de conseguir se manter na superfície. — Nade na direção da praia e me puxe.

Eu sabia que nós dois juntos teríamos mais chances de sair da correnteza. Em Galveston, crescemos respeitando o poder das águas. Desde muito pequenos, estudamos as correntezas e aprendemos a nos posicionar de forma que a água não nos levasse.

Rusty não crescera em Galveston. Assim, ele começou a tentar voltar para a areia sem mim, só que não sabia o que estava fazendo, de modo que foi levado para mais longe ainda. Fiz um esforço para ir até ele, mas estávamos *no meio* do turbilhão, um redemoinho que nos deixava tontos, mas ainda assim conseguíamos nos manter na superfície, ambos lutando para não sermos levados.

— Vou nadar até as pedras — ele gritou.

— Não!

Eu o vi olhar para a longa linha de pedras junto à água, perto do píer de pesca da rua 29. Os nadadores sabiam que era melhor ficar longe daquele lugar. As correntezas eram piores lá.

— Eu vou — ele insistiu, dessa vez com a voz calma.

Antes que eu pudesse me virar na direção dele, a água me deu um tapa forte no rosto e me puxou para o fundo. A correnteza me levou, e lembrei do que me ensinaram: "fique calma". Eu sairia naturalmente da água se não lutasse. Entretanto, uma nova onda me deu mais um golpe surpresa, fazendo com que eu chacoalhasse de um lado para o outro até perder qualquer noção de onde eu estava. Por fim, no entanto, o redemoinho me cuspiu com toda a força para a superfície.

Minha primeira respiração foi um suspiro. Meu corpo lutava, desesperado para me manter flutuando. Eu estava viva. "Mova-se", eu disse a mim mesma.

Procurei pela costa, piscando repetidamente porque não acreditava que estava mirando o final do píer.

"Meu Deus, eu vim parar muito longe", pensei. Por um segundo, a água se acalmou, mas logo em seguida voltou como uma assassina, instável e implacável. Para escapar de suas garras selvagens, tive que nadar ainda mais na direção do oceano. Eu podia ver algumas pessoas no píer. Consegui reunir fôlego para gritar, mas elas não me ouviram.

"Sou uma boa nadadora", lembrei a mim mesma. A adrenalina me energizava. O medo fazia seu trabalho, me obrigando a ter clareza. Estava preocupada com o pobre Rusty. Comecei a tentar nadar de volta à praia, dessa vez lutando contra a corrente. Uma onda me atingiu mais uma vez, com a mesma agitação, me puxando de forma intensa, até que eu estivesse tão longe que aquelas pessoas no píer ficavam cada vez menores.

Era isso. Eu sabia como as pessoas morriam por conta da correnteza. Ninguém se afogava perto da costa, mas sim bem ali onde eu estava, com as ondas jogando a pessoa para longe, a água tão agitada que era impossível se mover.

Foi assim que aquele garoto morreu. Aquele garoto da minha turma na quinta série. "Qual era o nome dele?". Vários de nós morreram ali. É por isso que nos deram aquele lugar, provavelmente a parte mais perigosa da praia, o píer que ficava exatamente onde a ilha começava a fazer uma curva. Muitos de nós se foram, e receberam apenas uma notinha minúscula no jornal, porque havia gente que ganhava dinheiro com o turismo, então nunca quiseram que ninguém soubesse o quão perigosas eram aquelas águas. "Meu Deus, qual *era o nome* daquele menino?", eu pensei. "Eu deveria saber."

Olhei para o céu de verão que escurecia. Uma tempestade se aproximava. Eu estava com 21 anos e tinha certeza de que seria a última vez que veria aquele céu azul desaparecendo. Vi meu futuro sumir com aquele céu. Eu tinha tanta certeza de que um dia seria mãe. Eu era impulsiva e vivia correndo de um lado para o outro, mas eu tinha a mais absoluta certeza de que seria mãe.

"Coitada da minha mãe." Foi isso que ela disse que me aconteceria algum dia se eu continuasse a cair na água, com sua voz suave e ao mesmo tempo raivosa: "*Tenie*, eles vão te encontrar naquela maldita água".

Eu esperava que eles encontrassem o corpo. Eu estava tão perdida. *Meu* corpo, eu me corrigi. Aquilo estava acontecendo comigo. "Continue a se mover", eu pensei. Porém, em vez disso, fechei os olhos e tentei flutuar novamente. Só para descansar um pouco. Eu nadaria mais tarde.

Ouvi algo acima de mim e abri os olhos para ver um helicóptero que sobrevoava a costa. Na minha cabeça, estava querendo me encontrar. Ele se aproximava da água e, logo em seguida, subia novamente, para então descer mais uma vez. Levantei meus braços. Bati na água. Eu gritei.

O helicóptero pairou acima de mim. E, então, ele subiu ainda mais alto.

— Espere! — berrei, mas ele continuou a subir.

Fiquei tão concentrada em observar a minha salvação se afastar que não percebi quem estava atrás de mim. Eram Cheech e Chong, os salva-vidas doidões. Eles deslizavam pela água sobre pranchas de *bodyboard* e trouxeram uma sobressalente para mim. O helicóptero localizou o ponto exato onde eu estava para que eles me resgatassem!

— Senhora, se você nos agarrar ou lutar contra nós, nós vamos soltá-la e você vai morrer — Cheech avisou. Eles estavam acostumados com pessoas que entravam em pânico e os agarravam e arranhavam em seu desespero para viver, e aquilo os enlouquecia. — Você vai morrer — ele enfatizou.

— Não entre em pânico — Chong repetiu várias vezes enquanto me prendia à prancha.

Entretanto, enquanto dizia isso, ele acidentalmente nos moveu para a borda da correnteza. Ela nos fisgou, mas, ali, ela não era tão intensa, de modo que pudemos nadar para um pouco mais longe e escapar.

E, por fim, ela esperava, formando um paredão de ondas que nos separava da praia.

— Isso vai ser difícil, cara — Cheech comentou com Chong.

O outro não respondeu e percebi que eram eles que estavam em pânico.

Nadamos um pouco mais, em paralelo à costa distante, avaliando a área de correnteza subterrânea. Eu era obrigada a dar chutes para me manter na superfície. Testávamos a intensidade da correnteza, conferindo os trechos onde era mais seguro atravessá-la para chegar à areia. Enquanto fazíamos isso, pude ver uma ambulância parada na praia, com as suas sirenes e luzes. Juntos, primeiro com cuidado e depois de forma frenética, nadamos em direção à costa.

Nós iríamos conseguir.

Minhas pernas cederam quando por fim pisei na areia. As pessoas me levantaram pelos braços. Alguém me enrolou em um cobertor. Tentei manter a compostura, mas estava exausta. Os socorristas me levaram para a ambulância.

E lá estava Rusty. Vivo, pela graça de Deus. Ele estava coberto de sangue e com o peito repleto de talhos. Ele nadou para as pedras, desmaiando quando pensou que havia conseguido se livrar da corrente. Quando a água o puxava de volta, alguns catadores de caranguejos correram e o puxaram para fora da água. No entanto, as cracas afiadas que ladeavam as pedras o machucaram. Rusty se cortou muito feio, mas estava vivo.

— Ele vai ficar bem — alguém me disse.

Eu tentei concordar, mas estava muito cansada. "Meu Deus do *céu*", pensei. "Espero que ninguém conte sobre isso para a minha mãe."

Só que já haviam contado. Uma multidão se reuniu na praia para ver o que estava acontecendo e várias pessoas correram para o telefone para contar a ela que viram sua filha ser retirada da água depois de quase se afogar. Quando finalmente ela me viu, estava histérica, e repetia sem parar:

— Eu te avisei. Eu te avisei.

Essa experiência fez com que Rusty e eu nos uníssemos. Tentamos namorar por um tempo, talvez duas semanas naquele verão, mas acabamos decidindo ser só amigos.

Pouco tempo depois, a saúde dos meus pais se estabilizou o suficiente para que eu pudesse me mudar para Houston. Consegui um emprego em um departamento ligado à operadora de cartões de crédito Visa no Bank of America. Namorei por alguns anos um cara chamado Jerry, mas Rusty, que também se mudou para Houston, continuava contando aos amigos sobre essa tal garota de Galveston.

Seu amigo da Universidade Fisk, Mathew Knowles, também estava morando na cidade, e ele e alguns ex-colegas de quarto deram uma festa na casa deles. Rusty me ligou e perguntou se eu queria ir com ele. Aceitei o convite com o lembrete:

— Apenas como sua amiga.

— Apenas como minha amiga — ele concordou.

Então fui a uma simples festa no apartamento de um cara em Houston.

14

A PERSISTÊNCIA DO DESTINO

Janeiro de 1978

A MEMÓRIA É ALGO ENGRAÇADO. Seus filhos perguntam como você conheceu o pai deles e você para por um minuto enquanto os eventos passam rapidamente pela sua mente. Marcos do tempo que não significam nada para eles, mas mesmo assim você os repete para que entendam como chegou até ali. Como quando um desconhecido nos pede uma informação e respondemos: "Você passa por onde ficava o posto Shell, que depois virou um posto Gulf e agora eu não faço ideia de que posto seja. De lá, você segue direto por onde quase compramos uma casa, mas desistimos porque o quintal era esquisito, e então… Ah, melhor eu te levar até lá."

Assim, quando uma das meninas me fez essa pergunta, provavelmente em algum aeroporto enquanto minha mente estava ocupada com outra coisa, eu listei os pontos de referência:

— Bem, eu fui a uma festa e não dei o número do meu telefone para o seu pai, mas mesmo assim ele conseguiu me encontrar. E aí, o avô de vocês ficou doente e eu precisava de alguém para me levar até Galveston para a festa de Mardi Gras, porque eu ia passar o feriado com a minha família. A menina com quem eu dividia o apartamento estava meio que metida em uma história de assassinato, daí eu tive que encontrar outro lugar para ficar, e seu pai me ajudou muito nesse período de caos. Por isso, eu achei que ele servia e então nos casamos.

— Mardi Gras? Um assassinato? — as meninas repetiram. — Espera, aí! Que história é essa?

Percebi que nada do que eu tinha dito faria sentido a menos que eu voltasse ao começo: quando Rusty me convidou para a festa no apartamento dos seus amigos, eu não sabia que ele tinha dito a eles que estávamos namorando. Ser a "namorada" de Rusty, de verdade ou não, estranhamente me tornava inacessível para conversas na festa, cujos convidados eram principalmente homens. Como ninguém estava realmente falando comigo, me ocupei olhando a coleção de discos do anfitrião, que ficava ao lado do aparelho de som. Quem quer que ele fosse, tinha uma coleção séria de vinis, e eu passei rapidamente pela seção de jazz para conferir o que ele tinha de R&B.

Ouvi uma voz masculina atrás de mim, bem no meu ouvido:

— Não deixe suas impressões digitais nos meus discos.

Levantei as mãos, ofendida pelo tom dele.

— Ninguém se importa com seus discos. Eu não quero tocar em *nada* seu.

E foi assim que conheci Mathew Knowles.

— Você é a namorada do Rusty, certo?

Eu não estava nem um pouco a fim de falar com ele, mas tinha que deixar as coisas claras.

— Não, não.

— Ele contou que está namorando uma garota de Galveston.

— Bem, eu sou uma garota de Galveston. Isso eu posso provar.

Não valia a pena seguir com aquela conversa, mas ele insistiu. Começou a falar sobre si mesmo, que era de Gadsden, no Alabama, e ganhou uma bolsa na Universidade do Tennessee porque era do time de basquete, e depois pediu transferência para a Fisk para estudar economia e administração de empresas. Ele chamou economia de "econo", e eu assenti como quem diz "claro, entendi tudo". Quando ele contou que trabalhava com vendas, pensei que fazia todo o sentido. Eu tinha acabado de ouvir uma bela de uma conversa mole.

— Quantos anos você tem? — ele quis saber.

— Acabei de fazer 24.

— Tenho 26 — Mathew disse, apesar de eu não ter perguntado nada. — Posso pegar seu telefone?

Sorri educadamente, mas não respondi porque fingi estar distraída com alguma coisa que acontecia do lado de fora da janela.

— Qual é o seu nome? — ele perguntou.

— Beyoncé. — Não me dei ao trabalho de lhe dar meu primeiro nome.

— B. Onça? Tipo um bicho da selva? Ou será que eu tô tão chapado que tô ouvindo coisas?

Eu não conseguia acreditar naquela conversa. Olhei pela janela novamente, talvez pensando em pular. Ele pegou uma caixinha onde guardava maconha.

"Esse cara é profissional. Tem até os apetrechos!", eu pensei. E ele começou a escrever nela.

— B. Onça. E aí, qual é o seu telefone?

Ele realmente tinha recebido um bom treinamento de vendas, já que queria fechar logo o negócio. Mesmo assim, segui sem responder.

— Bem, onde você trabalha?

— Na Visa.

— Ah, essa é uma das minhas contas — ele disse, acrescentando que vendia copiadoras Xerox. — Sei exatamente onde fica. Vou passar lá um dia para te ver.

Eu sorri e pensei que era melhor fazer uma saída à francesa. Eu lhe agradeci pela festa e disse a Rusty que eu tinha que ir. Provavelmente eu nunca mais veria aquele tal de Mathew.

Quando meus pais foram hospitalizados ao mesmo tempo, minha mãe implorou para que eu voltasse para Galveston, pelo menos até que eles se estabilizassem. Ela faria 69 anos em julho, e meu pai, 68 em maio, quando ele ignora os cartões de aniversário. Eu fiz o que tinha que fazer: dei um aviso-prévio de seis semanas no meu emprego na Visa para que eu pudesse treinar meu substituto e comecei a empacotar minha mudança. Nas minhas últimas duas semanas em Houston, fiquei no apartamento da minha amiga Pat, dormindo no sofá, enquanto vendia tudo o que tinha em casa.

Poucos dias antes de voltar para Galveston, quase que literalmente esbarrei em Mathew no saguão da Visa.

— Ah, você é aquela garota que eu conheci, que mentiu e disse que trabalhava na MasterCard — ele disse. — Eu fui lá, e ninguém te conhece.

— Não, eu não menti para você. Eu falei que trabalho na Visa, que é onde você está. Bem aqui, onde eu *trabalho*.

Eu achei que, com isso, havia me livrado dele, mas apenas algumas horas depois o trabalho me levou ao centro da cidade, e lá estava Mathew atravessando a rua.

— Você sabe que isso era para acontecer — ele disse. — Temos que almoçar juntos.

— Bem, estou indo embora da cidade.

Achei *estranho* encontrá-lo duas vezes no mesmo dia. Expliquei sobre meus pais e que eu estava vendendo meus móveis para voltar para Galveston. Naquela tarde de sábado, minha amiga Vernell iria ao meu antigo apartamento para me ajudar a vender o que sobrou a preço de banana.

— Acho que vou dar uma passada lá.

E foi o que ele fez. Mathew comprou algumas das minhas coisas, incluindo o sofá de vime que ficava na minha varanda. Eu o encontrei largado em algum lugar, com um dos braços quebrado. Meu pai o consertou, e eu o pintei com uma tinta spray amarela brilhante e comprei almofadas azul-royal. Ficou muito fofo, mas eu estava pronta para passá-lo adiante e notei que Mathew estava de olho nele.

— São quarenta dólares — eu disse.

Ele me deu vinte e informou:

— Eu vou te pagar o restante. — Ele fez uma pausa. — Para isso, só me deixe te levar para um encontro.

Peguei os vinte dólares, mas não respondi.

Enquanto o amigo de Mathew o ajudava a tirar o sofá, Vernell me disse:

— Você nunca verá o restante do dinheiro.

Só que eu tinha outra maneira de fazer com que Mathew pagasse o que me devia. Eu deveria dirigir até Galveston naquela noite para um baile de Mardi Gras organizado pela Igreja do Santo Rosário. O evento era realizado em um belo centro de convenções à beira-mar, e sempre foi muito importante para a minha família. No entanto, eu estava com medo de fazer um bate-volta até Galveston durante a noite. Meu pai estava no hospital e não poderia comparecer ao baile, então era especialmente importante para minha mãe que eu estivesse lá.

Assim, contei a Mathew sobre a festa mais tarde naquela noite:

— Estou cansada demais para dirigir. Se você quiser me levar, é assim que vamos ter um encontro.

Era a única chance que eu lhe daria, e ele soube aproveitar.

Mathew me buscou mais tarde em sua Mercedes reluzente.

— Este é realmente um carro bonito — eu puxei assunto.

— É, mas é uma merda — ele disse, distraído. — Quebra o tempo todo. Leva todo o meu dinheiro.

— Então por que você tem ele? Só para manter as aparências?

Ele assentiu.

— Gosto deste carro — eu disse. — Tenho meu pequeno Honda Civic laranja. É econômico e muito prático.

Ele começou a rir.

Estávamos começando a conhecer um ao outro, mas a noite foi um curso intensivo sobre a minha família. Primeiro, perguntei se poderíamos parar no hospital para que eu visitasse meu pai. Mathew me surpreendeu ao não esperar do lado de fora, e entrou comigo para se apresentar. Ele foi gentil com meu pai, respeitoso com ele em seu estado enfraquecido. Fiquei impressionada, mas Mathew ainda não era meu tipo, embora eu tenha que admitir que o "meu tipo" era algo bem genérico: caras de rosto bonito com uma pitada de perigo.

No baile de Mardi Gras, Mathew me seguiu até a mesa da nossa família. Slack estava lá com sua atual esposa, além da minha mãe e da minha irmã Selena.

— Ah, você *deve* ser irmão do sr. Beyoncé — Mathew disse para Slack. — Vocês são muito parecidos. Estou aqui com sua sobrinha.

As pessoas começaram a rir e eu lhe disse:

— É uma história complicada. Te conto depois.

Mathew, no entanto, não se intimidou e começou a agir com todo mundo como se fosse meu namorado. Ele era charmoso, bonito e bem-sucedido, e minha família estava encantada. Nossos vizinhos não deixaram de notar que ele havia estacionado uma Mercedes do lado de fora. "Tenie tem um *bom* namorado" foi o assunto da festa.

— Ele é um verdadeiro sucesso — Selena me disse enquanto Mathew fazia a ronda, sendo apresentado a Johnny, Ronnie e Skip.

— Vocês todos podem sair com ele, então — retruquei. — Ele, simplesmente, não é meu tipo.

Selena deu uma tragada no cigarro, soltando a fumaça para cima enquanto revirava os olhos.

— Veremos.

Naquela noite, voltamos para Houston, e Mathew me deixou no apartamento da minha amiga Pat. Minha cama era o sofá dela, e ela dormia em seu quarto, no andar de cima. Assim, eu estava mais perto da porta de entrada quando alguém começou a bater depois da meia-noite.

— Quem é? — perguntei.

Era o namorado de Pat — ele não gostava muito de mim, e o sentimento era recíproco. Ele era traficante de drogas, embora ela sempre amenizasse a situação dizendo apenas que "ele tinha um negócio". Abri a porta e o vi pingando de suor, vestindo um casaco com capuz e calças de moletom. Estava muito frio lá fora.

— O que está acontecendo?

— Eu estava correndo — ele informou. — Me deixa entrar.

Ele não esperou que eu respondesse e passou correndo por mim escada acima até o quarto de Pat. Voltei a dormir até ser acordada novamente quando eles desceram, mais de uma hora depois, fazendo todo tipo de barulho enquanto se beijavam na porta. Ele foi embora, mas eu não conseguia mais dormir, então liguei o rádio. Pat, que estava muito nervosa, se juntou a mim no sofá.

Um boletim de notícias informou que alguém havia levado um tiro perto do estádio Astrodome, bem na rua abaixo da nossa. Olhei bem nos olhos de Pat.

— Era lá que o fulano estava — ela disse, dizendo o nome do namorado como se essa fosse a mais louca das coincidências.

— Eu sei que ele fez isso.

— O quê? — Ela arfou. — Ah, não mencionaram o nome dele. — Ela começou a gaguejar, agarrada a sua fé no namorado. — Ele me ama, mas disse que vai embora da cidade e não me contou nada. Ele só falou que precisa desaparecer.

— Garota! Ele vai voltar e nos matar! Temos que dar o fora daqui.

— Ele não *me mataria*.

A noção que ela tinha da coisa era simples assim. Só que obviamente o namorado dela não tinha incluído a minha vida naquele pacote. O cara estava fugindo, e eu não queria fazer parte daquela história.

— Vou embora. — Comecei a arrumar minhas malas, mas então me dei conta de que precisava ser minimamente educada. — Obrigado por me deixar ficar aqui, Pat. Eu realmente agradeço.

Arrastei minhas duas malas até o carro e dirigi até o telefone público mais próximo, vasculhando minha lista de contatos mental para saber qual amiga que morava sozinha poderia me hospedar naquela noite. No entanto, por algum motivo, uma voz me disse para ligar para Mathew. Assim, acabei indo parar na casa dele, onde expliquei tudo enquanto ele me encarava com seus olhos arregalados. Eu precisava de um sofá por algumas horas — e não queria saber de nenhuma gracinha.

— Essas coisas malucas acontecem comigo — eu disse. — Sinto muito.

— Eu entendo. — Ele estava tão calmo que pensei: "Ele realmente entende". Mathew me cedeu seu quarto e dormiu no sofá.

Na manhã seguinte, percebi duas coisas: a primeira é que eu não tinha lugar para ficar, e teria que voltar para Galveston mais cedo do que o planejado. Liguei para o banco em que trabalhava e eles foram muito compreensivos. Eu tinha que ir para onde era necessário, e minha família precisava de mim agora.

A segunda coisa é que eu realmente gostava daquele cara.

Por um ano, Mathew e eu namoramos à distância entre Houston e Galveston, separados por mais de uma hora de carro. Eu me vi me apaixonando, nossas conversas nunca perdiam a urgência ou o humor. Saíamos para clubes e compartilhávamos uma energia infinita, dançando a noite toda e nos tornando o casal que as outras pessoas passavam suas noites admirando. Havia uma paixão tremenda entre nós, e eu me sentia protegida por ele.

No entanto, eu não o via tanto quanto queria. O plano de ficar com meus pais por apenas alguns meses foi por água abaixo logo cedo. Cuidei deles em tempo integral em Galveston enquanto eles ficavam cada vez mais doentes, a ponto de finalmente aceitarem um auxiliar de saúde domiciliar durante o dia para que eu pudesse trabalhar. Consegui um emprego na Pennzoil, onde Skip trabalhava, e a saúde dos meus pais permaneceu estável por um tempo. Meu consolo era andar de balsa, deixar que a água e o balanço me acalmassem. "Este é o nosso barco", lembro-me de minha mãe nos dizendo isso quando éramos crianças.

Pouco antes do ano-novo, fui dar um passeio noturno com Johnny como costumávamos fazer, vagando por Galveston e terminando na praia. Observamos o mar no qual crescemos brincando, e as ondas que me mostraram o quanto eu queria viver quando elas quase me levaram.

Nós nos sentamos na areia, na beira da água, e também na beira de 1979. Aos 28 anos, Johnny finalmente tinha um namorado sério: Peanut, como todos o chamavam. Ele era mais novo que Johnny e não tinha mesmo o apoio familiar. A mãe de Peanut morreu quando ele tinha uns doze anos e ele morava com uma tia má. Sua família o expulsava o tempo todo, e eles não tinham muito em comum. Johnny havia dado a Peanut um lugar para ficar após uma dessas expulsões, e a amizade deles se transformou em amor. As pessoas não percebiam que Peanut era gay logo que o conheciam — Johnny brincava que ele era "passável" —, e acho que a família dele o pressionava para ser hétero, como se isso fosse possível.

Johnny havia encontrado um parceiro em Peanut e conseguiu ter sua própria vida em Galveston enquanto permanecia ao lado da nossa família. Ao mesmo tempo, eu resistia à responsabilidade com as necessidades dos meus pais e às expectativas dos meus irmãos de que eu sempre seria a pessoa que cuidaria dos nossos pais.

— Sabe, eu tenho que viver minha própria vida — confidenciei a Johnny. — Eu vou me casar.

Ele olhou para a minha mão, rindo.

— Sim, bem, esse diamante deve ser pequeno porque, hm... — Ele se inclinou mais perto para olhar meu anel invisível, e eu lhe dei um tapinha de leve no rosto. — Agora, onde *está* essa pedra?

— O que eu quero dizer é que ele vai propor casamento em breve.

— Lucy, você tem certeza de que quer isso? — Johnny perguntou.

— Sim — eu disse, percebendo que era verdade. — Eu quero, sim.

— E vocês vão ter um bando de pirralhos? — Johnny riu. — Um bando de trombadinhas correndo por aí?

Ele brincava, mas Johnny era a única pessoa que sabia o quão importante era ter filhos para mim. Nunca fui aquela garota que brincava de boneca. Minha mãe me deu uma boneca enorme e eu a decapitei para usar sua cabeça como uma bola de beisebol com meus irmãos. Johnny, porém, tinha me flagrado observando sua mãe e a minha. Ele sabia.

— Sim — concordei. — A ideia é morarmos em Houston.

— Ele não pode vender copiadoras em Galveston? — Johnny sugeriu, meio que zombando, afinal, nossa cidade era um ovo se comparada a Houston.

— Acho que não — eu disse. — Ele está entrando na área de imagens médicas.

Olhamos um para o outro e começamos a rir.

— É sério! — Expliquei sobre raios x e ultrassons porque eu sentia que já era uma parceira de Mathew em tudo o que ele fazia. — Então, sim, morarei em Houston. E talvez você possa pensar sobre isso também. Você e Peanut. Porque, quando eu fui para Los Angeles, a única coisa que faltava era você.

— Ah, por favor, você estava lá vendendo maquiagem com aquelas garotas japonesas. Você tinha a Tina Turner, ok? Você sentiu falta da sua mãe, foi isso que te trouxe para casa.

— E você! — Eu falava sério. — Houston precisa de você. Você precisa ver o que as pessoas vestem por lá. Eles não sabem o que estão fazendo. Eles precisam de você. *Eu* preciso de você.

Ele revirou os olhos.

— Você precisa de bom senso, isso sim.

Eu imaginei, de qualquer forma, uma vida com Mathew, Johnny e aqueles trombadinhas sobre os quais ele brincava. Eu não conseguia ver bem os rostos deles, mas estavam lá com Johnny. Eu queria correr até eles.

MATRIARCA 185

Pouco tempo depois, eu disse "sim" ao pedido de Mathew. Pennzoil iria me transferir para Houston e, quando eu disse a ele que procuraria um lugar para morar, ele respondeu que eu deveria me mudar para a casa dele.

— Eu não racho apartamento — eu disse.

— Então vamos nos casar — ele sugeriu.

— Isso é um pedido?

— Sim. Eu te amo e quero passar minha vida com você.

— Então, sim — respondi.

Fomos até uma parte da cidade repleta de joalherias e compramos um conjunto de duas alianças por 750 dólares. Achei aquilo a coisa mais legal do mundo. Mathew, porém, comprou uma aliança que nunca usou.

Planejamos que nos casaríamos um ano depois do noivado, em janeiro do ano seguinte. Uma tarde naquele verão, eu estava na casa dele, um lindo apartamento duplex repleto de antiguidades, enquanto Mathew havia saído para jogar basquete com os amigos, e o telefone tocou. Eu pensei que poderia ser ele, mas era um cobrador. O cara me pediu para anotar um número, e eu achei uma caneta perto do telefone. Alcancei o cesto de lixo para pegar um envelope que estava ali jogado para anotar o recado. Eu o virei e vi um imenso carimbo de VENCIDO sobre ele. Parecia dar azar escrever qualquer ali, então peguei outro — dessa vez, estava escrito AVISO DE CANCELAMENTO. O cesto *inteiro* estava repleto de contas vencidas.

Por fim, Mathew voltou do basquete.

— Eu não quero ser intrometida — comecei —, mas você deve *a todo mundo*! Você está muito endividado.

Ele, por sua vez, simplesmente deu de ombros e sorriu, o que me surpreendeu.

— Como você tem uma pasta de couro vermelho-sangue com acabamento em couro de jacaré *e* um aviso de atraso da Sears? Quem deve à Sears?

— Bem, eu comprei a geladeira deles.

— E a J. C. Penney? Eu sei que não foi lá que você arrumou esses ternos.

— Eu comprei as louças lá.

— Você está devendo a Deus e o mundo, não é mesmo? — constatei.

— Não posso me casar com você.

— Olha, quando eu era estagiário, vendia copiadoras feito louco — ele disse. — Agora fui promovido. Confie em mim, em seis meses estarei livre das dívidas. Nós nos casaremos e, seis meses depois disso, comprarei uma casa para nós.

Isso se tornou o mantra de Mathew, e eu acreditei piamente nele. Ele sempre teve uma visão para as tendências e me motivou a pensar em maneiras práticas de ajudar a tornar esses sonhos — nossos sonhos — reais.

Eu sabia que era importante para meus pais que nos casássemos na igreja — e teria que ser na Santo Rosário. Mathew e eu começaríamos o curso de noivos na paróquia, e eu realmente gostei do padre, que se chamava Saparito. Ele era um italiano alto e bonito — talvez um pouco galante, mas apenas o suficiente para parecer humano e nunca mais santo do que seus fiéis. Eu ainda tinha minhas reservas sobre a Igreja, mas um casamento católico era tudo o que meus pais queriam, então eu daria isso a eles. Selena se casou no cartório e Flo, no jardim de casa. Assim, meu pai estava extremamente animado para me conduzir até o altar da Santo Rosário.

Segundo a tradição, a família da noiva deveria pagar pelo casamento, mas meus pais não tinham condições de arcar com as despesas, e eu não esperava que eles fizessem isso. Minha mãe, porém, insistia que compraria para mim o vestido de noiva mais lindo que já existiu. Ela estava fraca demais para costurar, mas era muito importante para ela fazer parte do que eu vestia. Eu queria que fosse sexy, e nosso acordo foi que fosse decotado, mas com bastante renda sobre o decote. Escolhi um pequeno chapéu para combinar com o véu, porque era isso que estava na moda na época. Minha mãe me convenceu a deixar meu cabelo crescer, o que eu não fazia há muito tempo, então passei aquele ano todo usando tranças.

Outras noivas alugavam grandes salões e gastavam um dinheirão com o bufê, mas Mathew e eu estávamos economizando para aquela casa que ele imaginou. Então, seria um casamento menor, e eu queria uma festa em Galveston, para que todos pudessem ir. Minha mãe teve uma ótima ideia alguns meses antes, e me ligou para contar:

— Tenie, você pode fazer o seguinte: toda vez que você receber seu salário, por que não compra um peru para congelar e algumas outras coisas que por acaso estiverem em promoção e vai guardando para a festa?

Eu queria servir comida caseira na festa, bem do tipo que eu compartilhava desde sempre com a minha família, uma refeição pesada e boa com pão de milho e macarrão com queijo. Quando perguntei à minha sobrinha Linda, que me hospedou na Califórnia, se ela faria sua salada de batata, ela se ofereceu para ajudar a cozinhar tudo. Ela e minha irmã Flo trabalharam com a moça que dirigia a cozinha do Santo Rosário. Nós faríamos a recepção no salão do Sindicato dos Estivadores, onde Johnny, Selena e eu passamos algumas das nossas melhores noites juntos.

E, então, aconteceu. Um dia antes do casamento, e no dia do meu 26º aniversário, meu pai estava correndo de um lado para outro dando orientações para as pessoas e fazendo um monte de coisas ao mesmo tempo. Ele se apoiou em uma mesa, com a mão no peito. Foi levado às pressas para o hospital John Sealy, onde nos disseram que ele havia sofrido um pequeno ataque cardíaco.

Passamos a noite com ele. De tempos em tempos, as pessoas me pediam que fosse para casa me preparar para o casamento. Eu tinha planos de fazer as unhas e o cabelo para deixá-los perfeitos, só que nada disso importava mais. Eu queria ficar com meu pai. Ainda mais do que minha mãe, ele estava extremamente ansioso com o meu casamento. Levar-me até o altar seria seu grande momento.

Na manhã seguinte, eu queria adiar a cerimônia, mas meu pai estava bem o suficiente para me impedir que fizesse isso. Ele queria que tudo saísse como planejado, mesmo sem a sua presença. Minha mãe me perguntou quem me levaria até o altar, e isso simplesmente não tinha me ocorrido. Olhando para o smoking que alugamos para meu pai, mamãe disse:

— Deixe que seu irmão substitua o seu pai. Eles vestem o mesmo tamanho.

— O Skip? — perguntei. — Skip é maior...

— Não, o Slack Jr.

— Mamãe, eu não o conheço muito bem. — E era verdade. O primeiro filho da minha mãe tinha cinquenta anos naquela época, e nunca criamos um vínculo, ao contrário do que aconteceu com Selena. Ele não nos visitava muito e nunca ia à Santo Rosário conosco.

— Tenie, apenas faça isso — ela insistiu.

Eu não percebi o quão importante aquele momento seria para ela, o círculo completo de seu filho mais velho levando sua filha mais nova até o altar. Queríamos meu pai lá, mas isso não seria possível. Ela pegou o que sobrara da sua esperança e fez algo adorável com ela.

Tivemos uma recepção linda no salão do sindicato, apesar de eu pensar o tempo todo no meu pai. Flo e Linda se ofereceram para servir toda aquela comida boa em pratos quentes, e meu amigo Carlos se apresentou com sua banda. Nós dançamos o dia todo. O cabelo da noiva estava trançado de forma simples. Minha amiga Sheila fez em mim uma trança francesa um pouco antes da cerimônia, e Linda aplicou um esmalte de secagem rápida nas minhas unhas, cujo estado estava tão deplorável que ela não conseguia acreditar.

O dia não estaria completo sem meu pai. Mathew e eu estávamos nos divertindo muito e eu queria tanto que ele fizesse parte do dia. Assim, tive a ideia de toda a festa ir até ele. De qualquer maneira, o pensamento de todos estava mesmo nele. Então, deixamos o salão e marchamos em nossas melhores roupas para o hospital.

Já era noite, e eu consegui ver meu pai no dia do meu casamento. Eu o abracei. Ele me deixou ficar em seus braços por algum tempo, até que finalmente me disse:

— Já chega.

Mathew e eu havíamos planejado passar a noite em Galveston, mas no fim ele decidiu que era melhor voltarmos de carro para Houston, logo após a comemoração, para estarmos prontos para nosso voo de lua de mel para Las Vegas, que sairia pela manhã.

Nós nos despedimos da minha família, e, quando voltamos para nossa casa em Houston, a família inteira de Mathew já estava lá — seus pais, sua irmã e os inúmeros primos — mas todos já haviam caído no sono. A casa tinha apenas dois quartos, então encontramos gente esparramada pelos sofás e poltronas.

Mathew e eu dormimos no piso duro de ladrilho da cozinha. Escolhemos esse cômodo porque estava muito frio lá fora — fazia menos de cinco graus —, e eu poderia ligar o forno para nos aquecer. Encontrei um cobertor para dividirmos. E essa foi nossa noite de núpcias.

"É isso que é o casamento", pensei. "Agora teremos que nos virar."

De alguma forma, mesmo no chão duro da nossa casa lotada, dormimos demais. Corremos para o aeroporto, mas ainda assim perdemos nosso voo para Vegas.

— Está tudo bem — eu disse. O próximo voo sairia em três horas.

Não tive resposta quando liguei para minha mãe para saber como meu pai estava. Então tentei falar com Flo e o resultado foi o mesmo. Finalmente, Selena atendeu.

— Ele teve outro ataque cardíaco — ela informou, pronunciando as palavras devagar. — Foi quando vocês estavam indo embora. Ele está na UTI, e, Tenie, os médicos acham que ele não vai sobreviver.

Mathew correu comigo do aeroporto para o hospital em Galveston. Quando chegamos lá, eu lhe disse:

— Olha, seus pais estão em Houston e, você sabe, na UTI, eu só vou poder dar uma espiadinha nele a cada poucas horas. É melhor você voltar e aproveitar a companhia dos seus pais. — Não fazia nem 24 horas que eu estava casada, de forma que o meu instinto ainda era o de suportar os trancos da vida sozinha. — Eu te ligo.

Meu pai estava aguentando firme. Mais tarde, uma boa parte da família foi para a casa dos meus pais para cozinhar e tentar manter o ânimo. O telefone tocou às oito da noite e todo mundo pulou, mas era Mathew. Agora *ele* é quem estava chorando porque seu padrinho, o reverendo Walker, havia morrido. Ele tinha sido um modelo e professor para Mathew. Seus pais pegariam um voo para o Alabama na manhã seguinte, e Mathew queria ir com eles.

Eu não tinha como acompanhá-lo com meu pai naquele estado. Na quarta-feira, os médicos do meu pai estavam esperançosos de que ele sobreviveria, mas o ataque cardíaco tinha sido tão forte que eles estavam preocupados em como seria a vida dele. Eu queria ficar ao lado da minha família naquele momento, mas minha mãe me disse:

— Vá ficar com o seu marido. Você precisa estar lá para ele.

E, assim, voei para o Alabama na manhã seguinte para acompanhar Mathew no funeral do reverendo Walker.

Logo após a cerimônia, voltamos para casa e descobrimos que *minha mãe* também tivera um ataque cardíaco.

Ela estava na UTI, ao lado do meu pai. Os médicos, porém, estavam esperançosos de que ela sobreviveria. Fiquei ali, observando os dois com tubos e monitores que mostravam seus corações lutando. Mais uma vez, meu instinto foi suportar aquilo sem a presença do meu marido: eu havia mandado Mathew para casa para que ele pudesse colocar o trabalho e suas contas em dia. Era o que meus pais, que trabalharam a vida inteira, teriam priorizado.

Voltei para a sala de espera do hospital. Johnny havia saído do trabalho e se juntou a mim e Selena. Skip entrou com Flo, que falava a língua secreta das enfermeiras e traduziu para nós o que seus colegas lhe passaram. Nós — as crianças que mamãe criou para sermos quem éramos e que papai silenciosamente sustentou contra todas as adversidades — demos as mãos e nos unimos em uma vigília pela vida deles.

Repetimos as orações que nossa mãe nos ensinou.

Quando meus pais voltaram do hospital, eles se mudaram para a casa de Selena. Eu passei um tempo lá, ajudando minha irmã. As coisas mudaram para sempre. Coube a mim retirar tudo da casa da nossa infância, e fui até a nogueira-pecã uma última vez para pensar em todas aquelas histórias que minha mãe me contou sobre amor e sacrifício ao longo de gerações.

O amor de Mathew por mim se estendeu à minha família, e ele nunca me fez sentir culpada por não estar lá para ele. Um dia, em nossa casa, ele viu como eu estava lutando para equilibrar o cuidado dos meus pais e o trabalho na Pennzoil. Ele fez com que eu sentasse ao lado dele no sofá para conversarmos.

— Seus pais precisam de você. E você não precisa trabalhar. Claro, você pode trabalhar, se quiser, mas não faça isso por mim. Eu cuido de nós. Você não deve se preocupar com dinheiro.

Era simples assim. Eu tinha amigas que, mesmo após o casamento, mantinham contas bancárias individuais e não faziam ideia de quanto os seus maridos ganhavam. Eu sempre soube de cada centavo que Mathew recebia porque ele depositava tudo em nossa conta e nunca me impôs nenhuma restrição sobre como gastar. "O que é meu é seu, e o que é seu é seu", ele brincava, mas nós sempre nos tratávamos como iguais. Mathew era brilhante e bem-sucedido, mas esse sentimento que ele me dava não se tratava de dinheiro. Ele poderia ganhar uma fração do meu salário, e eu ainda me sentiria protegida.

Todas as vezes em que eu estava indo e vindo entre Galveston e Houston, me dividindo com os cuidados com a nossa casa e com os meus pais, Mathew foi muito paciente e nunca reclamou. Ainda assim, foi um jeito difícil de começar um casamento, porque, na verdade, meu marido não tinha uma esposa propriamente dita. Quando eu falava com ele sobre ter que ficar "em casa", eu me referia a Galveston e minha vida como filha. Por morarmos basicamente separados, eu tentava sempre mencioná-lo em conversas com outras pessoas para tornar as coisas mais reais — referindo-me ao "meu marido" —, mas era como se eu estivesse brincando de faz de conta.

Meus pais gastaram as portas giratórias do hospital de tanto que entravam e saíam dali, e uma vez, durante o horário de visita, eu assinei a entrada enquanto uma enfermeira terminava uma ligação. Ela levantou um dedo porque queria me contar algo sobre minha mãe ou meu pai. Enquanto eu esperava, olhei distraidamente para o nome que eu havia escrito no registro: *Sra. Tina Knowles.*

À medida que minha mãe ficava mais doente, o que era essencial para ela na vida se tornou ainda mais claro: sua família e sua fé. Então, me incomodava que ela não pudesse receber a comunhão. Na visão de minha mãe, ter aquele sacramento negado significava que ela não encontraria Deus no céu ou não passaria a eternidade com todas as gerações da sua família. Era cruel.

Mencionei isso para Mathew e ele fez aquele pequeno aceno que sempre fazia quando iniciava uma negociação. Ele ligou para o padre Saparito, que tinha ministrado nosso curso de noivos, e marcou uma reunião para defender minha causa. Mathew me incentivou desde o início, afirmando que nada era impossível. Caso não fosse padre, Saparito teria sido um ator fantástico, desses que atuam em filmes de máfia. Ele tinha aquele tipo de energia de *Os bons companheiros.*

— Padre, minha mãe está doente — comecei. — Não sei quanto tempo ela tem. Ela pode partir amanhã, pode levar meses, mas será logo. Deus sabe, não nós, certo?

— Certo — concordou o padre Saparito.

— O maior desejo dela na vida é receber a comunhão. Tem alguma maneira de providenciarmos isso?

Ele ficou em silêncio por um longo tempo enquanto pensava. Comecei a falar para tentar quebrar o clima que se instalou na sala, mas, por fim ele compartilhou seus pensamentos sobre como Jesus era um servo amoroso segundo a Bíblia; como Cristo demonstrou humanidade em sua divindade, mas também revelou algo divino sobre ser humano, humilhando-se em sua vida aqui conosco. O padre Saparito organizou uma reunião com o bispo para defender o caso da minha mãe. Eu gostava de formar uma equipe com Mathew em prol de algo tão importante, e o bispo foi convencido a conceder a autorização. Minha mãe estava, finalmente, livre para receber o sacramento da comunhão.

Quando fomos até a casa de Selena para contar a novidade, me certifiquei de que Mathew me acompanhasse, pois foi ele quem conseguiu aquilo. Lágrimas de alívio rolaram pelo rosto da minha mãe. Ela pegou a mão de Mathew, a quem ela e eu sempre amaríamos por lhe dar esse momento.

— Você sabe. — A voz dela era clara e alegre. — Agora eu posso morrer em paz.

Comecei a dizer "não", mas ela me interrompeu.

— Tenie, preciso que você cuide do Larry. — As excentricidades do meu irmão brilhante tinham se intensificado, e ele passara a desaparecer por três ou quatro dias seguidos. — Ele sempre vai precisar de alguém, e esse alguém agora é você. E Mathew, cuide dela. Cuide da minha filha.

O padre Saparito foi até a casa de Selena dar a comunhão à minha mãe. Ela quis se arrumar e eu tive que ajudá-la, pois estava muito fraca. Foi gratificante para nós vê-la fazer algo que lhe trouxe felicidade em vez de apenas continuar existindo.

Alguns meses depois, na última segunda-feira de junho de 1980, eu estava em Houston, recém-chegada de Galveston. Mathew havia cumprido sua promessa. Não tinha mais dívidas e havia se tornado tão bem-sucedido que comprou uma casa para nós. A mudança foi marcada para o Quatro de Julho. Eu estava muito orgulhosa dele e da sua capacidade de se reinventar.

Foi então que Selena me ligou.

— Você precisa voltar — ela disse. — Acho que temos que levar a mamãe para o hospital.

Johnny e eu a levamos para o hospital John Sealy, e ela estava muito leve e frágil em nossos braços enquanto a ajudávamos a andar, praticamente carregando-a. Quando ela perdeu o equilíbrio e caiu, nós a pegamos, mas não antes que meu coração se partisse.

Eles a internaram, e uma enfermeira me disse que ela estava em suas últimas horas. É chocante que eu tenha ficado tão surpresa, eu sei, mas minha mãe havia sido desenganada tantas vezes e se recuperado, que eu não conseguia acreditar que aquele seria o fim. A doença a espreitou por toda a minha vida, e, com a ajuda de toda a família, nós a impedimos de levá-la. Eu não estava pronta para desistir.

E ela também não. Quando minha mãe falava, não era conosco, mas com alguém que não podíamos ver.

— Deus, só me dê um pouco mais de tempo — ela repetia várias vezes, dia e noite. — Senhor, tenha misericórdia. Me dê um pouco mais de *tempo*.

Era terça-feira, e ela ficou relativamente estável com a ajuda de aparelhos. Achamos que ela estava esperando meu irmão Butch, porque na época ele estava em missão no exterior, servindo em Londres. Flo confirmava isso enquanto tentava me preparar para os momentos finais com a sabedoria de uma enfermeira:

— Mamãe só está esperando o Butch chegar aqui, você precisa ter isso em mente.

Só que Butch chegou na quarta-feira, e, durante o reencontro que tanto significava para todos nós, minha mãe então sussurrou o nome de Larry. Meu imprevisível irmão havia desaparecido novamente. Skip, porém, saiu para procurá-lo e o encontrou no dia seguinte. Larry foi levado até o hospital. Ele não ficou por muito tempo, mas, quando ele foi embora, eu a observei expirar pelos tubos de oxigênio. Meu irmão era a peça que faltava, eu disse a mim mesma. "Ela simplesmente ama seu Larry."

E, então, sua ladainha começou novamente:

— Senhor, me dê um pouco mais de tempo. Por favor, Deus.

No final daquela tarde de quinta-feira, um médico me pediu para sair do quarto dela.

— Quero que você entenda uma coisa — ele disse. — Cada respiração que sua mãe dá é como se ela estivesse subindo dez lances de escada. Ela está realmente sofrendo, você tem que a deixar ir.

Eu não sabia como fazer isso. Não quando ela estava implorando a Deus por mais tempo. Eu não tinha saído do lado dela, reclinando uma das cadeiras do hospital para transformá-la em uma cama do tamanho de um sofá de dois lugares. Quando alguém vinha visitá-la, eu me deitava na "minha cama" para dormir um pouco e em seguida corria para pegar um café na máquina antes que a visita fosse embora. Eu tinha medo de que minha mãe morresse sem eu estar ao seu lado. Eu falharia com ela.

Naquela quinta-feira de madrugada, quando a meia-noite chegou trazendo o Quatro de Julho, a sogra de Flo, a sra. Camilla, entrou no quarto.

— Vou ficar aqui com você — ela disse.

Minha educação não me permitia lhe informar que não a queria lá. Eu só queria ficar com minha mãe. Ela se sentou na minha "cama", e eu fiquei muito irritada ao vê-la ocupar o meu espaço. "Não consigo nem deitar", pensei. "Ela está me dando nos nervos. Por que ela não vai embora?"

Relutantemente, deixei que a sra. Camilla ficasse na minha cadeira e me recostei na cama da minha mãe. Abaixei a cabeça, tocando o topo da minha cabeça no lado dela para que pudéssemos sentir a segurança uma da outra.

O sono me levou. O sono profundo e pesado de um bebê na cama da mãe. Quando dei por mim, a sra. Camilla estava me acordando. Já passava das cinco da manhã.

— Ela se foi — a sogra de Flo me disse.

Olhei para cima, e minha mãe parecia estar profundamente em paz. Era doloroso, mas aquela mesma paz me preenchia.

— Eu vim porque sua mãe não teria morrido com você olhando para ela — disse a sra. Camilla. — Estava na hora. Eu queria estar aqui com ela segurando sua mão durante essa passagem. Você tinha que deixá-la ir.

Flo chegou e concordou com a sogra.

— Continuamos dizendo que ela estava esperando Butch, depois Larry. Mas, Tenie, ela estava esperando você. E você não quis ir para casa.

Minha irmã achou que eu não entenderia, e eu fiquei *surpresa* porque não estava tão devastada quanto pensei que ficaria. Desde criança, lembro da minha mãe estar doente e de que nunca se sentia verdadeiramente descansada, a menos que seus filhos estivessem ao alcance dos seus braços ou quando ela se distraía fazendo algo bonito. E, então, naquele momento, eu a sentia livre de tudo aquilo. Ela estaria conosco, não importa aonde fôssemos, e prepararia coisas bonitas para todos os seus amados.

A partir daquela madrugada, todos nós estávamos vivendo das orações das nossas mães. Mamãe se juntou à sua mãe, e à mãe da sua mãe. Ela estava então com todas as mães. Aquelas que ela conseguia nomear sob a nogueira-pecã e as que vieram antes delas. Todas elas cuidavam de nós.

Comecei o novo ano me sentindo enjoada. Não só pela manhã, mas o dia todo. Minha menstruação não veio e eu simplesmente sabia.

O médico só confirmou o que já estava certo em meu coração.

Eu estava grávida.

ATO DOIS

Uma mãe

15

LINHAGEM

Agosto de 1981

HAVIA UMA MAGIA EM ESTAR GRÁVIDA. Eu sei que a piada é que toda futura mãe pensa que é a primeira pessoa a trazer vida ao mundo, mas esse encantamento era mais sobre conexão. Nós — porque eu e minha criança éramos imediatamente "nós" — agora fazíamos parte dessa linhagem materna que desafiava todas as coisas terrenas, sejam elas o tempo, o espaço ou as circunstâncias, para ficarmos juntos. Eu até estava tomando anticoncepcional quando engravidei, e meu plano com Mathew era que permanecêssemos sem filhos por alguns anos. Conhecendo minha mãe, ela provavelmente estava rezando muito para que eu engravidasse, porque eu acredito que ela sabia que estava morrendo. Senti que Deus havia enviado esse bebê para mim depois que a perdi. Não era como se minha mãe estivesse voltando, mas sim a chegada de alguém que ficaria muito perto e que eu amaria sem nenhum limite.

As náuseas desapareceram depois do primeiro trimestre, e eu ganhava peso em todas as partes do corpo. Eu achava que estava *tão* bem. Eu resistia às roupas de gestante, então comprava os vestidos de grife que eu amava em tamanhos cada vez maiores. Eu gostava de Norma Kamali, fora da curva com seus macacões com ombreiras, e os novos vestidos-camisa de Diane von Furstenberg, uma versão mais solta dos vestidos envelope que ela parecia fazer só pra mim. Para embelezar minhas pernas, afinei a parte de baixo até que ficasse tão justa quanto uma saia-lápis, e eu tinha que dar passinhos curtos para conseguir andar.

Mathew e eu nos agarramos firmemente à diversão de sermos jovens. Mantivemos nossas happy hours de sexta-feira em nosso clube favorito em Houston, e eu *me vestia* para essas noites. Mesmo quando completei oito meses de gravidez, em agosto, eu usava o que achava bonito e não ligava para o prático. Em uma sexta-feira que se tornou lendária na minha família, coloquei um vestido preto de mangas compridas — feito de crepe e com gola Peter Pan branca, encimada por uma bandana amarrada no pescoço. Naquela época, eu gostava muito de chapéus e escolhi um preto com aba larga e uma faixa branca. O visual dizia: "modelo grávida".

Dei meus passinhos minúsculos para dentro do clube. "Fantastic Voyage" tocava alto. A banda Lakeside me animava, e todos dançavam e cantavam, em um pedido para me juntar a eles e viajar ao som da música. Avistei nosso amigo George, um médico bonitão, sentado em um sofá e assumi a minha missão de andar hesitantemente até chegar lá. Mathew me acomodou como se estivesse estacionando um barco, então foi passear pelo salão e tagarelar. A boa aparência e a profissão de George fizeram com que uma linda garota rapidamente se sentasse ao lado dele.

— Está meio quente aqui — eu disse a todos e a ninguém.

Enquanto eu os ouvia flertar, o ar do clube parecia ficar mais rarefeito e ainda mais opressivo. Eu me abanei com a mão e continuei puxando os punhos brancos das minhas mangas compridas para deixar um pouco de ar entrar. Eu me inclinei para trás, depois para frente para não bagunçar meu chapéu. Soltei um suspiro. Então percebi que não conseguia respirar o suficiente.

— George — eu disse — acho que estou prestes a desmaiar.

Ele distraidamente colocou os dedos no meu pulso enquanto continuava a conversar com a mulher.

— Você está bem — ele me informou, distraído e um pouco irritado, afinal, não achou que havia nada de errado comigo. — Sua pulsação está boa.

— Eu... eu estou com tanto calor. Tenho que sair daqui. — Eu precisava de ar. Levantei, o que já era um trabalho e tanto, e procurei por Mathew.

Não o vi, então comecei minha caminhada lenta até a porta, desfazendo o laço da bandana para abrir o fecho do vestido...

Quando me dei conta, eu estava lá fora, deitada no chão com meu vestido aberto até a barriga, o sutiã aparecendo. Mathew e George estavam ajoelhados sobre mim, me abanando com o chapéu que tiraram da minha cabeça, revelando meu cabelo todo emaranhado em um coque. Comecei a chorar, não porque desmaiei, mas porque todos olhavam para mim.

— Ninguém está prestando atenção. — Mathew me consolou.

— Sim, somos só nós — completou George, embora não tivesse um papo de vendedor tão convincente quanto o de Mathew.

Eles me levaram até o carro, e, se eu ousasse olhar para trás, veria todos os rostos dentro do clube espremidos na grande janela panorâmica para assistir enquanto esta idiota aqui dava passinhos minúsculos até o carro, em um estado deplorável. Eu sei porque minha sobrinha Linda — filha de Selena, com quem fiquei quando fugi para a Califórnia anos antes — foi até a nossa casa um pouco mais tarde. Ela disse exatamente o que eu estava pensando:

— É isso que você ganha. — Ela riu. — É isso que você ganha por sair toda estilosa, grávida de *onze* meses, usando aquele chapéu idiota e um vestido quente.

E isso foi tudo para a happy hour de sexta-feira à noite. Mesmo que eu quisesse voltar a sair, comecei a ter uma azia forte nas últimas semanas que antecederam a data prevista para o parto, em setembro. Eu não conseguia nem me deitar. Tinha que dormir apoiada, caindo no sono enquanto lia os livros sobre criação de filhos e bebês que eu havia começado a colecionar.

Eu estava na metade de um deles tarde da noite na casa nova que Mathew e eu compramos em Houston. Bem, era nova para nós, uma linda casa de tijolos antigos em Rosedale, no Terceiro Distrito. Tinha o estilo de uma igreja, com uma estrutura triangular. E todas essas casas antigas tinham uma garagem coberta conectada ao restante do imóvel por um lindo arco. O Terceiro Distrito é um dos bairros históricos mais antigos em Houston, originalmente branco, mas que se tornou um símbolo da autodeterminação Negra. Depois daquele primeiro Juneteenth de 1865 em Galveston — data que mais tarde se tornaria feriado nos Estados Unidos, na qual se celebra o dia 10 de junho, em que o Texas, até então o último estado escravocrata do país, decretou a abolição, pelo menos no papel — pessoas anteriormente escravizadas viajaram dos latifúndios vizinhos do Texas e da Louisiana para a Freedmen's Town, a "Cidade dos Homens Livres", do Quarto Distrito. À medida que os Negros se mudavam para os arredores, os donos de terras brancos começaram a vender as propriedades desvalorizadas nos limites do Terceiro Distrito, e então as famílias Negras construíram suas *próprias* casas lá. A "fuga dos brancos" do Terceiro Distrito para os subúrbios após a Segunda Guerra Mundial também deixou vizinhanças inteiras de casas grandes e bonitas para nós comprarmos quando os preços baixaram. Entretanto, na década de 1980, famílias Negras de classes média e alta também começavam a deixar o Terceiro Distrito para ir para os subúrbios. Com o salário de seis dígitos de Mathew como um dos representantes de vendas número-um da Xerox no país, isso poderia ser uma opção. Entretanto, era importante para a gente criar raízes no Terceiro Distrito.

Mathew entrou no quarto, de volta depois de um jantar com clientes. Tentei me sentar, mas era impossível ficar confortável por conta da azia.

— Nunca mais farei isso — disse a Mathew. — Depois desse bebê, acabou.

Perguntei como tinha sido a noite. Ele era muito bom no que fazia, e eu adorava ouvir seus relatórios. Eu sentia falta de trabalhar, então colocava esse interesse natural pela carreira em quaisquer negócios ou dramas de trabalho que Mathew tivesse. Nós éramos bons em ver o cenário com um todo e descobrir o melhor curso de ação. Éramos uma boa equipe, mas nosso assunto favorito era o bebê que esperávamos.

Mathew subiu na cama em que eu estava apoiada e começou a fazer uma serenata para o nosso bebê no útero, como ele já fizera tantas outras vezes. Nós sempre cantávamos uma canção composta por Smokey Robinson juntos, "Here I Go Again". É um hino de amor incondicional, que segue em frente apesar de todos os sinais de problemas. "Ignorando isso só por você", cantavam os Smokey & The Miracles, a letra desenhada nas harmonias que Mathew e eu ouvíamos quando éramos estudantes do ensino médio nos shows de calouros.

Talvez seja por isso que escolhemos essa música — pela nostalgia — ou talvez nós dois reconhecêssemos o campo minado em que nossa criança nasceria. Já havia problemas em nosso casamento naquele primeiro ano. Mathew seguia em uma luta contínua com a fidelidade, mas as suspeitas que eu tinha seriam relevadas pelo fato de que nosso amor era mais forte do que um passo em falso. Eu poderia superar qualquer tipo de erro, porque Mathew e eu nos protegíamos em um nível profundo da alma. Éramos nós contra o mundo, encarando o que quer que a vida nos trouxesse.

Essas responsabilidades eram muito reais, pois meu pai precisava de mim mais do que nunca. Depois que minha mãe morreu, meu pai foi diagnosticado com câncer no pulmão. Ele ficava conosco quase todos os finais de semana, batendo na porta sem avisar, assim como costumava fazer com sua família em Weeks Island. Se ele pressentisse que um momento de fragilidade se aproximava, corria direto para mim. Às sextas-feiras, meu pai conseguia aparecer um pouco antes de eu ir encontrar Mathew para a happy hour, enquanto eu dava os toques finais no visual e colocava meus brincos. Meu corpo inteiro ficava tenso com o peso dessa expectativa de cuidado, mas eu não podia deixar que ele percebesse. Algumas vezes, tive até que desistir de viagens porque ele apareceu lá em casa doente. Ele poderia permanecer por uma semana, talvez duas. Mathew nunca reclamou.

Em uma dessas visitas, contei ao meu pai meu plano para o nome do bebê. Se tivéssemos um menino, eu queria chamá-lo de Mathew. E para uma menina?

— Eu estava pensando em como eu sou a última Beyoncé — eu disse.
— Eu não gosto que o nome se perca. Então, estou pensando em Beyoncé, se for menina.

Foi para homenageá-lo e à linhagem, eu expliquei, e sei que também foi porque eu realmente sentia falta de ser Tina Beyoncé enquanto me acostumava a uma vida mais tranquila como Tina Knowles. Meu pai olhou para mim por tanto tempo que pensei que ele estivesse tocado pela emoção, mas, então, ele zombou:

— Esse bebê vai ficar realmente bravo com você por lhe chamar por um sobrenome.

— Bom, ninguém saberá que é um sobrenome, a não ser você. — Voltei a minha atitude de Tenie B. — Ninguém nunca ouviu falar de Beyoncé, então essa criança será a original.

Eu nem contei a ele minha ideia de um nome do meio para a menina, porque eu não queria ouvir sua opinião naquele momento. Quando Mathew e eu começamos a namorar, seu colega de quarto tinha uma namorada bailarina francesa chamada Giselle. Fomos vê-la se apresentar no balé que levava o nome dela e soube que era um papel cobiçado pelas dançarinas, porque só pode ser interpretado por aquelas que atingiram o auge da técnica e da habilidade de atuação. Eu arquivei esse nome lindo e melódico em minha mente, porque, se algo é reforçado para mim duas vezes, eu o tomo como um sinal.

Na manhã de 4 de setembro, eu estava realmente pronta para ter aquele bebê, embora só tivesse terminado de decorar o quarto no dia anterior. Querendo evitar o rosa e o azul, eu mesma pintei as paredes de um verde-água. Naquela manhã, sentei no quarto, admirando os móveis todos brancos que eu havia escolhido, a roupa de cama e as cortinas de ilhoses da mesma cor. Eu me mexi para tentar ficar confortável na cadeira — ainda achava que era possível se eu me movesse direito — e foquei meus olhos no alfabeto que pendurei na parede.

— Preciso fazer uma mala —, eu disse em voz alta, algo que vinha repetindo por uma semana, mas nunca consegui. Sempre havia alguma outra coisa mais importante para fazer.

Mathew e eu estávamos prontos para dar uma festa naquela noite, nossa própria happy hour de sexta-feira para dar início ao feriadão do Dia do Trabalho para a Unidade de Minorias da Xerox na Região Sul (MUSR, na sigla em inglês). Eu não queria cancelar o evento, porque a missão da MUSR era importante para nós. Mathew estava fortemente envolvido no programa, que começou em 1974 como uma resposta à discriminação que os executivos Negros enfrentavam depois que o programa de ação afirmativa da Xerox os atraiu. A partir daí, eles procuravam e promoviam executivos Negros, fazendo o que a MUSR chamava de "Show Itinerante" de feiras de recrutamento nas principais faculdades para convidar talentos Negros para a empresa. A MUSR trouxe várias mulheres Negras para o país, e eu estava orgulhosa dessas jovens profissionais, que eram tão afiadas. Mathew me apresentou essas mulheres, e eu as orientei enquanto elas se estabeleciam em Houston. Era uma alegria vê-las ter sucesso, e isso me lembrou da irmandade em que meu pai confiava no sindicato dos estivadores, onde todos se apoiavam.

O objetivo da MUSR era mostrar que a diversidade não era necessária apenas para as aparências, mas para o lucro e o futuro de uma empresa. Também gostava do fato de o grupo enviar uma mensagem para a empresa: aqueles homens e mulheres Negros estavam unidos, e ela não poderia fazê-los competir entre si por uma posição de gerência como outras empresas faziam.

Eu estava pensando sobre o que eu deveria vestir para a nossa happy hour quando senti uma dor aguda. Ela passou, mas, pouco tempo depois, acabou se repetindo. Às onze horas daquela manhã, liguei para minha irmã Flo.

— Sim. Isso é trabalho de parto — ela constatou com sua melhor voz de enfermeira. — Qual é o intervalo entre as contrações?

— Hmm... — Tinha certeza de que minha irmã mais velha revirava os olhos do outro lado da linha. Claro, eu não tinha me preparado para marcar o tempo. — Quinze minutos? — Parecia certo.

— Ok, Tenie, você tem tempo, mas comece a juntar suas coisas. Eu sei que você não fez uma mala.

Às quatro horas eu soube o que estava realmente acontecendo. Mathew me levou ao hospital Park Plaza, com os nervos já à flor da pele. Ele era muito protetor comigo, mas também estava muito acostumado a eu não precisar dele. Eu era a forte, e ele não suportava que eu sentisse dor. No Park Plaza, ele começou a fazer um monte de coisas, dizendo às enfermeiras que eu precisava de analgésicos. Quando elas explicaram que contrações e dor eram uma parte normal do parto, essa resposta não foi boa o suficiente para Mathew.

— Dê algo a ela *agora* — ele gritou. Mathew estava realmente me dando nos nervos.

— As pessoas vão aparecer para a happy hour — lembrei a Mathew. Era tarde demais para cancelar. — Eles não sabem o que está acontecendo.

E então, quando era quase cinco horas, eu finalmente disse:

— Mathew, você deveria ir. Não podemos decepcionar as pessoas. Vou pedir para elas ligarem para você quando chegar a hora.

Quando Mathew saiu, fiquei surpresa com o alívio que senti. Eu estava focada demais em controlar os sentimentos dele, e, além disso, naquele momento de vulnerabilidade, Mathew não era um substituto para minha mãe.

Houve uma hora em que a enfermeira saiu do quarto para verificar algo e eu fiquei sozinha. "Minha mãe deveria estar aqui para segurar minha mão", pensei. "Para saudar esta criança e dar-lhe as boas-vindas".

Coloquei minha mão esquerda ao meu lado e tentei imaginar a mão macia da minha mãe sobre a minha, forte como quando eu era criança. Quando não senti nada, a tristeza foi tão grande que rapidamente afastei essa ideia, balançando a cabeça e colocando a mão na barriga. Eu passei pelo trabalho de parto sozinha. Quando perceberam que o momento do nascimento se aproximava, as enfermeiras chamaram Mathew para que ele pudesse voltar a tempo.

Beyoncé Giselle Knowles nasceu às 9h04 da noite, com três quilos e oitocentos gramas. Uma nova criança no Terceiro Distrito.

Meus irmãos nos visitaram no hospital, e foi Larry quem percebeu primeiro: a maneira como Beyoncé segurava cada um dos três dedos médios das mãos juntos, exceto o polegar e o mindinho.

— Meu Deus — Larry disse imediatamente. — É a *mamãe*.

Nossa mãe segurava suas mãos artríticas daquele mesmo jeito, fechadas como uma pirâmide com o dedo médio em cima. Beyoncé sempre fez isso, parecendo-se mais com minha mãe do que eu. Johnny também veio e a segurou, sorrindo para mim.

— Olhe para você, Lucy, você tem uma pequena ladra de migalhas.

Desde a primeira noite em casa, Beyoncé não foi um bebê fácil. Ela acordava a cada duas horas chorando e me cansava. Eu a alimentava com mamadeira, porque não sabia sobre os benefícios da amamentação, e isso permitia que Mathew se revezasse à noite para alimentá-la e acalmá-la. Ele me trazia comida, refeições que amigos tinham preparado para mim, mas sabia que ele gostaria de poder fazer mais. Teria sido mais fácil se eu tivesse uma mulher lá.

Não apenas uma mulher, mas minha *mãe*. Meus seios ficaram ingurgitados, e a dor do inchaço era tão insuportável que eu não sabia o que fazer. Pensei que um banho morno seria calmante, mas a água fez o oposto, e o inchaço e a dor se intensificaram. Eu gritei; meu primeiro pensamento foi ligar para minha mãe e perguntar o que eu deveria fazer.

A tristeza me atingiu tão rápido, me pegou tão desprevenida, que eu não pude fugir dela. No banheiro, me dobrei quando o aperto finalmente tomou conta do meu coração, aquela coisa que eu sabia racionalmente, mas não aceitava completamente: *Minha mãe nunca vai estar aqui para que eu possa ligar para ela.*

Como isso foi um choque depois de treze meses sem ela? Eu pensei que havia sofrido, mas minha alma, não. Apenas alguns dias depois de ser mãe, eu caí nas profundezas da perda e em todas as perdas futuras para mim e para minha filha — perguntas sem respostas, orações não ouvidas, histórias não contadas. Em meio às minhas lágrimas, liguei para Flo e perguntei o que fazer sobre o ingurgitamento. Ela me disse que eu deveria usar compressas frias para diminuir o inchaço.

— O calor do chuveiro é muito estimulante. — Ela foi direto ao ponto. — Você piorou a situação.

— Ok, Flo — eu disse, verdadeiramente grata. Eu não sabia como superar nossa diferença de idade de dez anos, toda a história de eu ter frustrado minha irmã mais velha, para perguntar como *ela* sentia a ausência da nossa mãe. Eu não percebi na época o quanto aos 26 anos eu era jovem para perdê-la.

Agradeci a Flo pelo conselho, mas ela não era minha mãe. Ninguém é como sua mãe. Ela pode nos ver em nossos momentos mais vulneráveis, e ela não vai julgar. Não existe o medo de que ela pare de nos amar, e ela tem todas as respostas que passou anos reunindo para o exato momento de repassá-las para nós. É a "sagacidade de mãe", um conhecimento especial que nos ajuda a descobrir quem somos. Seria muito mais fácil se minha mãe apenas estivesse ali.

Eu não sabia nada sobre depressão pós-parto ou o luto tardio do trauma, e não sei dizer qual desses eu sentia. Minha prima Wanda teve que vir por alguns dias para ajudar a cuidar de Beyoncé, porque eu simplesmente não conseguia funcionar. Wanda foi uma das primeiras comissárias de bordo Negras da Delta e havia cultivado uma certa graciosidade para combinar com sua gentileza natural. Fiquei dois dias mergulhada em uma tristeza profunda, e então me dei a tarefa de melhorar.

— Escute — eu disse em voz alta para mim mesma enquanto estava deitada sob as cobertas na minha cama. — Você tem um bebê para cuidar.

Era assim que eu lidava com as coisas naquela época. Desde quando era criança, eu me deixava chorar bastante e, então, dizia para mim mesma:

"Ok, engula e continue em movimento". Essa abordagem funcionou para mim por um longo tempo. Eu não conseguia entender como isso significava apenas que eu armazenava o trauma em meu corpo — escondia-o em minha mente e em meu coração, onde ficavam à espreita.

— Continue em movimento — eu disse. Então, me movi.

Ainda assim, quando eram três da manhã e Beyoncé não parava de chorar, eu ficava pensando: "Ah, meu Deus, se mamãe estivesse aqui, ela saberia o que fazer". Certa noite, sentei com minha nova bebê enquanto ela chorava em seu quarto verde-água e comecei a cantar "Here I Go Again", a música que Mathew e eu cantamos todas aquelas vezes para a minha barriga. "Lá vou eu novamente, caminhando em direção ao amor", eu cantei, baixinho, mas com intensidade.

De repente, ela parou de chorar. Beyoncé e eu nos olhamos enquanto eu cantava. Bem ali, aquela música que se tornou toda nossa não era mais apenas sobre a cegueira que o amor traz, mas a coragem que o amor lhe dá. Podemos sentir medo, podemos estar sobrecarregados, mas seguiremos em frente. O amor é mais forte que o medo.

Segurando minha bebê, cantando para ela, eu prometi exatamente aquilo: eu não deixaria o medo ditar seu destino do jeito que eu sentia que minha mãe, apesar de suas melhores intenções, havia feito comigo. Eu poderia amar minha mãe, invocar sua força em minha memória, e também aprender com ela o que não fazer.

Beyoncé adormeceu em meus braços. Foi o início da minha própria sagacidade de mãe, essa nova clareza que surge quando a criança que chorava em seus braços fica quieta. O silêncio é surpreendente. O que parecia impossível minutos antes se torna real diante de você — por sua causa —, e então há essa sensação celestial de paz. Um sentimento de realização me preencheu enquanto eu segurava minha recém-nascida, uma mistura avassaladora de gratidão e exaustão. Eu fiz o impossível. Não sabia como faria aquilo de novo, mas faria. "Você continuará fazendo o impossível todos os dias, Tenie, porque é isso que as mães fazem."

Eu seria a mãe que Beyoncé merecia. Eu havia sido uma jovem rebelde. Eu tinha uma boca grande e me metia em problemas — meu coração estava tão acelerado que minha cabeça não conseguia acompanhar. Nunca mais, porém, eu seria nada daquilo. Eu havia encontrado meu propósito.

— Vou fazer isso direito — disse a mim mesma. — Ainda que eu estrague tudo na minha vida, vou fazer isso direito.

16

BEBÊ JAZZ

Novembro de 1981

Aos dois meses de idade, Beyoncé ainda acordava a cada duas horas durante a noite. No entanto, nós encontramos o remédio que a acalmava: música. Canções de ninar não resolveram; acredite, eu tentei. Quando eu era pequena, minha mãe me deu um pequeno disco de 45 rotações com cantigas de ninar que eu tinha memorizado de cabo a rabo. Eu tentei minha favorita, "Maria tinha um carneirinho", porque achava que era isso que os bebês deveriam amar. Ela chorava mais alto a ponto de abafar a canção.

Era o jazz que a acalmava. Descobrimos isso por acidente, vivendo nossas vidas e tocando a música que amávamos. Percebemos que o bebê sempre relaxava quando o pai ou eu tocávamos a coleção de vinil de jazz contemporâneo de Mathew. Aprendi que, quando ela estava agitada ou lutando contra o sono, funcionava encher o quarto com as melodias complexas do jazz fusion de Herbie Hancock, atingindo notas imprevisíveis, mas exatamente certas. Repetidamente, tocávamos "Street Life" do álbum *Crusaders* com Randy Crawford, e então comprei o *single* da versão em que a sra. Crawford cantava sozinha, a mesma música com uma explosão de som mais forte. Ela *adorava* isso.

Entretanto, o favorito de Beyoncé, talvez porque Mathew e eu éramos seus maiores fãs, era o jazz-poesia de Gil Scott-Heron. Imagine uma criança coberta em seu berço de princesa dormindo ao som de "The Revolution Will Not Be Televised"!

O jazz me ajudou a fazê-la dormir, mas ela continuou a acordar durante a noite. Era muito exaustivo, e, em algum momento, Mathew percebeu que eu precisava de uma pausa. Mais tarde naquele outono, quando Beyoncé tinha dois meses e meio, ele teve que ir para Padre Island no Golfo do México para uma conferência da Xerox e me pediu para acompanhá-lo durante os dois dias que ficaria fora.

— Acho que você adoraria a água. Você está *tão* exausta. Só venha comigo para que possamos ir à praia e descansar.

— Eu teria que levar a bebê — retruquei.

— Não, esse é o ponto principal — ele insistiu. — Você precisa de uma pausa.

Liguei para minha irmã Flo e, depois de algumas gentilezas, anunciei:

— Vou deixar você ficar com a minha bebê por alguns dias.

Realmente pensei que estava dando a ela uma grande honra ao lhe confiar a criança dourada, mas Flo, sempre tão seca, perguntou:

— O quê? Você quer me *deixar* ficar com ela?

— É, é isso que eu quero dizer. — Eu não estava gostando do tom dela. — Vou deixar você ficar com ela.

— Deixa eu te dar uma dose de realidade, Tenie — disse Flo, segura e certa. — Todo mundo nesta família tem um milhão de filhos. Sua filha não é especial. Ela é apenas mais uma.

— Aff, tudo bem — eu a interrompi. — Não *quero* que você fique com ela.

Eu praticamente desliguei na cara de Flo, mas peguei o telefone imediatamente para ligar para Selena. Minha irmã mais velha entenderia.

— Sabe, eu acabei de ligar pra Flo — informei, como forma de cumprimento —, e ela me deu nos nervos. Eu lhe disse que a deixaria ficar com Beyoncé e ela simplesmente falou: "Sua bebê não é nada especial".

Selena riu.

— Tenie, entenda que Flo tem quatro filhos e que você não fala pra ninguém que vai deixá-lo ficar com a sua bebê como se isso fosse um grande privilégio.

— Mas é.

— Tenie, esse é seu primeiro bebê — disse Selena, com a sua prática em explicar as coisas para as pessoas. — Todo mundo que tem seu primeiro bebê pensa que ele é o *primeiro* bebê, ponto-final. Mas, menina, essa bebê é só uma bebê.

Liguei então para minha prima Wanda, que ficou em nossa casa por dois dias enquanto Mathew e eu saímos para descansar um pouco.

Nós nos divertimos em Padre Island, e, mais uma vez, a conexão com Mathew foi poderosa. Descobri que precisávamos de coisas assim para manter nosso relacionamento forte e nos lembrar de que nosso desejo de continuar vendo o mundo juntos era maior do que nossas falhas individuais.

Na praia, peguei um pedaço de madeira que flutuava e escrevi nossos nomes na areia, incluindo nosso novo bebê: *Mathew + Tina + Beyoncé*. Pedi para Mathew tirar uma foto minha com a inscrição no intuito de guardar aquela recordação antes que ela fosse levada pela água.

Uma tarde no verão seguinte, Johnny sentou-se na minha frente no sofá. Beyoncé se pôs entre nós. Ela tinha nove ou dez meses e segurava firme o lindo cobertor que ele havia feito para ela — de um prateado brilhante que refletia a luz. Eu adorava quando meu sobrinho me visitava, mas me sentia quase esquisita perto de pessoas que me conheciam antes de eu ser mãe. Uma das coisas mais estranhas sobre vestir a pele de uma nova mãe é a rapidez com que partes do seu antigo eu se desprendem. Pelo menos, no começo. Seu vocabulário encolhe e, de repente, tudo o que você sabe é sobre My Little Pony.

Eu não tinha mais ninguém em Galveston por quem perguntar para Johnny — todas as *queens* que ele vestiu e maquiou, mas Beyoncé estava dando um show, de qualquer maneira. Ela colocou o cobertor sobre o rosto, então o puxou para parecer surpresa ao nos ver.

— Este bebê brincando é a coisa mais fofa — disse Johnny.

Eu cantei o verso que Stevie Wonder interpreta em forma de rap no final de "Do I Do", que se tornou a música favorita de Beyoncé, a única música nova da coletânea de maiores sucessos que ela queria ouvir sem parar. "Vamos apenas brincar e brincar, até que isso vá embora." Toda vez que Beyoncé ouvia esse verso, ela levantava os braços para ser segurada para que pudesse "dançar", balançando a cabeça como uma roqueira até que quem a segurasse ficasse com medo de que ela fosse quebrar o pescoço.

— Essa garota vai se acabar de tanto dançar — Johnny lhe disse. — Você é igualzinha à sua mãe, sem noção. — Ele olhou para mim. — Quando foi a última vez que você saiu para dançar?

— Ah, meu Deus! — Protelei a resposta enquanto segurava a bebê. — Estou aqui brincando de esconde-esconde.

Todas essas coisas que eu amava — ir a exposições de arte, museus, dançar —, eu havia de repente parado de fazer.

— Lucy... — Ele não sabia o que dizer. — Ela está dormindo melhor?

— Um pouco.

— E você?

— Eu geralmente estou acordada quando ela começa a chorar, ou talvez eu esteja dormindo, mas simplesmente parece que não preguei o olho. Às vezes, acho que estou sonâmbula.

— Só não ande sonâmbula pela vida, Tenie.

Johnny tinha uma via expressa da mente para a boca. Ele sempre dizia o que as outras pessoas estavam pensando.

Meu pai era uma responsabilidade grande o suficiente para que eu me perdesse nela. Conforme nos aproximamos do verão de 1982, sua saúde já havia piorado a ponto de ele ter que amputar uma das pernas. Quando começou a fazer quimioterapia para tratar seu câncer de pulmão, ele só queria que eu o levasse às sessões. Conheci os outros pacientes e ficava arrasada cada vez que percebia que outra pessoa não havia ido para o tratamento.

Comecei a passar ainda mais tempo em Galveston. O bebê estava comigo, observando meu pai vencer as adversidades entrando e saindo do hospital do mesmo jeito que minha mãe fazia. Quanto mais magro ele ficava, mais forte seu sotaque crioulo se tornava — o francês e o inglês se fundiam em um único idioma. Havia um residente francês branco no hospital John Sealy que ele amava, um médico que conseguia entendê-lo de alguma forma. Eles tinham uma conexão especial.

— Sabe, seu pai diz tudo ao contrário — o médico francês me disse um dia.

— O que você quer dizer? — perguntei.

— Por exemplo, em vez de "venha aqui" quando ele me chama, ele me diz "trouxe você mesmo". E usa o verbo no passado e diz a frase ao contrário.

Essa era uma construção típica do crioulo, e fiquei surpresa que aquele francês conseguisse entendê-lo.

Passei a primeira semana inteira de agosto com o meu pai no John Sealy, mas um amigo iria se casar em Houston naquele sábado. Eu estava longe de Mathew havia muito tempo, então pensei: "Vai ser bom para nós que eu volte para casa por alguns dias".

Eu disse ao meu pai que voltaria domingo de manhã. Ele nunca quis ser um fardo, então geralmente concordava que eu fosse, afirmando que ficaria bem. Daquela vez, porém, as palavras dele foram diferentes:

— Tenie, ouvi a médica dizer que estou morrendo.

— Quem te disse isso?

— Eu a ouvi. Havia um bando deles falando sobre isso.

— Papai, eles não teriam dito isso na sua frente. — Eu me inclinei para afagar o cabelo dele.

— Sim, eles disseram. — Ele olhou para baixo. — Eles estavam falando sobre isso e pensaram que eu não os entenderia. Mas eu entendi.

Fui então procurar a residente e a confrontei.

— Vocês disseram na frente do meu pai que ele está... que ele está morrendo? — Ela tinha um rosto doce, e eu vi o medo primeiro fazê-lo ficar branco e, então, a vergonha corar as bochechas até ficarem escarlate.

— Bem, ele não entende inglês, certo? — Meu pai era um paciente que *ela* não conseguia entender, então presumiu que ele não era capaz de *entendê-la*.

— Ele, definitivamente, entende você — eu disse.

— Bem, eu não falei isso. — Ela desviou o olhar. Senti que estava mentindo, mas também queria acreditar que meu pai ficaria bem.

Voltei para ele para me despedir pelo final de semana e tentar convencê--lo de que não tinha ouvido o que ouviu.

— Voltarei domingo de manhã e, com certeza, você vai voltar para casa. Você sempre volta para casa.

— Tá bem, Tenie.

— Eu te amo. — Eu o beijei em uma das bochechas. — Você não vai a lugar nenhum.

Ele assentiu, mas parecia muito triste. Só mais tarde percebi que meu pai, que passou minha vida se esquivando e desviando de afeto, tinha me deixado acariciar seu cabelo e beijar sua bochecha.

O tempo todo em que passei em Houston, fiquei pensando que não valia a pena deixar meu pai por nada daquilo. No domingo à tarde, o marido de Flo me contatou. Meu pai havia acabado de morrer. Sozinho. Ele me disse, com tantas palavras, que precisava de mim, e eu o deixei. Senti aquela ferida até que ela se tornou uma cicatriz.

Foi Mathew, lendo o obituário do meu pai, que apontou o quão extraordinário era que Selena e Slack Jr. fossem listados como sua filha e seu filho, sem nenhuma indicação de que eles eram do casamento anterior da minha mãe. Era tão normal para mim que esqueci o quão inesperado isso poderia parecer para outras pessoas, que um homem pudesse encontrar simplicidade nessa complexidade — eles eram dele, assim como eram de Slack. Seria uma lição à qual eu retornaria repetidamente em minha própria vida, sendo mãe de crianças nascidas de outras mães. Não é sobre tomar o lugar de alguém, mas compartilhar esse amor, e todos os fardos e as alegrias que vêm com ele.

Família não é apenas uma questão de sangue. É por quem você comparece. Eu sempre digo às pessoas agora que, quando seus pais perguntarem por elas, *vá até eles*. "Trouxe você mesma aqui", meu pai me dizia. E eu ainda queria ter ido.

17

PASSA RÁPIDO

Agosto de 1984

Minha menina estava a um mês de completar três anos, e os dias com ela se estendiam como os dias da minha própria infância. Havia tanto a ser feito antes do meio-dia. Não estou falando do trabalho da maternidade, mas da descoberta dele, que é mais difícil de colocar em palavras. Eu levava Beyoncé para caminhadas pelos jardins e explicava a natureza para ela como minha mãe fez comigo. Ao ver rosas como as que minha mãe cultivava, eu parava para ensiná-la do que elas precisavam para crescer e sentia que entendia aquele conhecimento pela primeira vez porque o passei adiante. Íamos ao zoológico para alimentar seus patos favoritos, e tudo parecia novo para mim. Em casa, eu a observava respirar o cheiro de roupa limpa até que eu apreciasse sua beleza também. Minha garotinha me pedia para cantar para ela, e eu apelava para os Isley Brothers, arrulhando do jeito que minha mãe fazia para mim. Eu achava que minha mãe era a melhor cantora do mundo até ficar um pouco mais velha.

A maternidade era o melhor e mais importante trabalho da minha vida, e eu estava determinada a fazê-lo da melhor maneira. Nosso lar refletia isso. Eu projetei dois vitrais para a frente da casa, ambos combinando com o rosa e o verde do tapete caro que eu havia comprado como um investimento. Sendo filha da minha mãe, eu mesma cuidei de todas as reformas.

Eu também coloquei vidro na garagem para transformar o cantinho em um pequeno salão de cabeleireiro improvisado onde eu poderia fazer o cabelo das minhas amigas. Eu amava fazer penteados, e minhas amigas queriam que eu abrisse um salão. Até Johnny tinha me pressionado para tirar minha licença e oficializar meu negócio. Eu não conseguia me imaginar longe de Beyoncé, então frequentar uma escola de estética simplesmente não parecia ser uma opção.

Um incidente ocorrido na casa em Rosedale me fez ver o quão frágil aquela existência poderia ser. Costumava-se ter aquecedores nas paredes em casas antigas como a nossa, e, certa noite, o que ficava perto do quarto de Beyoncé pegou fogo. Quando o detector de fumaça disparou, Mathew e eu corremos até nossa filha, e ele chamou o corpo de bombeiros enquanto eu a levava para fora de casa.

Parada na rua, olhando para nossa casa, segurei minha filha e observei as chamas atingirem um pequeno ponto no telhado. Eu já conseguia ouvir os carros de bombeiros a caminho. Mantive o rosto da minha filha virado para mim.

— Está tudo bem. Estamos bem — eu disse a Beyoncé, mas também dizia isso para mim mesma.

Os bombeiros chegaram e apagaram o fogo muito rapidamente, e Mathew já estava resolvendo as burocracias para que recebêssemos o seguro. Passamos aquela noite em um hotel. Faríamos uma reforma — o que se transformaria em outro projeto para mim.

Naquela noite no hotel com minha filha pequena, fiquei pensando na minha mãe segurando os filhos na noite do bombardeio em Weeks Island. Ela viu seu mundo desabar, e ninguém veio em seu socorro.

Eu sabia o que nos protegia: dinheiro. Simples assim. Entretanto, nada daquilo era meu. O que mantinha eu e minha filha seguras dependia de um casamento no qual eu não tinha fé de que duraria. Um homem do qual eu não tinha certeza. Nós éramos muito bons metade do tempo, unidos por um tipo de amor cósmico que fazia tudo valer a pena, mas, então, o comportamento errático de Mathew tomava conta do nosso relacionamento.

Eu estava presa naquela dança com ele, cada um fazia os mesmos passos repetidamente: ele traía ou agia mal, e eu dizia que para mim bastava. Ele implorava por perdão, chorando e prometendo melhorar. Por um tempo, as coisas seriam maravilhosas, tão consistentes e firmes que eu pensaria que tudo havia ficado para trás, e então, bum! A mesma coisa acontecia novamente. Porém, eu repetia para mim mesma que era isso que as pessoas casadas faziam. Meus pais permaneceram juntos até o último dia.

Caso eu o deixasse, o que aconteceria? Eu estava fora do mercado de trabalho desde que tive o bebê. "Você não pode simplesmente fugir desta vez", eu pensava. "Você não é a pequena Tenie B. Encrenqueira que pode fazer o que quiser. Você é uma mãe."

Então, eu tinha que fazer funcionar. Foquei na segurança da minha filha enquanto aceitava os problemas no meu casamento. Eu os deixei passar por mim como o tempo, um ano após o outro, até que de repente Beyoncé tinha quatro anos e eu, 31.

Passa rápido, me avisaram.

Elas adoravam pausas para fumar na escola de estética. As alunas sempre davam um jeito de escapulir para o lado de fora, não importava o quão frio estivesse em Houston. Algumas delas nem mesmo fumavam, mas queriam continuar com o papo que estivesse rolando na última pausa para o cigarro. Aos 31 anos, eu era muito mais velha do que todas as outras alunas da escola Franklin Beauty, a instituição de ensino de cosmetologia mais antiga do Sul. Oficializada em 1915, sua fundadora, a madame N. A. Franklin, também foi uma das primeiras fornecedoras de produtos de beleza para Negros no Texas após o incrível sucesso de madame C. J. Walker. E, assim, eu me vi dando conselhos de vida para aquelas garotas durante suas pausas para o cigarro.

Naquele dia, porém, eu queria dar uma escapadinha rápida para ver como estava Beyoncé. Essa era sua primeira semana na escolinha de educação infantil da Igreja Batista da Avenida Wheeler, a mesma rua da escola de estética. "Vou só dar uma olhadinha!", eu disse a mim mesma.

Sorri ao ouvir os sons de crianças no parquinho, e, por mais alto que fossem, ainda assim suavizei o som dos meus saltos contra o pavimento. Conforme me aproximei, tentei identificá-la entre todos os meninos e as meninas que corriam por ali, brincando de pega-pega e se amontoando. Onde ela estava?

Então eu a vi. Foi a visão mais triste: Beyoncé estava sozinha no balanço, empurrando um assento vazio.

Uma garotinha parou perto de mim, pausando para recuperar o fôlego depois de correr com as amigas. Eu disse:

— Sabe, eu acho que aquela garota ali está procurando alguém para brincar. Ela te empurraria no balanço.

Ela olhou rapidamente para onde eu havia apontado, depois olhou diretamente para mim com a clareza que só as crianças em idade pré-escolar têm.

— Eu não gosto dela.

— Bem, o nome dela é Beyoncé e ela é muito legal — informei.

— Ninguém gosta dela — declarou a garota, direta e reta.

Minha doce filha de quatro anos continuou empurrando o balanço vazio, e eu apressei meus passos para chegar até ela.

— Beyoncé — eu a chamei. Ela piscou para mim, saindo de algum feitiço, então parou de empurrar o balanço. Ela colocou as mãos atrás das costas, envergonhada.

— Mamãe — foi tudo o que ela disse.

— Eu sei. — Eu disse e peguei a mão dela. Larguei a escola de estética naquele mesmo dia. Não estávamos prontas para aquilo.

Mais tarde naquele dia, perguntei à Beyoncé se havia um amigo imaginário no balanço. Entretanto, ela logo me explicou que não. Era apenas algo para fazer enquanto ela cantava para si mesma em sua cabeça. Ninguém gostava dela, ela declarou, com a mesma naturalidade que aquela garota. Eu pensei que era porque ela era muito tímida, mas não entendia que era o discernimento que a mantinha em silêncio em novos espaços. Eu lutei contra aquilo: como poderia ajudar aquela criança, que em casa tinha uma personalidade enorme, sempre cantando e brincando, a parar de esconder sua luz do mundo?

Meses depois, minha amiga Cheryl Creuzot estava com seu bebê de duas semanas, Coline. Eu me ofereci para fazer o cabelo de Cheryl, lembrando daquelas primeiras semanas de maternidade, quando tudo que uma mulher precisa é se sentir bem com ela mesma novamente. Cheryl era consultora financeira e estava em licença-maternidade. Ela trouxe sua eficiência de CEO em treinamento para fazer com que cada minuto daquele tempo valesse a pena.

Estávamos com nossas meninas no meu salão de cabeleireiro informal. Beyoncé mal podia esperar para segurar Coline. Minha filha me pedia sem parar por um irmãozinho ou irmãzinha, mas minha primeira gravidez foi tão difícil para mim no final que eu estava mantendo minha promessa de não engravidar novamente. Enquanto eu trabalhava no cabelo de Cheryl, no entanto, olhei para Beyoncé segurando o bebê e o jeito doce como ela se preocupava com seu pescoço. Eu estava sempre dizendo à minha filha que ela poderia ser o que quisesse, e o que ela mais queria era ser uma irmã mais velha.

— Gostaria que você abrisse um salão — Cheryl disse quando eu estava quase terminando, enrolando cada cacho e empilhando os bobs assimétricos bem alto para dar bastante volume. — Você realmente poderia fazer isso, Tina.

Cheryl gostava do seu salão de cabeleireiro habitual, mas ela ficava lá cinco ou seis horas para um único atendimento, precisando agendar um horário duplo enquanto os funcionários de lá fofocavam e ultrapassavam o horário. Profissionais como Cheryl não disponham de todo esse tempo em meio a uma rotina imprevisível.

Beyoncé nos interrompeu. Ela queria mostrar a Coline uma de suas bonecas no quarto dela.

— Vá buscá-la — eu disse. — Eu a seguro até você voltar.

E, assim, peguei Coline em meus braços para que Cheryl continuasse a relaxar. Senti seu cheirinho de bebê; ela cheirava tão bem. Algo mudou em mim.

Beyoncé voltou e olhou para mim segurando o bebê. Ela sorriu para nós, esperançosa.

"Ah, droga", pensei. "Acho que vou fazer isso."

Em outubro, Mathew e eu fizemos uma viagem de três semanas começando pela Turquia, depois fomos para o Egito, subimos o rio Nilo e em seguida visitamos a Grécia e a Itália. Esse havia sido outro pacote de férias que meu marido ganhou como bônus no trabalho. Wanda cuidou de Beyoncé, com o apoio de Johnny, para quem contei meu segredo: Mathew e eu tínhamos um plano, e eu estava sem tomar pílula há três meses.

— Vou engravidar nessa viagem — informei a Johnny. — E vou ter um menino. Outro Mathew.

— Veremos — disse Johnny.

— *Você* vai ver.

E, navegando pelo Nilo, Mathew e eu voltamos ao nosso ritmo enquanto nos desligávamos de todas as distrações. O diretor do cruzeiro me perguntou se eu me vestiria de Cleópatra para a noite de gala deles, com Mathew interpretando meu Marco Antônio. Ele informou que a tripulação sempre escolhe um casal para interpretar esses papéis em cada viagem.

— Ah, não. — foi a minha resposta. — Eu acho que não.

— Mas você *é* a Cleópatra — o homem insistiu, animado. — Você tem que aceitar. — Ele me mostrou a peruca, que era linda, e o vestido, que não era.

— Ok — eu por fim concordei —, mas vou comprar minha própria roupa.

Eu queria ser uma Cleópatra sexy. No porto seguinte, comprei um vestido de strass dourado, e a tripulação mandou alguém fazer minha maquiagem. Mathew tinha uma fantasia que exibia seu corpo. Sua estrutura alta ficou à mostra na túnica vermelha romana — que se tornou quase imperceptível em seu corpo.

Rimos muito durante aquela viagem e visitamos a Vila Núbia. Esse era o novo lar dos Negros que foram forçados pelo governo egípcio no início dos anos 1960 a deixar a fronteira sul com o Sudão — seu lar ancestral por milhares de anos de cultura e progresso. Tivemos um dia adorável e significativo na vila, e acabei dando todas as minhas pulseiras para crianças pequenas que conheci. Então, nossa excursão partiu para a Grécia, onde acidentalmente visitamos uma praia de nudismo em Míconos e as pessoas pensaram que éramos voyeurs loucos por ficarmos vestidos, de bruços em nossa toalha para evitar olhar para alguém. Mesmo na Itália, onde pegamos uma disenteria que assolava o navio, permanecemos unidos, ainda que em sofrimento.

Entretanto, quando chegamos em casa, Mathew tinha um Jaguar preto com interior branco nos esperando na entrada da garagem. Ele o comprou sem me perguntar.

— O que é isso? — eu quis saber.

— Eu queria te surpreender.

Ele não poderia ter escolhido um carro menos prático para uma pessoa com uma criança de quatro anos e que estava tentando engravidar de novo. Ele me disse que o carro era perfeito para nós, mas era uma escolha perfeita para *ele*. Mathew era incapaz de controlar seus impulsos. Quem ele estava tentando impressionar, afinal? Eu desabei de repente da minha euforia de férias e aquelas noites no Egito ficaram para trás.

Porém, pouco tempo depois descobri que eu, a Rainha do Nilo, estava grávida, exatamente como disse que estaria. Senti náuseas por algumas semanas, até que consultei um médico, que confirmou a gravidez. Minha data prevista para esta segunda bênção era 14 de junho, e me dei conta de que o bebê fora concebido no Nilo. Mathew concordou que era um menino. Eu queria chamá-lo de Mathew Niles para homenagear a viagem de uma vida e a última vez em que fomos verdadeiramente felizes.

O casamento estava se deteriorando mais rápido do que eu poderia encontrar maneiras ou mesmo razões para fazê-lo funcionar — mesmo com a gravidez. A infidelidade de Mathew se tornou tão evidente para todos que nos cercavam, que diziam que eu não poderia permanecer casada com ele. Eu havia me acostumado a esses extremos — estar incrivelmente alegre metade do tempo enquanto compartilhávamos a aventura da vida, para em seguida enojada e triste com o quão descarada suas traições poderiam ser. Ele era um pai maravilhoso, mas tinha problemas que não o tornavam um bom marido naquela época.

Houve uma noite, no começo da gravidez, quando me dei conta de que já estava farta. Não consigo nem lembrar os detalhes do que Mathew fez, mas me lembro da sensação miserável e sufocante que tomou conta de mim.

De pé atrás de Beyoncé enquanto ela escovava os cabelos se preparando para dormir, vi o meu reflexo. Meu queixo estava erguido, minha mão estava na minha garganta. E eu me lembrei de onde já havia me sentido tão claustrofóbica antes: sempre que parecia estar prestes a fugir correndo de Galveston. Toda vez que eu precisava escapar para me salvar. Eu tinha que deixar o Mathew.

No quarto de Beyoncé, eu tocava o jazz que ela adorava para dormir. Enquanto meu bebê subia em sua cama, eu me sentava ao lado dela. Eu acariciava suas costas, me ancorando em algo real e presente. Eu tinha medo de que, se eu falasse, esse ataque de pânico pudesse me consumir, então cada passagem pelas costas de seu pijama era um silencioso "Eu te amo. Eu te amo. Eu te amo". Eu ouvia a voz de Miles Davis, o lado dois de *Kind of Blue*, e, no brilho da lâmpada noturna, meus olhos caíram na contracapa do disco, que explicava todo o processo de improvisação de Miles. Dizia que ele entrou no estúdio com basicamente um esboço de uma música — ele confiava na espontaneidade, sua e do seu grupo. Pensar demais acabaria com isso.

Eu precisava improvisar. Eu estava me perguntando: "O que eu fiz?". Eu precisava me perguntar: "O que eu faço *agora*?". Eu estava fora do mercado de trabalho há quatro anos, e quem iria me contratar grávida? Eu havia me colocado em uma posição na qual era totalmente dependente de alguém, e eu nunca mais queria passar por isso. Não queria depender de um marido, nem de um contratante.

"Você terá que ser sua própria chefe". Esse pensamento surgiu tão claro na minha mente que tentei lembrar de como ele chegou lá. Foi Johnny? Ou Cheryl? Os dois me disseram o que eu já sabia: eu deveria abrir um salão de beleza.

Beyoncé fechou os olhos, seu rosto se tornando mais suave à medida que ela caía no sono. Minha codependência em relação à minha filha estava nos impedindo de seguir em frente. Eu a usei por muito tempo como desculpa para permanecer em um casamento e em um caminho que não eram mais saudáveis. Talvez eu tenha pensado que um segundo bebê consertaria as coisas, mas, por fim, aquela nova vida que crescia dentro de mim me inspirava a seguir em frente.

Na penumbra do quarto verde-água da minha filha, enquanto o trompete de Miles soava cada vez mais alto, comecei a planejar uma fuga.

18

ORGANIZANDO A VIDA

Março de 1986

EU PRECISAVA DE 10 MIL DÓLARES para começar.

Eu tinha repassado meu plano de negócios várias vezes. Minha proposta era criar um salão de cabeleireiro que atendesse mulheres que trabalhavam fora. Minha inspiração era todo o tempo que minha amiga Cheryl e eu havíamos desperdiçado em salões, e queria tratar minha clientela e seu tempo com o valor que eles mereciam. Fazê-las entrar e sair e ter um estabelecimento que proibisse fofocas e elevasse as mulheres. As pessoas esquecem que as mulheres não podiam ter seus próprios cartões de crédito até 1974. Pouco mais de dez anos depois, éramos advogadas, médicas e consultoras financeiras, como Cheryl. À medida que as mulheres em geral subiam na sociedade, as mulheres Negras eram constantemente analisadas e submetidas a padrões mais elevados — eu queria que elas tivessem um lugar onde pudessem relaxar e ter todos os mimos extras que merecíam. Imaginei um salão que seria um lugar para networking, então, se alguém em ascensão tivesse que economizar um pouco para estar lá, o preço seria um investimento em si mesmo e em seus objetivos mais ambiciosos.

Meu bebê nasceria em junho, e eu vi isso como um prazo para realmente começar minha nova vida sem Mathew. Eu já tinha me esforçado e feito as provas de cosmetologia e, aos 32 anos, eu provavelmente era a pessoa mais velha naquela sala. De qualquer maneira, fui aprovada. Eu precisava então encontrar um espaço e estar pronta para abrir as portas no outono, logo depois que Beyoncé começasse o jardim de infância.

Mathew apoiou a ideia quando apresentei meu plano e pedi a ele o investimento inicial. Eu poderia ter pagado aqueles 10 mil dólares por conta própria, porque, mesmo não tendo trabalhado por cinco anos, minha mãe sempre me ensinou a guardar um pouco para quando um furacão chegasse. Enquanto eu equilibrava os gastos pagos no talão de cheques e pagava nossas contas, guardei algum dinheiro para mim, mas eu sabia que precisaria daquela grana na minha nova vida, então eu pegaria o dinheiro dele para financiar a rota de fuga.

Quando Mathew me incentivou a fazer um empréstimo para microempreendedores, eu sabia que a papelada só nos complicaria ainda mais.

— Não — eu disse. — Não quero ficar endividada. Quero ganhar dinheiro imediatamente.

E eu ainda precisava encontrar um ponto comercial. Levei Beyoncé comigo para dar uma olhada no endereço que o corretor me deu no boulevard Montrose, em Houston. O lugar ficava no Distrito do Museu, uma área artística bacana que era muito povoada por homens gays nos anos 1980. Era um bairro que meus clientes poderiam visitar para alimentar seus espíritos visitando lojas de antiguidades, restaurantes charmosos e galerias de arte.

Paramos em frente ao prédio, um lindo edifício de dois andares de tijolos bege com acabamento preto construído em 1925. Era cercado por um pequeno restaurante de um lado e uma floricultura do outro, exatamente como eu havia imaginado. Havia um alpendre na frente, quase como um palco emoldurado por um portão preto filigranado e árvores ao redor. Peguei Beyoncé pela mão e caminhei até o nosso futuro. O corretor estava lá e, quando entramos, Beyoncé começou a se esconder atrás de mim.

No andar de cima, à esquerda, havia um espaço que parecia ser um apartamento, porque havia uma cozinha. Eu queria instalar três estações de trabalho e o espaço era apertado, mas tinha uma ótima iluminação com uma grande janela na frente. Só precisava de um pouco de amor. Olhei para o lugar com os olhos de Agnes, examinando tudo em busca de potencial. Eu tentava imaginar como ficariam todos os cantos e, de repente, aquele imóvel se tornou perfeito.

— Eu quero um piso de ladrilho preto e branco. A recepção pode ficar aqui... Haverá muita arte... — Eu não percebi que estava falando em voz alta e Beyoncé me encarava. Eu sorri, e ela sorriu de volta.

— Como você vai chamar a loja? — o corretor perguntou, tentando fazer com que eu me comprometesse. Ele não precisava.

— Headliners.

Os meses que antecederam a data prevista para o parto do meu bebê em junho foram um vendaval de buscas por equipamentos usados de salão de beleza. Fui a uma loja de pisos e pedi que me ensinassem a assentar ladrilhos se eu os comprasse deles. Eles provavelmente pensaram que eu era louca, mas lá estava eu, grávida e sentada no chão com Mathew para colocar os ladrilhos pretos e brancos do jeito certo.

Eu havia comprado um conjunto de quarto para minha casa que tinha uma enorme cabeceira de laca preta com prateleiras. Quando cheguei, pensei: "Quer saber? Vou transformar isso na minha estação de trabalho no salão." Mandei levá-la para a loja em Montrose e a instalei. Enquanto trabalhava, ouvia *Diamond Life*, da Sade, e minhas fitas de Angie Bofill e Phyllis Hyman no aparelho de som. Eu quase as gastei.

Estava tudo se encaixando. Eu teria o bebê e, então, me prepararia para uma grande inauguração em outubro. E depois? Deixaria Mathew? Seria abandonada? Eu não tinha certeza. Havia uma mulher, uma espécie de personagem recorrente nas desventuras do meu marido, e eu tinha minhas suspeitas de que eles estavam tendo um caso. Eu precisava estar preparada para sustentar Beyoncé e o bebê.

A data prevista para o parto, uma sexta-feira, chegou e passou. "Esse bebê vai acabar nascendo no final de semana", pensei, preocupada em acabar caindo nas mãos de um médico qualquer. Então, o fim de semana passou, e cada dia era uma eternidade — até a sexta-feira *seguinte*. Beyoncé mal podia esperar para ser irmã mais velha e ficava olhando para minha barriga enorme.

— Vamos, bebê! — ela dizia. — Venha pra fora!

Mathew disse a Beyoncé que o médico havia informado que, se eu andasse muito, o bebê poderia se mexer.

— Tudo bem, então. — E ela foi até a porta para calçar os sapatos.

Acredita que andamos por uma hora? Por toda a vizinhança sob o sol do Texas, Mathew e eu com Beyoncé nos liderando. Ela inventou músicas para nos manter no ritmo, depois trocou para The Jackson 5 e, então, "Cool It Now", do New Edition.

— E aí, está acontecendo alguma coisa? — ela me perguntou em uma esquina.

— Não, Snoogums* — eu disse. — Este bebê tem opinião própria.

Enquanto eu abanava meu rosto, Beyoncé sussurrou para minha barriga:

— Eu só quero te conhecer.

Quando voltamos para casa, Mathew e eu ligamos para o médico antes que ele fosse embora do hospital.

— Se eu não tiver este bebê até segunda-feira — prometi —, vou até aí, e vocês vão fazer com que ele saia.

— Não temos quarto para você na segunda-feira — o médico informou.

— Bem, você pode fazer o que for preciso no banheiro, eu não me importo.

Talvez ele tenha pensado que eu estivesse brincando. Só que, como o bebê não nasceu no sábado nem no domingo, eu simplesmente apareci lá na segunda de manhã. O bebê pesava quatro quilos e meio, então eles concordaram em induzir o parto.

— Teremos que encontrar um lugar para você — disse a recepcionista.

— Eu vou esperar. — Dei alguns tapinhas na minha barriga enquanto tentava respirar. — Para onde eu vou?

Nós nos sentamos no saguão e uma senhora simpática perguntou para quando estava previsto o parto.

— O mais breve possível — eu disse.

— Você acha que é menino ou menina?

— Menino. Eu me senti bem durante esta gravidez. E eu meio que sei.

* Personagem de uma cantiga infantil tradicional estadunidense. (N. E.)

— Você nunca sabe — ela garantiu.

"Hmm", eu pensei. Eu não tinha um nome de reserva se tivéssemos outra menina. Olhei para minha bolsa, onde eu levava um livro de nomes franceses para bebês. Eu o comprei para Cheryl quando eu estava em Paris em uma das viagens de Mathew. Ela me devolveu depois que eu lhe disse que estava grávida.

— Não preciso — eu disse, na ocasião. — Simplesmente sei que vai ser Mathew Niles.

No entanto, Cheryl, que sempre foi sensata, insistiu:

— Leve-o de qualquer maneira.

Folheei-o e me deparei com o nome que tinha visto havia muito tempo, quando folheei o livro pela primeira vez em Paris.

— Solange — eu disse em voz alta, gostando do quão musical soou. "Caso seja uma menina", pensei.

Mas e quanto a um nome do meio? Larguei o livro. Na pequena chance de *ser* de fato uma menina, não tinha certeza se queria um nome duplo francês. Examinei a sala e vi uma coleção de livros médicos em uma prateleira. Um deles era *A psicologia da criança*, de Jean Piaget, um psicólogo suíço.

— Piaget — eu li. Talvez soasse bem. Peguei a *Vogue* de junho que eu trouxe de casa com Shari Belafonte na capa e folheei páginas e mais páginas de anúncios do início da revista. Na página dezessete, uma mão com unhas como as minhas segurava um lindo relógio de ouro. "Piaget", estava escrito. "Criado como nenhum outro relógio no mundo."

Gosto de pensar que escuto quando Deus me diz algo uma vez, mas duas vezes? É Ele tentando me dizer algo importante. "Solange Piaget", pensei comigo mesma. "Pena que não vai ser uma menina, porque esse nome é muito legal."

Finalmente, eles me disseram que tinham um lugar para mim e induziriam o parto. Eu estava pronta para passar um dia inteiro tendo contrações, como quando tive Beyoncé. Eu teria que passar por todo aquele sofrimento novamente. Só que, para minha total surpresa, tive aquele novo bebê em uma hora e meia.

Para nossa eterna alegria, era uma menina. E eu poderia usar aquele lindo nome: Solange Piaget Knowles.

. . .

Essa era uma época em que eles não apressavam as novas mães para fora do hospital com seus bebês, e Solange e eu ficamos lá no Hospital Feminino do Texas por três dias. Na noite anterior à nossa alta, Mathew me disse que iria a uma conferência da MUSR em Atlanta.

— Você vai embora no dia em que vou voltar para casa — declarei sem rodeios, esperando que ele percebesse o quão louco isso era. — Com uma recém-nascida.

— Não posso perder essa conferência — foi tudo o que ele disse.

Então, Mathew casualmente informou que me levaria para a casa da minha sobrinha Linda.

Suspeitei que uma mulher estivesse envolvida e que Mathew tinha planos de encontrá-la em Atlanta. Tivemos uma grande discussão no hospital, mas ele não cedeu. Ele iria para Atlanta. Sem pestanejar, no dia seguinte ele deixou eu, Beyoncé e nossa recém-nascida na casa de Linda, com sua bagagem no porta-malas para que ele pudesse ir direto para o aeroporto. Quando ele praticamente saiu correndo da casa de Linda para seu carro de fuga, eu disse a mim mesma: "Ok, pra mim já deu". Era hora de adiantar o plano de deixá-lo.

Ficamos na casa de Linda por alguns dias enquanto Mathew estava fora. Foi gentil da parte dela nos receber, mas eu não queria ficar lá. Também não queria ir para casa. Antes de Mathew chegar, liguei para minha amiga Marlene e lhe disse:

— Não posso ficar lá. — E eu me referia à minha casa, o lugar que eu amava, mas, àquela altura, havia se transformado em "lá". Mentalmente, eu já me despedia do meu lar. Eu deixaria que Mathew ficasse com o imóvel. Marlene era enfermeira, casada com um médico, e eles tinham uma casa de três quartos e um cachorro.

— Fique conosco — ela ofereceu. — Pelo menos até você descobrir o que quer fazer.

Mathew voltou e encontrou a casa vazia. Ele ligou para todo mundo me procurando, e, quando finalmente me encontrou na casa de Marlene, segurei Solange com mais força e me recusei a falar com ele. Beyoncé não tinha ideia do que estava acontecendo enquanto ricocheteava por todos os sentimentos que envolviam se tornar irmã mais velha aos cinco anos.

Havia apenas uma falha no plano: o cachorro. Marlene e James estavam preocupados com a segurança, de forma que pegaram um rottweiler que chamaram de Matador. Era um bicho de 45 quilos ou mais de músculos pretos e cruéis e tinha um focinho marrom-escuro. Enquanto eu estava grávida, Marlene tinha me pressionado para ir até lá para que eu pudesse conhecer o cachorro com o treinador.

— Ele tem que conhecer seu cheiro para não te atacar quando você nos visitar.

— Hm, sim... Na verdade, não — eu disse. — Estou grávida, não vou aí para conhecer um cachorro assassino.

Nunca tivemos o encontro com o treinador antes de nos mudarmos, mas, quando chegamos lá, comecei a ter um bom relacionamento com Matador. Por cerca de duas semanas, enquanto eu evitava as ligações de Mathew, todos nós nos conhecemos. Marlene e James mantinham o Matador em uma sala com porta de vidro ao lado da cozinha durante o dia, e, à noite, ele ficava no andar de cima, no quarto deles, atrás de uma porta pesada que nos protegeria.

Porém, certa noite, enquanto as meninas dormiam no andar de cima, James levou o cachorro para passear. Marlene e eu jogávamos cartas, sentadas no chão do quarto deles. Quando Matador chegou em casa, ele subiu correndo as escadas até o quarto deles e, quando me viu lá com Marlene, irritou-se, espumando pela boca e rosnando tão alto quanto um trem de carga.

Matador andou em círculos ao nosso redor, mostrando os dentes até que ambas começamos a chorar, implorando a James para que pegasse o cachorro. Finalmente, com uma voz forte e profunda, ele ordenou que Matador se sentasse. Isso tirou o rottweiler de qualquer feitiço em que ele estivesse. Mais tarde, percebemos que Marlene e eu havíamos compartilhado o perfume dela, do jeito que as amigas fazem, e isso o confundiu, sem saber se deveria me lamber ou me atacar.

Liguei para Linda:

— Talvez tenhamos que voltar para aí, porque esse cachorro poderia ter me matado.

Decidimos que voltaríamos para a casa da minha sobrinha, mas, antes, teríamos que passar mais uma noite com Marlene. Para isso, Matador ficaria o resto da nossa estadia no quarto de James e Marlene.

Para variar, Mathew ligou de novo, implorando para que eu voltasse para casa. Eu estava tão brava pelo que ele nos fez passar e irritada comigo mesma por ter escapado de um casamento ruim para quase ser morta. Senti que não tinha escolha a não ser voltar e recuperar nossa casa — mas apenas sob uma condição.

Dei um ultimato a Mathew de que, se não fizéssemos uma terapia de casal intensiva, nosso casamento acabaria. Era a única maneira de eu voltar para casa — e para ele. Mantive o foco em como as ações dele me afetaram — embora as meninas nada tenham percebido, porque as protegi do que estava acontecendo. Ainda éramos nós contra o mundo. Mathew, por fim, teve que concordar com as sessões frequentes de terapia.

Depois que Mathew e eu começamos a visitar um psicólogo, nossa família teve a sensação de um novo começo. Beyoncé era nossa Snoogums, e agora Solange era nossa Punkin.* Nós três a adorávamos. Mathew e eu cantamos para as meninas em casa, nós dois harmonizando em "Reunited", de Peaches & Herb, e "You're All I Need to Get By", de Marvin Gaye e Tammi Terrell.

Mesmo quando bebê, Solange respondia às palavras da mesma forma que Beyoncé amava música. Beyoncé nunca se importou com o fato de eu ler para ela, mas Solange foi cativada logo cedo pelos livros. Mathew e eu líamos para ela constantemente, e ainda muito pequena ela já escolhia seus favoritos. O livro que a deixava mais feliz era um que Mathew comprou especialmente para ela, uma fábula sobre uma árvore em uma ilha que não era tão forte quanto as outras, de forma que não sabia o quão especial era. Só que uma tempestade se aproximou da ilha, e os moradores precisavam deixar o lugar. E a madeira dessa árvore, do tipo que não parecia tão pesada, acabou

---

* Outro personagem da mesma cantiga que originou o apelido de Beyoncé. É uma abreviação de *Pumpkin*, abóbora, em tradução literal, mas que pode também significar "docinho". (N. E.)

sendo o material ideal para a construção de um barco. A árvore, pequena, mas ainda poderosa, salvou todo mundo.

Encontrei o velho disco de 45 rotações de canções de ninar que minha mãe me deu quando eu era criança. Solange passou a ouvir sem parar as canções sobre Jack e Jill que subiam uma colina, o cordeirinho de Maria e "Rema, Rema, Rema, Remador". Beyoncé segurava a irmãzinha enquanto eu cantava, participando da cantoria quando assim o desejava.

Eu sempre ficava tão hipnotizada por esses momentos com minhas filhas que só mais tarde percebi que Beyoncé estava começando a harmonizar.

Enquanto eu me preparava nos últimos meses que antecederam a abertura do Headliners em outubro, a caçula da Selena, Denise, veio morar comigo. Ela trouxe sua filha, Ebony, que era um pouco menos de seis meses mais velha que Beyoncé. Minha sobrinha Denise era uma das minhas pessoas favoritas — sensata e engraçada. Teve Ebony aos dezessete anos e ainda era jovem, precisando de um lugar para ficar enquanto se orientava na vida adulta. Fiquei feliz em lhe dar um.

Antes de ela se mudar, perguntei se gostaria de ser recepcionista no Headliners. Eu queria começar a contratar, então já tinha perguntado a outra jovem, Ada, se ela trabalharia para mim, encorajando-a a cursar uma escola de estética em paralelo. Isso era parte do meu objetivo com o Headliners: não apenas atender o cliente, mas também preparar a equipe para o sucesso.

Beyoncé estava prestes a entrar para o jardim de infância na escola católica Santa Maria da Purificação, então nos oferecemos para pagar também as mensalidades de Ebony. As duas se deram muito bem, e minha menina tímida já teria uma amiga em seu primeiro dia. A Santa Maria era uma das melhores escolas da região e tinha muitos alunos Negros, mas eu estava muito apreensiva por ser uma escola católica, porque as bruxas do Santo Rosário ainda me assombravam.

Quando fui visitar a escola, senti uma vibração um pouco parecida com a da Louisiana — calorosa e voltada para a família — e não havia freiras. Tive uma reunião com a diretora, sra. Rose Ellis, que tinha acabado de se tornar a primeira diretora leiga da escola, que acabaria sendo reconhecida como a primeira instituição de educação Montessori afro-americana em todo o Texas. O melhor de tudo é que ficava a dois minutos de carro da nossa casa em Rosedale. Eu já estava pensando como uma mãe que tinha uma vida profissional.

E Ebony me fez repensar a minha maternidade, ou pelo menos me mostrou que havia mais de uma maneira de criar um ótimo filho. Denise trabalhava o tempo todo, então ela se esforçou em treinar Ebony para fazer as coisas sozinha. Nenhuma de nós julgou a criação dos filhos uma da outra, apenas aproveitamos a grande oportunidade de nos observar e ver o que funcionava.

Quando Denise se mudou, ela tinha um banquinho que colocou na cozinha. Eu não achei isso nada demais, até que fiz o almoço para as meninas naquele primeiro dia. Quando Ebony terminou, ela pegou seu prato, subiu naquele banquinho e o lavou na pia.

Beyoncé me lançou um olhar de "O que ela está fazendo?" e me virei para minha filha, pensando: "Essa garota nunca recolheu um prato na vida". A independência de Ebony revelou em que tipo de hábitos havíamos caído, apenas fazendo o que era fácil. Beyoncé tinha quase cinco anos e, quando ela acordava, literalmente ficava parada com as mãos estendidas como uma princesa esperando que eu tirasse seu pijama e vestisse a roupa do dia. Enquanto isso, nós assistimos a Ebony vestir sozinha seu uniforme escolar e colocar os sapatos. Eu olhava para ela e para Beyoncé e tudo o que passava pela minha cabeça era: "A minha filha não faz nada!".

De repente, Beyoncé começou a tentar acompanhar Ebony — fazendo coisas para si mesma e se orgulhando disso também. A diferença de idade de seis meses muitas vezes se mostrava, e eu ensinava Ebony a ser paciente com Beyoncé, e Beyoncé a ser paciente consigo mesma. Quando as aulas começaram, minha filha tinha acabado de completar cinco anos e não tinha interesse na dedicação de Ebony à rotina escolar. Se alguém perguntasse a Beyoncé o que aconteceu na escola, ela simplesmente olharia para a pessoa com uma expressão que dizia: "Foi chato da primeira vez, não vamos voltar com essa mesma pergunta", enquanto Ebony contaria cada forma e letra que aprenderam. Desde o começo, Beyoncé sempre esquecia de levar o dever de casa, e Ebony, por outro lado, estava sempre com as tarefas impecáveis. A professora notou isso e fazia de tudo para elogiar Ebony, porém apenas no contexto de apontar as deficiências de Beyoncé.

As comparações constantes da professora me deixavam nervosa. Se as meninas fossem colocadas uma contra a outra e obrigadas a competir, elas perderiam as dádivas que cada uma tinha a oferecer. Ebony foi um exemplo de responsabilidade, e Beyoncé mostrou a ela que também podia ser destemida e se divertir. Aquela idade — cinco anos, a mesma que eu tinha naqueles primeiros dias no Santo Rosário — é um momento muito formativo. Eu não queria que suas personalidades fossem moldadas ou sufocadas por pressões externas.

Eu me apoiei no que eu precisava ouvir quando criança. "Este é apenas o começo de grandes coisas para você", eu dizia a cada uma das meninas. "O que quer que você decida fazer, você vai conseguir."

Ficou mais difícil seguir meu próprio conselho à medida que nos aproximávamos de um mês da data de inauguração do Headliners. Comecei a entrar em pânico ao encarar o que muitas mães enfrentam: como você se divide para estar em dois lugares ao mesmo tempo? É impossível.

O telefone estava do outro lado da sala e eu olhei para ele sabendo que só precisava pegá-lo e fazer a ligação. Disquei o número da mãe de Mathew, a srta. Lou Helen Knowles, no Alabama:

— Preciso da sua ajuda porque eu tenho que abrir um negócio.

Pedi a ela para ficar com Solange por um mês enquanto eu começava o Headliners — duas semanas antes da abertura e duas semanas depois. Eu conseguiria trabalhar durante o horário escolar de Beyoncé, mas não enquanto cuidava de um bebê. Mesmo assim, foi difícil levar Solange para a avó e deixá-la lá. Eu a amamentara durante aqueles meses e então me vi obrigada a entregar mamadeiras para a sra. Lou Helen.

A mãe de Mathew era uma mulher severa e forte, mas que amolecia com os netos. Sempre que Beyoncé a visitava, ela se derretia, e o mesmo acontecia com a bebê Solange. A sra. Knowles teve uma vida de serviço ao próximo. Frequentou a escola com Coretta Scott King, depois participou da Marcha pelos Direitos Civis. Quando a conheci, ela estava acolhendo crianças adotivas necessitadas. Eu estava lá certo dia quando ela recebeu uma ligação de uma nova assistente social:

— Oi, Helen —, disse a jovem branca quando ela atendeu.

— Qual é o seu nome mesmo, querida? —, ela perguntou em tom suave para a srta. Fulana de Tal. — Meu nome é sra. Knowles e eu vou desligar agora. Você vai ligar de volta e se dirigir a mim direito.

Enquanto ela devolvia o fone ao gancho, disse-me:

— Eu não os livro disso. Ela acha que vai me chamar de Helen sendo mais jovem que eu?

— Você é minha heroína — eu disse quando o telefone começou a tocar novamente. Eu estava falando sério.

E então Solange estava em mãos amorosas e capazes. Ainda assim, quando deixei a casa da mãe de Mathew, prometi a mim mesma que minhas meninas e eu nunca mais ficaríamos nessa posição. De volta ao lar, minha casa parecia vazia sem meu bebê. Olhei para o berço à espera de sua ocupante e pensei em minha mãe tendo que deixar Selena para trás quando Slack a expulsou. Isso foi muito pior para ela, eu sabia, mas sua história... bem, se não se repetiu, ecoou em mim. Nós duas éramos mães de dois filhos quando soubemos que era hora de deixar nossos maridos.

Fiz então o que ela faria. Fechei a porta do quarto do bebê e fui ao salão para preparar mais coisas para a inauguração.

HEADLINERS

Outubro de 1986

COLOQUEI O ÚLTIMO FOLHETO sob um limpador de para-brisa. O valor de 9,95 dólares aparecia logo acima do nome do meu negócio: Salão de Cabelereiro Headliners para a Mulher Profissional. Parei em todos os carros que estavam no estacionamento da companhia de fornecimento de energia, fazendo uma pequena prece à medida que prendia cada um. A equipe de marketing de rua que Mathew contratou estava trabalhando duro na última semana antes da abertura do Headliners, mas eu queria colocar a mão na massa. Dei a eles uma lista de lugares onde eu sabia que muitas mulheres trabalhavam. As moças das empresas de energia, gás e água — e dos correios também — precisavam ser cordialmente convidadas para a grande inauguração do Headliners para que eu pudesse fazer barulho. Também nos concentramos em outras profissionais mulheres, como médicas, advogadas e a rede de mulheres Negras de Cheryl que trabalhavam com finanças. O folheto oferecia lavagem, escova e reconstrução capilar por 9,95 dólares na primeira visita — foi ideia de Mathew fazer uma promoção irresistível que atrairia as pessoas. As cabeleireiras que contratei não gostaram de mim por isso — afinal, esses serviços custavam trinta dólares —, além disso, eu disse a elas que incluiríamos um corte se a cliente precisasse. As mulheres que atrairíamos adorariam o resultado, e a felicidade delas era uma ótima ferramenta de marketing: teríamos uma cliente para o resto da vida.

— Perderemos um pouco de dinheiro no início — expliquei às funcionárias —, mas às vezes é preciso dar um passo para trás para dar dois à frente.

Eu podia fazer isso porque estava confiante no serviço que forneceríamos — e no poder do condicionamento profundo. Nós atendíamos mulheres que trabalhavam fora, e eu não me sentia mal por isso. Todos eram bem-vindos contanto que pudessem pagar, mas não era barato — e isso porque eu respeitava o fato de que o tempo delas não era barato. Todas as mulheres com quem conversei odiavam ficar sentadas em um salão por cinco horas — almoçando debaixo de uma secadora, ouvindo fofocas — quando tinham um emprego ou filhos para cuidar. Eu havia encontrado meu nicho, a necessidade do consumidor que é vital para um novo negócio: tempo e respeito.

Na grande inauguração, toda a preocupação valeu a pena. Houve uma marcha de saltos naquele piso de ladrilho que eu mesma coloquei, mulheres que imploravam para serem espremidas na agenda, mas só havia horário para o dia seguinte. E, logo, para o outro e depois para o outro. Enquanto Denise pegava as informações de cada mulher, as clientes se maravilhavam com o sistema de computador que eu havia instalado. Foi ideia de Mathew incluir todas as clientes no banco de dados, o que era inédito em salões na época. Isso garantiria que cada uma delas se sentisse importante e lembrada quando retornasse, porque o segredo de uma boa marca é fazer com que o consumidor se sinta parte dela; a pessoa que a cumprimentasse saberia quando ela fez um permanente pela última vez e se ela preferia uma taça de vinho tinto ou branco que oferecíamos de cortesia. Nós até saberíamos como ela tomava seu café, e nos tornamos famosos pela bebida gourmet que servíamos, que consistia apenas em um café normal com uma pequena bola de sorvete de baunilha da Texas Blue Bell.

Alguém sempre estaria a postos para levá-la ao vestiário para que colocasse o avental de um lindo tom de rosa que identificava nossas clientes. Uma médica poderia estar ao lado de uma cantora de ópera que se apresentaria naquela noite no teatro Wortham Center, na avenida Texas. E ao lado delas estaria uma novata que gastava uma parte de seu primeiro ou segundo salário para ter uma boa aparência e se sentir bem. Não havia um sistema de classes no salão, nenhuma sala privada especial para onde uma cliente VIP fosse levada. Todas eram especiais sob o secador.

Eu usava apenas produtos de alta qualidade, mas juntava a ciência da inovação em cuidados com os cabelos com o ritual que minha mãe havia me ensinado. Ao olhar para uma cliente, eu podia ouvir a voz de Agnes, e quantas vezes ela me disse: "Você precisa de um pouco de oleosidade no seu cabelo porque ele parece seco." Na maioria das vezes, ela usava azeite de oliva, aquecendo-o para fazer um tratamento de óleo quente e, em seguida, enrolava-o em uma toalha. Ela também usava manteiga e maionese para nutrir o cabelo, e claras de ovos para fortalecê-lo. "Tem que pegar o fio desde a raiz", ela me dizia. "Você pode deixar o cabelo tão forte quanto quiser, Tenie, mas ele vai cair se não for forte na raiz." No Headliners, eu me tornei uma mixologista, honrando o que tinha funcionado no passado, mas modernizando os métodos. Não havia nenhum produto que misturasse cuidados com os cabelos de alta tecnologia com a hidratação e os óleos que são tão importantes para cabelos texturizados ou tingidos. Na verdade, diziam que uma mulher Negra podia escolher um permanente para seu cabelo ou coloração — mas não ambas. Eu provei que eles estavam errados.

Criei meus próprios tratamentos de proteína — que deixavam o cabelo mais forte para ondular, aquecer e trançar — especialmente para clientes que escolhiam permanentes ou coloração. Então eu trabalhava para equilibrar toda essa proteína com a umidade que cada cliente exigia, fornecendo hidratação e brilho sem pesar o cabelo. Algumas cabeleireiras que conheci nunca revelariam seus segredos, mas eu queria compartilhá-los, como minha mãe fez. Às vezes, isso fazia com que as clientes contassem sobre avós e bisavós que cuidavam de seus cabelos quando eram meninas, a sensação de seus dedos em seu couro cabeludo enquanto cuidavam delas. Pentear é mais do que o ato de fazer um cabelo — é como o amor de uma mãe é transferido por meio desse cuidado.

Contratamos cabeleireiras que haviam acabado de se formar na escola de estética, de forma que nenhuma tinha vícios de trabalho. Eu não me importava como as coisas eram feitas em outros salões — aquele era o Headliners, um lugar diferente de todos os outros. Conforme expandimos nossos horários, já informávamos às candidatas a um emprego com a gente sobre a cultura do salão antes mesmo de serem consideradas para uma vaga: aquele não era um lugar de julgamento ou fofoca. Se alguém fosse pega fofocando, seria demitida. Por conta dessa política, eu acabava deixando de contratar algumas pessoas de quem eu realmente gostava, mas nós simplesmente não podíamos ter esse tipo de atmosfera porque, quando nos déssemos conta, todo mundo estaria brigando e se apunhalando pelas costas.

A equipe começou a se chamar de Garotas da Tina, e elas se tornaram uma extensão da minha família. Eu tinha tanto amor materno para dar que queria que elas alcançassem seu potencial máximo. As que trabalhavam no Headliners estavam levando para casa de 1.500 a 2.000 dólares por semana, uma quantia impossível de se tirar em qualquer outro salão naquela época. Elas frequentemente ganhavam mais do que as mulheres que pagavam por seus serviços, e isso permitia um sentimento de respeito mútuo.

Sendo minha própria chefe, eu conseguia pensar em maneiras interessantes de ajudá-las. Tínhamos um psicólogo para dar palestras que as motivavam a perseguir seus objetivos. Se isso as afastasse do Headliners, tudo bem. Algumas voltavam a estudar. Uma das nossas melhores funcionárias, Toni Smith, começou lavando cabelos, e, quando eu rapidamente percebi que ela poderia fazer qualquer coisa que se propusesse, encorajei-a a tirar um certificado de corte. Ela foi muito bem-sucedida na nova função. Mais tarde, concluiu a faculdade e um mestrado, e, então, concorreu a um cargo político. Eu também estava orgulhosa de que tantas "graduadas" do Headliners mais tarde se tornariam donas de salões.

Eu já podia ter um vislumbre desse sucesso naquelas duas primeiras semanas, fazendo cada minuto valer a pena antes de ir para o Alabama para buscar Solange. Meu objetivo era me tornar independente e ter minha própria renda para me preparar para uma vida sem meu marido, no entanto, estávamos em um bom momento, já que Mathew e eu continuávamos com a terapia de casal. Eu não queria viver sem aquele Mathew, que era dedicado e encorajador. Ele era uma máquina de ideias na época, inspirado pelo meu empreendedorismo em desenvolvimento e, ao mesmo tempo, entediado com seu próprio trabalho na Xerox.

Ele estava entediado a ponto de me dizer que queria pedir demissão e arranjar outro emprego. Ele disse que tinha uma previdência privada que poderia sacar, o que lhe daria cerca de sessenta mil dólares.

— Poderíamos vender esta casa — sugeriu Mathew — e comprar uma outra na rua MacGregor.

Nosso sonho sempre foi viver na MacGregor, no Terceiro Distrito, que não apenas era o nosso sonho, mas o de famílias que cresceram na vida, mas queriam permanecer em um bairro Negro. MacGregor era a rua principal na Baía de Brays, uma área verde de 48 quilômetros, repleta de cultura, ao lado de um rio de águas tranquilas. Morar na baía, para as crianças caminharem perto da água como eu fazia quando criança, e estar tão perto de boas escolas, do zoológico e de um ótimo teatro era irresistível. Também era difícil resistir ao status de ter uma casa ali. Nossos vizinhos seriam muito mais velhos do que nós, pessoas que economizaram anos a fio para ter o dinheiro que propiciava aquele estilo de vida. E lá estaríamos nós, aos trinta e poucos anos, autossuficientes e prontos para o dia da mudança.

Concordei com a ideia sentindo que o comprometimento de Mathew conosco e sua nova vida era algo a comemorar. Seria meu trabalho encontrar a nova casa, que também abrigaria Ebony e Denise. Eu já estava sobrecarregada, sabendo que as coisas só iriam piorar, já que estava prestes a levar Solange para casa. "É isso que as mães fazem", eu disse a mim mesma. "Você disse que faria isso direito. Então faça."

No caminho para o Alabama para buscar Solange, a adrenalina ainda corria em minhas veias. Eu a sentia mais em meus braços, uma tensão que eu esperava que diminuísse quando segurasse minha bebê. Eu estava com medo de que ela tivesse me esquecido e de que a sra. Lou Helen assistisse enquanto Solange me rejeitava. Selena me ajudaria por algumas semanas, e então, eu arranjaria uma babá para as meninas. Minha amiga Cheryl tinha uma faxineira, Myrna, cuja filha, Chunga, estava interessada em trabalhar para mim.

Solange estava acordando quando cheguei lá, e a peguei no colo. Ela olhou para mim com seus olhos grandes e lindos, e cheiramos uma à outra. Ela mexeu a boca e fez um barulho, como se estivesse falando, e eu brinquei:

— Conte-me tudo. — E falei tudo o que eu sabia que ela tinha feito naquele mês no Alabama, tudo o que a mãe de Mathew me disse em nossos frequentes telefonemas. — Eu sei que você estava brincando com algumas folhas dessas árvores aqui. Ainda estava quente quando você chegou, mas agora está um pouco mais frio, não é? Este é o outono... Eu sei, é o seu primeiro. Eu não gosto do frio, mas vamos deixar você decidir como se sente sobre isso.

Continuamos assim, comigo hipnotizada por cada linha de sua cabeça e seu olhar arregalado. Aquela conversa com minha bebê de quatro meses não parecia tão unilateral.

Enquanto Solange e eu continuávamos a nos reconectar, renovei a conexão com minha sobrinha Angie, a filha de dez anos do meu irmão Larry. Ele havia passado por um divórcio amargo. E, depois que a mãe de Angie terminou com ele — e a natureza errática do então marido lhe deu muitos motivos para isso —, ela decidiu que também havia encerrado sua história com todos nós. Durante os primeiros quatro anos de sua vida, todo Natal Flo e eu comprávamos presentes para Angie e seu irmão — que também se chamava Larry — e os deixávamos na porta da casa da mãe deles. Até que um dia decidi que estava farta daquilo e simplesmente bati na porta como a Tia Noel.

Angie, uma garotinha divertida e inteligente, tinha decidido recentemente se mudar para a casa da avó. Aos dez anos, ela era cinco anos mais velha que Beyoncé e tão esperta quanto o verão é quente. Ela foi um exemplo precoce para mim do que uma criança é capaz se você acredita nela. Eu lhe disse certa vez que queria acompanhar as notas dela na escola e que ela tinha que me enviar todos os seus boletins. Aquela menininha ia então até a copiadora Kinko e tirava xeroxes de frente e verso do seu boletim, colocava em um envelope e os enviava para mim em Houston.

Quando recebia a carta, dava muita importância àquilo e ligava para Angie para falar a respeito: "Que garota faria uma coisa assim?", eu perguntava à minha sobrinha, minha filha de consideração. "Você é única."

Ela queria ficar na nossa casa o máximo possível e começou a passar os verões inteiros conosco. Uma planejadora nata desde pequena, ela me ligava antes do último dia de aula, dizendo: "É melhor que tenha alguém vindo me buscar". E nós íamos. De um jeito ou de outro, não seríamos separadas novamente.

20

parkwood

Dezembro de 1986

MESMO NO INVERNO, em noites em que não estava tão frio, eu dirigia do trabalho para casa com a capota do conversível abaixada, tocando Luther ou Sade alto. Essa viagem era meu período de transição do fechamento do Headliners para a hora de dormir das crianças em casa. Esse era o meu momento: quando deixava para trás a pressão de que nada poderia dar errado nos penteados, criando esculturas para coroar mulheres que poderiam fazer você famosa ou destruí-la com o boca a boca. Em três meses, estávamos tão ocupados e tão lotados que fui obrigada a utilizar o lado direito do andar de cima do prédio também. Arrecadaríamos meio milhão de dólares naquele primeiro ano.

Naquela noite, "I Might Have Been Queen", da Tina Turner, ecoava do toca-fitas. Fiz um miniconcerto com Tina e só consegui voltar ao prumo quando comecei a virar as esquinas residenciais do nosso bairro.

Acabamos comprando uma casa no quarteirão do lado da MacGregor, na Parkwood Drive. Estávamos com pressa, e nenhuma das valiosas casas na MacGregor propriamente dita estava à venda. Aquele novo lugar, porém, era perfeito: uma casa dos sonhos de tijolos brancos de 464 metros quadrados, com uma pequena edícula nos fundos para minha sobrinha Denise. Sua filha, Ebony, morava conosco na casa principal, e naquela época eu já tinha assumido a maior parte das responsabilidades por ela. Denise era uma ótima mãe, mas precisava de tempo. Deixe-a festejar e ser jovem — eu tinha tempo e amor para dar.

Havia um quintal para brincar, e isso me lembrou da minha casa em Galveston — um lugar para que todas as crianças se reunissem.

— Vocês podem fazer festas para todos os seus amigos — eu disse às meninas.

Ebony gostou da ideia, mas Beyoncé ficou quieta. Nunca entendi por que Ebony vivia cheia de histórias para me contar sobre as outras crianças da Santa Maria assim que chegava da escola, enquanto eu me virava para perguntar a Beyoncé sobre seu dia e ela dava de ombros, encontrando outro lugar para ficar e deixando que Ebony preenchesse as lacunas do dia por ela.

Ao entrar com o carro na garagem, admirei a casa como sempre fazia. Tinha uma pequena entrada em forma de U, como algo saído de *Dinastia*.

— Estou em casa — anunciei, e Ebony e Beyoncé vieram até mim de pijama, cada uma delas me agarrando de um dos lados.

Ebony, no entanto, não começou a me contar sobre seu dia, o que era o primeiro sinal de que havia um problema. Ela estava parada na porta como se estivesse simplesmente esperando por algo. Beyoncé foi então para a cozinha, onde Chunga estava secando o último prato antes de sair.

Assim que Beyoncé saiu do alcance da voz, Ebony quase explodiu:

— Tia Tina!

— Diga, Ebby.

— A senhorita Jones nos tirou da fila do almoço e nos deu um sanduíche de manteiga de amendoim e geleia. E você sabe que eu nem *gosto* de manteiga de amendoim e geleia.

— Por quê? Não teve almoço na escola hoje?

— Teve! — ela disse, como se fosse a grande revelação. — Mas ela falou que só Beyoncé e eu que não poderíamos almoçar.

Eu paguei para elas almoçarem na escola. Será que não tinha mandado o dinheiro? Eu não conseguia lembrar.

— Beyoncé me pediu para não te contar. Ela falou assim: "Você sabe que minha mãe vai ficar brava. A gente não quer que ela venha aqui. Só coma seu sanduíche". E, bem, eu não gosto de manteiga de amendoim nem de...

— Geleia, eu sei.

Olhei de relance para onde Beyoncé estava dançando na cozinha, apoiada na ponta do pé e dando uma pirueta.

— Ebony, você fez a coisa certa me contando o que aconteceu.

Olhei para o relógio. Eram nove horas. Eu levaria o dinheiro para a escola de manhã.

Quando Chunga saiu, as meninas a abraçaram, e eu fui para o andar de cima para ver como Solange estava.

— Aff! — eu fiz enquanto subia as escadas. Repeti o que Beyoncé falou para Ebony: — A gente não quer que ela venha aqui.

Na manhã seguinte, antes de levar o dinheiro do almoço para a diretora, encontrei-me com a professora das meninas, que comentou comigo como se fosse a coisa mais casual do mundo:

— Sabe, eu sei que você foi obrigada a colocar Beyoncé na escola quando ela ainda era muito nova para isso, mas a sua filha está se esforçando.

Ouvi o "foi obrigada" e senti os pelos da minha nuca se arrepiarem. Jamais fiz nada com minha filha pensando em minha própria conveniência, mas o que importava mais ainda era que aquela era a primeira vez que ouvia que ela estava com dificuldades. Comecei a falar, genuinamente preocupada, e a professora me interrompeu:

— Acho que Beyoncé precisa regredir de série — disse a professora. — E acho que ela pode ser um pouco lenta.

Fiquei irritada.

— O quê? É *dezembro*.* Elas estão na escola há apenas alguns meses e você já determinou isso? O que *você* planeja fazer para *ajudá-la* durante o resto do ano? Se ela precisar de um professor particular, eu vou contratar um.

---

* O ano letivo nas escolas regulares norte-americanas começa entre o final de agosto e o início de setembro. (N. E.)

Ou eu vou estudar com ela, tanto faz, mas você não me diga que já desistiu da minha filha.

Ela disse que eu estava exagerando, mas eu podia afirmar que aquela professora havia desistido de Beyoncé, e não era o suficiente esperar que isso mudasse. Quando dei o cheque à diretora, perguntei se ela poderia recomendar um professor particular. Ela sugeriu uma professora que tinha se aposentado recentemente, a sra. Little. Liguei para ela logo em seguida. Eu não podia deixar ninguém descartar minha filha.

É preciso dizer: a sra. Little era rigorosa. Havia uma franqueza firme nela após gerenciar por décadas inúmeras crianças em uma sala de aula. Até eu fiquei um pouco assustada quando ela apareceu na nossa porta. Porém, que diferença! A sra. Little *viu* Beyoncé e lhe deu o pontapé inicial. Ela entendia os desafios que crianças introspectivas podem enfrentar em ambientes de aprendizagem. Depois das primeiras aulas, a sra. Little veio conversar comigo.

— Não há nada de errado com essa garota — ela disse. — A menina é *brilhante*.

A sra. Little foi uma das maiores apoiadoras de Beyoncé, incentivando-a até que ela se destacasse em matemática. Os professores têm muito poder sobre como as crianças se sentem a respeito de si mesmas. Os pais precisam prestar muita atenção em como eles exercem esse poder, porque essa pessoa pode estimular ou destruir a autoestima de uma criança.

Minhas meninas — e todas as meninas Negras — já estavam sendo bombardeadas com mensagens da chamada "cultura dominante" de que elas eram inferiores. Quando eu estava crescendo, se eu tivesse acesso a uma TV, tudo que era "bom" era retratado como branco. Agora, minhas filhas tinham acesso à televisão e a inúmeros canais, mas esse ainda era o caso. A maioria das pessoas Negras que elas viam na tela estavam no noticiário, sendo machucadas ou machucando alguém. Claro, havia alguns personagens Negros em programas de TV, e o *The Cosby Show*, que todos nós amávamos. No entanto, quase tudo que ia ao ar era para ser palatável e agradável somente aos brancos. E, certamente, os comerciais eram todos sobre a América branca. Quando minhas filhas e sua prima Ebony viam um comercial de xampu, elas viam cabelos longos e soltos, sempre com uma mulher branca girando-os para capturar a luz.

Achei importante que minhas meninas, que usaram tranças durante a maior parte da infância, também fossem bombardeadas por imagens poderosas de mulheres Negras. Ao selecionar obras de arte para comprar e pendurar na casa de Parkwood, olhei para as peças também pelos olhos das minhas filhas. A obra transmitia ponderação e força? Permitia vulnerabilidade e delicadeza? Usei o mesmo princípio no Headliners, porque, aonde quer que elas fossem que eu pudesse controlar, seria um lugar que deixaria uma garotinha Negra saber que ela era bonita. Não bonita "também" — não havia necessidade de levar em consideração um certo critério de beleza que centralizasse a branquitude. O orgulho deveria ser baseado somente em si mesma. Negro é bonito.

Eu também queria que elas conhecessem as pessoas bonitas em suas próprias vidas, aquelas que foram desconsideradas por esse mesmo sistema. Era importante para mim que as meninas entendessem o valor da vida que seu tio Johnny levava com Peanut, que não tinha uma família que o visse e o amasse do jeito que Johnny o amava. Johnny, no entanto, havia escolhido Peanut como família, então ele era nossa família também. As meninas entenderam isso. Johnny e Peanut eram casados em todos os sentidos, menos no papel.

A timidez de Beyoncé persistiu no primeiro ano e tomou conta dela ainda mais no segundo. Ela passava o tempo todo na escola tentando ser invisível. Para complicar ainda mais as coisas, depois de três anos morando conosco, Denise decidiu ter sua própria casa para viver com Ebony. Ficamos todos arrasados, porque era quase como dizer adeus a uma filha e a uma irmã. Entretanto, minha sobrinha queria seu próprio lugar e sua própria vida, e eu, mais do que todas as pessoas, entendia essa necessidade.

Sem Ebony, Beyoncé estava sozinha na escola. Havia duas irmãs populares na Santa Maria, que eu chamarei de Heckle e Jeckle, lindas garotinhas que faziam minha filha tímida passar por poucas e boas. Mesmo assim, Beyoncé as idolatrava. A cada dia as duas decidiam, de acordo com seus caprichos, se seriam ou não amigas de Beyoncé, e eu lhe dizia para não se deixar intimidar. Quando eu a pedia para repetir algumas de suas danças que tinha gostado, ela dizia:

— Bem, Heckle e Jeckle disseram que eu parecia idiota dançando isso.

Certa vez, comprei para Beyoncé um casaco de pele de coelho branco com capuz na Neiman e ela adorou. Entretanto, um pouco depois, ela voltou da escola segurando o casaco debaixo do braço, sem nem mesmo usá-lo.

— Eu não quero esse casaco. — Beyoncé o jogou no chão. — Nunca mais vou usá-lo.

Claro, foi porque Heckle e Jeckle disseram a ela que era feio e bobo. As duas eram a última palavra em termos de moda na Santa Maria.

Em uma situação como essa, minha mãe não teria me dito o que achava, ela teria me *mostrado*. Ela teria descoberto uma maneira de me dar a lição de que eu precisava sem fazer barulho nem gritar: "Elas estão com inveja de você!" Eu poderia dizer isso a Beyoncé cinquenta vezes, mesmo assim ela não teria entendido.

— Tá bem. Vou te pedir para fazer uma coisa. — A sabedoria de mãe entrou em ação. — Vou colocar o casaco em uma bolsa e você vai levá-lo para a escola. Diga a Heckle e Jeckle que elas podem ficar com ele.

— Elas não querem isso — ela retrucou. — Acham que é feio.

— Não, não. Apenas dê a elas, porque aposto que elas secretamente gostam.

No dia seguinte, depois da escola, perguntei:

— Elas pegaram o casaco?

— Sim! — ela respondeu, ainda surpresa. — Elas realmente *gostaram*. Elas estavam *brigando* por ele!

— Bem, você sabe qual a lição nisso, Beyoncé. É que às vezes as pessoas vão menosprezar algo que você tem ou faz porque no fundo elas estão realmente tristes por não poderem ter o que você tem ou fazer o que você faz. Isso se chama inveja. Você precisa entender isso, porque não pode deixar a inveja de outras pessoas mudar como você realmente se sente sobre algo.

Essa foi uma lição importante para ela, entretanto, com o passar dos anos, haveria mais vezes em que eu simplesmente não tinha respostas quando ela temia ir para a escola. Então, em algumas manhãs, quando eu tinha tempo livre no Headliners, surpreendia as meninas com o que eu chamava de Dia de Praia.

— Vocês não vão para a escola hoje — eu anunciava em uma manhã de quarta-feira de céu azul, e Beyoncé agia como se tivesse ganhado um sorteio. Solange, por sua vez, não ficava feliz, sentindo que era irresponsável alguém faltar à escola. Mas eu sabia que, quando ela chegasse à praia, se divertiria muito.

Eu levava Beyoncé e Solange até a praia de Galveston com a capota abaixada para um dia de garotas brincando na areia e pegando a mesma balsa para Louisiana que eu cresci amando. Em um desses dias na praia, estendi uma toalha bonita onde havia areia boa, e nós olhamos para a água. Alguns adolescentes já estavam lá matando aula como nós, e começaram a tocar Michael Jackson no volume máximo em seu aparelho de som. Beyoncé e Solange resolveram então fazer um show de dança para mim. Não havia muitas pessoas ao redor, mas as poucas que estavam lá pararam para assistir. Solange as notou primeiro, e continuou até que uma pequena multidão começou a se juntar. Suas olhadas para o público crescente me fizeram por fim notar quanta gente havia ali. Enquanto isso, Beyoncé dançava com tanta alegria que eu estava com medo de que ela também visse a enorme plateia e a atenção deles a fizesse congelar. No entanto, ela continuou dançando, rindo com Solange enquanto as duas acompanhavam os passos uma da outra.

Minhas meninas estavam felizes e livres.

Mais tarde, quando vi que a Santa Maria afixou uma folha de inscrição para aulas de dança, pensei naquele sorriso que dançar proporcionava à minha filha. Eles haviam contratado uma professora chamada srta. Darlette para dar aulas na escola uma vez por semana. Imaginei que Beyoncé poderia gostar.

"Talvez isso ajude com a timidez dela", pensei, enquanto escrevia seu nome na folha. "Pode ser que torne a adaptação dela mais fácil."

matriarca 251

21

"AQUELAS GAROTINHAS KNOWLES"

Janeiro de 1989

Cheguei atrasada de novo, apesar de sempre tentar não fazer isso, principalmente quando ia pegar Beyoncé. Ela odiava ser a última esperando em qualquer lugar. Nas noites de sábado, eu saía do trabalho e corria para o estúdio de dança da srta. Darlette Johnson para buscá-la. Beyoncé gostou tanto da aula na Santa Maria que decidi matriculá-la em uma academia de verdade duas vezes por semana: quarta-feira à noite e sábado o dia todo. Mathew a levava de carro nas manhãs de sábado, às dez, e eu a buscava às seis da tarde.

Cheguei naquela noite de sábado e vi Beyoncé sozinha no estúdio com a srta. Darlette. Pedi desculpas encarecidamente, porque eu de fato gostava da srta. Darlette e respeitava seu tempo. Ela era jovem, com energia e persuasão gentil para manter uma sala cheia de garotas na linha. Os pais levavam a aula a sério, a maioria das famílias vinha dos bairros operários vizinhos. Eles faziam sacrifícios para juntar dinheiro para mandar suas crianças à aula de dança.

— Sra. Tina — ela disse, e o tom era de "tenho algo importante para falar com você".

Eu me preparei. Não estava assim *tão* atrasada. Ela se virou para minha filha, que na época estava no segundo ano:

— Beyoncé, você pode guardar essas fitas para mim? Obrigada.

Sem pestanejar, Bey foi até onde estava o aparelho de som. Eu a vi olhando para si mesma na parede espelhada, admirando sua própria precisão enquanto andava no estilo de qualquer dança que elas tivessem praticado. Havia orgulho em seu rosto. Eu estava com medo de que meu atraso estragasse tudo para minha filha.

— Sra. Tina, notei uma coisa hoje — a professora continuou. Eu assenti em uma escuta ativa exagerada. — Então, eu estava cantando junto com a música hoje à noite, enquanto varria...

— Esperando por mim, eu sei — eu a interrompi. — Sinto muito, não vai...

— Não, não, não é isso... *Então*, eu estava cantando uma música e estava desafinada. Parei de cantar, mas Beyoncé continuou cantando para mim.

Eu assenti novamente, sem a mínima ideia de aonde aquilo estava indo. Olhei por cima do ombro da srta. Darlette para Beyoncé em busca de uma pista, mas ela estava agindo como uma espécie de bibliotecária musical, organizando aquelas fitas com a maior perfeição possível.

— Pedi que cantasse de novo, mas ela não quis, porque, você sabe, sua filha é muito tímida.

Encolhi-me um pouco.

— Sim, sim, ela é. Estamos trabalhando nisso.

— Então, eu disse a ela que lhe daria um dólar se ela cantasse novamente.

— Ah... Hm, bem... — Ela era filha de Tenie B., com certeza. — Você não precisava fazer isso.

— Ela é *realmente* talentosa.

Nunca quis ser aquela mãe fanfarrona que vivia repetindo: "Ah, minha filha é tão incrível". Eu dizia isso para minhas filhas, mas era para que só elas soubessem. Para mim, não importava tanto que outras pessoas soubessem o quanto elas eram especiais. Eu apenas sorri e concordei:

— Sim, eu acho que ela é talentosa.

— Então você sabia que ela é uma excelente cantora?

— É — eu disse rapidamente. — Ela canta comigo e com o pai o tempo todo.

— Bom, Beyoncé sabe cantar *de verdade*. E estão organizando um show de talentos. É para todas as escolas paroquiais...

— Você quer dizer que serão, tipo, cantores de colégio?

— Sim, de escolas de ensino fundamental e médio.

—Ah, não! — Logo imaginei minha garotinha de sete anos competindo com todos esses adolescentes. Eu gostava dela na segurança do estúdio da srta. Darlette, dançando em uma sala de garotinhas Negras da idade dela. — Não quero arruinar a confiança dela antes mesmo de começar.

A srta. Darlette conteve uma risada.

— Sra. Tina, ela consegue fazer isso. Beyoncé realmente sabe cantar e vocês deveriam desenvolver isso com ela.

Chamei Beyoncé e pedi para a srta. Darlette explicar a competição. Imaginei que Beyoncé olharia para mim pedindo que eu a tirasse dali.

— Eu vou — Beyoncé respondeu sem pestanejar, olhando diretamente para a srta. Darlette.

— Vamos ver com o papai. — Tentei esconder minha surpresa. — Mas eu quero ter certeza de que isso é algo que você quer fazer.

Beyoncé já estava concordando antes mesmo de eu terminar de falar.

A srta. Darlette a inscreveu no concurso, e Mathew e eu trabalhamos com Beyoncé para praticar "Imagine", de John Lennon. No dia do show, enquanto ele e eu estávamos sentados na plateia, eu estava pronta para ir buscar minha bebê se ela congelasse ou mesmo enviasse qualquer tipo de sinal de socorro. Senti essa energia ao meu redor também enquanto ela caminhava em direção ao palco. Às vezes, a plateia acha que precisa carregar o artista, especialmente quando ele é uma criança. Sorri para lhe dar coragem e acenei com a cabeça para ajudá-la a passar por aquilo. Cada pessoa de bom coração ali presente se inclinou para frente em seu assento, como se estivesse pronta para pegá-la, caso desabasse.

Com aquela introdução de piano de quatro compassos, fiquei tensa. "Solte-se", eu repetia na minha cabeça. Eu a queria fora da concha. Talvez isso tornasse mais fácil para ela levantar a mão na aula.

Beyoncé começou a cantar, e Mathew e eu tivemos a mesma reação de todos no local: "Oh". Não reconhecemos nossa filha sempre tão tímida. Como público, estávamos nas mãos de uma artista talentosa. Ela não precisava que antecipássemos as notas e esperássemos que ela as cantasse ou a aplaudíssemos no meio do caminho para lhe dar confiança — ela estava fazendo isso com ou sem a gente.

Agarrei a mão de Mathew. Ele apertou a minha de volta. Foi um choque. É engraçado que as pessoas às vezes acham que eu era algum tipo de mãe de miss. Eu estava ocupada o suficiente tentando simplesmente ser uma mãe e nada mais, assim como tantas outras mulheres que conheci. Ver Beyoncé se apresentar para uma plateia pela primeira vez também foi a *minha* primeira vez que a vi no palco. Aquilo era tão novo para mim quanto para o resto da plateia, mas qualquer um podia ver que ela estava *em casa*. Naquele palco e em qualquer palco que ela ocupasse dali pra frente — em casa.

Quando ela terminou a última nota de "Imagine", levantei com todos na plateia para a ovacionar de pé.

Poucos minutos depois, Beyoncé veio dos bastidores para onde estávamos sentados.

— Estou com fome — ela anunciou. Minha filha de sete anos voltava à terra e ao que importava.

— Tá bem — eu sussurrei, puxando-a para se sentar no meu colo. — Nós podemos pegar alguma coisa depois, mas temos que ficar até acabar.

— Eu só quero pegar meu troféu e ir para casa comer — ela disse.

— Você não sabe se ganhou — retruquei.

Beyoncé se virou para mim e levantou uma sobrancelha, daquele jeito que ela faz até hoje. Balancei a cabeça como se dissesse: "Cuidado".

Mas Beyoncé estava certa. Ela venceu.

Estávamos atrasados, é claro. Eu dirigi com firmeza acima do limite enquanto Selena ia no banco do passageiro costurando a bainha do vestido que Johnny e eu passamos a noite toda fazendo para este dia. Beyoncé estava no banco de trás, cantarolando a música que ela havia preparado. Estávamos indo para o primeiro concurso dela, e eu pensei que provavelmente seria o último.

Esse também foi ideia da srta. Darlette. Ela tinha outra garota que era ativa no circuito em Houston e veio até mim depois do show de talentos querendo inscrever Beyoncé em concursos de pequenas misses.

— Ah, nem pensar — eu disse. Eu preferia que as pessoas dissessem a Beyoncé e Solange que elas eram inteligentes, e não apenas que eram bonitas. A última coisa que eu queria era que elas ficassem presas em sua própria beleza.

— Bem, sra. Tina, ela só tem que fazer parte da categoria beleza uma única vez, a primeira. E então ela está qualificada para fazer apenas as partes de talento em todos os concursos posteriores.

Havia um chegando, e a srta. Darlette poderia nos inscrever no último minuto.

Tudo o que Beyoncé queria era uma saída para se apresentar nessa casa que ela havia encontrado no palco, então eu relutantemente concordei. Johnny e eu tínhamos adiado fazer o vestido até a noite anterior, quando eu já estava muito cansada após trabalhar doze horas no Headliners. Escolhemos a cor favorita de Beyoncé, rosa-claro, e colocamos uma linda renda com miçangas no topo com um babado na cintura, e então uma pequena saia reta. Ficaria fofo, se minha irmã costurasse a bainha a tempo. Selena soprou a fumaça de seu cigarro pela janela, costurando habilmente enquanto eu dirigia.

Não tínhamos ideia no que estávamos nos metendo. Nos bastidores, havia todas aquelas garotinhas em pé ao redor de araras de vestidos — formais e longos, estilo *Dinastia*, feitos em tamanho pequeno com saltos altos para combinar. E o que nós tínhamos era um vestido feito à mão na noite anterior. As mães guiavam as filhas em desfiles que mais pareciam marchas, enchendo-as de perguntas que poderiam ser feitas na parte da entrevista enquanto lhes faziam penteados tão altos que quase poderiam alcançar Deus. As meninas sorriam para espelhos de mão, ligando e desligando seus sorrisos como robôs, praticando-os até a perfeição.

— Não há como ela competir com essas garotas — sussurrei para Selena, que não argumentou.

A srta. Darlette nos deu uma rápida explicação porque tínhamos apenas alguns minutos antes que Beyoncé tivesse que entrar. Havia a etapa de Beleza, a de Desfile — em que as candidatas mostravam a postura —, a de Entrevista e, então, a de Talento. Honestamente, pode ter havido mais categorias, mas Selena e eu ficamos distraídas, com os olhos arregalados e pensando: "No que nos metemos?". Beyoncé era uma das duas únicas garotas Negras ali, e eu a vi virar os olhos de um lado para o outro enquanto observava as garotas intimidadoras praticarem o desfile. Cinco minutos antes de a apresentação começar, ela aprendeu a "virada de pivô" do Desfile, um movimento que essas garotas, cujas mulheres da família participavam desses concursos havia gerações, faziam desde que usavam sapatos de bebê.

— Está tudo bem — Beyoncé disse para si mesma.

— Está tudo bem — Selena repetiu com uma risada.

Eu poderia dizer que aquilo estava rapidamente se transformando em uma boa história para contarmos para as pessoas dali a algum tempo, algo bobo que suportamos e nunca mais fizemos. O concurso já havia começado, então, enquanto a srta. Darlette ficou nos bastidores, Selena e eu fomos para a plateia e encontramos dois assentos vagos.

— Eu me pergunto o que a mamãe diria sobre isso — sussurrei.

— Ela diria: "O que é bonito é bonito", mas ela teria amado tudo isso — disse Selena. — Elas são como bonecas. É isso que ela queria que você fosse, sabe.

Selena criticou as mensagens contraditórias que minha mãe me deu. Ela me disse que eu era mais do que minha aparência, mas, depois que cresci, ela mudou disso para: "Meu Deus, se você é bonita, você pode se virar muito só com sua aparência".

— Acho que é por isso que eu era uma criança travessa — comentei.

— Não, você foi má, ponto-final — brincou Selena.

Então, uma garotinha se levantou para cantar. Sua boca de alguma forma se manteve em uma linha reta e plana enquanto ela cantava "On the Good Ship Lollipop", de Shirley Temple. Sua mãe se levantou na plateia, sibilando:

— Sorria, sorria! — O rosto da criança permanecia inexpressivo durante a canção. Mordi os lábios quando a mãe começou a dançar a coreografia para fazer com que a filha repetisse os movimentos, batendo os braços da maneira animada que ela provavelmente fazia quando era uma garota de concurso.

Selena começou a rir. Mordi os lábios com mais força e fechei os olhos, segurando uma risada. Agarrei o braço do assento.

A mãe começou a *cantar*.

Selena explodiu em gargalhadas, o que me fez começar a rir, e, quanto mais tentávamos parar, menos conseguíamos. Era simplesmente aquele tipo de risada que toma conta de você. A mãe estava mergulhada demais em seu modo Shirley Temple para ouvir, mas as pessoas ao redor de nós dispararam olhares.

— Senhora, você poderia se retirar, por favor? — ordenou uma mulher com aparência de professora que segurava uma prancheta, e Selena olhou para mim como se *apenas eu* tivesse sido pega, o que só me fez rir mais. Saímos do salão onde acontecia a apresentação respirando fundo e dobrando o corpo, ainda às gargalhadas.

— Eles nos colocaram *para fora*! — Selena gritou.

A srta. Darlette passou pelas portas como se tivéssemos interrompido a missa na Santo Rosário:

— Isso é muito injusto com a Beyoncé. Ela está abaixo de três meninas na competição e a plateia também votará. Então, vocês têm que se recompor para ajudá-la.

— Tudo bem — concordei. — Está certo.

A srta. Darlette se virou e voltou para o salão enquanto nos recompúnhamos. Selena murmurou:

— Essas pessoas são loucas.

Voltamos para nossos assentos bem a tempo de ver Beyoncé. Selena e eu estávamos uma pilha enquanto ela dava a entrevista no palco. No entanto, vimos a mesma transformação nela que Mathew e eu havíamos testemunhado ao vê-la no palco da última vez. Minha filha estava equilibrada, mas totalmente ela mesma. Em seguida, ela teve que desfilar, algo que todas aquelas outras garotas passaram anos praticando. Ela fez isso com muita naturalidade, então deu aquele pequeno giro de pivô que era exigido pela competição e olhou para trás.

E ela jogou um beijo para os jurados.

Na hora, notei o efeito. Uma onda passou pela multidão e os juízes se derreteram. Ninguém nunca havia dito a ela para fazer isso. Era apenas o instinto de uma pessoa artística nata.

Para a categoria Talento, ela cantou "Home", de *O mágico inesquecível*.

Selena ficou boquiaberta. Era sua vez de ficar sem palavras. Beyoncé tinha cantado no banco de trás do carro o caminho todo até ali, mas, na hora do "vamos ver", era diferente. Aquela garota que mal reconhecíamos em cima do palco interpretava a música para que a letra tivesse um novo significado, transformando-a em uma música sobre estar entre dois lugares. Dorothy sabia que estava entrando em algo mágico, mas ainda esperava que o tempo desacelerasse para que ela pudesse desfrutar de uma vida normal: "Giving me enough time in my life to grow up."*

Esse seria o desafio para nós a partir dali. Com o olhar atordoado no rosto de Selena, eu não podia negar que aquela era a vocação de Beyoncé, e ela já estava no caminho certo. No final do concurso, ela ganhou não só na categoria Talento, mas em Beleza, Desfile e Vestido — aquele que Johnny e eu costuramos e Selena fez a bainha às pressas no caminho. *Ela ganhou tudo*. Acho que foi revigorante para os jurados verem que havia uma garotinha que se vestia e agia como uma garotinha.

O mais importante: agora ela podia competir somente na parte de Talento dos concursos. Beyoncé nunca mais competiu contra outra garota em Beleza. Ela nunca mais teve que se vestir com nada além da fantasia que ela pedia que eu fizesse para servir à música que escolheu.

E ela ganhou todos esses troféus.

Beyoncé passou dois anos no circuito de concursos de pequenas misses. Quando éramos abordados por agentes após os shows, o discurso deles era sempre o mesmo: "Ela não é só linda, ela é muito talentosa e adoraríamos que ela fizesse comerciais". Entretanto, Mathew e eu recusávamos logo de cara. Não há nada de errado em ser modelo, mas Beyoncé queria ser cantora, e não víamos como os comerciais podiam ter algo a ver com isso.

Por isso, focávamos sempre na categoria Talento. Mathew e eu demos aulas de dança extras para Beyoncé. Lucas nos diz na Bíblia que, a quem muito é dado, muito é exigido. Nossa filha tinha um dom e uma paixão — alguns artistas só têm um desses —, e isso exigiu que Mathew e eu nos certificássemos de ajudá-la a nutrir ambos. O mesmo aconteceu com Solange.

---

* "Me dando tempo suficiente na minha vida para crescer". (N. E.)

Não tenho problema em dizer que minhas filhas são gênias nascidas com dons, mas tudo isso continuaria sendo um potencial não realizado se elas não trabalhassem nos ofícios em que eram boas.

Quando uma criança demonstra um talento extraordinário ainda muito cedo, pode ser assustador para os pais perceberem que ela se sente tão em casa em um lugar que é só dela. Há uma preocupação em perdê-la para esse dom. Prometi a mim mesma que não faria isso. Eu não a prenderia como minha mãe fez comigo, dizendo a si mesma que ela estava me mantendo segura. Beyoncé poderia ter aquele lar que ela encontrou, mas sua família sempre seria um lar para ela também. Não importava que sua paixão fosse por entretenimento. Mathew brincou que, se nossas meninas estivessem interessadas em medicina, nós descobriríamos uma maneira de comprar um hospital e eu estaria terminando um curso de enfermagem para poder ajudar na sala de cirurgia.

Porque *ambas* as minhas meninas demonstraram um talento precoce. Aos quatro anos, Solange já estava mostrando sua habilidade corporal. Ela começou as aulas de dança com a srta. Darlette e surgiu como uma pequena estrela, tão ousada que a professora permitiu que ela dançasse com as meninas mais velhas para que refinasse mais seu talento. As apresentações começavam com todas as meninas — incluindo Solange — dançando em uma fila, fazendo coreografias bem simples, com as crianças mais velhas esperando atrás delas. Então, a fila de meninas recuava para o fundo, deixando Solange e uma outra menina na frente. As duas tinham sua pequena parte solo, fazendo um trabalho um pouco mais complexo. Quando as crianças maiores entravam para realmente mandar ver, Solange e a menina deveriam ir embora.

E Solange decidiu que ficaria. Na primeira vez em que aconteceu, me inclinei para sussurrar para Mathew:

— *Ela não quer voltar para trás.*

E, de fato, ela continuou ali com as outras meninas! Ela sabia cada passo da coreografia apenas por observá-los e praticar sozinha. Daí em diante, a srta. Darlette deixou Solange permanecer com as crianças maiores porque ela provou que podia fazer o trabalho.

"Aquelas garotinhas Knowles, elas simplesmente chamam toda a atenção", diziam os outros pais. E elas não faziam nenhum esforço para isso — só queriam dançar, e eu tinha que começar a encontrar saídas adicionais para elas. Morávamos perto do centro comunitário Santuário da Madona Negra, e eu o visitava principalmente por causa de sua livraria incrível e dos objetos de arte de artistas afro-americanos e africanos que eles vendiam lá. Era ali que eu conseguia encontrar livros infantis com crianças que se pareciam com as minhas e pinturas nas quais elas conseguiam se ver. Eles também tinham programas que atendiam crianças no Terceiro Distrito. Um dia, enquanto eu estava lá, dei uma olhada em um programa de dança infantil e fiquei de boca *aberta* — aquelas crianças eram *boas*.

Um tempo depois, eu estava com Solange e Beyoncé no carro para que conferissem com seus próprios olhos.

— Vocês podem achar que são ruins na sua escola de dança — eu disse enquanto estacionava. — Mas aqui é um lugar onde há umas garotas que podem ensinar coisas novas para vocês.

Lembro-me daquela primeira aula, do sorriso surpreso no rosto de Beyoncé quando ela foi desafiada pelas habilidades elevadas das outras meninas. Solange estava lá também, segurando sua própria onda, sem nenhum fardo de ser a irmã mais nova. Elas levaram aquela energia elétrica para a aula da srta. Darlette, onde as duas se dedicaram ainda mais. Se as pessoas diziam que elas atraíam todas as atenções, não podiam negar que aquelas meninas que viviam e respiravam dança trabalhavam muito duro.

Quando ia buscá-las, via minhas meninas dançando a música favorita da srta. Darlette, "Rhythm Nation", de Janet Jackson. Eu observava a precisão da coreografia com crescente admiração. Elas eram apenas crianças, mas parecia realmente que havia algo mágico acontecendo. E, enquanto eu absorvia as letras ousadas de Janet, percebi que Solange e Beyoncé também absorviam a mensagem de atingir o poder — e permanecer com ele.

22

LIÇÕES DE SOBREVIVÊNCIA

Duas moças tinham vindo para ver Beyoncé se apresentar no Centro Comunitário Judeu Evelyn Rubenstein. Elas se aproximaram de nós depois da apresentação dizendo a Mathew e a mim que queriam formar um grupo de garotas com ela como vocalista principal.

— Ok — foi a minha resposta indiferente, porque meus pensamentos não eram sobre "os negócios". Na minha casa, o negócio era o meu salão. Eu tinha corrido do Headliners para casa a fim de levar Beyoncé para aquela apresentação. Imaginei que poderia ser algo legal para ela experimentar — talvez conhecesse algumas crianças que gostassem do palco tanto quanto ela.

O grupo foi batizado de Girls Tyme, e, no começo, havia cerca de uma dúzia de meninas no total, a maioria entre oito e nove anos. Depois de alguns meses, as duas moças que organizaram o grupo trouxeram outra parceira, uma querida que amávamos, Andretta Tillman. A srta. Ann administraria o grupo. Beyoncé tinha acabado de completar nove anos e estava no quarto ano, mas estava confiante porque já se apresentava como cantora havia dois anos. Então, enquanto as meninas elaboravam coreografias em ensaios quase diários, Beyoncé atribuía a elas suas partes para obter as harmonias mais interessantes e criava coreografias para cada menina do grupo ali mesmo. Ela também sabia quem precisava de mais apoio e quem poderia ser pressionada se estivesse cantando sem graça ou dançando com pouca energia. Minha menina tímida, que preferia desaparecer a levantar a mão na aula, estava dizendo às outras meninas o que fazer, diretamente e com cuidado.

Os adultos responsáveis estavam *esgotando* Beyoncé com todo aquele trabalho extra de ensinar todas as outras meninas. Na volta para casa, ela se derretia no assento, descansando a cabeça na porta do passageiro. Quando perguntei se aquilo era demais, ela simplesmente respondeu:

— É divertido.

O papel de Beyoncé no grupo era o de vocalista principal, mas ela também era a professora delas. Gradualmente, a voz de Beyoncé ficou rouca devido a todo o esforço de ensinar e reensinar todas as partes das canções e arranjar as harmonias enquanto ela fazia seus próprios vocais principais. Aquela garotinha do quarto ano parecia mais um dos amigos estivadores do meu pai.

Os empresários decidiram trazer outra vocalista porque Beyoncé estava rouca e perguntaram se ela conhecia alguém com uma boa voz. Sem saber do plano, minha filha recrutou a garota para eles, uma cantora forte com uma bela voz no People's Workshop, um programa de artes comunitário. Ashley era um ano mais velha e tinha uma personalidade tão agradável que Beyoncé sabia que ela seria uma ótima integrante da equipe. Então, essa garota fofa, que parecia mais velha do que elas, chegou com uma voz nova e forte. Mathew e eu contratamos um preparador vocal para ter sessões com Beyoncé uma vez por semana e ensiná-la a usar sua voz sem danificá-la, mas ela *odiava* as aulas. As sessões pareciam tediosas para ela, que não as acompanhava.

Um dia, Beyoncé chegou em casa chorando, e, a princípio, pensei que ela estava apenas chateada, mas então percebi que minha filha estava muito brava.

— Mãe, eles tiraram todas as minhas partes de mim, e ela está cantando todos os vocais — ela me contou. — Não é culpa dela estar tomando meu lugar. Eu gosto dela e ela realmente sabe cantar, mas eu trabalhei muito duro e eles ainda me fizeram fazer todas as harmonias e ensinar todo mundo. Não é justo!

— Bem, Beyoncé — eu disse, talvez um pouco calma demais, talvez até mesmo parecendo um padre em uma igreja. — A vida não é justa, e eu tenho tentado fazer com que você tenha aulas de canto.

— Eles me usam para dar todas as aulas — ela repetiu, ignorando completamente meu argumento.

Lembrei de quanto eu precisava que minha mãe me defendesse para, pelo menos, eu saber que ela entendia como eu me sentia.

— Sabe, você merece um agradecimento dessas pessoas. Elas te trouxeram para ser uma vocalista principal. — Fiz uma pausa. Ela parecia esperançosa. — Mas...

E então a cabeça caiu — lá se foi a esperança.

— Eu não vou discutir com essas pessoas, Bey, porque você tem a oportunidade de fazer suas aulas de canto e não quer. Então, se eu fosse você, começaria a me dedicar mais às aulas.

— Sim, mas você deveria...

— *Você* é que deve superar sua rouquidão, *você* é quem deve fortalecer sua voz e é *você* quem deve conquistar seu lugar de volta, mas eu não vou lá brigar com as pessoas por causa disso. Essa garota é mais velha que você, logo, as cordas vocais dela são mais desenvolvidas e ela não está fazendo todas as coisas que você faz, como abusar da voz ensinando as partes de todas as outras meninas. Por isso, ela canta com a voz fresca quando chega a hora dela. É por isso que ela soa melhor que você.

E para que eu fui dizer aquilo?

— *Eu. Odeio. Você* — Beyoncé disse lentamente.

Eu sabia que era da boca para fora — eu havia ferido profundamente o ego dela. Crianças podem dizer coisas assim, pensando que isso lhes dá poder. Permaneci calma.

— Aquela garota não é sua concorrente. *Você* é sua única concorrente e é assim que sempre será. Foque em você e no que você está fazendo, não nela. Você tem que se esforçar mais.

Ela começou a se afastar.

— Bem, pense nisso — gritei para ela. — E decida o que quer fazer.

Beyoncé saiu do quarto um pouco mais tarde, depois de se acalmar.

— Você não é minha amiga e eu estou brava com você — ela disse.

Eu assenti. Minha filha, porém, abriu um meio-sorriso de determinação.

— Mesmo assim, eu vou fazer as aulas de canto.

Ela começou a ter aulas duas vezes por semana, depois três, pois percebeu que isso estava deixando sua voz mais forte. A professora ensinava como *não* usar a voz, o que destruiria suas cordas vocais. Em cerca de três meses, ela recuperou seu lugar no grupo.

No caminho para casa, ela por fim não parecia nem um pouco cansada.

— Mamãe, estou feliz que você não tenha subido lá e brigado com eles — ela admitiu. — Você me fez trabalhar para isso.

Eu lhe disse a coisa mais difícil para uma mãe, mas que era a verdade: "Você precisa se esforçar mais". Eu não podia ser a mãe dela apenas naquele momento; eu precisava ser sua mãe por toda a vida.

A lição era: trabalhe duro e depois ainda mais duro para conseguir o que quer. Ninguém vai lhe dar algo porque é "justo". Ela diz agora que foi isso que a fez se esforçar, e é a lição de vida que inspirou a música "Survivor", que equivale a "Não é nada pessoal: não vou falar sobre você. Vou apenas trabalhar mais duro, porque sou minha única concorrente". Ela não precisa — ou mesmo quer — desejar mal a alguém, especialmente a uma garota legal como Ashley, que também estava apenas dando o melhor *de si*. Porque, como Beyoncé canta, "my mama taught me better than that".[*]

Foi nessa época que o parceiro de Johnny, Peanut, adoeceu com câncer de mama. É raro, mas estudos mostram que homens Negros nos Estados Unidos têm maior incidência de câncer de mama do que homens brancos. Quando Peanut foi diagnosticado, ele estava muito doente, mas ainda conseguia se virar. Eu os convidei para um café em uma de suas visitas de Galveston e chamei também uma de nossas antigas vizinhas que também era amiga de Johnny. Ela morava algumas casas abaixo da dos meus pais, e Johnny tinha feito seu vestido de noiva. Johnny era assim. Não precisava de muito para que todos se encantassem por ele.

* Em tradução livre, "minha mãe me ensinou melhor do que isso". (N. E.)

Estávamos todos sentados, conversando, e notei que minha vizinha estava olhando para Peanut. Ele parecia frágil naquele momento, mas estava mantendo seu vigor. Eu não tinha notado que ela não estava mais tomando seu café. Johnny, porém, percebeu.

Peanut pigarreou, o que se transformou em uma tosse que ele tentou abafar com o punho.

— O que há de *errado* com você? — perguntou essa mulher. Aquelas foram as últimas palavras que ela diria na minha casa.

— Ele tem câncer de mama — respondeu Johnny por Peanut.

A mulher se levantou e foi embora sem dar nenhuma palavra. Ela deixou o café esfriar como seu coração.

Liguei para ela para dizer o quão estranha eu achava aquela atitude. Quando ela me ligou de volta naquela noite, praticamente sibilou:

— Tina, aquele cara tem aids.

— Não, ele tem câncer de mama. Peanut também não é "aquele cara". Você está falando da minha família, então…

— Homens não têm câncer de mama — ela retrucou, furiosa comigo.

— Ele tem aids, e você precisa ter cuidado, porque está se encostando nele, abraçando-o.

A Tenie B. Encrenqueira ressurgiu:

— Você não sabe do que diabos está falando.

Desliguei.

Eu não fiquei brava por ela ter acusado Peanut de ter aids. Fiquei brava por ela ser tão ignorante a esse respeito. No entanto, essa era uma desculpa que as pessoas usavam, sem o menor desejo de se informar sobre o HIV e como ele era transmitido em uma era de desinformação. As pessoas se escondiam atrás do "medo". Isso agravava o ódio com o qual a comunidade gay já tinha que lidar. Peanut não tinha aids, nem mesmo era HIV positivo, mas e se tivesse? Ele seria igualmente merecedor de amor e cuidado.

No entanto, aquela vizinha me fez duvidar das coisas, porque eu ainda tinha mais a aprender. Quando Peanut teve que ser hospitalizado, admito que me perguntei se eles *estavam acobertando* a aids. Minha irmã Flo, a enfermeira, me corrigiu:

— Tina, eu acabei de ir lá para vê-lo e não há nada sobre precauções extras. Peanut está recebendo tratamento para câncer. Homens *têm* câncer de mama.

Fiquei com Peanut no hospital em Galveston para dar um descanso a Johnny.

— Sabe, Tenie, há todos esses rumores sobre mim — ele comentou certo dia.

Puxei uma cadeira para me sentar perto dele e enxugar suas lágrimas.

— Você não pode se preocupar com eles, Peanut. Você só tem que lutar pela sua vida. É só nisso que você tem que se concentrar, tá bem?

Entretanto, ele não conseguiu. O câncer levou Peanut no final, um ano após o diagnóstico. Johnny ficou arrasado. Pior: ele não conseguia nem se concentrar em sua dor. No dia seguinte à morte de Peanut, ele me ligou no Headliners. A velha tia má de Peanut havia aparecido. Ela provavelmente esperava por aquele momento. Ela pegou o carro que Peanut e Johnny compraram juntos, mas que estava apenas no nome de Peanut porque ele tinha um crédito melhor. Como um homem gay casado apenas em espírito, Johnny não tinha direitos de propriedade compartilhada. Porém, não foi só isso que ela pegou.

— Tenie. — Johnny tentava soar indiferente, mas eu podia ouvir sua voz prestes a falhar. — Ela disse que eu não posso ir ao funeral.

Aquilo foi um requinte de crueldade.

— Você não pode deixá-los fazerem isso.

— Tenie, eu só… Eu não vou brigar com eles.

Os funerais devem ser sagrados, e Johnny não pôde nem dizer adeus. Eu não iria, e não deixaria minhas filhas ficarem no mesmo cômodo com pessoas que fecharam a porta para o tio Johnny.

No fim de semana do funeral, fui a Galveston ficar com Johnny para que pudéssemos passar por aquilo juntos. Nós nos lembraríamos de Peanut do nosso jeito e o celebraríamos da melhor maneira que sabíamos: fomos dançar.

Durante toda aquela primeira noite e a seguinte, Johnny e eu dançamos house music. Perdendo a nós mesmos e nossas tristezas em batidas fortes, adaptando os passos de dança que treinamos com precisão na infância para músicas mais recentes como "Buffalo Stance" e "The Power". Dançamos até o início da madrugada, quando o deep house assumiu o controle, com as batidas hipnóticas incansáveis para os verdadeiros devotos.

A tia de Peanut proibiu Johnny de participar do funeral para mantê-lo sagrado, mas esse tipo de ódio é uma blasfêmia contra Deus. O espírito de Peanut voou para longe de qualquer maneira. Ele estava em algum lugar no céu, logo acima de nossas cabeças, admirando seu Johnny dançando em redemoinhos de suor, perda, farra e lembrança.

Depois disso, tornou-se impossível animar Johnny. Sem Peanut, Galveston — mesmo com toda a nossa história lá — agora parecia não ter futuro para ele.

Eu rezei por uma luz, e então Chunga veio até mim com a resposta. Ela me disse, quase chorando, que não poderia mais trabalhar para nós em tempo integral. Ela estava me estudando e analisando o meu sucesso com o Headliners e, então, ela e sua mãe, Myrna, a faxineira da minha amiga Cheryl, estavam secretamente frequentando a escola de estética à noite para obter suas licenças em cosmetologia. E, finalmente, elas abririam seu próprio salão. Ela temia que eu pudesse ficar chateada, mas eu estava muito feliz por ela.

— Nós te amamos — eu disse. — Você tem que viver sua vida, Chunga.

Essa foi a solução. Liguei para Johnny e implorei para que ele viesse morar conosco em Houston e eu o pagaria para administrar a casa. Caso eu tivesse dito a ele que estava preocupada, ele teria rejeitado. Desse modo, ele estaria lá por mim.

— Vou te dar um ano — ele disse. — Vou ajudar você com essas trombadinhas que você insistiu em fazer. Elas precisam de boas refeições. Nunca é tarde demais.

E, assim, Johnny, o centro da minha infância, tornou-se o núcleo da nossa família. Ele se mudou para nossa edícula, onde Denise morava, e manteve tudo funcionando por muito mais de um ano: pegando as meninas na escola, cozinhando refeições deliciosas, fazendo os vestidos mais lindos para elas e estando lá quando eu chegava em casa.

Minhas filhas já adoravam o tio Johnny, mas cada uma delas começou a formar um vínculo próprio com ele. Solange formou uma conexão especial, minha sonhadora de quatro anos que amava ordem, que testava as pessoas e os limites do seu amor desde muito jovem. "Você me ama agora?", ela vivia repetindo. "Você me ama se eu disser uma verdade sobre como me sinto? E se eu disser isto?" Mesmo assim ele conseguiu — ele simplesmente a conquistou. Eles aceitaram um ao outro completamente.

Johnny estava aprendendo a conviver com a tristeza enquanto a poesia da vida de Solange estava apenas começando. Ela estava desenvolvendo sua *calma inata*, e não havia melhor mentor para isso do que Johnny. Eles andavam pela cidade no meu conversível, cada um com um pé no banco e os joelhos para cima, Solange com uma bandana que combinava com a dele. Ele era o coração dela, do jeito que ele havia sido o meu.

Há momentos que guardo com carinho, momentos comuns que eu não esperava. Como quando entrei em casa e vi Beyoncé e Solange, já de pijama, dançando loucamente com o tio Johnny. O rádio estava tão alto que eles não me ouviram entrar. Eu iria fazer uma piada sobre mim e Johnny, sobre como minha casa agora era o Down Beat ou o Session, mas aquele momento era deles, só do Johnny e das meninas. Tirei uma foto com a minha mente e a guardei no meu coração para mantê-la segura para sempre.

23

TRÊS MENINAS

Novembro de 1990

Beyoncé me disse que havia uma garota nova nos ensaios.

— O nome dela é Kelly. Meu Deus, ela tem a voz mais linda que já ouvi. — Vindo de Beyoncé, esse foi um grande elogio.

Kelendria Trene Rowland fez o teste cantando o então novo *single* de Whitney Houston, "I'm Your Baby Tonight", o que realmente impressionou Beyoncé:

— Ela sabia a letra inteira!

Realmente, *essa é* uma música complicada, e não apenas para uma criança de nove anos como Kelly. Whitney conseguia preencher todo o espaço da canção com toneladas de letras, de forma que sua própria voz se tornava um instrumento em *staccato*. Beyoncé percebeu como Kelly fazia a música parecer fácil. Aquela garota que tinha a mesma idade dela nunca desafinava, era autêntica, mesmo que sempre seguisse as instruções e, *ainda por cima*, era doce.

A primeira vez que vi Kelly foi na nossa casa em Parkwood, porque todas as crianças do grupo ficavam por lá mesmo quando não estavam ensaiando no nosso quintal. Naquela época, as duas mulheres que recrutaram Beyoncé para o grupo não trabalhavam mais com as meninas, e a srta. Ann havia se tornado a empresária, com Mathew como coempresário não oficial. O grupo estava se formando com seis meninas — Beyoncé, Kelly e Ashley; LaTavia, que faria raps; e duas irmãs chamadas Nikki e Nina, que eram dançarinas e primas de LaTavia. Kelly foi para a escola primária com LaTavia, e elas estavam brincando de Barbie quando LaTavia ouviu Kelly cantar. Ela perguntou a Kelly se estaria interessada em fazer um teste para o pequeno grupo do qual ela fazia parte.

Lá em casa, as meninas estavam sempre fazendo uma destas coisas: ensaiando, comendo ou largadas no sofá, como estavam quando cheguei do trabalho. Kelly se lembra até hoje de que meu cabelo estava arrumado e eu usava um vestido casual esvoaçante e um batom vermelho brilhante da Revlon que Beyoncé e Solange me provocavam por sempre usar, o mesmo tom que eu idolatrava na minha irmã Selena. Lembro-me de Kelly primeiro como uma criança doce sentada perto de Bey, parecendo serem amigas desde a maternidade.

Conforme o tempo foi passando, a mãe de Kelly, Doris, também se tornou parte de nossas vidas. Ela era muito *engraçada*: em poucos segundos, conseguia apertar os olhos para avaliar melhor uma situação e encontrar algo para dizer. Se as pessoas não rissem imediatamente, *ela* riria, e sua risada contagiante de menininha contagiava a todos. Doris era mãe solo — Kelly só tinha vagas lembranças do seu pai, Christopher, porque havia muito tempo que ele não dava notícias — e trabalhava como babá para famílias brancas. Ela dormia no serviço, mas mesmo assim não conseguia se fixar em um emprego. Isso significava muitas mudanças, pois Kelly morava nessas casas com ela. Doris não tinha uma grande rede de apoio, de modo que Kelly estava ciente dos problemas dos adultos desde jovem.

A menina passava muito tempo na nossa casa em Parkwood, e nos tornamos íntimas. A família dela podia não ser parecida com a que ela via na TV, mas a nossa também não era. Nós nunca seríamos aquela família que "se senta todas as noites para jantar" — não com nossos horários e eu chegando em casa às 21h. Isso significava que nossa principal refeição em família eram os almoços de domingo na cafeteria Luby's depois que Mathew e eu levávamos as meninas à igreja. Essa refeição era um momento especial em que conversávamos sobre a semana.

Nós dois trabalhávamos muito, e, se isso significasse que em algumas noites Mathew teria que pegar o jantar para as crianças no caminho do trabalho para casa, ele o faria. Quando eu cozinhava, preparava uma grande quantidade de comida. Pratos caseiros e o gumbo da minha mãe, coisas que as meninas podiam esquentar no micro-ondas e comer a semana toda. Kelly se juntava a nós para comer o meu espaguete, com um molho italiano que eu aprendera a fazer muito bem. O que o torna tão bom é o vinho no molho — muito vinho — cozido longa e lentamente com pimentões e cebolas. Em seguida, eu acrescentava linguiça picada. Minha casa era o ponto de encontro de amigos e familiares, algo que herdei daqueles anos observando todo mundo chamar minha mãe de Mãe Tenie, pois ela os fazia se sentirem seguros. Eu nunca sabia quais meninas do grupo estariam lá para o almoço, ou o jantar, ou ambos, e sempre queria que as pessoas se sentissem bem-vindas. As reuniões de pais do Girls Tyme eram realizadas com mais frequência em nossa casa, e era eu quem costurava os figurinos.

Conforme as meninas iam e vinham, às vezes era mais fácil para Doris se Kelly passasse a noite com a gente. Quando Doris precisou que a filha ficasse conosco no final de semana, ficamos felizes em ajudar, porque era um prazer ter Kelly por perto. Mesmo assim, eu me preocupava com o fato de que o comportamento da menina, sempre repleto de uma gentileza extrovertida, pudesse ter sido desenvolvido para se encaixar conforme ela se mudava para a casa de estranhos. No entanto, significava algo mais complexo e real do que apenas agradar as pessoas. Ela era especial. Eu a observava se adaptar a qualquer lugar em que entrava, e, se uma situação carecia de estabilidade, ela a trazia. Kelly e Beyoncé compartilhavam um discernimento além de suas idades, duas almas velhas com ideias novas, muito aliviadas por terem se encontrado.

Quando Doris não podia ir a uma apresentação, nós levávamos Kelly para casa. Saíamos de um centro comunitário, e as meninas começavam a falar sobre o show, não apenas para avaliar o que deu errado ou certo, mas o que foi *divertido* nele. Talvez tivessem prometido três microfones e havia um quando elas chegaram lá. Elas estariam rindo, revivendo os ritmos mentais de "cinco, seis, sete, oito, ok, passe o microfone para que a colega possa fazer a parte dela. Ok, agora passa para a LaTavia…".

Então, nós as levávamos para nossa casa e a educação musical continuava. Assistíamos à coleção de VHSS de Mathew de shows e vídeos da Motown. Meu marido se interessava cada vez mais pelas apresentações das meninas, apesar de estar se destacando em seu novo emprego em uma empresa concorrente da Xerox. Ele tinha um foco intenso no grupo e podia ser duro, mas nunca cruel. Já naquela época, as pessoas de fora do grupo presumiam que Mathew favorecia Beyoncé, mas ele era muito mais duro com ela do que com qualquer outra menina. As crianças faziam uma piada recorrente sobre as críticas de Mathew — fossem porque elas estavam com pouca energia, ou porque a coreografia não era executada de forma precisa. Antes que ele pudesse concluir seu discurso, elas se antecipavam e diziam em uníssono: "Especialmente você, Beyoncé". Ele via uma líder na filha e queria que ela assumisse essa responsabilidade pelo grupo.

Instalamos um deque no quintal, construído pelo meu irmão Larry, para servir de palco para as meninas. Ele comprou um guia de marcenaria em um sebo, ou pegou emprestado na biblioteca, e colocou sua mente de engenheiro para trabalhar projetando um palco da mesma forma que instalara o banquinho na nogueira-pecã quando eu era pequena. Larry assentou a fundação, então chamou alguém para ajudá-lo a colocar as tábuas e pregá-las. Exatamente como nossa mãe fazia — ela construiu nossos armários de cozinha depois que comprou um livro de marcenaria em uma venda de garagem.

Meu deque — e o palco das meninas — era lindo, e elas ficavam ali o tempo todo. As garotas queriam melhorar sua performance da mesma forma que atletas promissoras de suas idades descobrem que as horas passadas sozinhas na academia — desenvolvendo uma ética de trabalho que é tão vital quanto construir músculos — compensam quando chega a hora da competição. A quadra, o campo delas, era o palco. Mathew desenvolveu um "treinamento intensivo" de verão, que envolvia levá-las para correr ao longo da Baía de Brays. Ele as fazia cantar a corrida inteira para aumentar a potência pulmonar enquanto faziam a coreografia. Solange também participava, sempre querendo estar onde quer que a ação acontecesse.

Certa noite, Beyoncé e Kelly pareciam prestes a desmaiar no gramado quando voltaram de uma corrida extra ao longo da baía.

— Está pesado demais? — perguntei às meninas. Eu já havia feito essa pergunta antes, mas, naquele momento, isso parecia ainda mais importante.

Beyoncé olhou para mim como se *eu* fosse a louca.

O *Houston Chronicle* ligou para o salão em novembro porque queria enviar uma repórter e um fotógrafo à nossa casa para uma reportagem sobre como diferentes famílias celebrariam o Natal de 1990. Nós éramos a família Negra, e eu acabava atraindo os jornalistas por ser uma empreendedora da cidade. Ainda era outono, então Johnny tirou os enfeites de Natal do sótão para pendurar pela casa e fez vestidos de Natal para as meninas durante a noite.

Claro, eu estava atrasada para chegar à minha própria casa porque fiquei presa no salão. Mathew também estava trabalhando até tarde, então as meninas estavam lá com Johnny, que fazia o possível para ficar longe da repórter e do fotógrafo da equipe do *Chronicle*. A repórter elogiou os vestidos combinando das meninas, as saias xadrez vermelhas e verdes com camisas verde-azevinho.

— Foi o Johnny quem fez — Beyoncé e Solange responderam em uníssono.

— Sua casa é tão natalina.

— Foi o Johnny quem decorou.

—Ah, tem algo cheirando muito bem.

— Foi o Johnny quem cozinhou.

— Seus cabelos estão tão lindos, meninas.

— Foi o Johnny quem penteou.

— Vocês têm uma casa tão bonita.

— É o Johnny quem arruma.

Quando finalmente cheguei, antes de Mathew, a repórter se virou para mim:

— Já ouvi tudo sobre o seu marido, Johnny.

Eu ri.

— Na verdade, Johnny é minha *esposa*.

A repórter pareceu assustada. Pensou que isso significava que éramos um casal de lésbicas. Isso não constava em suas anotações.

— Não, não, não — eu me apressei para explicar. — Isso seria legal, mas estou brincando. Johnny é meu sobrinho.

—Ah — a mulher fez.

— Ele é realmente meu melhor amigo e faz todas as coisas que uma esposa faz para que eu possa trabalhar muitas horas por dia. Só posso fazer isso porque sei que minhas filhas estão sendo bem cuidadas.

Pouco depois que a reportagem saiu, Beyoncé, Solange e Kelly se reuniram em frente à TV para assistir a Whitney Houston cantar o hino nacional no Super Bowl de 1991. Fiquei tão encantada quanto as crianças — "da terra dos livres ao lar dos bravos; do zumbido que senti na cabeça aos arrepios nos braços". "The Star-Spangled Banner" não era para nós, mas Whitney fez com que fosse.

Quando ela acabou de cantar, Beyoncé disse em voz baixa, sem se gabar, nem mesmo sonhando, apenas afirmando um fato:

— Eu vou fazer isso algum dia.

Eu assenti. Pensei nas vezes em que sonhei alto com meus pais e como seu medo respondeu por eles.

— Sim, você vai — assenti. — Se você quiser, você vai, sim.

Enquanto Beyoncé dava o pontapé inicial para atingir esses objetivos, Solange estava começando a descobrir seus próprios dons. Eu estava muito consciente de que ela não se sentia ofuscada. Eu me lembrava de como as pessoas costumavam dar muita importância aos meus irmãos mais velhos. A boa aparência de Butch, o brilhantismo de Larry, o atletismo de Skip — as pessoas às vezes agiam como se eu apenas estivesse *ali*. Qualquer irmão mais novo poderia se sentir diminuído por um irmão mais velho, mas, no caso de Solange, havia o elemento adicional de sua irmã mais velha ser uma artista. Eu entendia isso, então sempre celebrava as diferenças das minhas filhas sem nunca compará-las.

Comecei a tirar as tardes de quarta-feira para ter um tempo sozinha com Solange. Como mãe, sei que é importante notar quando uma criança precisa de um pouco mais de atenção. O "Dia da Solange", como chamávamos, era um momento em que ela podia simplesmente *falar*. Porque aquela menina amava contar histórias e tinha a imaginação mais vívida de todas as crianças que eu conhecia.

Em uma dessas quartas-feiras, fomos à livraria depois da escola — com a capota do carro abaixada e o rádio ligado. Solange amava ler, e eu estava sempre procurando livros nos quais ela pudesse se ver nas histórias.

— Por que temos que ter este tipo de carro? — Solange perguntou. Ela era uma metralhadora de perguntas. Minha filha pensava muito sobre algo sozinha, chegava a todas essas conclusões e então — bum — começava a disparar todas as suas teorias.

— Você não gosta do nosso carro? — Olhei para o capô preto do Jaguar, que brilhava sob o sol do Texas.

— Bem, os Brown têm um Toyota Camry — ela declarou de forma objetiva.

Ó, Senhor, os Brown. Aquela era uma família imaginária que Solange havia criado. Eles eram a família ideal de qualquer criança: os pais trabalhavam no Chuck E. Cheese, o restaurante preferido das crianças, chegavam em casa no mesmo horário todas as noites, e o sr. e a sra. Brown cozinhavam o jantar juntos para seus quatro filhos. E então, aparentemente, eles também tinham um carro seguro e confiável.

— Um Toyota Camry? — eu disse. — Isso é muito legal. Nós temos um Jaguar. E é isso que funciona para a nossa família.

Mesmo com os olhos na estrada, eu podia sentir o julgamento penetrante que vinha do banco do passageiro.

No começo, eu ria dessas histórias, mas Solange levava tudo muito a sério. A coisa chegou ao auge quando ela não pôde ir a uma festa na piscina porque estava doente.

— Solange, você está resfriada — eu disse. — Você não pode ir.

Os Brown, ela me informou, a deixaram nadar quando ela estava doente.

— Eu não ligo para eles — afirmei, muito duramente. — De todo modo, eles são inventados.

O corpo inteiro da minha filha recuou. Ela parecia estar arrasada. Eu sabia que ela havia baseado os Brown em nossos amigos, os Creuzot. Minha melhor amiga Cheryl Creuzot tinha quatro filhos — um dos quais foi a inspiração para eu ter Solange. Sempre que tínhamos que sair da cidade durante a noite por conta das apresentações de Beyoncé e não podíamos levar Solange porque ela tinha aula, os Creuzot eram as pessoas em quem eu confiava para ficar com ela. Solange sempre voltava para casa falando sobre como eles eram uma família perfeita. Cheryl era dura com seus quatro filhos em relação às lições de casa de um jeito que eu nunca fui, e seu marido, Percy, ia ao supermercado com ela. Quando Cheryl entrava no Headliners para fazer o cabelo, Solange observava enquanto Percy se sentava e esperava ela terminar. Era extremamente diferente da maneira como nossa família operava com todas as nossas agendas individuais. Os Creuzot não precisavam de um tio Johnny para cuidar deles porque Cheryl estava trabalhando até tarde. Ao administrar seu próprio serviço de consultoria financeira, ela conseguia chegar em casa no mesmo horário todos os dias para verificar o dever de casa das crianças e estendia as mãos para fazer a oração na mesa de jantar exatamente às 18h01. Como os Brown — e não como nós.

Beyoncé amava a liberdade que nossa dinâmica familiar lhe dava, mas eu ainda não entendia o quanto Solange ansiava por uma estrutura prática. A vida lhe dera um Jaguar, e ela queria um Toyota Camry.

Perto da livraria, paramos em um semáforo e eu olhei para minha filha singular e única. Como já comentei, sempre procurei livros que mostrassem a ela algum personagem com o qual pudesse se identificar. Eu estava começando a perceber que Solange e eu ainda estávamos descobrindo quem ela era. Por fim, eu tinha uma ideia melhor do que fazer.

Quando chegamos à loja, levei Solange até uma gôndola repleta de cadernos. Abri alguns para ela, mostrando as páginas pautadas em branco — toda aquela estrutura para seus pensamentos pesados e já sábios, cada página nítida como um novo começo.

Eu disse a ela para escolher um para comprar e manter como diário.

— Dessa forma — eu disse —, você pode escrever sua própria história. Em suas próprias palavras.

O Girls Tyme estava ficando cada vez mais conhecido em Houston, tocando em grandes eventos, como o prêmio Sammy Davis Jr., em benefício da ONG

People's Workshop, e também na Black Expo. Kelly se lembra daquela como a primeira vez em que ela esteve no palco e pensou: "Nós vamos ser grandes".

Houve muitos pequenos momentos que pareciam ser a grande chance para o Girls Tyme. Em outubro de 1991, um produtor musical, Arne Frager, levou as meninas de avião para Sausalito, no norte da Califórnia, para gravar demos em seu famoso estúdio, The Plant, e começar a divulgar a banda. Mathew só teve que dizer às meninas que Frager havia produzido a música de Michael Jackson em parceria com Rockwell, "Somebody's Watching Me", para deixá-las animadas. Arne era gentil, com cabelos já grisalhos e uma filha que tinha a idade de Beyoncé. Conhecemos Arne por meio de Lonnie Jackson — um jovem compositor e produtor que era tão engraçado quanto talentoso. Lonnie nos fazia rir muito naquela época, trabalhando incansavelmente com o grupo para definir seu som inicial.

Levamos Solange porque não queríamos deixá-la em Houston. Enquanto o Girls Tyme trabalhava nas músicas, tínhamos que ficar de olho em nossa filha de cinco anos, uma andarilha confiante pronta para fugir a qualquer momento. Uma tarde, percebemos que Solange havia escapado por uma porta aberta.

Todos nós reviramos o estúdio, em pânico, convocando todo mundo a procurá-la nos corredores e no banheiro. "Solange! Solange!", gritamos. Havia uma última porta fechada para um dos estúdios. Entramos e a encontramos sentada em uma cadeira, sorrindo de orelha a orelha e sendo o centro das atenções enquanto dois rapazes que fumavam todo o estoque de maconha do Condado de Marin sorviam cada palavra dela.

— Oi — disse Solange, parecendo mais sonhadora do que o normal.

— Essa garotinha é uma viagem, cara — disse um dos jovens, sorrindo tanto quanto ela. Ele parecia ter dezenove ou vinte anos. — Ela está aqui conversando e dançando!

Era Tupac Shakur. Ele estava lá com Shock G. gravando com o Digital Underground, que as meninas estavam mais animadas para ver por causa de "The Humpty Dance".

— Ela é realmente especial — Tupac nos disse enquanto eu a empurrava porta afora antes que ela ficasse realmente chapada. — Vamos, Punkin!

Agarrei a mão de Solange enquanto ela se virava para dizer com sua doçura texana:

— Foi um prazer conhecê-los!

Quando Tupac ficou famoso, foi Beyoncé quem reconheceu o amigo de Solange. Não vi ninguém *tão* fofo no estúdio, mas ela se lembrava dele. Solange estava lá provavelmente contando ao Pac um monte de histórias sobre nós.

Arne consultou seus conhecidos, mas ele simplesmente não conseguiu um contrato de gravação para elas. Apesar disso, chegamos a organizar uma apresentação para olheiros, e Suzanne de Passe nos escreveu um bilhete depois. Ela não só ajudou a desenvolver as carreiras de Michael Jackson e do Jackson 5, como também foi a lendária presidente da Motown Records e o gênio por trás do *Motown 25*, um especial de TV que tínhamos gravado em VHS e a que nossas meninas cresceram assistindo. Ela foi extremamente profissional em sua mensagem, afirmando que "a garotinha" — ou seja, Beyoncé — deveria ter uma carreira solo, ou teríamos que reduzir o grupo para duas cantoras e uma MC, porque ninguém iria assinar com um grupo com tantas pessoas. Especialmente um que contava com duas dançarinas, quando nenhuma gravadora jamais haviam as contratado como membros integrantes de uma banda — elas atuavam apenas como freelancers para as apresentações. No entanto, as meninas eram amigas e tinham trabalhado duro, então não poderíamos fazer isso com elas. Rasguei o bilhete sabendo que seria doloroso para os outros pais e que poderia passar a mensagem para as meninas de que Beyoncé havia sido a escolhida.

Eu levei a crítica de Suzanne sobre os figurinos como uma lição. Eu as vestia com smokings de lantejoulas, que ela disse soarem velhos demais para as garotas, que precisavam ter uma energia mais descolada. Foi um lembrete de que elas ainda eram apenas crianças. As meninas eram muito talentosas, mas, na verdade, o problema se resumia ao fato de que elas tinham apenas dez anos de idade. Beyoncé era a pacificadora, a mãe que fazia reuniões para resolver todas as disputas de forma justa. LaTavia, a atrevida que falava pelas meninas, também era minha assessora — se eu estivesse muito atarefada, ela estaria lá para ajudar no que fosse preciso. Ashley era apenas um ano mais velha que as outras e já era tão sábia que as companheiras a admiravam. E a doce Kelly, a líder de torcida, mantinha o moral alto em qualquer situação.

Como Doris trabalhava muitas horas e muitas vezes não podia estar presente, comecei a ficar cada vez mais protetora com Kelly. Isso não significava lhe dar tratamento especial no grupo, mas estava sempre de olho nela.

— Você é uma princesa — eu dizia para Kelly quando estávamos a sós. — Nunca se esqueça disso.

24

O PÃO
DA VIDA

Verão de 1992

Por criar nossas meninas em um bairro de classe média, eu queria que elas conhecessem pessoas que tinham menos privilégios do que elas para que aprendessem a ter empatia pelos outros e se lembrassem das bênçãos que recebiam todos os dias. Queria que conhecessem todos os tipos de pessoas para que se importassem com elas. Ensinar os filhos a se preocuparem com outras pessoas — e a saberem que elas também são importantes, independentemente de onde venham — será um valor que ficará com eles. Mesmo em nosso bairro de classe média, a prefeitura havia construído uma casa de reabilitação, algo que nem sonhariam em fazer em uma vizinhança branca. No início de uma noite, Solange e eu estávamos regando as flores do jardim quando ouvi Beyoncé na esquina de casa conversando com as crianças dos arredores. Eram os filhos e os netos de juízes e médicos, e eles repetiam como papagaios algumas coisas que seus pais diziam.

— Bem, moradores de rua são viciados em drogas e alcoólatras — disse um deles. — Eles são desonestos ou preguiçosos.

Esperei que Beyoncé rebatesse aquele discurso. Que dissesse: "Não, isso não é verdade". No entanto, ela ficou em silêncio.

A mangueira caiu.

— Solange, venha, porque você precisa ouvir isto também — chamei minha filha mais nova.

Eu apareci bem ali na esquina como uma bruxa sábia em um conto de fadas:

— Gente, nem todo mundo que é sem-teto é vagabundo. Algumas pessoas são educadas ou simplesmente mais inteligentes do que vocês imaginam, e nós temos sorte, mas muitas pessoas não podem pagar por uma moradia, mesmo se tiverem um emprego. O sistema está agindo contra elas, então não vamos chutá-las enquanto elas estão caídas. Lembrem-se de que, se não fosse pela graça de Deus, eu poderia ser uma delas. *Nós* poderíamos ser eles.

Todos me olharam como se eu fosse louca.

Então, Deus deu a lição de que minhas filhas precisavam. Em um domingo logo depois desse dia, em 1992, estávamos em um adorável culto na Windsor Village, a megaigreja metodista que frequentávamos há anos. Nós amávamos aquele templo — eles tinham o melhor coral da cidade e o melhor pregador.

Foi durante seu sermão que recebemos o Chamado.

— Recebemos uma igreja no centro da cidade — informou o pregador. — E precisamos que vocês a ocupem. Então, as famílias que mencionarei agora devem nos deixar pela oportunidade abençoada de fazer parte da comunidade no centro da cidade. — Ele começou a chamar várias famílias, começando com a Knowles. — Gostaríamos que vocês, essas dez famílias, ocupassem a igreja.

Fiquei de coração partido. Eu amava a Windsor Village e ser expulsa para aquele novo lugar, a St. John, dava a impressão de que estávamos sendo exilados. A Igreja Metodista ofereceu à nossa congregação um templo semiabandonado no centro da cidade, frequentado apenas por nove pessoas brancas. Aquela igreja tinha meio que morrido, e nós deveríamos dar a ela uma nova vida, com a missão de pregar para os moradores de rua da comunidade perto da igreja. Essa passou a ser também a nossa missão.

A igreja em si estava um completo caos, mas todos nós nos reunimos e a pintamos. Fomos inspirados pela incrível ética de trabalho e fé dos copastores Rudy e Juanita Rasmus, que fundaram a missão de St. John e iniciaram o programa Pão da Vida para alimentar as pessoas em necessidade.

O lugar mais sagrado da igreja era a sala de jantar, um lugar para uma refeição familiar.

A cada dois domingos, eu voluntariava as meninas para servirem comida nessas refeições. Normalmente, nós íamos direto para a cafeteria Luby's depois do culto. Eles faziam os melhores macarrão com queijo e pão de milho com jalapeño — uma comida boa e repleta de afeto, como feita por uma mãe que sabia que os filhos estavam chegando. Solange e Beyoncé sempre pediam bife Salisbury.

— Agora só almoçamos depois de duas ou três horas depois da igreja — queixou-se Beyoncé. — Não é justo.

Entretanto, expliquei às meninas que aquela era a missão que nos havia sido dada. Conforme as semanas se passaram, elas começaram a servir aos mais necessitados e aprenderam a lição, vendo e *conhecendo* famílias sem-teto e crianças que se pareciam com elas. Elas tiveram a oportunidade de tratá-los com dignidade.

As coisas que as meninas aprenderam na St. John as acompanharam pelo resto da vida. Beyoncé usou seu senso de ordem para dividir as refeições a fim de que ninguém se sentisse enganado. Solange subia em um banquinho para distribuir o pão porque queria olhar todos nos olhos. Quando Angie passava os verões conosco, ela também nos ajudava na igreja. Enquanto serviam as refeições, as meninas também estavam com fome, mas apertavam as mãos das pessoas e conversavam enquanto *elas* comiam. Eu queria ensiná-las que ser rico não tinha absolutamente nada a ver com o que havia em nossa conta bancária. A verdadeira riqueza era medida na capacidade de compartilhar bênçãos, sentir a honra de alguém deixar você cuidar dele e permanecer grato por ter algo para dar.

Ainda havia mais que eu poderia fazer. Fui até os pastores Rudy e Juanita Rasmus com a ideia de oferecer serviços gratuitos no Headliners às mulheres que atendíamos. Eu conhecia o poder da autoestima. Decidi convidar cerca de nove ou dez a cada quarta-feira e fiz questão de não isolá-las ou fazê-las vir depois do expediente. Nossas novas estagiárias cuidariam delas, não porque eu achasse que seu tempo fosse menos valioso, mas para que elas conhecessem a cultura do Headliners. Caso não tratassem essas mulheres com dignidade, eu sabia que elas não mereceriam estar no meu salão.

Todas as quartas-feiras, as mulheres que conheci por meio da St. John iam ao Headliners e ficavam entre as advogadas e executivas, pessoas que as inspiravam e, às vezes, até mesmo as ajudavam a se reerguer. As profissionais que vinham ao Headliners tinham conhecimento e contatos — elas podiam ajudá-las a preencher formulários para ter acesso a serviços públicos e sabiam de empregos que poderiam estar disponíveis.

— Escutem, se vocês têm roupas que não estão usando — eu pedia as minhas clientes —, compartilhem com as meninas da St. John, porque elas precisam ir a entrevistas de emprego.

E eu adorava conectar mulheres a essas oportunidades. Eu sempre perguntava: "Quais de vocês estão procurando trabalho?". Eu fazia de tudo para conhecer essas mulheres, listava seus pontos fortes e as áreas nas quais eu achava que elas poderiam trabalhar. E, para as minhas clientes executivas, eu indagava: "Vocês conhecem alguém que tenha alguma uma vaga aberta ou que possa ajudar as garotas da St. John?".

Isso era networking da maneira clássica, algo que quem cresceu como eu, pobre e sonhadora, entende perfeitamente. Quando alguém precisava de um emprego, você conversava com as pessoas sobre isso e as preparava para a entrevista, porque tudo é muito diferente quando não se tem os recursos do mundo exterior. Nem todo pai tem um amigo para quem ele pode ligar e dizer: "Você pode conseguir um estágio para meu filho no verão?" ou "Bem, você pode ajudar meu filho a entrar na Ucla?". É isso que as pessoas pensam que é networking nos dias de hoje, mas nós fazíamos networking de uma maneira diferente, e era como uma forma de sobrevivência. Eu sabia exatamente o que era ter que ser criativo. Como responder à velha questão: "Como posso fazer isso sem dinheiro?". Eu era aquela garota de Galveston; eu era aquela mulher que juntava duas pessoas no Headliners; e eu sou aquela mulher que escreve para você agora.

Sou muito grata por cada obstáculo na minha vida que se transformou em um presente. É assim que Deus trabalha. Às vezes, não entendemos, mas Ele está nos dando coisas que ficarão para sempre à nossa disposição para utilizá-las quando for necessário.

. . .

Como um projeto paralelo do Headliners, Mathew e eu começamos a editar uma revista chamada *Hair International*. Isso foi antes da internet, então a maneira como donos de salões e cabeleireiros se encontravam era por meio da mídia impressa. Eu queria publicar minha própria revista em tamanho grande e papel brilhante, dedicada a mulheres Negras e tendências de cabelo.

Batemos pernas pedindo para as pessoas investirem, geralmente cerca de mil dólares cada, e Mathew e eu colocamos por volta de 25 mil dólares do nosso próprio dinheiro. Eu localizava algum grande estilista em outra cidade — especialmente Atlanta, Washington e Nova York —, ligava para ele do Headliners e o convencia a fazer uma sessão de fotos de cabelo, o que a maioria deles nunca havia feito antes. Eu dava a eles diretrizes sobre como obter a luz certa e estar perto o suficiente para mostrar textura e detalhes. No entanto, muito do meu tempo foi gasto falando com mulheres para que entendessem que seu trabalho era digno de ser documentado. Naquela época, esperava-se que os profissionais de beleza ficassem nos bastidores. Foi uma mudança de vida para alguns deles ouvirem: "*Você* é uma artista. Vamos deixar que as pessoas saibam quem você é".

Eu não sabia o que estava fazendo, mas fiz mesmo assim. Eu queria uma impressão em papel grosso e bonito, com fotos grandes e coloridas, e a publicação foi muito bem-sucedida. Cobramos 25 dólares por cópia quando a apresentamos em feiras de beleza como a Bronner Bros., a principal feira de cabelos Negros, que atraía milhares de pessoas para Atlanta.

Após a primeira edição da *Hair International* ter sido um sucesso de vendas, estilistas e salões de todo o mundo estavam enviando pedidos para participarem das matérias. Isso os ajudou a aparecer na revista, o que me orgulhava, mas produzi-la era tão caro que só podíamos lançar duas edições por ano. O problema era que Mathew e eu percebemos que tínhamos sido obrigados a mergulhar de cabeça no ramo da logística. Enviávamos as revistas para as feiras — realizadas em locais como Nova York, Tennessee ou qualquer lugar onde os grandes eventos acontecessem — e tínhamos que enviar enormes displays de metal para exibi-las. Eram tão grandes quanto divisórias de ambiente, e, claro, esperávamos até o último minuto para enviá-las, então o frete consumia todo o nosso dinheiro. Logo, percebemos que estávamos tendo *prejuízo*. A revista era um ralo para as nossas finanças. Eu queria parar a publicação, mas Mathew estava muito entusiasmado com ela. Era outra de suas obsessões que eu não entendia completamente.

Então, eu me concentrava no Headliners, trazendo nossas filhas comigo para ajudar quando não estivessem ensaiando. Mesmo no salão, elas se apresentavam e tinham um público cativo. As mulheres às vezes aplaudiam, outras vezes não. Afinal, é preciso se acostumar com todos os tipos de público. Uma vez ou outra, quando elas ainda estavam por perto, uma cliente fazia uma pergunta duvidosa, feita para nos dar uma visão de realidade. Elas poderiam estar falando sobre a jovem cantora Brandy e dizer:

— Quando vamos ver *sua* filha fazendo isso? Ela ainda está naquele grupinho vocal?

Posteriormente, quando elas fizeram sucesso local, a questão evoluiu para:

— Quando verei aquele grupinho de cantoras fazer algo grande em Houston?

— Elas já estão se apresentando em alguns lugares — eu dizia, mais para as meninas ouvirem do que para a cliente.

Finalmente, alguém perguntou:

— Elas ainda estão fazendo coisas só em Houston? Quando sua filha vai aparecer na TV?

Imagine como me senti quando tive uma resposta.

— Bem, você vai vê-las no *Star Search*.[*]

---

[*] Programa de talentos bem popular apresentado por Ed McMahon que foi ao ar na TV norte-americana de 1983 a 1995. (N. E.)

1 Odilia Broussard Derouen

Eugene Gustave Derouen 2

Meus avós maternos

e minha bisavó

3 Célestine Joséphine Lacy

Meus avós paternos

Amelie Oliver Boyancé, Alexandre Boyancé 4

Agnes Buyince

Agnes Buyince

Mamãe e papai na juventude

Lumis Buyince

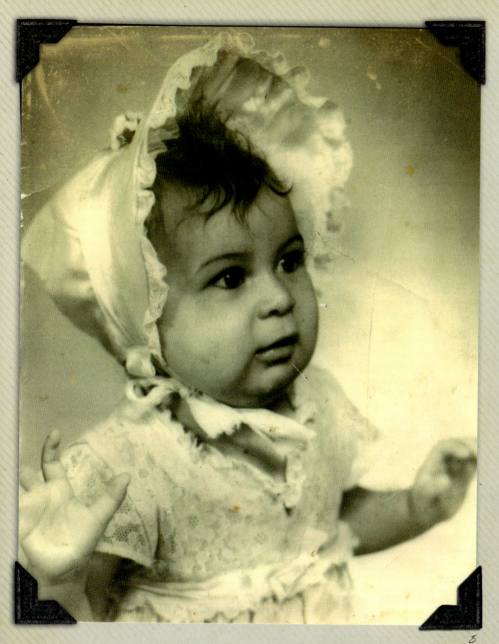

Bebê Celestine com a touca feita pela mamãe

A criação de Tenie B. Encrengueira

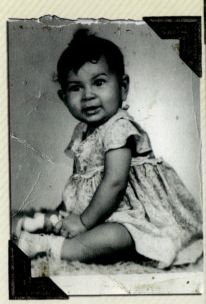

Larry, Skip, Tommie e Ronnie, c. 1960

Larry, Butch, Skip e Florence, c. 1960

Johnny e Lucy: melhores amigos por toda a vida

Butch, c. 1971

Flo, c. 1960

Admirando minhas irmãs e meus irmãos . . .

Skip, c. 1967

Mervin, c. 1949

Selena, c. 1954

Larry, c. 1966

Tina, Gail e Polly, c. 1969

O ensaio das Vettones: nós sabíamos cantar!

Rainha Afro

25

O dia em que fui presa por aquele policial de Galveston

Tina e Denise, c. 1970

Larry e Lydia (minha mentora), c. 1964

Elouise e Tina, c. 1967

Nós éramos ricos em sorrisos naquela época...

Tina, c. 1972

30

31

32

Para sempre uma deusa da praia

Mamãe sempre dizia: "Beleza não é tudo. O que importa são suas atitudes."

Sempre foi sobre ser estilosa

Mamãe Lou Helen e Mamãe Agnes

Sr. e Sra. Knowles

e

nossas amadas Matriarcas

39

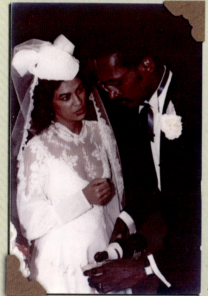

Nosso casamento,
5/1/80

40

41

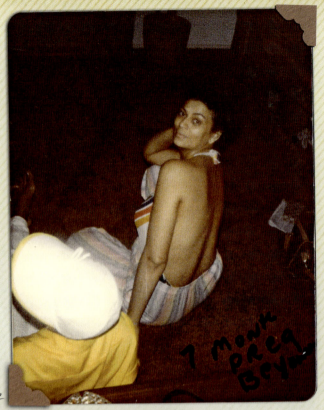

7 month preg Bey.

Grávida do nosso futuro . . .

a derrota é o combustível

Novembro de 1992

A DERROTA NO *STAR SEARCH* HOJE FAZ PARTE da auspiciosa história da origem do Destiny's Child. Entretanto, naquele dia de novembro, tratava-se apenas de seis garotas animadas na Flórida que se preparavam para participar de um programa de TV pelo qual eram obcecadas. Elas assistiam ao *Star Search* juntas toda semana, dando notas aos participantes como se fizessem parte do júri e decidindo quantas estrelas — de uma a quatro — cada candidato merecia. Arne Frager havia conseguido aquela participação pensando que seria uma vitória fácil e uma plataforma de lançamento para o Girls Tyme se tornar conhecido nacionalmente e conseguir um contrato. Nós gravaríamos no início de novembro e depois ficaríamos em silêncio sobre os resultados até que o episódio fosse ao ar em fevereiro.

Lonnie e os outros adultos realmente as pressionaram para que escolhessem uma música hip-hop que abrisse com um rap. Mathew, por sua vez, sentia fortemente que elas deveriam fazer uma balada, "Sunshine", que destacasse os vocais. Sua sugestão, no entanto, foi rejeitada.

Assim, nossas garotas — "as rappers do Girls Tyme", como o apresentador Ed McMahon as anunciou — competiam contra os campeões, que retornavam ao programa. Era um grupo de caras brancos de trinta e poucos anos chamado Skeleton Crew — que se tornaria famoso apenas por conseguir quatro estrelas perfeitas contra as três do Girls Tyme.

Quando a gravação terminou, Mathew foi até Ed McMahon.

— Você sabe por que as meninas não ganharam? — ele quis saber. — Você pode dar algum conselho a elas?

Ed disse que elas eram muito jovens, o que era verdade, e que ainda tinham muito o que aprender. Ele citou também uma lista de pessoas que foram derrotadas no *Star Search*, mas continuaram a fazer grandes coisas.

— Aqueles que chegam lá, ganhando ou perdendo, não desistem.

Essa foi exatamente a inspiração que Mathew precisava para iluminar as meninas e a si mesmo. Ele considerou a derrota um passo na direção certa:

— Não se preocupem com isso. Vamos voltar para casa, ensaiar e melhorar. Vamos usar o que aconteceu aqui na Flórida como combustível.

Mathew viu a derrota no *Star Search* como um sinal de que ele precisava se fazer ouvir — ele não seria derrotado em algo tão importante quanto a escolha de uma música. Meu marido precisava assumir o papel de coempresário, não apenas de pai que fazia o trabalho de um coempresário.

Não demorou muito para que Mathew viesse até mim com outra decisão. Ele iria deixar seu emprego corporativo e dedicar sua vida a administrar o grupo. Ele ainda não havia pedido demissão, mas era como qualquer outra decisão que ele tomava: uma vez que tivesse colocado aquela ideia na cabeça, ele já considerava a coisa feita.

Eu fui igualmente clara:

— É a sua vida e eu não vou discutir com você, mas estou com receio. Você ganha muito dinheiro. Como vamos nos manter?

— Ah, o salão está bombando. E vou ajudar você a administrar o Headliners porque podemos ganhar muito mais dinheiro lá.

Mathew trabalhou no salão por um tempo, mas não deu certo. Primeiro, aquele era meu espaço, e não gostei das mudanças que ele queria implementar, mesmo que estivesse certo. Ele corretamente apontou que eu usava produtos muito caros, mas isso não se refletia no preço do serviço. Eu teria que usar um material mais barato — o que nenhum de nós queria fazer — ou aumentar os preços — que passaram a ser os "nossos" preços.

— Não são só os produtos, Tina — ele completou. — Você está cobrando os mesmos preços que outros lugares que não servem vinho. Que não oferecem o serviço que você oferece e não atendem as pessoas em quinze minutos.

Sem me perguntar, Mathew teve a ideia de cobrar de cada cliente uma taxa de serviço de dois dólares como uma forma de aumentar um pouco a receita. Ele escreveu uma carta e imprimiu uma cópia para cada cliente, entregando-a dobrada cuidadosamente em um envelope quando elas chegavam ao salão. Eu as observei lendo e notei o quanto ficaram irritadas. Entretanto, aquilo era mesmo necessário e manteve as finanças do salão no azul sem que tivéssemos que aumentar os preços. As ideias de Mathew para o crescimento do negócio não estavam erradas, mas nossos estilos de comunicação colidiam, e eu me importava com as pessoas tanto quanto com o resultado final. Finalmente, eu lhe disse:

— Você precisa deixar o salão. Concentre-se nas meninas.

Consegui o que queria, mas, a partir dali, todo o nosso sustento dependia unicamente de mim. E não no tocante à família, mas ao grupo e às esperanças das meninas. Não ajudou que Mathew ainda gastasse como se tivesse um salário de seis dígitos. Quando o celular foi lançado, ele gastou 2 mil dólares ao deixar as crianças pegarem o telefone para ligar para todos os amigos. Eu o encontrava com elas sentados na entrada da garagem ligando só para dizer aos amigos que estavam usando um celular.

Com essa grande mudança em nossas vidas, houve também mudanças no grupo. A mãe de Ashley decidiu que seria melhor ela seguir em carreira solo, e todos ficaram tristes em vê-la partir. As irmãs dançarinas Nikki e Nina também saíram.

Isso fez com que o Girls Tyme passasse a ser formando por Beyoncé, Kelly, LaTavia e uma nova integrante, a colega de turma de Beyoncé, LeToya. Além de conseguir atingir lindas notas altas, LeToya era a criança mais engraçada com quem eu já tinha convivido e fazia ótimas imitações.

E, é claro, também havia Solange, que, aos sete anos, vivia em um constante estado de empolgação. Sua mente trabalhava sem parar enquanto assistia os ensaios das meninas que ainda eram realizados em casa todos os dias. Ela dava opiniões sobre as coreografias e, sim, entregava logo quem

matriarca 291

quer que estivesse desafinando. Eu estava na cozinha e não era raro ouvir uma das meninas reclamar de forma áspera:

— *Fica na sua*, Solange.

A resposta de Beyoncé para manter a paz era mandar Solange dar o fora:

— Sai daqui, Solange.

Entretanto, para onde Solange poderia ir? Aquela era a sua casa e a sua infância também.

26

TRÊS IRMÃS

Verão de 1993

Há um vídeo caseiro que perdemos em uma mudança, e dói meu coração só de pensar nisso. É de Solange aos sete anos na noite em que ganhou o mesmo prêmio no People's Workshop que sua irmã havia ganhado por volta da mesma idade. Ela cantou "I Love Your Smile", de Shanice, com um vestido feito por mim acompanhado de *leggings* fofas e de um cinto de *strass* que era meu. Ela completou o visual com óculos de gatinho também de *strass*, algo muito inesperados e tão *típico dela*, mesmo naquela época. Eu achava que Solange era muito jovem para competir, mas ela queria enfrentar as crianças mais velhas. No final, enquanto Shanice canta "Go, Branford, go" ["Vai, Branford, vai"], em resposta ao solo de saxofone de Branford Marsalis, Solange mudou a letra para "Go, judges, go" ["Vão, juízes, vão"]. Ela os encantou, não apenas vencendo a noite, mas sendo ovacionada de pé.

Solange foi convidada para repetir a apresentação no Astro World, que tinha um enorme anfiteatro frequentado por artistas consagrados. O show do People's Workshop havia sido para cerca de quatrocentas pessoas, mas daquela vez Solange se apresentaria ao ar livre para provavelmente algumas milhares de crianças. Os organizadores tiveram que montar uma pequena plataforma para ela cantar e dançar, porque o palco era muito alto, e eles queriam que todos pudessem vê-la.

Eu já tinha ido a shows lá antes e fiquei com medo pela minha filha.

— Isso é grande *demais*. — E eu não me referia apenas ao público, mas à intensidade do poder estrelar que aquela garotinha teria que emitir.

— Ela vai ficar bem. — Mathew me acalmou. — Ela vai mandar bem e aproveitar cada momento que passar no palco.

Naquele dia, eu vi aquela menininha se tornar gigante e não dar à multidão outra opção a não ser enlouquecer. Ela passou para outro nível, bem ali diante dos nossos olhos. Ela arrasou e, mais importante, ela *amou*.

Depois de toda a comemoração e de narrarmos para ela todos os seus movimentos e as reações da multidão, fui para a cama inquieta porque ela havia passado para *outro nível*. A verdade é que eu *não queria* que Solange fosse uma artista. Eu vi as desvantagens do negócio, principalmente o fato de achar que Beyoncé e Kelly perderam muitas coisas que deveriam ser naturais para uma criança, como não ter que se preocupar tanto com as coisas ou prestar atenção no que diz. Ser apenas crianças e nada mais.

Eu queria isso para Solange. Ela e eu passamos todo aquele tempo nos bastidores dos lugares onde as meninas se apresentavam, com a adrenalina finalmente diminuindo porque chegamos a algum lugar na hora. As pessoas passavam por nós, e eu segurava Solange perto de mim enquanto ela observava as garotas no palco.

— Você pode ser o que quiser — eu dizia a ela ali nos bastidores. — Você tem as notas, você tem a inteligência, você tem a personalidade, você tem tudo o que é preciso para ter uma vida realmente feliz. E não fazer *isso*.

Eu fui clara: aquela não era a *minha* primeira escolha para Solange. O pai dela sempre encorajou seu interesse, mas tentei ao máximo afastá-la do mundo do entretenimento. Conforme Solange crescia, suas atividades e hobbies eram tão variados que eu sentia que ela poderia escolher qualquer caminho e ter sucesso.

— Você tem tantos amigos e outras coisas que pode fazer — eu lhe dizia. — Você pode ir para a faculdade e ser livre. Não precisa de todas essas pressões.

Porém, como já mencionei, essa escolha não era minha. Era dela.

• • •

Senti uma divisão crescendo entre Solange e Beyoncé. Era esse o jeito das irmãs: as meninas tinham sete e quase doze anos, e qualquer pai ou mãe de meninas com uma diferença de idade de cinco anos como as minhas pode contar sobre aquela época em que a mais velha começa a querer ser mais independente. Isso é um choque para a mais nova, que literalmente passou a vida na presença da irmã. Quando a porta bate, pode realmente machucar a irmã mais nova. E Solange não era um anjinho — ela era uma bagunça. Ela agitava as coisas o tempo todo, como qualquer outra irmã mais nova.

Solange estava cultivando seus dons e eu achava que ela poderia se sentir eclipsada antes mesmo de começar a fazer o que a fazia feliz. Eu também queria que Beyoncé estivesse mais ciente de como suas ações afetavam sua irmã. Sim, ela era motivada, e isso era louvável, mas essa motivação não conseguia bloquear todas as suas responsabilidades. Eu queria que minhas filhas crescessem próximas, para que, quando fossem mais velhas, continuassem sendo irmãs não apenas em relação ao sangue, mas como melhores amigas.

Procurei um terapeuta especializado em psicologia infantil. Eu tinha lido o suficiente para saber que não havia nada de errado em valorizar a saúde mental, mas, quando mencionei isso a certos membros da família, eles me disseram abertamente que era um erro.

— *Você vai fazer* com que elas fiquem loucas, porque são muito jovens para esse tipo de coisa — um dos meus irmãos me repreendeu.

No entanto, eu havia, na verdade, trazido essa questão para tentar ter uma conversa sobre nosso próprio relacionamento como irmãos e nossa história juntos.

Era importante para mim que o terapeuta fosse Negro, e encontrei um homem gay gentil e com uma habilidade especial para se comunicar com crianças. No entanto, não havia nenhum presente que eu desse para Beyoncé a fim de que ela frequentasse a terapia, pois ela não gostava de falar. Mas Solange *amava* a terapia porque era uma oportunidade para falar sem parar. Ela se identificou com o psicólogo infantil imediatamente e esperava ansiosa pela terapia toda semana. O psicólogo tinha um pequeno consultório no distrito de Kirby, em Houston, e eu ficava sentada na pequena sala de espera enquanto as meninas conversavam com o terapeuta. Mais tarde, ele discutia as conversas comigo sem invadir a privacidade delas.

Por mais que Beyoncé não gostasse da terapia, eu vi as maiores mudanças em minha filha mais velha. Ela estava muito mais sensível e protetora com Solange. Outra alteração notável aconteceu durante os ensaios. Solange ofereceu conselhos sobre um passo, e uma das garotas gritou com ela.

— Não fale assim com a minha irmã — retrucou Beyoncé imediatamente. — Solange, venha aqui e nos mostre o passo.

Solange fez exatamente o que a irmã pediu, e foi uma boa observação. No entanto, mesmo que não tivesse sido, Beyoncé mostrou respeito e gentileza com a irmã. Aos oito anos, Solange começou a criar passos para o grupo, explicando:

— Vocês deveriam fazer assim porque como estão fazendo não está funcionando.

É claro que ela não acertava todos os passos, mas o suficiente para ganhar o respeito de todas ali e que seguissem o olhar de Solange enquanto ela examinava cada artista, esperando para ouvir seu veredito.

Uma vez que tivemos as ferramentas para ajudá-las a antecipar e trabalhar os problemas de rivalidade entre irmãs, Beyoncé parou de fazer terapia, mas Solange continuou. Às vezes, ela e o terapeuta conversavam enquanto tomavam sorvete que ele trazia para ela, e Solange levava seu diário para repassar alguns de seus sentimentos. Escrever já havia se tornado um lugar onde ela podia expressar suas frustrações e, então, descobrir uma maneira de expressá-las com o psicólogo.

Após uma das sessões, descobri que Solange havia escrito: "Que tipo de mãe deixa você matar aula?". Isso era sobre os Dias da Praia. O terapeuta perguntou como eu me sentia sobre Solange dizer aquilo a meu respeito, e eu fui honesta: não foi ótimo, mas era direito dela fazer aquela pergunta. À medida que nos aprofundamos no assunto, ficou claro que parte do sofrimento de Solange em relação ao fato de eu deixá-las matarem aula era que ela achava que eu não valorizava sua educação. Isso não poderia estar mais longe da verdade, no entanto, eu também nunca fui aquela mãe séria que exigia que minhas filhas tirassem sempre dez. Eu era a que dizia: "Faça o seu melhor".

Solange ainda era muito jovem, e eu confiei nela para encontrar sua paixão e pensei que estivesse fazendo a coisa certa ao lhe dizer: "Você pode fazer qualquer coisa a que se propuser". Com as sessões de terapia, percebi que Solange não entendia que eu realmente queria dizer *qualquer coisa*. Ela queria o que outras crianças tinham: ideias concretas e uma orientação que a estimulasse a entrar na faculdade.

— Se você quiser ir para a universidade, eu definitivamente estarei aqui para apoiá-la — eu disse. — Mas vou ser honesta com você, Solange, ter um diploma superior não é tão importante para mim. Você é.

Aprendi a lição. Um dia em que Solange visitou o salão, fiz questão de fazer perguntas a mulheres de diferentes profissões sobre suas carreiras e que tipos de educação abriram portas para elas. Solange absorveu todas as jornadas daquelas mulheres — mais tarde, chamou-as de sua tribo —, e elas a orientaram, investindo suas histórias em seu futuro.

Meses se passaram, e então houve uma manhã de domingo em que ouvi Solange e Beyoncé cantando juntas, e percebi que já fazia um tempo que isso não acontecia. Andei na ponta dos pés em direção ao quarto de Solange, com medo de que minha presença quebrasse o feitiço. Eu podia vê-las sentadas na beirada da cama. Beyoncé segurava a mão de Solange em seu colo. Ambas tinham os olhos fechados enquanto cantavam em harmonia.

No início do verão de 1993, a mãe de Kelly, Doris, veio até nós com um problema. Ela tinha começado a trabalhar com uma nova família branca, e eles não só não queriam que Kelly morasse na casa deles, como também não se sentiam confortáveis que os filhos deles estivessem no carro quando ela levava Kelly para nossa casa no Terceiro Distrito. Sentimos que não queriam que os filhos fossem para o nosso bairro Negro. Houve alguma discussão sobre como nós, como um grupo, poderíamos cuidar de Kelly, deixando-a ficar conosco e levando-a de um lado para o outro. Para mim, a resposta era clara.

— Doris, por que você não deixa a Kelly ficar aqui durante o verão?

Não sabíamos que aquele verão se transformaria em seis anos e, depois, Kelly faria para sempre parte de nossa família do coração. Doris estava grata, mas eu também — Beyoncé estava *muito* feliz por ter Kelly por perto. Quando ela se mudou, Beyoncé dividiu o quarto com ela, e o vínculo entre as duas se tornou ainda mais profundo.

Lidamos com dores de crescimento naquele verão. Eu fazia de tudo para compensar Kelly pelo que estava acontecendo e ajudá-la a se ajustar. No jantar, eu dizia:

— Kelly, você pode ficar com o último pedaço de frango.

Solange, então com seis anos e dona de um olhar atento de escritora, aproveitava o momento para expressar seus sentimentos:

— Sabe, você simplesmente dá tudo pra Kelly. Não fica irritada com ela. Kelly sempre escapa de tudo sem sofrer nenhuma consequência.

Solange e Kelly às vezes brigavam, mas eu nunca vi Bey e Kelly se desentenderem. Mesmo com as outras garotas do grupo, Beyoncé naturalmente discutia, mas nunca com Kelly. Naquele agosto, no entanto, algo aconteceu: era hora de comprar roupas novas para a escola, e eu ainda não tinha certeza de como Doris se sentiria sobre eu comprar roupas para Kelly ir ao colégio. Não era segredo que eu estava pagando por muitas das coisas dela, mas eu estava ciente de sua posição como mãe e nunca quis ultrapassar os limites.

— Você precisa dividir suas roupas com a Kelly — eu disse a Beyoncé em particular.

— Bem... — Ela usou seu melhor tom de negociadora. — Eu realmente não quero dividir minhas roupas.

— Bem — ironizei —, você vai ter que compartilhar algumas das suas coisas.

— Eu vou dar as minhas roupas para ela. — Beyoncé ainda é assim: ela lhe dará a camisa que estiver usando, e, quando fizer isso, você poderá ficar com ela.

O verão passou e Kelly continuou conosco. Nossa casa se tornou a dela. Solange e Beyoncé eram suas irmãs, e ela se tornou nossa filha. Como "Tia Tina", eu nunca tentei substituir Doris, apenas fiquei ao lado dela, apoiando a nossa Kelly. Em algum momento, com o passar dos anos, Kelly começou a chamar Mathew de "pai", como suas irmãs faziam. Ela sempre foi uma criança muito sensível e doce, e isso diz muito sobre o relacionamento delas, pois Beyoncé não confessou a Kelly que era difícil para ela ouvir isso no começo.

— Ela está chamando meu pai de "*pai*" — Beyoncé me disse quando estávamos sozinhas no carro. — E eu não gosto disso.

Nós conversamos, e eu estava orgulhosa que minha garota quieta e complacente pudesse explorar seus sentimentos honestos sobre o que estava acontecendo. Eu lhe expliquei que Kelly ver Mathew como uma figura paterna não o afastaria dela, assim como Kelly não fez Solange e Beyoncé serem menos irmãs. Foi um ajuste, e ela aceitou minhas palavras e até mesmo começou a gostar de compartilhar seu pai. Há uma longa tradição de famílias Negras segundo a qual elas se expandem para incluir pessoas conforme as exigências da necessidade e do amor, e nós éramos exatamente assim.

Anos depois, quando Kelly tinha 18 anos, tivemos uma conversa sobre como nós duas sempre demos espaço para que Doris — que ela chamava de "mamãe" — fosse sua mãe, mas eu poderia ser sua mãe também. Kelly então começou a me chamar de Ma, e eu fico continuamente surpresa e grata a Deus por nos dar esse presente de Kelly.

Solange continuou com a terapia, e fiquei aliviada por ela ter um lugar seguro para falar sobre todos os seus sentimentos. Quando ela tinha oito anos, vez ou outra seu terapeuta tinha que cancelar consultas porque estava doente. Ele começou a parecer mais magro, com o rosto esticado. A fraqueza de seu corpo fazia com que as sessões atrasassem, embora seu espírito compensasse a espera.

E, então, recebemos a notícia de que o terapeuta de Solange havia sido hospitalizado e morreu rapidamente de aids. Não havia como não ser traumático para uma menininha que estava no terceiro ano do ensino fundamental perder aquele homem doce que ouvia cada palavra que ela dizia sem julgamentos. Ela entrou em uma depressão que caiu como um inverno sombrio sobre todos nós. Seu despertar foi lento, pesado, com pausas e recomeços.

Mesmo antes desse momento difícil, Johnny e eu estávamos nos distanciando. Isso aconteceu por causa do novo namorado dele, que também havia se mudado para o apartamento dos fundos. Eu não confiei naquele homem nem por meio segundo — ele falava loucuras para o Johnny, porém dizia coisas o suficiente perto de mim que me levavam a acreditar que ele era um traidor. Eu achava que Johnny estava acomodado porque se sentia muito solitário depois que Peanut se foi.

Com a morte do terapeuta de Solange ainda fresca na minha mente, fiquei preocupada com o fato de Johnny estar com alguém que eu achava que poderia colocá-lo em risco de contrair HIV.

— Esse cara não é a pessoa certa — eu disse a Johnny. — Acho que ele é promíscuo.

Essa era uma palavra carregada, envolta em moralidade. Meu primo sempre foi um cara de um homem só, e seu namorado estava dormindo com outras pessoas por aí. Eu não achava que adiantaria alguma coisa Johnny conversar com ele por segurança. Johnny simplesmente continuaria aceitando aquele comportamento, mas eu, não.

Doeu em Johnny que eu não suportasse aquele homem, e tivemos uma briga. Não demorou muito para que ele me dissesse que iria se mudar. Ele começou a trabalhar para minha velha amiga Marlene, com quem fiquei quando Solange era recém-nascida. Eles se tornaram inseparáveis, e admito que essa proximidade me causou alguns sentimentos. Johnny ainda nos visitava o tempo todo, ele amava as crianças, mas não éramos tão unidos quanto antes.

Eu estava lidando com a perda da minha alma gêmea, esperando que fosse temporária, quando o fundo do poço caiu sobre mim. Mathew e eu fomos atingidos por uma enorme quantidade de impostos que mudaria tudo. Estávamos cuidando de muitas pessoas para decepcioná-las; não queríamos deixar transparecer que as coisas estavam difíceis. Acabamos nos envolvendo em um processo de penhor fiscal e tivemos que pedir falência. Isso nos obrigou a vender a casa dos nossos sonhos em Parkwood.

Eu sempre tive a certeza, assim como muitos Negros em Houston, que ficaria no Terceiro Distrito. Enquanto eu observava todas aquelas pessoas que se davam bem e se mudavam para os subúrbios, onde compravam casas novas por um valor menor e com menos necessidade de manutenção, eu dizia a mim mesma: "Vou ficar aqui e tornar meu bairro melhor". No entanto, eu não tinha mais condições para isso. Precisávamos de espaço suficiente para as três meninas, além disso, nossa casa tinha se tornado a sede do grupo de meninas, e precisávamos também de espaço para elas. Eu também assegurei às crianças:

— Vamos nos mudar para uma casa menor, mas vai ter piscina.

Conseguimos sessenta mil dólares com a venda da casa. Após a venda, eu tinha encontrado um lugar de que tinha gostado, mas acabou não dando certo, de modo que eu estava desesperada quando entrei em uma casa estilo rancho na Braes Meadow Drive que tinha uma piscina para as meninas. O imóvel, porém, era uma cápsula do tempo dos anos 1970. O hall de entrada tinha uma luminária de bola de discoteca e as paredes eram cobertas por papel de arroz em um tom verde-abacate. Isso só era superado pela sala de jantar, que tinha uma parede de azulejos espelhados com rejunte dourado. Além disso, havia mais papel de parede na sala de estar em um estilo que o designer poderia ter chamado de Floral Maluco.

"Mas o que você pode fazer para melhorar isso?", ouvi a voz de minha mãe em minha cabeça. Então, eu aceitei a situação. A casa era muito clara, e ainda havia um anexo com um escritório moderno. Os quartos eram bons, com claraboias, porque isso tinha sido uma febre nos anos 1970. Tinha uma linda piscina e ficava em um ótimo bairro.

No dia seguinte, peguei um pouco de tinta e cobri o papel de arroz da entrada com um tom de creme suave. Ficou realmente bonito. Tirei a bola de discoteca e comprei um lustre menor para liberar espaço. A parede de espelhos me provocava, então, uma noite, depois de colocar as meninas para dormir, não conseguia parar de pensar nisso. Fui ao armário de ferramentas e peguei um martelo e um cobertor velho para usar como abafador. Eu estava realmente determinada a acabar com aquela coisa horrorosa. Bati aquele martelo abafado em cada um daqueles azulejos, quebrando todos. Como uma louca, fiquei nisso a noite toda, mas precisava fazer daquela casa o nosso lar.

Então, eu ataquei a sala de estar. E *arranquei* aquele papel de parede. As crianças adoraram a *nova* casa nova e eu adorei a oportunidade de colocar ordem na minha vida.

No Headliners, eu tinha um jovem assistente chamado Abel Gomez que viera do México. Enquanto ele aprendia a falar inglês, seu sotaque continuava forte como o da Louisiana. Sua ética de trabalho também me lembrava a dos meus pais, mesmo antes de eu saber os sacrifícios que ele e sua família fizeram para frequentar a escola de estética. Senti uma afinidade crescente por Abel à medida que ele avançava no Headliners.

Houve inúmeros cabelereiros que se "graduavam" no Headliners para depois abrir seus próprios salões, mas Abel foi com quem mais me identifiquei. Aquele jovem gay era capricorniano como eu e, também como eu, só se sentia confortável quando estava se movendo para frente na vida. Se uma cliente estivesse passando por um momento difícil, ele não cobraria pelo serviço. Eu fazia isso no Headliners conforme era necessário, sem nenhum motivo além da minha vontade de crescer. Quando vi Abel fazer o mesmo, falei que estava orgulhosa dele.

— Nem tudo é sobre dinheiro — eu disse a ele enquanto limpávamos o salão. — Essa não é a medida do sucesso.

Certa manhã, enquanto tomávamos café, contei a Mathew meu plano:

— O que eu realmente quero fazer, Mathew, é pagar o aluguel adiantado por um ano.

Eu sei que pagar todo aquele dinheiro adiantado não fazia muito sentido pelo lado financeiro, mas significaria que a nossa moradia estaria garantida. Mathew estava tão empenhado em fazer a carreira das meninas decolar com um novo contrato de gravação, ou fazer nossa revista *Hair International* se tornar grande, que eu sabia que ele colocaria cada centavo do nosso dinheiro em qualquer uma dessas atividades. Mathew era aquela pessoa que, se por algum motivo ficássemos com menos de mil dólares, gastaria setecentos em alguns pacotes da FedEx para enviar fitas para gravadoras ou revistas para potenciais anunciantes do ramo de beleza.

Depois de pagar o aluguel, sobraram 25 mil dólares. Para a velha Tenie B. Encrenqueira, isso era uma fortuna. Porém, para a provedora que eu havia me tornado, pelo menos por enquanto, era ver a pressão crescer até chegar ao teto.

27

THE DOLLS

Verão de 1994

Mathew continuou com seus esforços para que o Girls Tyme fizesse sucesso e enviou uma fita vhs para Daryl Simmons, que tinha sido parceiro de L. A. Reid e Babyface, dois produtores executivos da indústria fonográfica que fizeram parte do grupo de r&b The Deele, no início dos anos 1980. Os parceiros tinham seguido caminhos separados recentemente, e Daryl havia começado seu próprio negócio, a Silent Partner Productions, sediada no centro de Atlanta. Daryl assinou um contrato de produção com as meninas e decidiu que elas deveriam se chamar The Dolls. O contrato de produção do Girls Tyme não foi assinado diretamente com a gravadora, mas sim com Daryl, que era quem tinha o contrato com a Elektra Records. O perigo é que, quando você não tem contrato com a gravadora, sempre ficará nas mãos daquele intermediário.

Em 1994, Daryl queria que elas se mudassem para Atlanta durante o verão, quando não tinham aulas, para gravar um álbum. Kelly tinha acabado de completar treze anos e Beyoncé ainda tinha doze. Daryl era jovem, mas rico e tinha uma mansão enorme em um condomínio fechado. Só concordamos quando ficou claro que as quatro meninas teriam uma mãe ou pai-supervisor presente em *todos os momentos*. A mãe de LaTavia, Cheryl, foi morar com as meninas, e ela era uma supervisora constante e cuidava bem delas. Eu tinha o Headliners, então não podia ficar por lá em tempo integral, mas Mathew e eu íamos para Atlanta de avião sempre que podíamos, ficando quatro dias por vez para permitir que Cheryl voltasse para casa e para o marido.

Eu nunca teria mandado minhas filhas se achasse que era perigoso. Daryl entendeu que éramos superprotetores com nossas meninas, mas ele achava que tínhamos regras demais. Primeiro, ninguém podia falar palavrões perto delas, nem fumar. Essas eram regras muito diferentes das do mundo da música, mas Daryl nos garantiu que havia entendido nossa posição.

As meninas estavam no paraíso, principalmente porque conheceram o TLC e outras estrelas do universo musical de Atlanta, como Usher e Monica, que foi produzida por Dallas Austin, que tinha um estúdio ao lado do de Daryl, então elas podiam sair com ela o tempo todo. Foi inspirador para as meninas verem uma garota da idade delas que já tinha um disco de sucesso.

Cheryl era irrepreensível como acompanhante, mas havia pequenas coisas que pareciam inofensivas para os adultos ao redor das meninas que ainda me incomodavam. Uma vez, o TLC estava dando uma festa de aniversário para uma das integrantes. Cheryl e eu concordamos que as meninas poderiam ir se ela fosse acompanhante. Eu a aconselhei:

— Você deve levá-las para a festa, deixá-las ficar por uma hora até que a aniversariante apague as velas do bolo, e depois faça com que elas movam seus traseiros para casa.

No entanto, quando o horário do cabeleireiro de Cheryl atrasou naquele dia, o grupo todo foi para a festa sem ela. Cheryl me ligou imediatamente, e eu disse:

— Você vai ligar para as pessoas até descobrir onde é a festa, vai pegar um táxi e chispar para lá.

Ela foi, e as meninas se divertiram muito, porque puderam ficar uma hora ou mais além do que suas mães teriam deixado. Era tudo inocente, mas nosso acordo era que elas sempre teriam um supervisor, e eu me preocupava que Cheryl se sentisse desrespeitada pelos outros adultos.

Logo depois, o marido de Cheryl foi para Atlanta para passar um fim de semana prolongado com ela. Eu já tinha programado voar para lá para trazer as meninas de volta para Houston para que Cheryl pudesse ter uma folga, então, enquanto eu estava em Atlanta, pedi para falar com Daryl. Eu queria ter certeza de que nossas regras estavam sendo respeitadas. Eu disse a ele:

— Ouvi dizer que um cara estava fumando maconha em um dos estúdios. — Eu o lembrei de que não queria que as crianças fossem expostas a essas coisas e acrescentei que, quando Mathew e eu viemos para Atlanta, não nos sentimos bem-vindos por eles porque sentia que queriam ter o controle total.

Percebemos que eles tinham uma atitude estranha sempre que começávamos a fazer perguntas sobre o trabalho.

Daryl ficou na defensiva:

— Vocês não vão dar certo na indústria da música.

Tenho certeza de que virei um pouco o pescoço ao me dar conta do quanto ele estava se exaltando. Eu o ouvi dizer que as meninas nunca dariam certo comigo e com Mathew — com todos os pais —, porque éramos muito "quadrados". Eu nunca havia sido chamada de quadrada na minha vida.

— O ramo da música é assim — ele continuou — e vocês precisam aceitar.

Antes que eu pudesse dizer qualquer coisa, ele já me cortou:

— Esta é uma grande oportunidade para elas. Olhe para mim. Isso mudou totalmente a minha vida. Lembro de mim, Babyface e L. A. indo ao shopping e não podíamos comprar nada e, de repente, podíamos simplesmente comprar *o que quiséssemos*, o dinheiro simplesmente fluiu...

Fiquei cada vez mais irritada quando percebi que ele achava que dinheiro era nosso objetivo.

— *Escute*, essa não é a nossa história — eu disse. — Cada um dos pais dessas crianças pode lhes dar um bom futuro. Isto não é uma mudança de vida para *elas*. As meninas serão felizes e saudáveis, independentemente de serem cantoras ou não. Essa não é a única saída.

E foi isso o que *o* irritou. Ele pareceu levar para o lado pessoal, mas não deveria ter insinuado que era tudo sobre dinheiro.

— Bem, você precisa levar as meninas para casa porque eu vou deixá-las — ele concluiu.

— Ah, não, por favor, não faça isso. — Por dentro, eu me perguntava como havíamos chegado aquele ponto.

— Sim. Isso nunca vai funcionar porque vocês são muito protetores — ele insistiu.

— Isso vai devastá-las. Vai *realmente* machucá-las. Precisamos conversar melhor sobre isso.

Daryl me dispensou com um aceno.

— Elas não vão conseguir.

— Você não é Deus e não está no controle. Você não pode me dizer o que vai acontecer. Elas vão conseguir outro contrato. — Aquilo, claro, era um blefe.

Ele me enxotou para fora. Estava acabado. Fiquei chocada. Saí do escritório e fui buscar as meninas. Não lhes contei logo de cara o que havia acontecido. Deixei que pensassem que estávamos seguindo o plano original de ir para Houston por um fim de semana prolongado para trazê-las de volta na terça-feira.

Eu não podia contar a elas. Eu me sentia fisicamente doente por ter arruinado tudo. Em casa, tudo o que elas falavam era sobre como voltariam e sairiam com o TLC. Elas achavam que teriam esse relacionamento de irmãs mais novas com elas, e, conforme falavam, eu me sentia cada vez menos capaz de contar. "Elas vão me odiar" eram as palavras que eu ouvia repetidamente na minha cabeça. "Elas vão me odiar".

Mathew não ficou nem um pouco chateado comigo.

— Você fez a coisa certa — ele disse. E acrescentou que era preciso contar às meninas.

Meu plano era falar para elas quando chegasse do trabalho no sábado, mas não consegui. Finalmente, depois da igreja, no domingo, contei a elas no almoço no Luby's. Houve muitas lágrimas, e eu repetia:

— Sinto muito.

Eu estava tão obviamente destruída que as meninas começaram a me tranquilizar dizendo que entendiam, *me* confortando.

Como de costume, Mathew começou a explicar por que seria melhor quando elas conseguissem um contrato de gravação de verdade.

— Era só um contrato de produção. Seria melhor se vocês assinassem com a gravadora. O que foi lhes foi oferecido não daria nenhum poder a elas.

As meninas assentiram a cabeça. Eram crianças que só queriam cantar.

— Ainda assim, — eu disse — eu estraguei tudo para vocês.

Por décadas, pensei que essa era a história completa. Tempos depois, porém, Mathew teve uma conversa com Daryl, que gentilmente lhe informou que seu contrato de produção com a Elektra foi descontinuado antes da nossa conversa. Daryl disse que não teve coragem de contar às meninas, então ele tentou conseguir outro contrato. Quando eu apareci falando sobre regras, Daryl disse a Matthew que viu sua oportunidade de dar o fora sem decepcionar as garotas.

Eu nunca havia entendido como a discussão tinha evoluído para eu arrumar as malas das minhas filhas e ir embora. Só no dia em que Matthew me contou essa história eu compreendi.

Gostaria de ter conhecido a história completa naquela época. Em vez disso, carreguei aquele peso durante muitos anos. Alguém poderia ter presumido que o sucesso tornaria meu fardo solitário mais leve, que ter que dizer às minhas filhas "Eu estraguei tudo para vocês" se tornaria uma memória cada vez mais vaga, que se apagaria a cada bênção.

Só que isso não aconteceu.

Justo quando estávamos nos adaptando ao grupo com esse contratempo, Solange estava tendo problemas com sua professora, uma mulher branca mais velha vinda do Sul. Quando fui à nossa primeira reunião, ela passou por mim várias vezes até que perguntei se ela era a professora de Solange.

— Eu simplesmente não esperava alguém que se parecesse com você — ela me disse.

— O que você quer dizer?

— Bem, sua filha é muito... — ela procurou pela palavra — *étnica*.

Quando a reunião começou, ela imediatamente apontou que Solange não iria se encaixar, nem mesmo com as outras crianças Negras. A professora fez um gesto chamando as cinco crianças Negras da turma e explicou que elas estavam juntas desde o jardim de infância. Elas eram mansas e gentis, nunca usavam gírias — o que teríamos chamado de "branqueadas" em Galveston. E, então, havia minha filha com suas tranças, usando roupas da Cross Colours e coturnos, e já familiarizada com a linguagem do hip hop. *Étnica.*

— Eles não a aceitarão — disse a professora.

— Bem, eles vão se *você* aceitá-la — observei. — E é seu trabalho garantir que o façam.

Ela me pediu para tirar Solange da turma dela, que era dedicada a alunos avançados.

— Não vou colocá-la na turma de nível mais abaixo porque *as crianças* de lá não a aceitarão — continuei. — Ela vai ficar.

Havia maneiras, pequenas e grandes, de a professora mostrar a Solange que ela não era bem-vinda. Lembro-me de minha filha ficar muito orgulhosa de um projeto escolar sobre heróis, para o qual ela escolheu destacar Oprah Winfrey. A professora fez os alunos se apresentarem em ordem alfabética, mas, quando ela chegou ao *K*, de Knowles, e Solange já estava preparada para ir até a frente da turma, ela anunciou de repente que eles recomeçariam de trás para frente a partir do *Z*. Eu disse alguma coisa para a professora tentando explicar o quanto eu achava isso estranho, mas ela agiu como se eu estivesse vendo coisas. Essa é uma técnica eficaz para minar a outra pessoa desde o início para fazer com que se cale quando a agressão se tornar mais flagrante.

O que aconteceu depois foi o seguinte: um garoto sentado ao lado de Solange na sala de aula desenvolveu uma fixação por ela, puxando seu cabelo e tocando sua pele. As reclamações de Solange não foram levadas a sério. Quando a criança começou a copiar suas provas, enviei um bilhete à professora, tentando ser civilizada, pedindo que Solange fosse afastada do menino. A professora colocou Solange no "curral", uma área da sala de aula reservada para crianças que se comportavam mal. Mais uma vez, pedi uma reunião, e a professora agiu como se tivesse simplesmente honrado meu pedido. Ela fingiu confusão, me pedindo para que eu repetisse o que havia acabado de falar, e se perguntou por que eu estava "exagerando".

Não demorou muito para que a gota d'água caísse sobre meu bebê. Uma noite, cheguei tarde do trabalho, por volta das dez horas. O horário de dormir de Solange era às 20h30, mas ela estava acordada me esperando. Ela ligou para o salão e contou a Vernell o que aconteceu, mas, ao ouvir a reação de Vernell, Solange a fez prometer que esperaria, porque sabia que eu iria direto para a escola.

Solange então respirou fundo e me disse que naquele dia a professora explicou o que a palavra com N* significava. Solange falou a palavra inteira porque a professora a havia pronunciado.

Eu disse:

— *O QUÊ?*

A professora apresentou uma história improvável para a turma de que uma criança pediu em particular para ela definir o que é uma palavra com N. Para ilustrar a calúnia — e permitir que ela repetisse a palavra na sala de aula —, ela inventou a história de que uma vez um garotinho Negro estava se balançando em uma árvore quando chamou uma garotinha branca pela palavra com N. A professora claramente criou essa narrativa para que ela pudesse fazer o garotinho Negro dizer o xingamento. A professora de Solange continuou essa história bizarra dizendo que a garotinha branca foi para casa e perguntou à mãe o que era uma palavra com N. E, então, ela definiu na frente da minha filha e de todas essas crianças: "É alguém de classe baixa, vulgar, preguiçoso".

— Eu cuido disso — eu disse a Solange. — Você fez a coisa certa ao me contar.

Não consegui dormir naquela noite. Mathew e eu fomos à escola logo cedo no dia seguinte. O diretor estava lá, e a professora disse que estava tentando dar um exemplo porque uma das crianças perguntou o que era uma palavra com N. Mais uma vez, ela disse a palavra inteira na nossa cara, do mesmo jeito que fez com nossa filha.

Mathew ficou muito chateado:

— Nunca use esse termo depreciativo. Minha filha nunca ouviu essa palavra. — Eu tinha certeza de que ela já tinha ouvido, mas o contexto fazia toda a diferença.

— Esse garoto que fez a pergunta era branco? — questionei.

---

* Referência a um insulto racial extremamente grave utilizado nos Estados Unidos desde meados do século xx para ofender pessoas Negras. (N. T.)

— Sim — ela disse —, mas ele me contou que uma criança Negra o chamou de...

Ela *repetiu* o xingamento.

— Isso é um absurdo — retruquei.

O diretor me interrompeu afirmando que a professora era a melhor da escola e me lembrou de como os pais imploravam para que seus filhos fossem colocados na turma dela. A mulher tinha muito poder no conselho escolar, ele acrescentou, mas talvez Solange não fosse uma boa opção e ficasse mais feliz em outra turma menos avançada. Esse tinha sido o plano o tempo todo.

— Não, isso não é justo com a minha filha, — eu disse — porque ela está indo bem na turma onde o aprendizado é mais acelerado. Ela vai ficar nesta turma se vocês ficarem com esta professora, e ela vai dar aula para a minha filha porque nós pagamos nossos impostos e pagamos o salário dela. E ela vai tratá-la bem.

De repente, meu marido perguntou à professora:

— De onde você é?

— Sou do Alabama.

— Ah, isso explica tudo.

— O que você quer dizer com isso?

— Porque eu também sou do Alabama. Talvez sejamos primos.

O rosto dela se contraiu em um desgosto confuso.

— Ah, tenho certeza de que seu povo é batista do Sul. Minha família é católica.

— Sabe, eu não quero ter que voltar aqui — eu disse. — Não me importa quem no conselho escolar gosta de você. Nem todos os pais que gostam de você. Se você implicar com minha filha mais uma vez, seremos só nós duas.

Ela olhou para o diretor, que assumiu uma voz severa.

— Sra. Knowles, nós não vamos ter nenhuma violência.

— Não estou falando com você. Estou falando com ela. — Olhei bem nos olhos da professora, vi uma pessoa pequena que tinha acumulado todo aquele pequeno poder em sua vida e o usou para machucar uma criança. — E estou apenas deixando claro que falo sério.

Nós fomos embora. Solange era o nosso bebê. A professora a aceitou pelo resto do ano, mas decidi que seria o último dela naquela escola.

Tudo isso estava na minha mente enquanto eu preparava os retoques finais da edição seguinte da *Hair International*. Tive aquela sensação que as mães podem ter ao olhar para as próprias vidas, quando nos damos conta do que é essencial para os nossos filhos. A primeira coisa a ser eliminada é o que *queremos*, ganhando tempo antes de cortarmos o que precisamos. Em agosto, senti que o futuro das minhas filhas estava em jogo — a educação de Solange precisava da minha atenção total e, ao perder o acordo com Daryl, as meninas viram sua terceira grande oportunidade consecutiva fracassar completamente. Primeiro, elas não conseguiram um acordo, mesmo com Arne Frager e The Plant por trás delas, e depois a tragédia do *Star Search*. E então havia acontecido aquilo.

Olhei para as nossas finanças e declarei que estava farta da revista. Informei a Mathew que não queria imprimir a edição que tínhamos pronta. Aquilo não era bem verdade — eu amava escrever e a comunidade que a revista reunia —, mas a *Hair International* custava 60 mil dólares para ser produzida e enviada. Era muito dinheiro adiantado para que eu pudesse ter alguma esperança de atingir o ponto de equilíbrio. Eu tinha que pensar nas minhas filhas.

Pouco tempo depois, Mathew veio até mim.

— Tina, você vai ficar muito brava.

— O que foi?

— Eu queria te fazer uma surpresa.

Ele estava tentando soar feliz, mas meu coração subiu à garganta imediatamente. Eu tinha acabado de chegar do trabalho. As três meninas estavam assistindo TV de pijama.

— Que tipo de surpresa, Mathew?

Ele alugou um estande na Bronner Bros., a grande feira de beleza em Atlanta, sem me avisar, mandou imprimir as revistas e enviá-las para a feira.

— Eu disse a mim mesmo: vou fazer isso uma última vez, vou surpreendê-la e recuperar esse dinheiro — ele disse.

Eu pisquei, engoli em seco e assenti por reflexo.

— Nós nem temos 60 mil dólares.

Ele me explicou então que tinha pegado apenas os 25 mil que tínhamos, pediu um empréstimo de 5 mil e conseguiu imprimir os exemplares pela metade do preço. Ele pegou um deles e me entregou. Eu vi o que ele havia feito para cortar o custo pela metade. O papel era tão fino que as imagens vazavam. Além disso, estavam escuras e borradas. Todos os detalhes do trabalho das cabeleireiras foram perdidos.

Foi a gota d'água para mim. Havia tantas coisas erradas, mas eu conseguia suportá-las. Aquilo, porém, afetaria minhas filhas. Comecei a chorar, e eu tinha feito de tudo para isso não acontecer por causa do meu casamento, não importava o que vivêssemos. Eu podia gritar, podia expor minha opinião, mas não chorar. As lágrimas vieram dessa vez antes que eu pudesse contê-las e engoli-las com meu orgulho.

— Não acredito que você *fez* isso.

— Vai ficar tudo bem. Tina, eu vou à Bronner Bros. neste fim de semana, vou vender todos os exemplares e recuperar o dinheiro. Tudo vai ficar bem.

Ele foi para a feira na quinta-feira.

Na sexta, encontrei um apartamento para mim e para as meninas. Eu tive que deixar o Mathew.

28

MÃE DA INVENÇÃO

Agosto de 1995

Não podia me dar ao luxo de cancelar nenhuma cliente. Eu tinha cerca de duas horas naquela sexta-feira para encontrar um apartamento por conta própria, e a limitação de tempo deu clareza ao meu pensamento. O primeiro dia de aula chegaria antes que eu percebesse, e a maior prioridade era conseguir um lugar com acesso a boas escolas públicas.

Meu foco estava nas escolas para Solange e Kelly. Beyoncé já estava arranjada para o nono ano. Ela, Kelly e LeToya fizeram um teste para a Escola de Ensino Médio de Artes Performáticas. Beyoncé e LeToya foram aprovadas, mas Kelly, não. Ela havia ficado arrasada, e Mathew e eu fomos até lá para contar à diretoria exatamente o grande erro que estavam cometendo ao perder aquela aluna incrivelmente talentosa. "Vocês vão se arrepender disso um dia", eu disse. Era nisso que Mathew e eu éramos bons: concordar sobre o quão ótimas nossas filhas eram.

"*Fomos* bons", pensei quando parei em um semáforo. Este casamento precisava acabar. Logo, porém, eu me livrei daquele pensamento. "Preocupe-se com isso depois." As melhores escolas públicas estavam nos bairros mais caros. Kelly precisava de uma escola realmente boa para compensar a dor de não entrar na que ela queria.

Olhei para o *Houston Chronicle* dobrado no banco do passageiro aberto na página dos classificados com os apartamentos que eu tinha circulado. Aquele era o mesmo jornal em que havíamos participado de uma matéria anos antes como uma família perfeita em uma casa perfeita. Virei à esquerda para a River Oaks. Os moradores de Houston rirão da frase a seguir: eu estava procurando um lugar barato em River Oaks. Essa é a área mais cara da cidade, com casas grandes e bonitas. No entanto, naquele mesmo bairro, que não ficava longe do meu salão, era só atravessar a Kirby e encontrar apartamentos em arranha-céus. Eles chamavam aquele lugar de "anexo de River Oaks", mas ainda estava na mesma região. Eu pagaria mais por menos, porém isso abriria portas para Kelly e Solange.

A mulher que alugava o apartamento concordou em me encontrar lá. Pratiquei o que diria no caminho, colocando a armadura da graça para desviar de quaisquer perguntas sobre meu crédito. Ela abriu a porta com um sorriso, tinha óculos no rosto agradável, e, quando me mostrou o apartamento de dois quartos, meu roteiro caiu por terra. Contei a ela o que eu tinha trabalhado tanto para esconder de todos.

— Sou casada, mas seremos só eu e minhas três filhas — eu disse, ciente de que havíamos entrado com um pedido de falência e meu crédito ainda não havia sido restabelecido. — Eu realmente preciso colocá-las em boas escolas. Posso não parecer grande coisa no papel, mas não tenho dívidas e ganho um bom dinheiro sozinha, então posso pagar quantos meses adiantados você precisar. Faço qualquer coisa para pegar esse apartamento, porque eu realmente preciso dele. Para as minhas filhas.

Eu podia sentir que estávamos criando uma conexão de mulher para mulher. Ela entendeu.

— Acho que você precisa se mudar imediatamente — ela disse.

— Sim. Posso fazer isso amanhã mesmo.

— Tudo bem. É seu.

Tudo aconteceu tão facilmente e com tanta gentileza que me perguntei se alguém havia feito um favor a ela algum tempo atrás e eu estava colhendo os benefícios.

Corri para a Escola de Ensino Médio de River Oaks para dar entrada no processo de matrícula de Kelly. Depois, fui até uma escola técnica na estrada em San Felipe, a Escola T. H. Rogers, para matricular Solange. Eu tinha nosso novo endereço memorizado para os formulários como se estivéssemos lá há meses.

E, então, eu tinha que contar para as meninas. Esperei até que as três estivessem juntas e nos encontrássemos sozinhas na sala de estar. Talvez tenha sido *esse* exato momento, o de lhes dizer que eu estava deixando o pai delas, que tenha feito eu ficar por tanto tempo. Apenas para chegar ao próximo bom momento. Também tive que dar a notícia de que nos mudaríamos mais uma vez. Ironicamente, apresentei isso do mesmo modo como Mathew sempre distorcia as más notícias, tirando os fatos do caminho e, em seguida, falando sobre a oportunidade que a mudança apresentava.

— Mas a boa notícia é que vocês ainda verão o papai o tempo todo e vão estudar em ótimas escolas. Vai ser bom e todos nós vamos continuar unidos.

Elas me encararam. Beyoncé e Kelly, então, se entreolharam. Kelly tinha catorze anos, quase a mesma idade que Beyoncé — e ambas mantinham suas emoções em segredo. Solange reagiu pior do que as irmãs. Ficou brava comigo por eu estar virando sua vida de cabeça para baixo aos nove anos de idade. Ela sentiu que tinha de fazer justiça diante do fato de estarmos abandonando seu pai.

— Mas nós o amamos — ela disse.

— *Vocês o amam.*

Eu amava. Claro que amava. Entretanto, empacotei nossas coisas e nos mudamos no sábado. Deixei muitos móveis para Mathew, mas trouxe algumas coisas que pensei que fariam as meninas se sentirem em casa. Coloquei todos os nossos móveis grandes, dramáticos e lindos naquele apartamento, o que agora sei que foi uma bobagem. No minuto em que os carregadores foram embora, minha prima Wanda veio cuidar das meninas porque eu tinha que trabalhar para pagar por tudo aquilo. Ela deu uma olhada na imensa estante de laca preta e no sofá modular gigante que ocupavam muito espaço no apartamento.

— Por que você trouxe essas coisas?

— Não sei — respondi, parecendo perdida. — Só quero que minhas meninas tenham todas as suas coisas.

Contei às minhas filhas que escreveria sobre essa época e perguntei a Solange o que ela lembrava.

— Ah, eu só lembro que aquele lugar era um apartamento minúsculo de um quarto...

— O quê? — eu a interrompi. — Garota, aquele apartamento custou mais que a nossa casa. Era de um tamanho bom. E tinha *dois quartos*. Beyoncé e Kelly tinham um quarto, e você dormia *comigo*.

— Tem certeza, mãe? Eu me lembro de ser um apartamento de um quarto.

— Vou ligar para Beyoncé. — E foi o que fiz. — Qual é a sua lembrança daquele apartamento? — perguntei a ela. — Aquele de dois quartos.

— Mamãe, — disse Beyoncé —, não me lembro muito daquele apartamento porque eu *não* gostava de morar lá.

— Não foi tão ruim assim — retruquei.

— Fiquei tão triste. — Enquanto eu estava assimilando essa informação, ela acrescentou: — E era um apartamento de *um* quarto.

— Não, não era. — Eu ri. — Tinha dois quartos. Você e Kelly ficaram com um dos quartos e eu e Solange com o outro.

— Eu só lembro que era *muito pequeno*.

Beyoncé *estava* triste naquele primeiro fim de semana no apartamento, quando Mathew continuava em Atlanta e nem sabia que o havíamos deixado. No entanto, eu estava lotada de trabalho e não conseguia ou não queria ver o quanto aquilo estava afetando minhas meninas. Wanda teve que me chamar de lado quando cheguei do trabalho.

— Beyoncé está chorando — ela sussurrou.

— Sério? — eu disse, porque, por mais brava que Beyoncé pudesse ficar como qualquer adolescente prestes a completar catorze anos, ela não era de chorar. Minha filha mais velha podia se retrair, como se estivesse com a mente em outro lugar mesmo quando você estava ali falando com ela, mas não haveria lágrimas.

— Ela está dizendo que a vida delas mudou muito — informou Wanda.

Eu podia ver a incerteza desgastar Kelly igualmente, embora ela tentasse esconder. Ela havia sofrido tantas interrupções em sua vida, vivendo de casa em casa com os empregos de Doris. Eu esperava dar a ela uma sensação de permanência e me preocupava que ela tivesse perdido isso de novo.

Eu sabia como minha mãe teria feito disso um lar: começando pelo coração na cozinha, dedicando tempo e energia para cozinhar uma refeição, dedicando horas para preparar um gumbo. O ritual de cozinhar e limpar pode dar estrutura a pais e filhos. A causa e o efeito de reunir ingredientes e fazer uma refeição, depois ter a pia cheia de água quente com sabão e a sensação de realização que as crianças têm ao secar os pratos e o pertencimento que vem com saber onde guardá-los.

Eu sabia que essa era a resposta, mas não tinha tempo. Eu precisava trabalhar. Naquele final de semana, foi mais fácil para mim pensar que o sentimento de deslocamento das meninas era sobre perder uma casa grande. No entanto, as crianças sentem as coisas, e minhas meninas eram todas inteligentes. Aquilo era sobre a mãe e o pai delas.

Mathew voltou na terça-feira e descobriu que o havíamos deixado.

— Não posso continuar com isso — eu disse a ele. — É demais para mim.

Mathew, que poderia vender um aquecedor no deserto, não discordou nem tentou me convencer de nada. Ainda queríamos fazer o que era melhor para as meninas: Mathew como pai e empresário, eu como mãe e provedora.

Nós nos separamos, e eu não sabia como contar às pessoas. Eu estava muito ocupada, de qualquer maneira. Toda manhã, havia a corrida para levar três meninas para três escolas diferentes. Então, eu ia trabalhar espremendo os segundos de cada minuto com o cronômetro programado para explodir às três horas, quando a escola de Solange terminava. Eu cronometrava que as pessoas passavam debaixo da secadora para que eu pudesse correr até a escola de Solange, depois para pegar Kelly, às 15h30, e Bey, às 15h45.

Eu agi como as mães agem — fazia de tudo para funcionar. Eu as levava para a fila do fast-food para pegar um jantar antecipado no Burger King para comerem no salão ou deixá-las no apartamento. Quando nos mudamos, pensei que a única coisa que economizaria dinheiro seria o fato de que as meninas do grupo não iriam querer vir para nossa casa todos os dias como antes. Eu as amava, mas era caro alimentar todas aquelas meninas e suas amigas também.

— Não teremos mais a piscina — comentei, sem perceber que a piscina nunca foi o atrativo.

. . .

Naqueles primeiros meses antes das férias, as três meninas visitaram Mathew no que tinha sido a casa delas. Ele não disse nada de ruim sobre mim, mas Solange chegava em casa brava comigo.

— Meu pai não tem *nenhuma* comida na casa dele — ela dizia. — Tudo o que ele tem na geladeira é cerveja.

Quando me contive, recusando-me a dizer o que pensava daquilo, ela chegou ao que viu como o cerne da questão:

— Ele está solitário e triste. Você o *deixou.* — Eu havia abandonado seu herói.

Eu protegia a imagem dele, assim como minha mãe me deixava pensar que meu pai era um herói. Como Solange, eu achava que minha mãe não apreciava meu pai. Quando ele chegava em casa bêbado nos finais de semana, tão louco que nos acordava, o que eu focava era a minha mãe reclamando com ele e o importunando por fazer aquilo de novo, gastando o dinheiro de que precisávamos para viver. "Você nem trabalha", eu dizia a ela de manhã, desconsiderando a importância do seu trabalho como costureira porque era tão cotidiano para mim. Era um trabalho de mulher. Ela não dizia: "Garota, se você soubesse...". Minha mãe provavelmente ganhava mais que meu pai, mas não era do tipo que divulgava essas coisas. Ela simplesmente trabalhava em outra jaqueta com bordado de miçangas, costurando e se esforçando para nos manter bem. Ela o deixava ser "o cara", sempre repetindo: "Bem, seu pai está nos sustentando".

Percebi que tinha me casado com uma versão do meu pai — um bom homem que podia tomar decisões ruins —, um fardo passado de geração em geração. Quando Solange chegou em casa e começou a me fazer de monstro malvado, obedientemente desempenhei o papel da minha mãe. Eu não disse a ela: "Ah, bem, seu pai acabou de gastar todo o nosso dinheiro" ou "Seu pai está saindo por aí com mulheres". Como se diz isso para uma criança pequena? Não é algo que alguém que se importa com como essa informação vai afetá-la irá fazer.

Certa vez, Solange voltou de uma visita ao pai e decidiu fugir. Ela se escondeu em nosso prédio enquanto passamos mais de uma hora em pânico. Pensei que alguém a tivesse sequestrado, ficando cada vez mais aterrorizada, até que ela finalmente saiu do seu esconderijo.

— É por isso que você deveria deixar o papai voltar — Solange disse.

O tempo das nossas filhas com Mathew era muito focado em cantar e ensaiar, e hoje consigo perceber a pressão que elas sofriam. Todas elas pensavam que, se fossem boas o suficiente, isso consertaria as coisas: Mathew estava muito decidido a conseguir um contrato de gravação para elas, talvez para provar seu valor como empresário e pai, e tanto Kelly como Beyoncé viram as oportunidades perdidas que fizeram nossa família desmoronar.

As meninas perderam coisas tangíveis que as crianças podem entender: o casamento dos pais, a casa, um carro. Todas as crianças se culpam pelos problemas dos adultos, não importa quantas vezes você explique que não tem nada a ver com elas. Eu acrescentei mais problemas, no entanto. Tentando nunca dizer nada de ruim sobre o pai delas, mal falava dele. Eu deixava espaços em branco para as crianças preencherem.

Preparando-me para o Natal, andei por todo o lado até encontrar uma árvore alta e fina para o apartamento. Talvez eu devesse ter economizado, mas exagerei nos presentes tentando compensar o fato de elas estarem naquele lugar de que não gostavam. Se eu planejasse bem as minhas finanças, poderia manter as coisas o mais bonitas possível para as meninas.

Entre todos os outros, o grande presente foi uma guitarra elétrica para Kelly. Ela queria uma há um tempo, e, quando finalmente encontrei uma por um bom preço em uma loja de penhores naquele outono, eu sabia que ela deveria ganhá-la no Natal. Comprei-a a prestações, estendendo as parcelas até a véspera de Natal, e deixei tudo pronto antes da missa da meia-noite, assim como minha mãe fazia.

Na manhã de Natal, Doris veio passar o dia com Kelly e conosco. E eu deixei Mathew vir também. Ele parecia empenhado em resolver seus problemas, e as meninas pareciam mais felizes com todos nós juntos enquanto abríamos os presentes. Eu mesma senti isso. *Aquele* era o Mathew que eu amava — com as piadas internas que passamos anos guardando e a paixão quando eu olhava para ele. Quando nos cansamos de música de Natal e as trocamos por discos de soul, Al Green cantou "I'm Still in Love with You" como se estivesse ditando meus pensamentos. A música fala sobre a dor de admitir que você está apaixonado por alguém depois de tantos anos, e que os bons momentos são tão bons que superam os piores momentos ruins. Levantei-me, tentando quebrar o feitiço e examinando a sala em busca de algo para fazer — um papel de embrulho perdido para pegar ou uma criança para abraçar, mas meus olhos caíram em Mathew olhando diretamente para mim, o homem por quem eu ainda estava apaixonada.

Mantivemos nossas tradições de Natal, o que só aumentou a sensação de que Mathew e eu éramos casados novamente. O *brunch* foi no hotel Westin Galleria, onde Doris ficava perguntando ao garçom como eles faziam a sobremesa Bananas Foster, só porque Kelly gostava muito. Quando o primeiro deles apenas sorriu e não respondeu, ela perguntou a outro garçom, depois a outro. Finalmente, Doris disse a um deles:

— Preciso fazer isso para minha filha.

— O chef não gosta de revelar seus segredos — foi a resposta.

— Bem, eu posso simplesmente ir lá atrás e falar com ele.

— Ele está muito ocupado. — O garçom afastou-se rapidamente.

Notei que Doris estava olhando para a porta de vaivém da cozinha.

— Doris, não… — alertei.

Ela, porém, apenas sorriu enquanto se levantava. Quando dei por mim, Doris estava na cozinha conversando com o chef, os dois rindo. Depois de pegar emprestados uma caneta e um pedaço de papel, Doris surgiu segurando a receita. Ela ganhou o dia, e eu estava muito orgulhosa.

Depois, continuamos nossa tradição natalina de ir ao cinema. Já tínhamos nossos ingressos para assistir *Falando de amor*, com as garotas já sabendo do procedimento de cobrir os olhos sempre que houvesse uma cena picante. Todo Natal, quando íamos almoçar no hotel, eu levava um Ziploc ou dois e os enchia com os morangos cobertos de chocolate do restaurante para guardar para o filme. Mathew sempre revirava os olhos para minha atitude, dizendo: "Vocês são muito caipiras", e nós o provocávamos de volta por ser tão burguês.

No começo do filme, ele pediu, como sempre fazia:

— Me dá um morango.

E nós, as garotas caipiras que aproveitavam nossa guloseima, demos a mesma resposta de sempre:

— Não, você não pode pegar um.

Por fim, é claro, cedemos e passamos a sacola para ele. Tínhamos voltado a esse padrão muito facilmente.

No domingo seguinte, combinamos de reunir todos os ingredientes para as Bananas Foster no apartamento para que Doris pudesse prepará-las para nós, mas principalmente para nossa Kelly.

E Mathew voltou também. Começamos 1996 nos desfazendo da casa em que ele estava morando e eu o deixei se mudar para o nosso apartamento. Depois de seis meses naquele lugar, nos mudamos para outra casa em Braes Meadow.

Quando adolescentes, havia uma humildade em Kelly e Beyoncé que eu confundia com timidez. Nenhuma delas queria se destacar no grupo. Kelly, por exemplo, tinha um professor de biologia que a viu no jornal e, então, a provocava constantemente — um homem que a escolheu como alguém que precisava ser rebaixada. Embora ela nunca tenha falado sobre música na escola, ele sabia que ela fazia parte do grupo. Ao lhe devolver uma prova, ele disse para todos ouvirem:

— Talvez, se você não estivesse tentando ser cantora, se sairia melhor.

Mesmo frequentando a escola de artes performáticas, Beyoncé comandava um palco no fim de semana e, na segunda-feira, agia como se nada tivesse acontecido. Ainda assim, ela floresceu naquela escola, um espaço criativo onde todos os alunos eram talentosos e todos estavam sempre fazendo algo que os destacasse. O coque de cabelo do dia a dia caiu, e as camisetas grandes do ensino fundamental se foram. Ela começou a usar seus pequenos ternos Chanel falsificados e jaquetas St. John Knits com colares de pérolas.

Ela e Kelly ficavam na maior parte do tempo sozinhas nas escolas, não importando o quanto eu as pressionasse para serem mais simpáticas. Eu queria que aquelas duas tivessem amigos fora do grupo, tivessem paixões e assistissem a um jogo de um dos times da escola em que não ficassem apenas sentadas conversando uma com a outra.

Eu as ouvi discutindo sobre uma festa para a qual uma colega de turma as convidou.

— Todo mundo vai estar lá — disse Kelly.

Em seguida, ouvi um "sim" evasivo de Beyoncé.

— Vocês *vão* para essa festa — eu disse.

— Não vamos — retrucou Beyoncé.

— Vocês nunca vão a lugar nenhum — insisti. — Mas vocês vão a essa festa.

Ah, eu virei uma fera. Fiz com que elas se arrumassem e as levei até o lugar da festa enquanto elas agiam de forma sombria, como se eu as estivesse conduzindo para a guilhotina. Estacionei o carro e elas não se mexeram.

— Entrem lá — ordenei. — Andem.

Elas me ligaram uma hora depois.

— Venha nos buscar — pediu Kelly. Eu sabia que Beyoncé havia mandado Kelly fazer a ligação porque eu nunca conseguia dizer "não" para Kelly. — Ninguém está falando conosco e não estamos nos sentindo bem.

Entretanto, eu demorei para ir buscá-las.

No carro, Beyoncé explicou com um suspiro:

— Nós simplesmente não conhecemos ninguém.

— Tipo, não somos populares — completou Kelly.

— Bem, ninguém está falando sobre ser *popular* — eu disse. — Só quero que vocês se divirtam. Façam alguma outra coisa além de cantar.

— Mas cantar *é* divertido — retrucou Beyoncé.

Quando voltamos a ser uma família novamente, a nova ideia de Mathew era: "Vamos conseguir um contrato de gravação com a Columbia". A Columbia era uma divisão da Sony, e já havíamos nos encontrado com a caçadora de talentos da empresa no Texas, Teresa LaBarbera Whites. Teresa conheceu Beyoncé e Kelly anos antes, quando elas estavam no Girls Tyme. Ela era uma caçadora regional de Artistas e Repertório (A&R) da gravadora. Era uma linda senhora italiana com uma vibração de Mãe Terra. Ela já havia tentado fazer a Columbia se interessar pelas meninas e não teve sorte, mas passara a trabalhar Kim Burse na gravadora e estava mexendo os pauzinhos para fazer as coisas acontecerem.

Quando Teresa ligou com a notícia de que a Columbia queria contratar as meninas, Mathew mal podia esperar para contar a elas.

— Deixem que elas terminem o dia na escola — sugeri.

Ele, porém, já estava no carro.

—Ah, que droga, não — ele retrucou. — Mal posso *esperar* para fazer isso.

Ele começou na escola de Kelly, onde o professor a havia escolhido como alguém que precisava ser rebaixado.

Mathew marchou direto para a sala de aula e fez o grande anúncio de que Kelly assinaria um contrato com uma gravadora.

— Talvez *você* precise voltar para a escola… — Mathew disse ao professor, tornando-se o herói de Kelly. E também dos outros adolescentes da turma, porque, quando ele disse "Ela não precisa mais vir aqui", seus colegas começaram a bater palmas.

Depois, ele foi até a Escola Secundária de Artes Performáticas com Kelly para contar a Beyoncé e LeToya, e então elas ligaram para LaTavia.

Elas não olharam para trás.

29

NOMEANDO SEUS DESTINOS

Primavera de 1997

Quando cheguei em casa, Kelly, Beyoncé, LeToya e LaTavia ainda estavam sentadas à mesa de jantar, onde faziam o ensino domiciliar. A professora estava arrumando a mochila como se estivesse brava, e eu podia jurar que tinha sido outra aula agitada. Aquela senhora baixinha, branca e tensa teve problemas com as meninas desde o momento em que se apresentou em nossa nova casa em Braes Meadow.

— Bom dia, meninas, sou a sra. Dick.[*]

Aquele nome era demais para quatro garotas de quinze anos. Sim, elas tinham assinado um contrato com uma gravadora, mas não passavam de crianças. Elas começaram a rir e nunca mais conseguiram parar. Pior ainda, a sra. Dick exigia ser tratada como uma anciã, mesmo que ela tivesse mais ou menos a minha idade. Se as meninas dissessem "Você quer que a gente...", ela as interromperia, dizendo: "É sra. Dick. 'Sra. Dick, você gostaria que eu...'". Isso daria início a uma nova avalanche de gargalhadas. A sra. Dick costumava me dar sermões sobre as meninas, e eu sempre prometia que

---

[*] Em inglês, *"dick"* também é um gíria que se refere ao órgão sexual masculino. (N. E.)

falaria com elas, mas até eu achava engraçado. Ela realmente deveria ter adotado um nome diferente: se você é professora, não pode ser tão rigorosa *e* se chamar sra. Dick.

A situação ficou ridícula quando a sra. Dick mencionou seu marido, Harry.[*]

— Harry Dick? — repetiu LeToya, incrédula.

— *Sr.* Harry Dick — corrigiu a professora.

LaTavia perdeu o controle. Kelly deu um pulo, acenando com a mão:

— Eu não aguento. Eu não aguento.

Beyoncé a seguiu correndo para fora da sala enquanto elas caíam no chão de tanto rir.

Logo teríamos um novo professor, um que elas amariam e que daria aulas particulares para as meninas até que terminassem o ensino médio. Porém, de todos os professores, foi Mathew quem deu às crianças a melhor educação. Dou a ele muito crédito por ensiná-las a cuidar do dinheiro em um negócio que exploraria alegremente seus talentos. Nos ensaios, ele as colocava para fazer testes-surpresa sobre a indústria do entretenimento.

— Quais são as duas maneiras de ganhar dinheiro nessa indústria? — ele perguntava.

Antes que elas pudessem responder — porque ele já havia enfiado a resposta na cabeça delas —, Mathew queria ter certeza de que elas haviam *entendido*.

— Vocês ganham dinheiro vendendo discos?

— *Nãoooo* — elas diziam em vozes cantadas para mostrar que nunca seriam tão ingênuas.

— Como vocês ganham dinheiro? — Ele levantava as mãos como se fosse um maestro.

— Escrevendo músicas e fazendo turnês — elas recitavam.

— Sim — ele assentia, sorrindo. — Esses são os dois caminhos para que vocês não percam dinheiro.

[*] Em inglês, "Harry Dick" soa como o equialente a "pênis peludo". (N. E.)

E Mathew continuava, com todo o conhecimento reunido em seus anos de coaching de equipes de vendas corporativas aplicados em seu projeto mais importante.

— A outra coisa que quero que vocês entendam é que a gravadora vai estar disposta a comprar um monte de coisas para vocês e gastar todo esse dinheiro. E vocês todas vão querer os melhores cabeleireiros, os maiores diretores de clipes, os quartos de hotel mais chiques e sorvete em bandejas de prata do serviço de quarto. Não tem nada de errado nisso, mas saibam que vocês vão ter que pagar cada centavo de tudo isso.

Muitos artistas não percebem essas artimanhas. Eles acham que as gravadoras lhe dão uma pilha de dinheiro para guardar, mas a grana recebida hoje é a dívida amanhã. Ela é usada para pagar estúdios de gravação, todos os talentos que participam dos álbuns, os vídeos, o cabelo, a maquiagem e o sorvete do serviço de quarto. É preciso pagar tudo isso de volta à gravadora depois de vender a música. Por gerações, artistas Negros foram alvos de taxas de royalties ruins, perdendo o controle e o lucro das músicas que faziam. Eles criavam sucessos que iam para o topo das paradas e ainda deviam trabalho ou dinheiro às empresas que tornaram ricas. Não estávamos tão longe da meação e da Ilha Weeks.

Mathew não deixaria isso acontecer. Sabendo que as crianças são visuais, ele fazia pequenos gráficos para mostrar a elas como seu dinheiro iria entrar:

— Não se esforcem para ganhar todo esse dinheiro e depois gastar *com* eles. Vocês podem ficar no hotel Four Seasons, voar de primeira classe e fazer todas as coisas do tipo. Eu quero o que vocês merecem. Mas lembrem-se de que até que vocês negociem isso no seu orçamento, no final da viagem vocês não vão ganhar dinheiro algum.

Conhecendo essa história quando começaram a fazer as suas próprias escolhas, Kelly, Beyoncé, LaTavia e LeToya se esforçaram e não desperdiçaram dinheiro com coisas malucas. Elas eram econômicas — quando tínhamos que ficar em Nova York para gravar, elas dividiam os quartos no hotel. Às vezes, ficavam as quatro em um único quarto com duas camas de casal, se o lugar fosse bom. Elas observavam enquanto outros artistas cometiam erros. Um jovem sempre tinha seu próprio quarto naquele lugar legal, também reservando um quarto para sua mãe e outro para sua assistente — que era só uma amiga que ele havia contratado. O rapaz não percebeu o que as meninas já sabiam: nada disso é de graça. E poupar esse dinheiro será sua liberdade.

Enquanto as meninas trabalhavam em seu primeiro álbum, a gravadora sugeriu que o grupo mudasse de nome, mas não deu nenhuma orientação nesse sentido. Naquele momento, já havíamos passado por muitas iterações, e nenhuma delas havia vingado. Existem muitas histórias sobre o nome do grupo, mas eis a verdade: eu orei por ele. Guardei uma foto promocional das meninas que eu amava na Bíblia de Estudo que eu sempre carregava comigo. Quando quero manifestar algo ou manter as pessoas seguras, eu as mantenho lá para que permaneçam em minhas orações. Quando abri minha Bíblia, vi que tinha deixado a foto em Eclesiastes 9, 1-12, uma passagem que tem um trecho que diz: "O destino de todos nós".

Destino. Eu sabia que o nome era esse, e fiquei aliviada quando as meninas gostaram. Cada uma delas disse o nome em voz alta, experimentando-o como se fosse algo que deveria ser delas. A oração funciona, mas os advogados também, e a gravadora retornou dizendo que o nome já pertencia a um grupo gospel que tinha feito algumas coisas nos anos 1980. Mathew teve então a visão de acrescentar mais uma palavra importante, e o grupo passou a ter um nome, um que elas amavam: Destiny's Child.*

O telefone tocou logo cedo, como se alguém tivesse esperado a primeira luz da manhã para ligar. Marlene, que agora era a melhor amiga do meu melhor amigo, foi direto ao ponto:

— Tina, não quero perturbá-la com os problemas do Johnny. — Havia pânico na voz dela. — Mas ele está tendo suores noturnos.

— O que isso significa? — Eu sabia que Marlene era enfermeira, mas eu não entendia o que poderia ser aquilo.

— Tenie, acho que Johnny está doente. — Ela fez uma pausa. — Doente tipo *doente*.

Ela não disse mais nada.

* Em tradução livre, "Filha do Destino".(N. T.)

Só então percebi que ela se referia à aids. Liguei para Johnny imediatamente.

— Vamos nos encontrar — eu disse. — Faz muito tempo que não ficamos só nós dois.

Johnny e eu nos distanciamos desde que ele deixou Parkwood e eu me mudei, mas as meninas nos mantinham unidos. Sempre havia algum show ou festa de aniversário, ele era convidado. Beyoncé estava muito ocupada, mas ele e Solange ainda passavam o dia juntos com certa frequência. Às vezes, eu estava no Headliners quando ele me devolvia Solange, e eu pensava: "Vamos todos pra praia". Mesmo que eu quisesse voltar a ser criança com Johnny, eu não poderia.

Quando nos encontramos cara a cara para tomar um café, procurei sinais da doença da qual Marlene falava. Ele estava magro, mas não tanto. Eu dizia a mim mesma que ele estava bem.

— Você está saudável? — perguntei, mesmo sabendo que ele ficaria irritado.

Ele de fato ficou furioso, acusando-me de fofocar com Marlene. Ela provavelmente tinha lhe sugerido que deveria fazer um teste de HIV. Johnny era pragmático. Ele tinha perdido quase todos os seus amigos para a aids naquele momento — as pessoas que ele começou a reunir como uma segunda família desde a nossa primeira noite no Kon Tiki haviam sido levadas uma a uma. Ele havia dito que elas ficariam doentes e depois iriam embora assim. E, então, ele não queria falar sobre isso.

— Tudo bem, tudo bem. Você está aqui. — Mudei de assunto para as garotas e roupas, o ponto em comum do que nos importava.

Beyoncé havia sido convidada para o baile de formatura, eu disse. Eu podia ver a mente de Johnny zumbindo com uma visão antes mesmo de ele encontrar o material. Uma gola alta que agradaria minha mãe, com furos recortados que teríamos adorado quando tínhamos dezesseis anos. Johnny desenhou um vestido branco com trocentas lantejoulas, adornado com espirais cor de lavanda e verde claro — as cores dos nossos domingos de Páscoa da infância em Galveston. A promessa da primavera que eu esperava que Johnny pudesse vislumbrar.

Beyoncé amou aquele vestido. Ao longo dos anos, ela e eu nos apaixonaríamos por vestidos, mas nunca mais daquele jeito.

Coloquei uma foto de Johnny na minha Bíblia, juntando-a a uma de Solange e a que eu guardava das meninas, que haviam então se tornado as Destiny's Child. Todas elas impressas nas páginas do meu coração. Naquele verão, eu o carreguei naquela Bíblia para aviões e estúdios. E tanta coisa estava acontecendo para as meninas: no fim de semana de 4 de julho de 1997, sua música "Killing Time" foi lançada na trilha sonora de *Homens de Preto*. Mathew lutou para incluí-la, fazendo com que as meninas fizessem sua estreia na Columbia no topo da parada da *Billboard* aos quinze anos de idade, ao lado de Will Smith, Nas e Snoop Dogg.

Havia tantos começos, mas, no fundo da minha mente, eu sentia que algo terminava.

30

UMA SAÍDA
DO NADA

Verão de 1997

WYCLEF ESTAVA ATRASADO.

Enquanto as meninas ponderavam onde investir dinheiro em seu álbum, elas concordaram que seria um investimento inteligente adicionar Wyclef Jean a uma de suas melhores músicas. Ouvimos "No, No, No" pela primeira vez quando foi tocada para nós por um produtor independente, Vincent Herbert, com o entendimento de que não se destinava às meninas, mas que foi escrita tendo outro jovem artista em mente.

— Não, essa é a música deles — concordou Mathew.

— Você tem que pelo menos deixá-las gravar — insisti, e Teresa LaBarbera Whites, da Columbia, garantiu a música para as meninas.

"No, No, No" foi escrita como uma balada, e o conceito de Mathew sempre foi ter a versão lenta, mas também um remix em estilo hip-hop, com um rap. Não necessariamente rápido, mas algo para as rádios.

Gravamos a versão original em Nova York, no estúdio Chung King, nos arredores de Chinatown, que marcou as carreiras do Run-DMC, do Fugees e de Notorious B.I.G. As garotas estavam fazendo uma pequena turnê como banda de abertura de Wyclef enquanto trabalhavam no álbum, e Mathew perguntou se ele poderia gravar um complemento para o *single* quando estivessem em Houston.

Wyclef estava então atrasado, e Beyoncé encontrava-se especialmente preocupada. Tempo de estúdio é dinheiro, Mathew a havia ensinado. Acho que também sabíamos que Wyclef tinha um voo para pegar, e tudo isso fazia parecer que cada segundo era um prejuízo gigantesco. Quando ele apareceu, sentou-se à mesa de controle enquanto Beyoncé estava na cabine de gravação, e fez uma piada sobre precisar se apressar.

— Você quer dizer tipo... — e ela começou a cantar a balada como rap em compasso triplo.

— *You'll be sayin' no, no, no, no, no* — ela ritmou super rápido. — *When it's really yeah, yeah, yeah, yeah, yeah...**

As pessoas enlouqueceram, e Wyclef disse o que todos nós pensamos:

— Uau, isso foi incrível. É assim que eu quero que você cante.

Com isso, "No, No, No (Part 2)", o primeiro *single* das meninas, nasceu em algumas horas. Dentro do orçamento e com a inovação de Beyoncé de cantar um rap improvisado.

Beyoncé virou à esquerda e acelerou um pouco o motor do Ford Explorer. Ela tinha completado dezesseis anos no mês anterior, em setembro, mas já estava dirigindo há um ano. Consegui uma carteira de motorista de emergência para ela, assim que fez quinze anos, para que pudesse levar Solange para a escola e buscá-la.

Todas as Destiny's Child estavam no carro, correndo para a escola de Solange para chegarem na hora de buscá-la. Com o rádio do carro ligado, é claro, elas estacionaram no momento em que o DJ apresentou uma nova música "da banda de Houston, Destiny's Child!". A Columbia havia lançado a música na rádio local para gerar burburinho para o lançamento nacional em novembro. As meninas começaram a gritar — era a primeira vez delas no rádio.

---

* "Você vai dizer não, não, não, não, não... / Quando é realmente sim, sim, sim, sim, sim...", em tradução livre. (N. T.)

Kelly aumentou o volume para que todos lá fora pudessem ouvir a música, especialmente Solange, que saiu da escola como se tivesse preparado a cena toda, escolhendo o *single* das irmãs como sua música de saída. Elas estacionaram ali mesmo para sair do carro e se juntaram à dança de Solange. Fizeram a coreografia que praticaram inúmeras vezes, ali mesmo, em um dia de aula em Houston.

Todas me ligaram no Headliners, cada uma gritando:

— Nossa música estava no rádio!

Contei para Vernell, que contou para o salão inteiro. Antes de desligarem, Beyoncé disse baixinho:

— Mamãe, tocou no *rádio*.

Eu tinha reunido todos os suprimentos necessários para filmar, em Los Angeles, "No, No, No (Part 2)", o primeiro vídeo delas como Destiny's Child. O grupo escolheu um jovem diretor Negro chamado Darren Grant, que Beyoncé encontrou depois de vascular uma coleção de videoclipes que Camille Yorrick, da Columbia, compilou para que ela encontrasse a pessoa perfeita. Apesar de ela ainda não ter nem completado dezesseis anos, tinha ideias muito claras e já estava se familiarizando com a linguagem visual. Foi quando Beyoncé começou a aprender com o coreógrafo e mente criativa Frank Gatson Jr., que havia trabalhado com o En Vogue, um de seus grupos favoritos. Os dois ensinariam muito um ao outro.

Eu estava trabalhando como cabeleireira do grupo, uma alternativa aos profissionais mais caros necessários para quatro garotas. Cada menina queria algo especial, e o pedido de Beyoncé foi que eu a deixasse fazer luzes pela primeira vez. Eu tinha luzes loiras claras no meu próprio cabelo, mas ela queria um cabelo loiro platinado falso que eu colaria em pequenas mechas.

O estúdio tinha uma sala grande para cabelo e maquiagem, e eu carreguei todas as minhas coisas até a porta. Eu podia ouvir as pessoas rindo lá dentro. "A equipe de maquiagem já deve ter chegado", pensei.

Abri a porta e as risadas pararam. Dois homens olharam para mim — *carrancudos* é a palavra. Olhos afiados e lábios franzidos, eles estavam em duas mesas gigantes *cobertas* com suas coisas. Era uma sala grande e antiga, e eles haviam deixado um pequeno espaço no final para mim.

"Mate-os com gentileza, Tenie", pensei. E eu tentei. Pelo menos tentei. Chris Maldonado e Eric Ferrell eram melhores amigos, ambos na casa dos trinta e muito bonitos, ambos incrivelmente talentosos e determinados a não serem gentis comigo. Montei todos os meus modeladores de cachos e equipamentos, e encontrei outra mesinha para arrastar para dentro da sala e colocar minhas coisas. Seus corações se aqueceram apenas o suficiente naquele espaço confinado para dar aquele sorriso forçado que dizia: "Com licença, preciso passar pela sua bunda cansada".

Então, Beyoncé entrou correndo na sala.

— Ok, vamos lá — ela me disse.

Comecei as prender as mechas platinadas e, conforme as colocava, percebi que não havia levado fios suficientes. Beyoncé também se deu conta disso.

— Ainda não chegamos lá. — A voz demonstrava toda a sua frustração.

As cabeças de Chris e Eric se ergueram como pequenos gatos siameses prontos para ver o show. Eles devem ter pensado: "Agora ela vai se ferrar".

— Ah, mamãe — disse Beyoncé.

— *Mamãe?* — Chris e Eric repetiram ao mesmo tempo.

— Você é mãe dela? — perguntou Eric. — Por que você não disse nada?

Os caras começaram a rir, não de mim, mas deles mesmos. Eles confessaram que estavam me dando um gelo.

— Nossa amiga deveria fazer o cabelo delas, mas a equipe a dispensou — explicou Chris. — Disseram que a namorada do diretor faria o cabelo.

Eu ri.

— Darren é cerca de quinze anos mais novo que eu. Você acha que eu sou a *sugar mama* dele?

— Você poderia ser. — Eric me olhou de cima a baixo.

— Eu nunca ouvi falar de uma *sugar mama* cabeleireira, mas tudo bem.

Isso deu início a uma amizade profunda, e Eric e Chris mais tarde recriariam a conversa que tiveram antes de nos conhecermos: "Não vamos dar *nenhum* espaço a essa vagabunda. Vamos ser muito maus com *ela*."

No entanto, nossa nova amizade não resolveu o problema em questão naquela sala de cabelo e maquiagem. Beyoncé precisava de mais mechas loiras.

Fiz o que tinha que fazer: olhei-me no espelho, peguei uma tesourinha e comecei a cortar algumas mechas do meu próprio cabelo, apenas o suficiente aqui e ali para colar no cabelo da minha filha sem que eu ficasse careca.

— Agora sabemos que você é mesmo a mãe — declarou Eric enquanto me observava cortar meu cabelo.

— *Isso* é amor de mãe — brincou Chris.

Ambos eram artistas brilhantes, e Eric ajudou Aaliyah a criar seu visual desde seu primeiro álbum. Kelly e Beyoncé já idolatravam Aaliyah, mas esse amor só cresceu quando se conheceram em 1995 no estúdio de ensaios de dança de Fatima Robinson, talvez a coreógrafa mais talentosa da indústria da música. O Destiny's Child estava treinando para o vídeo de seu *single* com Timbaland, "Get on the Bus", uma faixa da trilha sonora do filme *Porque o amor enlouquece*.

Elas já estavam ensaiando há algum tempo quando entrei para me juntar a elas e vi que havia uma jovem sentada no chão, perto da porta, rebobinando silenciosamente a fita cassete para que as meninas pudessem começar a música novamente. Sorrimos uma para a outra, e ela apertou o "play" no gravador.

Quando Beyoncé chegou, disse:

— Aaliyah, esta é minha mãe.

Aaliyah se levantou e jogou o cabelo para trás enquanto meu queixo caiu. Eu pensei que ela era uma amiga de Fatima que estava por ali ajudando. Ela realmente era, mas ali estava essa superestrela que era tão humilde. Começamos a conversar e, depois que Mathew chegou, Aaliyah pediu permissão para levar as meninas para a gravação de um vídeo naquela noite. Mathew também não a reconheceu, então Beyoncé e Kelly ficaram humilhadas quando ele entrou no modo pai completo.

— Bem, quantos anos você tem? — ele perguntou a Aaliyah. Mesmo quando percebeu quem ela era, ele ainda perguntou: — Você tem carteira de motorista? Ok, deixe-me vê-la.

Aaliyah riu, mostrando sua identidade.

— Eu vou levá-las para casa — ela disse. — E trazê-las de volta para você.

Aaliyah disse que era muito fofo que as meninas fossem tão protegidas. Todas elas mantiveram a amizade, sempre animadas apenas por estarem perto daquela artista que provou que era possível ser ótima — ter sucessos nas paradas e estar nos filmes — e permanecer tão humilde.

Posteriormente, ficaríamos devastados quando perdemos Aaliyah e Chris juntos em agosto de 2001. O Destiny's Child era a atração principal da turnê de verão *TRL* da MTV, e estávamos em um ônibus indo de Indiana para Chicago quando ouvimos a notícia: o Cessna que transportava Aaliyah, Chris e outras sete pessoas caiu ao deixar as Bahamas. Eles estavam lá para filmar o vídeo de Aaliyah para "Rock the Boat", e Eric pediu a seu melhor amigo, Chris, que o substituísse enquanto ele estava em turnê com Macy Gray.

Uma depressão caiu sobre o grupo, e, durante os dois dias de intervalo que tiveram entre Chicago e o show em Los Angeles, elas mal conseguiam falar. Tinham idades tão próximas de Aaliyah, que tinha 22 anos, contra os 19 de Beyoncé. Houve muitas lágrimas e conversas tarde da noite enquanto tocávamos as músicas de nossa amiga.

Eu não ficava por perto, mas estava lá para abraçar e ser abraçada quando elas precisavam. Às vezes, estar presente é a melhor e a única coisa que um pai ou uma mãe pode fazer.

Quando "No, No, No (Part 2)" foi lançada, o *single* se tornou o hit mais duradouro do Destiny's Child no Top 100 — 35 semanas — e um dos *singles* mais vendidos de 1998. Um dos primeiros usos de seu poder foi quando Beyoncé e Kelly descobriram que um garoto da escola de Solange a havia escolhido para ser alvo de bullying. Todas as quatro garotas entraram no carro para ir buscar Solange na escola e pediram que ela apontasse o garoto. Elas o cercaram, cada uma dizendo a ele, à sua maneira, que parasse de mexer com Solange. Até que Beyoncé finalmente sibilou como um carrasco em seu ouvido:

— O Destiny's Child te avisou.

Enquanto as quatro garotas viajavam sem parar fazendo aparições e eventos promocionais, em qualquer pequeno contratempo que surgisse elas repetiam: "O Destiny's Child te avisou" e caíam na gargalhada. Na estrada, a mãe de LaTavia, Cheryl, era a supervisora, e juntas fazíamos de tudo: éramos as cabeleireiras, arrumávamos e carregávamos malas, passávamos roupa, bancávamos as agentes de viagens, o que fosse necessário. Nós aparecíamos em um Holiday Inn, geralmente tarde da noite, e eles não tinham ninguém para carregar a bagagem.

— Ah, não, meninas, vocês não podem andar por aí com um monte de malas — dizíamos —, porque vocês são estrelas.

Sim, elas estavam dividindo um quarto que custava US$ 73,25, mas, mesmo sendo econômicas, queríamos que elas se sentissem especiais. Precisava ser *divertido*. À medida que os hotéis melhoravam, as aparições aumentavam, e as pessoas começavam a bajulá-las, Cheryl e eu éramos cautelosas sobre elas serem mimadas. Se algum funcionário em um evento agisse como se as meninas não pudessem carregar uma única mala, parávamos quem estava ajudando:

— Ah, elas podem carregar.

— Bem, você nos disse que não precisávamos carregar nossa bagagem — disse uma das meninas depois. — Agora temos alguém para carregá-la e você quer que a gente faça isso.

— Vocês são espertas!

Como mães, nós as colocávamos para cima, mas elas precisavam permanecer com os pés no chão e não se tornarem divas adolescentes.

Cheryl e eu estávamos dispostas a fazer o trabalho necessário para ajudar as meninas a terem sucesso. A Columbia designaria um estilista para o Destiny's Child, mas pagaria a essa pessoa apenas para fazer as roupas. Então, eles enviariam os modelos para mim ou as entregariam em algum evento onde as meninas estariam para que as víssemos de última hora. A Sony não pagaria para enviar um estilista ao local onde elas estivessem porque tinham conhecimento de que eu costurava e que Cheryl e eu vestiríamos as meninas, passaríamos as roupas e depois embalaríamos tudo para enviar de volta.

Os estilistas sempre mandavam roupas que eram todas de uma única cor: preto — nunca com estampas ou cores vibrantes. Era mais barato e pouco trabalhoso, não exigia cuidado ou reflexão para coordenar os quatro figurinos. Chegávamos a algum evento, olhávamos para o cabideiro e ficávamos deprimidas. Quem havia morrido? Pior, os visuais eram criados de acordo com a forma como o estilista via as garotas — como mulheres intercambiáveis de vinte e poucos anos em uma boate se vestindo apenas para atrair homens, não garotas de dezesseis anos que se apresentavam para um público que queriam deslumbrar. As roupas eram supersexies, muito apertadas e justas. Então, eu comprava alguns tecidos e dava um toque especial às roupas, como Johnny e eu fazíamos em Galveston.

Muitas vezes as roupas se perdiam nas viagens, e muitas vezes havia um problema com figurinos que chegavam em cima da hora ou até mesmo eram roubados. Eu tinha que correr para um shopping e fazer uma varredura rápida para encontrar quatro visuais dignos de um show e que pudessem ser personalizados com quase nenhum orçamento e nenhum tempo de sobra. Às vezes, literalmente não havia tempo, como quando estávamos na Alemanha para um evento e uma marca nos enviou quatro pares de sapatos, um deles com dois pés esquerdos. Beyoncé assumiu a responsabilidade por todas:

— Eu posso lidar com isso. — Ela colocou os dois sapatos esquerdos. No tapete vermelho, ela virou o pé apenas um pouco, o suficiente para que ninguém notasse. Ela sempre foi assim, a pacificadora que conseguia fazer qualquer coisa.

Assim como minha mãe, eu carregava agulha e linha comigo o tempo todo para modificar roupas no banco de trás de carros e nos bastidores. Eu me tornei uma especialista em encontrar a lavanderia mais próxima, porque elas sempre tinham uma máquina de costura. Era tudo uma questão de encontrar uma saída do nada, assim como minha mãe sempre fazia.

Ela ficaria orgulhosa por eu também estar orientando sua neta e minha filha-bônus Angie na estrada como assistente das meninas. Aos 21 anos, a filha do meu irmão Larry parecia ter dezesseis, mas ela era extremamente capaz e não se brincava com ela. Angie passou todos os verões conosco durante anos, o que significava que, aonde quer que fôssemos nas férias, Angie também ia. Ela se acostumou a bons restaurantes, bons carros e coisas boas. Quando tinha por volta de doze anos, me disse que queria uma bolsa Dooney & Bourke como a que eu tinha, e comprei uma pequenininha para ela. Ela, porém, não tentou esconder que estava decepcionada com o tamanho da bolsa.

— Deixe-me dizer uma coisa — falei. — Você tem uma maneira de pensar realmente muito elevada. É melhor você começar a trabalhar, porque sua avó Agnes diria que você tem gosto para champanhe com orçamento para cerveja.

Não se tratava de ingratidão da parte de Angie — era a consciência de que ela merecia o melhor.

E, depois disso, ela trabalhou para conquistar suas coisas. Nunca mais dependeu de ninguém. Aos treze anos, Angie foi sozinha procurar emprego em uma loja de roupas, e eu ainda acho que ela mentiu sobre sua idade no formulário de inscrição. Então, ela trabalhou no Walmart e logo estava gerenciando adultos aos dezoito. Em seguida, eu a convenci a se mudar para a casa da nossa família e, então, a contratei para viajar conosco como assistente das meninas. Angie era meus olhos e meus ouvidos para as garotas sempre que eu tinha que me afastar por um momento ou ficar em casa com Solange. Ela poderia entrar no escritório de um produtor ao final do show com nosso empresário Craig dizendo: "Estou aqui para receber o dinheiro". À primeira vista, aquela menininha com cara de bebê parecia alguém que poderia ser enganado, mas Angie tinha uma presença de quase dois metros de altura. Se faltasse um dólar — um centavo —, ela contaria novamente até que o produtor, de repente, percebesse onde estava o dinheiro que faltava.

O Headliners continuou tendo que ficar em segundo plano em relação a tudo isso. Naquela época, eu havia mudado o salão para a rua Bissonnet, em Houston, um espaço menor com oito cadeiras e uma equipe de cinco cabelereiras. Meu antigo assistente Abel, com toda a sua gentil firmeza, assumiu um papel de liderança na minha ausência. Havia clientes que eu tinha que simplesmente entregar às suas mãos capazes, porque fingir que eu sempre estaria lá para elas parecia injusto. Eu sabia o que tinha que fazer.

Abel e eu fomos os últimos a sair do salão uma noite, e eu tinha que agir antes de pensar demais. Eu lhe entreguei as chaves. Ele pareceu confuso. Era sempre eu quem fechava a loja.

— Agora é seu — eu disse. — Eu decidi.

— Você está falando sério?

— Estou falando muito sério. Sei que você vai cuidar do Headliners.

— Eu não tenho que te pagar nada?

— Não. Só assuma o aluguel e cuide das minhas clientes.

Essa era a única maneira de dizer adeus àquela vida que eu realmente amava — entregá-la a alguém cujos sonhos eram tão grandes quanto os meus, que pudesse amar e desenvolver o Headliners.

— Podemos ter uma reunião de equipe amanhã, Abel, e eu ligo para as clientes e aviso a todas.

Ele começou a chorar, o que eu sabia que me colocaria no limite, então me virei para olhar ao redor, onde eu tinha investido em mim e nas mulheres e sustentado minha família; onde eu tinha inovado nos tratamentos capilares e nos padrões de serviço, formando inúmeras cabelereiras que levaram o que aprenderam para os seus próprios salões, sustentando suas próprias famílias. Vi onde minhas meninas tinham cantado, onde todas elas tinham varrido cabelos para ganhar gorjetas para gastar em montanhas-russas, onde Solange tinha feito sua lição de casa. Aquele império que era totalmente meu. Fechei os olhos.

— Não acredito — disse Abel.

No entanto, eu não estava mais no Headliners. Eu estava de volta ao Santo Rosário, assistindo Linda Kendeson coroar Maria no vestido branco que minha mãe deu a ela — o meu vestido. Vendo-a tão feliz, aprendendo o quão bom era abrir mão das coisas que eram importantes para mim. O Headliners também era importante para mim.

Eu havia feito minha escolha. Virei-me, abrindo os olhos para olhar diretamente para Abel.

— Eu vi você dar coisas para pessoas que não conseguem acreditar — eu disse. — Sei que você sabe disso, mas é fácil dar as merdas que você não quer. Coisas que não são importantes para você. Mas, se puder dar algo para alguém que vai amá-lo tanto quanto você, será como a melhor alegria.

31

O ESTILO NECESSÁRIO

Março, 1998

A EQUIPE DA MTV estava surtando com a previsão de chuvas, mas eu havia chegado em Negril, na Jamaica, há apenas poucas horas e uma chuvinha era a menor das minhas preocupações. As garotas estavam nos ensaios, pois iriam cantar "No, no, no" no dia seguinte no *The Grind*, que sabíamos que era *a* maior audiência do MTV *Spring Break*. Todo ano, a MTV ocupava uma locação tropical e a lotava com um público formado por jovens universitários — além das milhões de pessoas que assistem o programa de suas casas — para acompanhar shows e concursos de biquínis.

Esse era exatamente o tipo de público que a Columbia dizia estar fora do alcance do Destiny's Child. O selo valorizava consumidores brancos e agia como se eles nunca fossem aceitar as garotas porque eram Negras. Não apenas Negras, mas *muito* Negras. Elas não mudariam quem eram para "serem aceitas", e faltava visão ao selo para enxergar que aquele público se aproximava do grupo.

E essa oportunidade estava prestes a ser desperdiçada, pois as roupas enviadas pelo estilista que a Columbia insistiu em contratar ficaram retidas ou foram perdidas. Não tínhamos nada para elas usarem.

Negril era uma cidade pequena, e não havia um shopping para onde eu pudesse correr e dar um jeito naquilo. Eu não poderia simplesmente comprar camisetas turísticas que as deixariam parecidas com todas as garotas do público. Cheryl e eu não queríamos entrar em pânico na frente delas, então saímos do quarto. Fechei os olhos e respirei fundo.

Foram duas horas de viagem ao longo da costa desde que saímos do aeroporto de Sangster. Eu me lembrei que a van havia diminuído a velocidade quando nos aproximamos de Negril. Bem ao lado de um pequeno comércio de beira de estrada...

— Cheryl — eu disse —, passamos por um lugar. Eles tinham camisetas camufladas.

Eu me lembrei dos artigos militares porque me fizeram pensar no Master P, um rapper da Louisiana que era muito famoso em Houston. Ele havia popularizado o uso de roupas camufladas entre os caras do rap — músicos que se chamavam de soldados —, mas eu nunca havia visto mulheres adotando um *look* fardado.

— Vamos voltar lá — sugeri.

Conseguimos alguém para nos levar, e paguei em dinheiro pelas camisas, shorts e vários pares de calças extragrandes para aproveitar o tecido com estampa camuflada. Então, virei a noite cortando e costurando tudo para fazer os tops e um vestidinho para Bey. Wyclef chegaria para fazer a participação especial na música, e Prass, seu antigo parceiro da banda Fugees, já estava lá. Bati o olho em sua a calça cargo de moletom verde-oliva. Se eu apertasse a cintura, ficaria perfeita para Kelly. Sem pensar duas vezes, eu lhe ordenei:

— Me dá a sua calça!

Mais tarde eu pensaria em alguma explicação para o meu comportamento.

As garotas estavam ansiosas em relação aos *looks*, que era tão diferente, ainda que estivesse mais de acordo com o verdadeiro estilo do grupo. Consegui para elas botas plataforma que deixaram Beyoncé muito apreensiva por achar que iria tropeçar.

Quando Wyclef chegou ao hotel, um pouco antes de sairmos para o local da apresentação, deu um passo para trás, surpreso:

— *Ei*, quem *produziu* todas vocês?

— Ah, minha mãe — Beyoncé respondeu, nervosa.

Wyclef me conhecia do estúdio e olhou direto para mim.

— Bom, você precisa cuidar do estilo delas para sempre. Porque isso é único; elas não se parecem com mais ninguém.

As meninas foram lá e arrasaram. Beyoncé estava certa sobre aquelas botas plataforma, mas o que eu vi foi ela cair para trás, girar e se erguer como se fosse parte da atuação. Esse movimento se tornaria sua marca registrada, e também mais um momento de uma estrela que descobre o talento na necessidade.

Pisando forte no palco com aquelas botas e as roupas que fizemos em tempo recorde, as garotas desafiaram aquelas nuvens carregadas no horizonte ao, no mínimo, *tentarem* algo. Depois disso, o Destiny's Child quis que eu fosse a sua estilista. Elas comunicaram à Columbia que eu faria o cabelo *e* as roupas.

Conversei com cada uma das integrantes do Destiny's Child sobre como *elas* queriam parecer, e não como alguém em uma sala de diretoria queria que elas fossem. Cada garota era linda do seu próprio jeito, mas todas merecem ter a chance de falar como querem ser reconhecidas nessa beleza. Que roupas as faziam se sentir fortes? Beyoncé amava vestidos longos, Kelly e LaTavia queriam mostrar as pernas, e LeToya queria *looks* que exibissem a sua barriga.

No geral, queríamos adotar o *look* clássico e sofisticado da Motown, quando todos os artistas reverenciavam seus fãs ao se vestirem como estrelas extraordinárias — queria-se não apenas ouvi-los cantar, mas também ver o que eles vestiam. As integrantes do Destiny's Child não precisavam usar maquiagem em excesso, assim elas poderiam simplesmente ser as garotas com aparência jovial que de fato eram. Em muitos aspectos, eu inconscientemente recriava meus próprios dias de grupo vocal feminino em Galveston, ao moldar o estilo do Destiny's Child com o mesmo amor e o cuidado que minha mãe e eu dedicamos a cada *look* das Veltones.

As garotas tinham mais liberdade para serem elas mesmas quando me tornei oficialmente a estilista do grupo, mas ainda enfrentávamos limitações.

A Columbia me deu uma verba ridiculamente baixa, então tive que pegar o que tínhamos e investir em tecidos lindos para fazer algo maravilhoso.

Eu já era uma cliente regular da Tecidos High Fashion, uma loja grande na rua Lousiana, em Houston. Eu costumava dizer que minhas filhas cresceram ali, e enquanto outras crianças se lembravam do aroma de biscoito assando, as minhas se lembrariam dos cheiros das tinturas de cabelo e dos tecidos. Elas não gostavam de lá, mas era onde eu buscava inspiração, da mesma forma que minha mãe fazia quando eu era criança. Ela fazia aquelas jaquetas com miçangas, a maioria com pérolas brancas ou prateadas, e eu a acompanhava e falava coisas como:

— Por que não usa algumas miçangas vermelhas ou verdes?

Ela ria.

— Ah, não. Eu nunca conseguiria vender isso.

Agora, enquanto eu andava pela Tecidos High Fashion, sentindo o material para que ele me revelasse o que poderia vir a se tornar, Solange ficava sentada em um dos pequenos pedestais usados para sustentar os manequins. Primeiro, ela pintou os livros de colorir que eu levava; e, então, estava lendo. Os funcionários ficavam de olho nela enquanto eu puxava os rolos de tecidos e imaginava os figurinos de palco para o Destiny's Child.

Comecei a criar modelos de roupas por necessidade, e não porque eu tinha o sonho de ser uma designer. Porém, descobri uma vocação ao acordar à noite com uma visão das quatro usando couro azul metálico. Ou ao ver uma foto da Cher — a felicidade estampada em seu rosto enquanto dançava em um vestido flamejante de Bob Mackie, um figurino que brilhava como o fogo — e pensar como eu poderia criar uma homenagem que desse *aquela* alegria às garotas? As criações que mais me preocuparam — "Estou indo longe demais" ou "As pessoas não vão entender isso" — foram as que os fãs mais amaram.

Sei que nem sempre funcionava. Algumas vezes, as roupas precisavam de mais tempo e de mais dinheiro para ficarem como eu queria, coisas que eu não tinha. A ironia foi que a Columbia se tornou mais mesquinha em relação às despesas quando percebeu que a "Mamãe" estava fazendo as roupas mesmo com a pouca verba. Minha sobrinha Linda era uma costureira de mão cheia; então, ela ajudou com os primeiros trajes, até que o volume de trabalho aumentou muito, mesmo para ela. Graças à mãe de LaTavia, a Cheryl, encontrei Jaime Zelaya, um alfaiate que era um mago do couro e que pegava meus esboços e ideias e transformava em figurinos lindos. Também achei outra costureira, a sra. Enid, uma jamaicana mais velha, que era uma artista com a máquina de costura. Ela se tornou uma espécie de mãe substituta para mim, mas os prazos de entrega eram sempre tão curtos que, de qualquer forma, eu acabava ajudando com a confecção e costurava com ela.

Quando eu tentei trabalhar com estilistas, a realidade foi que muitos não quiseram dar suas roupas para as garotas Negras curvilíneas. E mesmo se eu fechasse um acordo com um deles, para fazer o figurino de um evento ou de uma filmagem, eu precisava de quatro *looks* equivalentes e distintos. E isso sempre era um problema, porque percebi logo de cara que até mesmo os melhores designers tinham muitas vezes o que eu chamava de "roupas de estrela" — um *look* ou vestido específico que seria o principal da coleção, e talvez dois que fossem impactantes.

Bom, eu tinha *quatro* garotas. No passado, seus estilistas se davam por satisfeitos e mandavam um cabideiro com duas ou até mesmo uma peça excelente seguida pela instrução tão temida: "O designer avisa que essa peça é apenas para Beyoncé." Só que elas eram quatro garotas lindas, e Beyoncé ficava muito chateada com esse destaque. Caso não houvesse quatro trajes fantásticos, eu não os usava. Em vez disso, escolhia os dois melhores de um estilista e os dois melhores de outro. Eu não sabia que isso quebrava uma regra secular: os designers não gostam de se misturar com os colegas. Quando outros estilistas ou pessoas da indústria da moda me viram fazendo isso, eles não julgaram a minha atitude como uma declaração de independência, mas como uma confirmação da minha ingenuidade. Outra pessoa poderia sair ilesa disso — uma do tipo *O diabo veste Prada* ou um sujeito de nariz empinado — mas não esta mulher adulta vista como uma garota do interior.

Houve ocasiões que as garotas escutaram esses comentários maldosos. Uma vez, alguém me tratou tão mal nos bastidores que Beyoncé viu que eu precisava de ajuda. Ela, porém, não daria a carteirada do "essa é minha mãe" — ambas éramos muito profissionais para isso.

— Mamãe — Beyoncé disse —, se você tivesse algumas tranças no cabelo e falasse com sotaque, *eles* amariam você.

Nós rimos. Era verdade — nós víamos aquelas pessoas caírem de quatro por qualquer coisa com sotaque europeu. Ela me olhou bem nos olhos.

— Mas *eu* amo você.

Por causa da quantidade de trajes que estávamos fazendo, a sra. Enid estava quase sempre atrasada com a costura. Eu ia até a sua casa para pegar as roupas, e o provável era que ela tivesse feito dois trajes, mas que não havia começado o terceiro. Eu acabava ficando por lá, usando a sua segunda máquina de costura para terminar o trabalho com tanta frequência que ela passou a esperar por isso — e eu tinha mais uma pessoa que contava comigo. Por muitas vezes, nós tínhamos que pegar um voo que partiria às onze da noite, e talvez eu só saísse da casa da sra. Enid às nove. Eu ainda precisava voltar em casa para orientar as garotas sobre o que levar na viagem e, então, não conseguia dormir no voo. Quando chegávamos ao evento, eu ainda tinha que fazer a bainha das calças ou aumentar algo para caber nas meninas.

Não sobrava tempo para mim. Eu estava tão sobrecarregada, sete dias na semana, que parei de me maquiar. Sequer conseguia arrumar tempo para pentear o cabelo. Eu queria, mas como seria possível se eu trabalhava até o último minuto?

Mesmo com todo o trabalho, o que realmente me esgotava era tentar não ser uma mãe ausente para Solange. Aos onze anos, ela era firme ao se recusar a viajar conosco. Outras crianças sempre pediam para ir conosco para Los Angeles e Nova York, ficar em hotéis e usar as piscinas. Quando arrastávamos Solange com a gente, ela reclamava o tempo todo. As pessoas que não conheciam as minhas meninas sugeriam que talvez ela estivesse com ciúme da atenção que Beyoncé recebia. Faltava, porém, a essas pessoas saber de duas coisas. A primeira era que Beyoncé foi a menos mimada de todas as garotas, incluindo Kelly, cujos sentimentos eu ainda me desdobrava para proteger. E a segunda era que subestimavam o quanto Solange, uma canceriana caseira como minha mãe, precisava da magia prática de se sentir enraizada.

— Nós contrataríamos um professor particular para você — eu disse. — Sua educação é realmente muito importante para nós, e faríamos...

— Não, eu não quero viajar com elas — retrucou Solange. — Eu não quero deixar os meus amigos.

Pedi a minha amiga Cheryl Creuzot para cuidar dela para mim, e eu tinha uma regra rígida de nunca ficar mais do que quatro dias longe da minha caçula, não importa o que isso custasse. Perdi as contas de quantas vezes peguei voos de madrugada para voltar para casa e passar um dia com ela. Porém, a vida regrada e organizada da Cheryl contrastava demais com a minha, que mais parecia um circo itinerante. Solange ia para a escola, depois Cheryl checava a sua lição de casa e o jantar era servido impreterivelmente às 18h01... Solange frequentava os cultos da igreja e entrou para o grupo de jovens das quartas-feiras à noite. Ela aceitou o cargo de secretária do grupo, uma tarefa que se adequava muito bem a ela.

Em uma quarta-feira, eu tive um espaço na minha agenda e me matei para pular em um avião e correr para estar com ela. Imaginei a expressão de surpresa em seu rosto e pude sentí-la se pendurando em meu pescoço, tentando que eu a levantasse no colo ou me abaixasse até ela. Nossas duas partes unidas novamente.

Em vez disso, ela me encarou com olhar de reprovação:

— Você não pode simplesmente aparecer assim.

— Bom, estou aqui. — Tentei amenizar a situação, ansiosa para ter aquele abraço.

— Eu tenho a minha própria vida e você simplesmente surge e quer que eu gaste todo o tempo com você.

— Bom, vamos pegar uma pizza. — Eu não estava a fim de complicar ainda mais a situação ao mostrar o quanto eu estava magoada.

— Eu tenho planos.

— Quais planos?

— Tenho a minha reunião.

— Qual reunião? — Achei que ela estava inventando algo que ainda era a minha garotinha brincando de faz de conta.

— O grupo de jovens da igreja — ela gritou. — É na quarta-feira à noite!

— Ah, claro. — Tentei disfarçar que havia esquecido de algo que havia se tornado tão essencial para ela. — É quarta-feira.

— Você nem sabe que dia é hoje — ela desenhou.

— Não, eu entendo — menti.

Fui falar com Cheryl.

— Solange não quer passar a tarde comigo. — Usei minha melhor voz de Miss Pitiful* depois de esconder toda aquela mágoa. — E eu tenho que ir embora na sexta-feira.

— Bom, Tina, você *não pode* simplesmente aparecer — explicou ela. — Você deveria ter avisado a ela que estava vindo.

Falei para Solange que a levaria de carro até a igreja, e eu já estava pronta na porta de casa quando ela desceu pra ir. Eu queria lhe dar a certeza de que me encaixaria em sua vida enquanto estivesse em casa.

— Solange, acho que eu gostaria de ir à sua escola amanhã — informei.

Ela demorou a dizer o que achava da ideia, até que por fim falou:

— Ok. — Sua voz, porém, ela alegre.

Na quinta-feira, eu estava na escola assim que começou o intervalo do almoço. Todas as crianças precisam de coisas diferentes. Solange precisava da segurança de uma agenda e de tempo com os seus colegas. A minha visão — de ela estar comigo, com o pai e com as irmãs —, de criar um lar onde quer que estivéssemos, funcionava para nós, mas não para ela. O que eu via como intimidade, ela sentia como solidão, um mundo de adultos onde sempre lhe diziam onde ficar e o que fazer.

No verão, contudo, eu não podia simplesmente a deixar com Cheryl. Eu a convencia a viajar conosco, algumas vezes levando Coline, a filha de Cheryl, para passar uma semana em Nova York ou Los Angeles. Ela chegou a participar de alguns videoclipes, o que a deixou extasiada, mas Solange encarava aquilo com a mesma empolgação que tinha pelo serviço de quarto ou por poder ir a shows e conhecer pessoas famosas. Não havia lugar como sua própria casa.

— Vou faltar às minhas reuniões — ela reclamava assim que saía de casa para viajar. — Estou perdendo o grupo de jovens. Estou perdendo a minha vida.

---

* "Miss Pitiful" (Srta. Lamento, em tradução livre) é uma canção de Rhythm & Blues que se popularizou na voz de Etta James. (N. T.)

. . .

Próximo ao fim daquele primeiro ano, o sucesso rendeu às garotas o seu primeiro cheque gordo, de 85 mil dólares para cada uma. Era muito dinheiro, do tipo que não se escuta falar que outros artistas jovens recebiam, mas elas foram muito econômicas e não contraíram dívidas com a Columbia. Assim que o dinheiro estava em suas mãos, todas as quatro falaram:

— Vamos comprar carros.

Kelly queria um Cadillac Escalade; Beyoncé, um Jaguar conversível igual ao que eu tinha quando ela era pequena.

Eu sabia que o ministro da St. John, o pastor Rudy Rasmus, estava tentando juntar algum dinheiro para adquirir duas vans para a igreja e poder ampliar o trabalho de assistência aos desabrigados. Expliquei para as garotas sobre o dízimo, de ver a minha mãe colocar os poucos dólares que tínhamos na cesta da igreja e dela me dizer que foi assim que conseguimos prosperar.

— Ela estava certa — eu falei, e bastava elas olharem em volta de si próprias para enxergarem a prova. — Prometo que se contribuírem com o dízimo, doarem essas vans para a igreja e comprarem um carro usado para vocês, da próxima vez terão condição de comprar qualquer coisa que queiram. Deus retribuirá de maneiras que sequer imaginam.

Elas não ficaram exatamente felizes com a ideia, mas compraram aquelas vans — brancas as duas, por cerca de 20 mil dólares cada uma. Com o dinheiro que sobrou, Kelly comprou um BMW conversível vermelho, usado — ela ficou muito estilosa no carro — e Beyoncé pegou um Jaguar prata conversível, também usado. Não é que elas tenham ficado sem nada, e a lição ainda ficou registrada. Colhemos aquilo que plantamos, o que foi provado após seis meses, quando Kelly teve o dinheiro para comprar um Escalade novo.

O engraçado foi Beyoncé descobrir que ela não é mesmo uma amante de carros. Aquele Jaguar ainda está guardado em algum lugar, o último carro que ela comprou que não era algo vintage para um vídeo.

. . .

Mesmo com todo aquele sucesso, havia uma pressão permanente de alguns executivos na Sony e na Columbia para que as Destiny's Child mudassem quem elas eram.

O selo simplesmente achava que entendia mais do assunto. Mathew tinha um plano ótimo de entrar nos mercados europeus, conquistar o exterior e depois trazer esse sucesso internacional de volta aos Estados Unidos. Naquela época, os artistas não investiam muito na Europa. Houve muita gente na Columbia que trabalhou duro para apoiar o grupo, mas os engravatados do alto escalão pareciam presos à ideia de que o Destiny's Child não tinha a menor chance de fazer sucesso como artistas pop porque eram Negras. Eles estavam muito satisfeitos com o fato delas se limitarem ao próprio nicho.

— Mathew sempre fala de como quer que as garotas atinjam um público maior — diziam —, mas para isso elas têm que limpar o visual.

Para nos lembrar disso, eles faziam comentários desdenhosos sobre mim e os *looks* que criei, e o favorito era sobre "paginação". Alguém do alto escalão zombou:

— Elas parecem as Supremes. Com os cabelões e as lantejoulas brilhantes.

— Sim — concordei. — Essa é a ideia, porque as Supremes eram fantásticas. E sim, elas assistiram vhss da Motown. E o que percebemos é que quando você está sentado na 60ª fileira e vê algumas lantejoulas lá longe no palco, a sensação é como se estivesse na primeira, porque isso é grandioso.

— Elas não vão funcionar com públicos brancos — me falaram. — Eles não querem ver esses tipos de roupa com os quais não podem se identificar.

Quando o selo vetava certas roupas antes de uma sessão de fotos ou de uma gravação, por experiência eu sabia que esses seriam exatamente os trajes de maior *sucesso*. Sim, elas eram um sucesso entre o público Negro que o Destiny's Child respeitava e amava — e que a indústria não valorizava tanto quanto valorizava os consumidores brancos. As garotas e eu lutávamos para manter os *looks*, às vezes ganhando, às vezes perdendo.

Eles falavam coisas como "essas cores são horrendas" — ao olharem para os roxos e os verdes vibrantes, que para eles eram muito ousados, muito brilhantes, muito Negros. Da mesma forma que odiaram quando Beyoncé trançou o cabelo.

— Queremos que ela fique bonita — comentou alguém.

— Ela é linda. — Encerrei a conversa que, conforme eu sabia, jamais teria fim. — Ela é uma garota Negra linda.

Naquele início, provamos várias vezes que eles estavam errados. Porém, o que para nós era uma prova crescente de que as garotas poderiam atrair um público maior sem mudar quem eram, para o selo era um sucesso alcançado *apesar* de elas serem Negras — e apesar de mim.

32

JOHNNY

Verão, 1998

Nós estávamos tão ocupadas viajando que foi fácil para Johnny esconder que a sua saúde havia piorado. Ele começou a viver situações em que agia de maneira irregular, o que o fez se afastar mais da família. Então, foi hospitalizado, e Selena descobriu. Johnny era seu amor e melhor amigo. Ela me ligou assim que soube, e eu peguei o próximo voo para Houston para ficar com ele.

O diagnóstico foi demência associada ao HIV, o que causava uma espécie de delírio e de paranoia. Johnny havia sido sempre magro, mas naquele momento ele estava *extremamente* magro devido à doença debilitante.

— Tenie — disse ele —, os médicos estão tentando fazer coisas comigo. Eles falaram que eu tenho aids e que vou morrer.

A princípio, tentei acalmá-lo, mas ele ficava frustrado. Ele preferia a Tenie B. Encrenqueira, a sua protetora.

— Quem disse isso? — Eu franzia os lábios, para mostrar que estava pronta para brigar por ele. — Eles não sabem de nada do estão falando.

— Eles estão ouvindo, Tenie.

— Ah, estão? — E eu sussurrava uma enxurrada de xingamentos direcionados a eles, o que fazia Johnny sorrir, mandando ver num ritmo acelerado conforme eu arrasava com a moral daqueles pobres médicos inocentes.

Xingava todas as suas falhas — reais e imaginárias — para fazê-lo dar garga-lhadas gostosas, até que esquecesse o motivo de tanta raiva. Juntos, estáva-mos seguros.

Johnny recebeu medicações que o ajudaram a melhorar um pouco, mas não por muito tempo. Ele começou a perder o controle motor, o que o im-pedia de viver sozinho. Nós o colocamos em uma instituição de longa per-manência; não era exatamente uma casa de repouso, mas algo perto disso. A equipe era adorável, mas para mim estava muito claro que aquele seria o lar de Johnny até que ele fosse para um centro de doentes terminais.

Quando não estávamos viajando com o Destiny's Child, eu levava Johnny para casa nos finais de semana, para passar um tempo com Solange e Beyoncé. Nas manhãs de sábado, minhas filhas enchiam a casa com as mú-sicas que ele costumava tocar enquanto ajudava a criá-las. Então eram elas que as tocavam para ele, e dançavam ao seu redor conforme ele balançava a cabeça ao som de Robin S. cantando "Show me love" ou de Crystal Waters cantarolando "lara ri rau rau".

Solange estava com onze anos e fazia palhaçadas para ele, se esforçando ao máximo para que risse. Ela pegava para ele os "cigarros engraçados", como ele os chamava. Sentavam-se em um pequeno pátio externo, onde deixei Johnny fumar maconha porque aliviava o seu enjoo. Eu sempre orientava as meninas sobre os cigarros engraçados do Johnny e como eu não queria que ele fumasse perto delas, mas o nosso foco era em coisas mais importantes. Solange já havia perdido o seu terapeuta para a aids, e assistir ao declínio de Johnny era muito duro para ela. Ela sentia muito as coisas e internalizava a dor, até que a colocasse para fora, mais tarde, na forma de arte ou de palavras.

Como estava perdendo o controle do seu corpo, Johnny usava fraldas, o que dificultava o cuidado com ele. Porém, como ele queria ficar com a gente, prolongávamos a sua visita o máximo possível, das noites de domingo para a manhã de segunda-feira. Quando era a hora de eu o levar de volta para a instituição, ele chorava:

— Eu não quero ir.

. . .

Eu estava em um aeroporto quando recebi a ligação. Johnny precisou ser transferido para um centro de doentes terminais em League City, que ficava no meio do caminho entre Houston e Galveston. Disseram que a hora dele já estava chegando. Eu o visitava com frequência na nova clínica, e pernoitava algumas vezes por lá. Selena e eu nos revezávamos e, ocasionalmente, Flo e as irmãs de Johnny, Linda e Denise, apareciam. Decidi que as meninas eram novas demais para fazer uma visita e ver Johnny tão vulnerável.

Johnny gostava que eu o colocasse em uma cadeira de rodas, pois assim eu o levava para a área externa do prédio. Nós amávamos o sol, e isso aliviava o frio que ele sentia, que parecia brotar do fundo dos ossos que sustentavam a sua pele. Saíamos do prédio e era como sentar na tábua que Larry colocou no alto da nogueira-pecã, um símbolo da nossa infância compartilhada. Tenho uma foto dele comigo na área externa do prédio, já perto do final. A área ao redor de seus lábios está branca, e talvez ele parecesse já ter morrido se não insistisse tanto em exibir o seu senso de humor: ele fez uma cara engraçada para me fazer rir.

Aqueles momentos do lado de fora eram uma fuga de um lugar agradável, mas solitário, ocupado por muitos homens moribundos que foram abandonados por suas famílias. Johnny era privilegiado por estar em um quarto individual, mas do outro lado do corredor tinha um que era ocupado por dois caras. Certa manhã, quando cheguei para visitar Johnny, um deles começou a me chamar. Quer dizer... não exatamente pela minha presença que ele ansiava.

— Mamãe — ele chamou. — Mamãe, vem aqui. Por favor.

Eu coloquei a cabeça para dentro do quarto.

— Bom dia — falei, apenas por falar. Para dar a ele a chance de perceber que eu não era a sua mãe. Porém, ele continuou achando que eu era.

— *Mamãe* — ele suspirou. E a sensação de alívio em sua voz foi o que bastou para que eu começasse a chorar. Eu não era a mãe dele, mas eu sou uma mãe. O que eu poderia fazer a não ser entrar?

Ele devia ter um quadro de demência pior do que a de Johnny, porque mesmo depois de eu ter me aproximado, não hesitou em acreditar que eu era a mãe dele. Peguei na sua mão e acariciei a sua cabeça. Sussurrei os sons de aconchego que as mães fazem para seus filhos, até que ele dormiu.

Contei para Johnny sobre isso.

— Aquela mona maldita — ele reclamou —, roubando o meu tempo com você.

— Johnny, eu só fiquei dez minutos lá.

— Então ele me deve dez minutos.

— Meu Deus, Johnny, eu não sei quanto tempo ele ainda tem para te dar.

— Bom, ele não pode ter o meu.

Conversei com as enfermeiras, e o homem era um dos muitos que nunca recebiam visitas. Como mãe, não poderia imaginar abandonar meu filho para morrer sozinho. No dia seguinte, fui mais cedo para dar ao homem alguns minutos de atenção, sem contar a Johnny, mas quando eu o estava levando na cadeira de rodas para tomar sol, o homem me chamou de novo.

— Vem aqui. — Ele estava na cama e sua voz era extremamente melancólica e solitária. — Mamãe, por favor.

Johnny reagiu na hora.

— Você não vai lá.

— Ah, Johnny, por favor — retruquei, sem esperar por sua resposta. — Só um minuto.

Johnny deve ter contado aqueles sessenta segundos.

— Já deu, Mary — ele gritou para o homem. — Essa não é a sua mãe, sabia? Ela é uma impostora.

— Johnny, seja gentil — pedi, apesar que, para aquele pobre homem, era como se ele não estivesse lá.

— Ok, já teve sua visita com a mamãe — disse um Johnny mais gentil, mas não menos barulhento, pouco tempo depois. — Lucy, esse aí está tentando te enganar.

O homem voltou a dormir e eu saí do quarto para empurrar a cadeira de rodas de Johnny.

— Você caça um drama em qualquer lugar — sussurrei, rindo como se estivéssemos de volta à Santo Rosário, fazendo palhaçada.

— Você é minha, Lucy.

— Eu sempre serei.

Talvez para o proteger ou apenas porque ele tinha tanto orgulho delas, pendurei um poster do Destiny's Child em seu quarto. Era uma foto da capa do primeiro álbum delas, as garotas de preto, com Kelly e Beyoncé em cada ponta. Eu estava dormindo em seu quarto uma noite e, às duas da manhã, ele me acordou com um psiu.

— Ei, ei — sussurrou, apontando para o poster com o queixo. — Elas estão rindo de mim.

— Ah, aquela é a Beyoncé — eu disse. — Ela não riria de você. Nunca, jamais.

— Não, elas estão debochando de mim.

Eu tirei o poster da parede e o coloquei no chão, virado para baixo. No dia seguinte ele me perguntou o que tinha acontecido com a foto.

— Ah, deve ter caído — disse, e pendurei o poster de volta na parede.

Eu soube, então, que não iria demorar muito até o perdermos.

Johnny deu seu último suspiro no domingo, 29 de julho de 1998. Ele tinha 48 anos. E era o meu melhor amigo. Selena ficou arrasada. Eles tinham uma ligação como a que eu tenho com as minhas filhas, essa troca de ideias e carinho, em que a conversa sempre flui e achamos que ela nunca vai acabar.

O velório foi no sábado seguinte, na Funerária Wynn, em Galveston. Beyoncé e Kelly cantaram com as outras garotas do Destiny's Child. Elas tinham acabado de fazer uma turnê com o Boyz ii Men e agora estavam chorando. Não sei como cantaram "Amazing Grace" do início ao fim, mas conseguiram.

Johnny viveu a *vida*, que é diferente de apenas viver. Todo dia ele descobria ou criava algo divertido, e era impossível ficar perto de Johnny sem morrer de rir. Anos mais tarde, no verão de 2022, eu estava no Hamptons, na casa de Beyoncé. Ela e Jay convidaram os amigos mais próximos para uma festa de lançamento do álbum *Renaissance*, e Blue e Rumi — então com 10 e 5 anos — decoraram o lugar. Esse álbum foi a homenagem dela à house music que Johnny havia apresentado para as minhas filhas. Eu ainda não havia escutado a faixa "HEATED" e, quando todos dançávamos, Jay me disse de repente:

— Escuta isso.

Então ouvi o verso cantado por Beyoncé: "Tio Johnny fez o meu vestido."

Comecei a chorar e a rir ao mesmo tempo, pois eu sabia que era isso o que Johnny queria. Ser amado e celebrado. Abracei minha filha e brindamos e dançamos a isso.

— Ao Johnny.

Quando viajamos com a *Renaissance World Tour*, os fãs de todo o mundo se viravam para cantar esse verso para mim, e em cada uma das vezes, eu pousava minha mão no coração em sinal de amor. Eu queria que o Johnny estivesse ali para dançar comigo porque arrasaríamos. Porém, eu sempre via pessoas na multidão que me lembravam dele — que tinham simplesmente o seu espírito — e eu fazia de tudo para me aproximar delas. Eu deixava os seguranças malucos: "Traz ele! Sim, esse!" Eu mandava as câmeras em suas direções: "Se certifique que vai pegá-los! Ah, eles são fabulosos." Colecionei imagens de diversos Johnnys.

Beyoncé encerrava o show com uma foto minha e do Johnny ocupando todo o palco. Na foto, eu olho para ele com admiração, mas desconfiada, pronta para o que ele falaria. Beyoncé me pediu de última hora, é claro, para que eu lhe desse uma foto minha com Johnny, que seria usada na arte de *Renaissance*. Aquela fotografia estava bem em cima da pilha quando eu abri a caixa; era Johnny escolhendo a foto exata para o admirarmos. Quando a nossa foto surgia no palco montado em estádios pelo mundo, todos os jovens que sentiam afinidade com o nosso amado Johnny explodiam em aplausos.

— *Simmm, Lucy* — eu ouvi a voz do Johnny bem próxima ao meu ouvido, mais alta que a house music que ele e minhas filhas adoravam. — Elas sabem que horas são!

NOVOS COMEÇOS

Outubro, 1998

Encontrei Beyoncé sentada na sala de controle do estúdio em Houston, com as garotas na cabine.

— Cadê todo mundo? — perguntei, me referindo ao She'kspere e à Kandi Burruss, a melhor dupla de produtores e compositores do mercado. Eles já eram famosos por criarem "No scrubs", do TLC, e Mathew os contratou para produzirem partes do segundo álbum do Destiny's Child.

— Mamãe, eles são *tão* legais — Beyoncé comentou. — Estão me deixando dar um monte de dicas. É fantástico.

Aos 17 anos recém-completados, ela já havia estado em diversos estúdios, mas o máximo que as pessoas a deixavam produzir eram apenas seus próprios vocais e os das garotas. Um produtor a poderia chamar para fazer a harmonização vocal e distribuir para as outras as partes de cada uma, mas depois, os produtores conduziriam suas performances durante a gravação. Kandi e She'kspere tinham uma abordagem de não interferir muito quando escreviam essas músicas excelentes, como "Bills, Bills, Bills" e "Bug a Boo". Então, quando eu apareci no estúdio, lá estava Beyoncé, por conta própria, dizendo coisas como: "Elas precisam de mais harmonia ali".

Fiquei um pouco preocupada com o fato de as meninas estarem muito soltas e com a possibilidade de Beyoncé fazer todo aquele trabalho e não levar o crédito. Mathew quis conversar com os produtores, mas eu o impedi.

— Pensando bem — eu disse —, ela não poderia comprar esse tipo de aprendizagem.

Beyoncé já era compositora e arranjadora. Por fim, então, ela saberia o que é preciso para ser uma grande produtora. Sou eternamente grata à Kandi e ao She'kspere por não serem um obstáculo ao talento que enxergaram nela.

Próximo ao fim da gravação, na primavera de 1999, a data de lançamento do álbum estava marcada para aquele mês de julho, mas não conseguíamos escolher um nome para o disco. Tivemos uma reunião no estúdio mesmo para discutir o assunto, já que as meninas ficavam o dia todo por lá. Eu disse que o título deveria ser algo espiritual.

— Devemos orar para obter uma resposta. Ele vai surgir para nós.

Eu estava com minha Bíblia, a mesma que me inspirou o nome Destiny's Child, e havia acabado de ler uma passagem do Livro de Daniel sobre as mensagens que surgem na parede quando Deus avalia a nossa conduta. Conhecemos o nosso destino pelo esforço que investimos nele, e eu senti que o sucesso do grupo foi ordenado porque elas trabalharam duro.

— Que tal *The Writing's on the Wall?** — sugeri.

Elas amaram e a Columbia concordou. Naquele mesmo dia, as garotas estavam conversando entre si com sotaque de mafioso, imitando os atores de *O poderoso chefão*, que tinham acabado de assistir. Elas decidiram criar uma faixa de abertura para o álbum que reconstituísse a reunião organizada por Don Corleone com os líderes das cinco famílias criminosas — no caso delas, quatro. A ideia foi toda das garotas, que se apresentariam como indivíduos que formam uma aliança. Alguém me perguntou:

— Quem foi o cara que teve essa ideia?

Eu respondi imediatamente e com orgulho:

---

* Em português, "A escrita está na parede". O título do álbum foi inspirado pela passagem bíblica narrada em Daniel, capítulo 5. (N. T.)

— Não teve homem algum ali! Foram as meninas.

O Destiny's Child se empoderou muito ao ter uma ideia, executá-la e, então, a destacar na abertura do álbum.

O diretor Darren Grant voltou para filmar o videoclipe do primeiro *single*, "Bills, Bills, Bills", a partir de um esboço que as garotas fizeram por conta própria. O Destiny's Child queria um salão de beleza futurista e sofisticado, inspirado no Headliners, e elas estariam fantásticas e convincentes como cabeleireiras, após tantos anos no salão. Tive a ideia de fazer vestidos pretos e brancos confeccionados principalmente por tiras, que comprei aos metros. Foi um pesadelo — de fazer e de vestir —, mas fizeram um sucesso tão grande que, na temporada de moda seguinte, vi tiras em todas as passarelas. Apesar disso, o selo contestou cada modelo, desesperado para cortar as roupas e os looks de couro azul que as pessoas adorariam. As garotas foram firmes e cederam apenas uma "vitória" ao selo, que foi cortar o meu modelo favorito, um traje de couro roxo com detalhes em verde-limão.

— Ah, mas isso nunca — disse o representante da gravadora. — Isso nunca será possível.

O sucesso do *single* cresceu ao longo das semanas, indo da posição 84 na lista da Billboard para o primeiro lugar. Elas tinham um sucesso — a escrita estava na parede.

Naquele inverno, infelizmente, LeToya e LaTavia não iriam mais fazer parte do grupo. Beyoncé entendeu essa separação como o fim de um casamento de dez anos e passou a se lamentar, como era o esperado. Começaram a espalhar rumores e histórias negativas, que a colocavam como a filhinha do papai que fazia exigências, e as pessoas divulgaram até mesmo uma mentira, de que Kelly só continuou porque era filha biológica do Mathew com uma amante. Tudo era muito doloroso. E justo quando as coisas estavam começando a melhorar para o álbum, com as vendas motivando a Columbia a planejar uma investida maior para o terceiro *single* em 2000, a nossa casa foi tomada pela depressão.

Enfurnada em sua cama, Beyoncé mal saía do quarto. Mathew parecia paralisado; sua mente ágil e cheia de ideias desacelerou a ponto de parar. Eles estavam tristes com a saída das duas garotas, mas essa inação significava algo mais profundo. Beyoncé e o pai sempre incentivaram um ao outro, mas em janeiro de 2000, essas duas pessoas que se mantinham tão motivadas se retiraram para dentro de si mesmas.

Dei aos dois alguns dias — eles iriam se recompor, sempre conseguiam se pôr de pé novamente. No entanto, esses dias se transformaram em semanas. Kelly parecia insegura, e seu estresse foi um dos motivos que me fez ir ao quarto de Beyoncé em uma manhã de inverno.

— Levanta! — Eu abri as cortinas para deixar a luz entrar. — Nós não vamos deixar essa coisa nos dominar.

— Que coisa é essa? — perguntou ela, como se fosse novamente uma criança.

— Qualquer coisa. Vamos descobrir.

Nós precisávamos encontrar as novas integrantes o mais rápido possível. A gravação do videoclipe de "Say my Name" estava agendada para dali há algumas semanas em Los Angeles e queríamos definir a formação. Beyoncé e eu começamos a ir em escolas de artes performáticas na Filadélfia e em Nova Orleans para fazer audições com algumas jovens, mas nenhuma parecia se encaixar.

Eu fiz algumas ligações do jeito que teríamos feito em Galveston — para resolver as coisas. Ver quem conhecia quem. Comecei pela minha prima Junella Seguro, que começou trabalhando com o Destiny's Child e então se tornara dançarina e coreógrafa do MC Hammer. Perguntei se ela conheceu cantoras de apoio boas nas turnês que já havia feito.

— Ah, tem uma garota que era *muito* boa — disse Junella. — Ela mora em Chicago e fazia a voz de apoio para Monica. E, hm… eu acho que todos vocês vão gostar muito dela.

Tenitra Michelle Williams havia sido avisada que um representante do Destiny's Child talvez lhe ligasse. E eis que era a mãe das garotas ligando para ela em Rockford, Illinois, o que a deixou um pouco surpresa.

— É uma boa hora para conversarmos? — perguntei, para quebrar o gelo. — O que você está fazendo?

— Estou morando com a minha avó — ela disse. — Eu tomo conta dela.

— Ah, isso é tão bonito. — Nos últimos tempos, conheci muitas jovens com cerca de vinte anos como ela, e poucas eram do tipo que se importavam com seus idosos. Conversamos sobre sua vida, sobre como ela havia ingressado na Illinois State University para se formar em direito criminal, mas que a música era sua paixão desde quando era criança e cantava no coro de igreja.

— Você pode me mandar algumas fotos suas? — pedi. Eu queria defender a vinda daquela garota para uma audição.

Michelle me enviou umas produzidas em uma loja de shopping onde lhe fizeram um penteado com cachos pesados e aplicaram uma maquiagem exagerada que serviu apenas para acentuar o que parecia ser um buço. Porém, eu a achei fofa.

Levei as fotos para Mathew e Angie Phea, que estava ajudando a administrar nossa empresa, a Music World Entertainment. Ao final da visita, eles se despediram de mim com risadas e variações de "até parece que essa garota serve".

Sem desistir, mostrei as fotos para Beyoncé.

— Mamãe, veja se ela tem algumas fotos sem tanta maquiagem. Só algumas fotos naturais, porque ela parece tão fofa.

Um envelope pequeno chegou e ali estava ela, tão fofa quanto poderia ser. Tinha aquele leve buço, mas ela era definitivamente fofa. Liguei para Michelle mais uma vez.

— Você pode vir amanhã? — perguntei.

Tirei do meu próprio bolso o dinheiro para comprar uma passagem para ela. Não contei sobre isso para Mathew ou Angie — eu estava do lado daquela garota.

Solange e eu dirigimos até o aeroporto para pegar Michelle e, então, a levar direto para conhecer Beyoncé e Kelly em nossa casa. Pude ver as garotas suspirarem aliviadas com a presença gentil de Michelle.

Perguntei se ela queria renovar o visual, para ter uma vantagem merecida na audição.

— Você só precisa de uma pequena correção.

Eu a levei à minha esteticista, Sherrice, para um tratamento facial. Sherrice, por sua vez, foi direta:

— Meu bem, esse buço precisa desaparecer.

Michelle deu uma risadinha.

— Ele é o meu namorado.

— Bom, você vai ter que dar um beijo de despedida no seu namorado — eu disse, e nós três rimos.

Acho que ela só estava com medo da cera, mas foi rápido. Eu a maquiei, e daí a levamos ao salão para lavar e arrumar seu cabelo. Ela sorriu ao ver a reação de Beyoncé e Kelly, que lhe deram um top para ser usado na audição com a calça *baggy* de moleton que ela já vestia. Elas perguntaram se Michelle queria treinar umas harmonias para ficar preparada.

— Eu adoraria — ela concordou.

Elas reduziram a música que Michelle queria tentar — uma canção gospel chamada "Walk With Me" — já trabalhando suas próprias linguagens como parceiras. Quando começaram a cantar, o som combinado das três era muito lindo. "Eu quero Jesus todos os dias da minha vida", elas cantaram "para caminhar comigo". Essa é uma versão modificada de uma música que foi entoada por gerações antes delas, em tempos turbulentos.

Ao ouvi-las, comecei a chorar. Beyoncé e Kelly cantavam harmonias vocais juntas há muitos anos, e Michelle se encaixou ao estilo delas de forma muito natural. Mais do que apenas se adequar aos vocais das duas, seu talento as inspirou. Michelle conduziu a canção, e Beyoncé adicionou seu estilo ao arranjo, com Kelly atingindo o tom exato.

— Esta é a canção que devemos usar na sua audição — Beyoncé deci-diu. — Tem que ser "Walk With Me", com certeza.

Fomos ao escritório e surpreendemos Angie e Mathew. As três simples-mente arrasaram diante deles. Estava bem claro que tínhamos uma nova integrante e um novo começo. Levamos todos para almoçar no Pappadeaux para apresentar Michelle aos frutos do mar à moda *cajun*. Enquanto elas se conectavam, vi algo se dissipar em Beyoncé e também uma segurança em Kelly. Estávamos indo na direção certa.

Eu continuo amando "Walk With Me" porque não é um apelo por socorro, uma lamentação por esperar que Deus chegue para o salvar de seus problemas. A letra quer dizer que já estamos na jornada *através* de nossas provações, pedindo humildemente a Deus para que ele esteja conosco enquanto damos um passo de cada vez no caminho que se estende a nossa frente.

Completamos o grupo com uma jovem, Farrah Franklin, que respondeu a uma ligação a convidando para as audições em Los Angeles. Infelizmente, não deu certo, mas vou sempre desejar o melhor para ela em sua jornada.

Seria de se esperar que uma festa privada na Disney World fosse diversão garantida, não é mesmo? O Destiny's Child esteve lá na sexta-feira do fim de semana do Dia das Mães, prontas para realizar alguns concertos para grupos de jovens que se formavam no ensino médio naquele ano de 2000. O parque abriu exclusivamente para eles, e as garotas iriam se apresentar duas vezes naquela noite. Jessica Simpson também faria um show. Ela era uma companheira do selo Columbia que entendeu toda a pressão sobre as garotas e também era uma pessoa bacana. Ela era e permanece sendo uma amiga.

Porém, havia uma diferença gritante na forma como os organizadores do concerto tratavam a equipe de Jessica e a nossa. Deram-lhe o camarim maior, o que até ela achou estranho, já que o Destiny's Child era formado por quatro garotas. A questão não era apenas que Jessica tinha um tratamento diferenciado, mas que havia uma suposição que nós éramos um problema. Ela recebia deles o típico e doce tratamento Disney, mas eram muito rígidos com as nossas meninas, repetindo todas as informações como se elas fossem burras. A situação ficou tensa e, para fazer as meninas rirem, Mathew decidiu vestir uma fantasia do Pateta que havia visto nos bastidores. Alguém com um crachá e uma prancheta o repreendeu como a uma criança:

— Vá tirar isso!

Fizemos o de sempre, que era rir e manter as coisas leves para evitar que o estresse afetasse as garotas ou a apresentação. Durante o primeiro show, Beyoncé jogou uma toalha para a plateia e a multidão foi à loucura. O gesto era a marca de uma verdadeira superstar, que criava aquela interação com um público quando o esperado era que as garotas sequer transpirassem. Ela tinha controle total daquela multidão, nascido a partir do respeito mútuo.

— Há uma grade de contenção bem aí — ela acrescentou. — Nenhum de vocês pode pular e nem machucar uns aos outros.

Os organizadores estavam com a *polícia* esperando por ela assim que saiu do palco. Eles falavam com Beyoncé de um jeito completamente insano, quase cuspindo na minha filha. Um deles disse:

— Se você jogar *qualquer coisa* para a plateia, vamos interromper o show e prender você.

Eu me enfiei bem no meio deles:

— Vocês não vão *prendê-la*.

— Sim, nós vamos — disse o policial para mim. — Se ela fizer aquilo de novo, ela vai para a delegacia. — E, então, falou bem na cara de Beyoncé:

— Você poderia ter causado um tumulto ali fora.

E esse tratamento não era apenas por ela ser Negra, mas porque seus fãs também eram. Aqueles que estavam bem na frente do palco, cantando cada palavra de "Say my Name".

Para a segunda apresentação, os policiais tiveram a audácia de ficar no palco enquanto elas cantavam. Um deles ficava colocando a mão nas algemas, como quem envia uma mensagem não apenas para as garotas, mas para o público. O Destiny's Child não deixou a raiva transparecer, mas eu nunca fiquei tão irritada na minha vida.

Perto do final, vi Beyoncé mover os olhos de um lado para o outro, observando os policiais, mas mantendo o foco no público.

— Obrigada por nos apoiarem — disse ela para a multidão. — Nós *amamos* vocês.

34

TINA É O PROBLEMA

Maio, 2000

MATHEW VOLTOU A HOUSTON precisando me contar algo.

A Sony o havia chamado para uma reunião em Nova York — somente ele. Isso foi logo depois das vendas do *The Writing's on the Wall* terem dado um salto imenso, e as pessoas na reunião rasgarem seda pelo álbum ainda estar se destacando tantas semanas após o lançamento do videoclipe de "Say my Name". Eles disseram que a projeção indicava que o álbum seria um dos mais vendidos do ano. *Porém*, precisavam falar com ele sobre um problema.

Eu. Eles lhe contaram que eu tinha que sair.

— Mathew, você sempre compartilhou o que deseja que as garotas se tornem — falou um dos executivos. — Mas a sua *esposa* será a razão do Destiny's Child nunca ir além, como você diz. Não da maneira que ela cria o estilo delas. Tina é o problema.

Mathew começou a falar algo, mas foi interrompido. Um assistente assustado se apressou em direção ao líder do grupo, segurando um quadro com fotos atraentes de artistas pop identificadas por apenas um nome: Britney, Jessica e Christina.

— O seu grupo é de r&b, logo, elas nunca serão tão populares como essas pessoas — continuou o executivo. — E, com certeza, elas não serão tão grandes com a sua mulher as limitando.

Mathew disse que todos começaram a se manifestar, falando coisas como "As pessoas amam a música do grupo, mas elas nunca serão amadas." O cabelo delas era muito grande, "muito Texas", alguém acrescentou. Suas roupas não eram "do tipo que uma garota comum compraria no shopping para usar em um encontro." Um alto executivo disse que o *look* era "Motown". A simples menção a esse nome iniciou uma onda de caretas e balanços de cabeça.

Mathew e eu sabíamos traduzir aquela conversa. Elas eram muito Negras, e qualquer tipo de Negro era muito Negro. E, sim, as garotas *são* Negras. E são muito felizes por serem Negras e sem culpa, porque não havia nada pelo que se desculpar, e elas estavam seguras de sua aparência.

Ele disse que apontaram para Britney Spears como prova do que as garotas nunca poderiam ser.

— Eles falaram: "Isso é o que as estrelas estão usando, jeans e tops. Nada berrante. Não essas roupas feitas em casa. Tina é o que trava as meninas".

— Eles realmente falaram "feitas em casa"? — eu quis saber.

— Falaram.

— E o que *você* falou?

Ele deu uma risadinha. Agradeci a Deus mais uma vez porque, apesar de todas as falhas que tinha como marido, Mathew era alguém que jogava em equipe e lutava pelo time.

— Eu disse: "Vocês não vão me dizer que minha esposa limita esse grupo. Não quando, em todos os lugares que elas se apresentam, as pessoas chegam perguntando quem faz as roupas delas. E não quando estamos vendendo milhões de discos. Vocês não vão fazer *isso*; portanto, podem esquecer".

Eu o abracei Mathew.

— Obrigada.

Uma semana depois, ele voltou à Sony para uma reunião com todos os executivos. Ele apertou o interruptor e desligou a luz. Todos ficaram sentados no escuro por um segundo... dois segundos... três. Ele ligou novamente o interruptor.

— O Destiny's Child é quem mantém a porra da luz acesa aqui — disse ele. — Apenas não se esqueçam disso.

Aquele momento entrou para a história. "Esse homem é louco" foi o que falaram, mas ele estava certo. Era a verdade.

Com sua visão empresarial, Mathew imaginou que o grupo aumentaria sua participação no mercado se elas misturassem músicas pop no próximo álbum. O selo disse que essa era mais uma regra da indústria que ele estaria quebrando:

— Você não pode misturar R&B com pop no mesmo álbum. As pessoas não vão comprar.

Hoje isso parece piada, mas, na época, também nos pareceu uma estupidez. Não achávamos que o Destiny's Child precisava *mudar* para o pop, porque o pop mudaria para elas. "Mudem o mundo", eu falava para as meninas. "Não deixem o mundo mudar vocês."

Eu sabia disso porque as pessoas na indústria da música e os estilistas que conheci, de um jeito mesquinho bem próprio deles, sempre roubavam os nossos looks. Eu via uma cantora pop branca dançando com uma roupa coberta de cristais Swarovski ou assistia a uma modelo desfilar na passarela com um modelo camuflado de alta costura e pensava: "Isso é Destiny's Child". Nós fomos inspiradas pela nossa própria cultura Negra, e as pessoas sempre quiseram o nosso estilo e copiaram o nosso trabalho.

Logo após o movimento para me demitir, estávamos em Colônia, na Alemanha, para uma apresentação. Nós vimos Britney Spears nos bastidores e ela foi muito gentil — como sempre era. Cada uma do seu jeito, ela e as garotas estavam vivendo uma experiência singular, que só elas podiam entender, e mesmo assim a indústria tentou minar essa relação. Isso também acontecia com Jessica Simpson e sua irmã mais nova, Ashlee. Solange e Ashlee se conectaram por serem as irmãs caçulas rebeldes que xingavam juntas pela diversão de chocar "as certinhas", que era como elas viam suas irmãs mais velhas.

— Mamãe, Solange tem uma parceira de *crime* — contou Beyoncé.

Naquele momento, na Alemanha, Britney me falou que amava as roupas das garotas:

— Por favor, dona Tina, um dia a senhora tem que criar algo para mim.

   • • •

A Sony apresentou uma oferta às garotas, que elas acharam irrecusável. A canção que Beyoncé escreveu, "Independent Women, Part I", havia sido selecionada para ser o *single* principal da trilha sonora de *As Panteras*, filme que também era da Sony. O *single* também iria determinar o direcionamento que o Destiny's Child daria para o álbum que estava trabalhando no momento, com lançamento marcado para o início de 2001. A Sony disse que Pat Field, a renomada estilista da série *Sex and the City*, estava ansiosa por vestir as garotas para o videoclipe. Isso era uma honra e amávamos Pat desde que fizemos compras em sua loja linda e eclética no East Village, em Nova York. Porém, eu sabia qual era a intenção da Sony. Eles não queriam que as garotas estivessem muito Negras no videoclipe da trilha sonora.

As garotas também sabiam disso. Mathew conversou com elas depois que a Sony tentou que ele me demitisse. Nunca contamos tudo o que a Sony disse sobre mudá-las para que se adequassem a um grupo demográfico desejado, porque elas já estavam sob pressão suficiente. Dessa vez, contudo, Mathew contou a elas exatamente o que eles falaram sobre mim e sobre o visual delas, para que pudessem tomar uma decisão fundamentada.

— Nós temos que ficar unidos e todas têm que apoiar a Tina — disse ele. — Vocês não podem deixar que essas pessoas façam isso com ela, porque ela mata e morre por todas vocês o tempo todo.

A Sony tentou me tirar nessa última vez, e eu também já queria desistir. Falei para as garotas que elas podiam concordar em ter outra pessoa para criar o estilo do videoclipe, mas elas recusaram. Enquanto eu fazia planos para me preparar para a filmagem no final de agosto de 2000, em Los Angeles, conversei com designers que poderíamos contratar.

— Mamãe — disse Beyoncé —, você não tem que mudar o nosso...

— Não, nós temos que aprimorar o estilo — falei. — Por isso, vou fazer coisas de designer.

— Bom, você pode fazer *alguma* coisa de designer — sugeriu Kelly.

— Nós ainda queremos os seus *looks* — Beyoncé acrescentou. — Queremos que você faça uma de suas roupas de couro recortado.

— Tudo bem — prometi.

Eu tive que fazer roupas de última hora para uma cena de luta adicionada dois dias antes da gravação. O roteiro exigia que as garotas dessem voadoras, penduradas por cabos de segurança; então, para dar o efeito de que estavam nos ares, eu queria roupas que flutuassem. Saí e comprei uma peça inteira de um tecido roxo e branco bastante leve e fluido. Houve tempo suficiente para fazer as calças, mas não os tops. No próprio set de filmagem, simplesmente cobri o colo de cada garota com o tecido e, para o manter preso, usei um outro pedaço em volta dele, como uma faixa.

As estrelas do filme visitaram o set aquele dia: Drew Barrymore, Lucy Liu e Cameron Diaz. Elas eram adoráveis, e Lucy gostou dos tops que enfaixavam as garotas.

— De onde você pegou isso? — ela perguntou.

— Minha mãe os confeccionou há uns quinze minutos — disse Beyoncé.

— Eu só os moldei com pedaços de tecido — expliquei. — Eles ainda não foram nem mesmo costurados.

A frase fez todo mundo rir, e foi de fato *divertido* para todas nós. Mesmo sob circunstâncias terríveis, já que a Sony tentou de tudo para não me deixar fazer aquele trabalho. Simplesmente, nós sempre fizemos de um limão uma limonada.

Logo depois, o Destiny's Child foi homenageado no VH1/*Vogue* Fashion Awards, em Nova York, e estávamos na plateia sentados com John Galliano, Betsey Johnson e Oscar de la Renta, enquanto a *Vogue* exibia um tributo ao estilo das garotas. Quando o grupo ganhou o prêmio, elas me falaram que *nós* ganhamos, agarraram a minha mão e me puxaram para subirmos juntas as escadas do palco.

— Nós queremos agradecer a essa senhora adorável aqui — disse Kely —, a sra. Tina Knowles, que com certeza criou a imagem do Destiny's Child.

A noite marcou um momento de virada, como se o selo de aprovação da *Vogue* servisse para legitimar o que as garotas já sabiam ser verdade. A partir daquela noite, a Columbia parou de me perturbar.

• • •

De volta a Houston, as pessoas começaram a aparecer de surpresa em nossa casa para um encontro de fãs com o Destiny's Child. Estávamos no meio do processo de desfazer as malas ou felizes por estarmos em nossas próprias camas, e ouvíamos uma multidão no jardim. No início, achávamos que aquilo era uma loucura, mas depois a situação chegou a um ponto em que passei a achar que *eu* era a louca por não estar procurando uma casa que tivesse um portão.

Vernell e eu dirigimos até o Lago Olympia, nos arredores de Houston, com listas de imobiliárias na mão e lembranças de Gavelston. Paramos em uma casa de cinco quartos que estava à venda em Swan Isle, e eu entrei para olhar sua imensa janela panorâmica com vista para o lago. Fiquei apaixonada. As garotas nunca mais precisariam dividir quartos, e eu poderia fazer um projeto em cada um deles para criar um refúgio contra toda a pressão.

Aquela casa nova foi o começo de uma época boa para mim e Mathew. É impossível não voltar a se apaixonar completamente quando vimos que tanto ele quanto eu lutamos muitas batalhas individuais e diárias em nome de nossas filhas.

E eu também havia me apaixonado novamente por Galveston, aquele lugar de onde eu sempre desejei muito ir embora. Muitas vezes não podíamos planejar visitas familiares com muita antecedência, porque a agenda do Destiny's Child era muito imprevisível. Era como quando meus pais voltavam para Weeks Island sem avisar, meu pai nos fazendo aparecer do nada na Louisiana. Hoje eu entendo melhor o que eles sentiam — um retorno para si mesmos.

À medida que atingiam essas novas metas, eu quis que minhas filhas se fortalecessem em suas origens familiares e históricas. Entre uma folga e outra, demos um pulo na casa. Beyoncé amava a tranquilidade de Galveston e a praia, e eu percebia que Solange armazenava todas aquelas imagens em sua mente. Kelly pode não ter nascido em nossa família, mas sempre foi amada nela. Elas precisavam ouvir nossas histórias e sofrer com as piadas sem graça do tio Skip. Como não poderia ser de outra forma, cada pessoa iria compartilhar uma lembrança de Johnny, e as garotas, exaustas devido às turnês, relaxariam completamente.

Eu não podia ir embora de Galveston sem antes levar minhas filhas e Michelle para darem uma volta na barca gratuita que havia sido minha válvula de escape por todos aqueles anos. Elas estiveram em jatinhos e limusines, mas aquilo era especial para mim.

— Pegar a balsa era a minha forma de dar graças por ter crescido aqui em Galvestone — disse a elas. — Principalmente quando eu era adolescente. Eu falava para cada novo namorado que eu tinha: "Você quer ir ao meu iate?".

As garotas riram e eu continuei:

— Então, quando já estávamos no meio da água, eu cantava para eles. Fazia parte do meu jogo, aquele bom e velho jogo da Tina que posso passar para vocês agora. Com esse barco que minha mãe me deu. Agora, ele é todo de vocês.

Ao olhar para a água que continha tantas possibilidades quando eu era criança, eu pausei aquela rota de volta ao lugar de origem dos meus pais.

— Agora, ele também é de vocês — declarei. — Ele inteiro.

35

MULHERES DO SÉCULO XXI

Verão de 2000

MATHEW E EU ESTÁVAMOS NA COZINHA da casa de Swan Isle, em Houston. Ou tínhamos acabado de voltar de uma viagem ou estávamos partindo para outra — esse era o estado de mudança constante em que vivíamos.

Solange entrou e abriu o armário para pegar um copo.

— Sabe, eu estive no estúdio... — Ela se virou parcialmente para nós enquanto enchia o copo de água.

— O *quê?* — falamos juntos. Naquela época, tínhamos um estúdio em Houston para fazer todas as nossas coisas, porque ficava mais barato do que alugar um. Sabíamos que ela estava sempre escrevendo músicas, e que os seus diários já estavam lotados de letras. Porém, achávamos que ela estava no shopping, não no estúdio.

Ela tomou um gole d'água.

— Eu quero um contrato de gravação — ela declarou, de repente. Aquela garota não sabia esperar.

— Sabe, Solange — eu disse —, você nem se levanta da cama de manhã se acha que está muito cedo. Quer diversão, então vá se divertir. Você não precisa disso.

— Não, eu quero um contrato de gravação — insistiu ela.

— Tá bom, se quer um contrato — continuei —, então vai sair em turnê com as garotas. Você vai ser dançarina de apoio do grupo. Queremos que veja como é duro sair da cama às quatro horas da manhã.

Imaginei que o toque do despertador bem cedo faria com que Solange desistisse. Ela já havia experimentado um pouco daquela rotina nas vezes em que viajou conosco, mas sempre lhe demos uma alternativa. Ela não gostava de madrugar para pegar um avião; por isso, muitas vezes deixávamos que ela e a sua babá fossem em um voo mais tarde.

— Se você está trabalhando, Solange — disse Mathew —, você não pode pegar um voo mais tarde, você tem que viajar no mesmo horário que todos os outros.

Eu me apoiei na bancada da cozinha.

— Você vai ser dançarina esse verão, e se provar para nós que vai trabalhar duro e *acompanhar o ritmo*, então conversaremos.

Talvez eu tenha me complicado ao lhe propor um desafio. Porque, é claro, ela se mostrou capaz. As garotas faziam a abertura de show da Christina Aguilera na maior e mais longa turnê delas até então. Solange se juntou aos dançarinos de apoio, que tinham entre 25 e 30 anos e estavam no ramo há uma década. Ela acompanhou o ritmo o tempo todo e até coreografou uma pequena introdução de balé para si mesma.

O verão virou outono, e ela manteve o compromisso. Naquele outubro de 2000, estávamos fazendo o show abertura em Denver, uma cidade com altitude elevada. E enquanto muitos dançarinos lutavam para não perder o fôlego durante a apresentação, lá estava Solange, determinada a não deixar a dificuldade transparecer.

Foi nessa abertura que aconteceu um pequeno acidente. As garotas tinham duas ou três trocas rápidas de figurino durante o show — o que era uma loucura, eu sei. Nenhuma apresentação de abertura tinha tanta produção, mas o Destiny's Child era assim. Ficou decidido que elas não poderiam usar o camarim do palco para mudar de roupa; então, para realizar as trocas rápidas, elas tinham que descer correndo por uma rampa, no escuro. Ao correr no breu total, Kelly quebrou dois dedos do pé direito.

Outras bandas teriam cancelado a turnê nas datas restantes, mas não deixaríamos isso se tornar um impedimento para nós. Eu usei pedras de strass para customizar o gesso da Kelly *e* um banquinho, para que ela pudesse se sentar e cantar. Também fiz uma roupa para Solange que combinasse com a da Kelly, já que ela a substituiria nos movimentos de dança com Beyoncé e Michelle. Solange tinha agora a pressão de executar os passos de Kelly como se fosse sua extensão, o que era muito para alguém de apenas catorze anos, mas ela arrasou.

Solange também sabia disso, porque assim que chegamos em casa, ela foi para o estúdio e começou a produzir seus próprios vocais. "Esse é um projeto bom", pensei. "Vamos ver aonde vai chegar."

Algum tempo se passou, mas não muito.

— Mamãe — disse ela. — Hmm... Eu tenho uma música que... ahn... que o Pharrel compôs.

Eu gritei novamente.

— O quê? Como isso aconteceu?

— Bom, eu peguei o número dele com a Bey.

— E o quê?

Para me ajudar, ela falou mais pausadamente:

— Eu liguei e perguntei se ele faria uma faixa para mim.

— Bom, como você pagou a ele?

— Não paguei.

— Você negociou algo? — perguntei, pois Mathew tinha uma filosofia de negociar antes para depois não ter que pagar muito. E Pharrell estava bombando na época.

— Não — disse ela. — Eu só contratei ele para...

— Você *contratou* Pharrell para fazer uma música? Você está brincando comigo?

Porém isso era ela, sem tempo a perder. Mathew entrou em contato com Pharrell, que foi adorável. Ele foi um dos que reconheceu de imediato a Solange escritora, a jovem contadora de história. Ela foi para Miami para gravar a música "Crush", e não havia como a impedir. Solange insistiu que seria capaz de escrever suas próprias músicas e receber o crédito por seu trabalho. Ela escolheu todos os produtores com quem trabalharia e começou a compor o álbum que lançaria no ano seguinte, o *Solo Star*. "Solange é tão à frente do seu tempo", eu e suas irmãs sempre falávamos. Ela conhecia os produtores mais badalados antes de nós e usava roupas com mix de estampas e padronagens diferentes, que chamariam de tendência quando outras pessoas também começaram a usar. Contudo, ela também estava à frente do seu tempo, pois realizava essas coisas mesmo sendo tão jovem, e eu queria que ela permanecesse naquela infância o máximo que pudesse.

Enquanto Solange tocava seus planos, o Destiny's Child seguiu crescendo. Em janeiro de 2001, tínhamos dois dias para filmar o videoclipe de "Survivor", e começaríamos em um trecho da praia de Malibu chamado Point Dume. O nome parecia perfeito demais, já que todos tentávamos "sobreviver" ao frio intenso. Para a cena de abertura, coloquei as garotas em vestidos de chiffon rasgados, três sobreviventes de um naufrágio que são levadas até uma ilha deserta.

Ty Hunter estava ao meu lado, vendo as garotas "acordarem" na praia, e percebi que ele estava preocupado com o fato de elas estarem com frio. Ty era um jovem que contratamos para ser meu assistente depois de anos o encontrando na loja de roupas Bebe do shopping Galleria, em Houston. Eu corria para lá quando precisava de figurinos de última hora para as dançarinas de apoio, e ele era sempre muito gentil, com uma energia maravilhosa.

Comecei a ligar para a loja com antecedência, pedia para falar com ele e perguntava "O que vocês têm?". Ele separava as peças para nós. "Não se preocupe", falei para ele uma vez, "um dia eu vou tirar você daqui."

Cumpri a minha promessa quando liguei para ele e disse: "Olha, eu preciso de uma ajuda com um videoclipe. Você quer largar seu emprego?". Ele respondeu: "Eu estava esperando por essa ligação", e entrou imediatamente no turbilhão conosco.

E então, na praia, Ty cruzou os braços com força, como se estivesse abraçando a si próprio, uma reação de empatia ao sentir frio só porque olhou as garotas na água. Enquanto as câmeras gravavam, ele murmurou para mim:

— Só você as vestiria em chiffon no meio do oceano.

— Bom, elas eram artistas no navio que naufragou — expliquei.

— Você não acha que ficaria mais realista se elas estivessem usando, tipo, jeans?

— Elas estavam no palco quando aconteceu — falei, de forma objetiva.

— E como o navio afundou *de fato?* Como foi isso de só elas estarem no bote inflável?

— Eu não quero falar sobre isso — brinquei. — É muito doloroso.

E começamos a rir. Eu só queria que elas parecessem lindas. Nós já estávamos delirando porque mal dormimos durante duas semanas anteriores — eu desenhei as roupas e Jaime as confeccionou; então, eu e Ty daríamos os toques finais, como desfiar os vestidos e colar todos o strass. Nós estávamos sempre *glamurizando algo.* Os biquínis com aplicações em pele, que Beyoncé insistiu que fizessem parte do figurino eram uma homenagem à atriz Raquel Welch no filme *Mil séculos antes de Cristo.* Eu também queria usar o *look* camuflado que elas popularizaram, e que começou com Master P., e dar um *upgrade,* torná-lo uma camuflagem *ostentação.* Aplicamos à mão os strass nos padrões dos tops e shorts e também vestimos todos os dançarinos de apoio com roupa camufladas.

Acho que avisei a Ty que viajaríamos por umas duas semanas, mas se passaram quatro meses ou mais antes que ele pudesse voltar para casa. Ele fazia e desfazia as malas e vestia as garotas. Trabalhávamos 16 horas por dia, às vezes até mesmo 24, e Ty se tornou um irmão para as meninas, alguém em quem podíamos confiar. Ty pegou um rabo de foguete no Grammy, em fevereiro daquele mesmo ano, quando o Destiny's Child cantou "Say my Name" e levou para casa seus dois primeiros prêmios: Melhor Música R&B e Melhor Performance de R&B por um Duo ou Grupo com Vocais. Precisávamos de pelo menos duas trocas de roupa — uma para a chegada no tapete vermelho e outra para a apresentação no palco —, mas Beyoncé disse que não era o suficiente.

— Quero fazer uma terceira troca para a cerimônia de premiação.

— Ai, meu Deus — suspirei, mas logo concordando. — Tudo bem.

Dei início à criação dos modelos do mesmo jeito de sempre, pelos tecidos. Fui à Tecidos High Fashion, em Houston, em busca de inspiração. Comecei pelos trajes de palco, e encontrei as lantejoulas azuis que eu amava. A apresentação era um *medley* que começava com "Independent Woman, Part I", por isso elaborei algo que combinasse com aquele estilo. Quando o palco escureceu, Beyoncé arrancou o vestido e o jogou no chão, então surgia vestida com um top de lantejoulas e um shortinho. Eu não sou uma grande desenhista, mas sempre consegui trabalhar os modelos com Jaime, primeiro em Houston, nos manequins projetados com as medidas das garotas, em que é realmente possível visualizar as possibilidades. Eu caminhava em torno de um manequim, drapejando o tecido desse ou daquele jeito e falando comigo mesma: "Certo, de um lado eu quero que pareça um biquíni; do outro, um vestido." Assim que definimos os modelos dos trajes azuis, eu comecei a negociar os *looks* para o tapete vermelho, vestidos camisola lindos da Versace, recém-saídos da passarela, todos com um tom de champanhe diferente do outro. Para o último *look* da noite, escolhi um tecido verde claro com contas de corneta e lantejoulas no High Fashion. Queríamos coisas que se destacassem e que correspondessem à dinâmica da noite: começando de forma sutil e elegante, depois o azul e, em seguida, algo realmente brilhante e impactante.

Até o último minuto, eu e Jaime ainda estávamos criando, pintando com spray e aplicando pedras extras nas botas. Foi muito trabalhoso, mas, meu Deus, foi divertido. Muitas tendências surgiram a partir desses *looks* — recebemos o crédito por algumas e por muitas outras, não —, mas a homenagem mais carinhosa foi quando a Hasbro criou bonecas Barbie das Destiny's Child que traziam os figurinos azuis usados na apresentação. Tive que me envolver para que os *looks* estivessem corretos, e os primeiros rostos que mandaram não se pareciam em nada com os das garotas. Porém, o produto final ficou muito bonito. Eu me empenhei muito para encontrar bonecas parecidas com as minhas filhas quando eram pequenas, e agora elas estavam ali.

A representatividade era muito importante, e mesmo assim havia várias tentativas de controlar como o Destiny's Child era visto por públicos mais amplos. Beyoncé foi convidada para participar da edição dedicada à cena musical da revista *Vanity Fair* de novembro de 2001, uma de suas edições especiais com uma capa enorme, dobrada em três partes e, como de costume, fotografada por Annie Leibovitz. Nós estávamos muito empolgados porque ela estaria na capa com lendas como David Bowie e alguns dos artistas mais badalados do momento. Estávamos no camarim quando um assistente entrou e avisou que:

— A sra. Leibovitz quer o cabelo de Beyoncé preso em um coque.

— Ah, o cabelo dela não vai ser preso em um coque — retruquei. — Ele é parte de sua identidade.

Explicaram que era "muita informação", já que o cabelo de Jewel também estava solto.

— Há excesso de cabelo na foto, e o queremos preso em um coque — eles insistiram.

— Não — bati o pé.

Quando eu era jovem e fugi de Galveston para Denver, daquela vez com Butch e sua esposa, trabalhei como modelo por pouco tempo. Reparei que nunca contratavam cabeleireiras Negras, de forma que a equipe da sessão de fotografia ou do show não sabia o que fazer com um cabelo Afro. A solução era sempre "prender em um coque". Conheci um número considerável de supermodelos Negras para saber que situações desse tipo aconteceram no auge de suas carreiras — inclusive em títulos da editora Condé Nast, como a *Vanity Fair*, daquela época. A frase que eu sempre ouvia nessas diretivas era "vai parecer elegante".

O assistente voltou, com expressão séria.

— A sra. Leibovitz gostaria de falar com a senhora — anunciou o assistente, todo solene, mas eu não conhecia a história nem o portfólio da Leibovitz.

— Tudo bem — concordei.

Ela já entrou no camarim falando:

— Você pode só prender o cabelo dela em um coque? Tipo, um coque elegante. Isso a mostrará sob uma nova perspectiva.

— Fale para Jewel prender o cabelo dela em um coque. Vá dizer a outra garota que há muito cabelo. Beyoncé não vai ser a escolhida.

— Bom, se não tem jeito de eu convencer você a convencer a mudar de ideia… — disse ela ao sair.

Terminei de fazer as ondas no cabelo de Beyoncé e, quando eu estava indo para o set, vi alguns músicos famosos circulando no local. E lá estava Maxwell, sentado no chão onde o haviam colocado, vestindo um chapéu enorme e parecendo muito triste. Ele tinha 28 anos na época, era famoso por sua voz linda e pelo cabelo natural mais deslumbrante de todos.

Fui direto até ele.

— Por que você está tão triste?

— Eu odeio esse *chapéu* — disse ele.

— Bom, por que você está com ele na cabeça?

— Eles querem que eu o use.

Tirei o chapéu de sua cabeça e usei meu pente-garfo para abrir seus cachos e deixar o seu cabelo com volume. Não o conhecia nem mesmo de vista, e eu era tímida naquela época, mas também era uma mãe superprotetora.

— Não deixe que essas pessoas coloquem qualquer coisa em sua cabeça — aconselhei. — Diga a eles que podem colocar o chapéu em outra pessoa.

Olhei em volta e vi Beyoncé tentando esconder o rosto com uma expressão tipo: "Meu Deus, minha mãe é doida". O empresário de Maxwell chegou correndo.

— O que vocês estão fazendo? — ele perguntou ao cantor.

— O cabelo é a identidade dele — Olhei diretamente para Maxwell. — Ele é sua coroa.

Jay-Z foi destaque naquela foto da *Vanity Fair* de 2001, e Beyoncé desenvolveu uma amizade com ele exclusivamente por celular. Eles conversavam sobre a indústria e trocavam bons conselhos, cada um compartilhando sua própria visão artística com uma confiança única. Por coincidência, as garotas também estavam em casa quando ele veio a Houston para fazer um show, e sempre que um grupo ou um artista solo aparecia na cidade quando também estávamos, eu os convidava e as suas equipes para um jantar de domingo com comida afro-americana típica. Pessoas que vivem viajando precisam de uma refeição caseira, de uma oportunidade para que todos os que trabalham duro em uma turnê possam compartilhar o pão. Conforme Beyoncé e Jay mantinham o contato por celular, a amizade se aprofundava. Ela me dizia: "Ele é tão *legal*." Havia um outro rapaz da indústria que conversava com ela, um amigo que talvez quisesse se tornar algo mais, e enquanto estávamos em Los Angeles, nas gravações de *Austin Powers em o homem do membro de ouro*, ela me contou que os dois estavam chegando na cidade ao mesmo tempo.

— Eu não sei o que fazer.

— Bom, de quem você gosta mais? — perguntei. — Com quem você prefere conversar?

Eu a observei pensar. Era o Jay. Não é impressionante como o amor pode surgir de um sentimento tão simples? Você gosta de conversar com alguém pelo celular. Tem 21 anos e pode não saber se algum dia vai eternizar esse amor nas estrelas, mas ele começa a partir de um simples instinto.

Quando a relação dos dois ficou mais séria, houve um encontro de mães —Gloria Carter e sua mãe, a vovó Hattie White, e eu — no dia das mães em Nova York. Nós decidimos alugar um apartamento com cozinha, e eu iria preparar a comida. Convidamos as duas irmãs de Jay, Annie e Mickey, sem saber que elas mantêm uma tradição familiar, em que as garotas levam Gloria e vovó Hattie para assistirem a uma peça e depois para um jantar de Dia das Mães. Elas são incrivelmente próximas, as pessoas mais divertidas e que passam muito tempo juntas.

As irmãs dele são tão engraçadas que, com bom-humor, ficaram implicando com Beyoncé apenas para fazer graça. Durante a refeição, Jay pediu:

— Pode me dar um pouco d'água?

E Kelly, sendo Kelly, a pessoa mais hospitaleira que já existiu, se levantou para pegar água para Jay. Ainda que Annie e Mickey sejam mulheres independentes e que realmente não se consideram subservientes, elas viram uma oportunidade para fazer piada com Beyoncé:

— Você vai deixar que outra mulher pegue água para o seu homem? — provocou Mickey.

A reação de Beyoncé foi se desculpar, como se ela tivesse que saber aquilo. Daí, as irmãs começaram a fingir que a perturbavam.

— Você sabe cozinhar? — perguntou Annie.

— Não, eu realmente não cozinho — admitiu Beyoncé —, mas já cozinhei.

Kelly e eu rimos, nos lembrando daqueles dias de macarrão instantâneo, quando Beyoncé cozinhava para todas as garotas.

— Bom, você arruma a casa? — elas perguntaram — Você sabe como se lava um prato?

Entrei na brincadeira para devolver a piada para elas.

— Olhem para essas mãos — brinquei, me apropriando de uma fala que eu havia visto Diahann Carrol usar em um *talk show* e guardei na memória.

— Olhem como são lindas. Vocês acham que minha filha seria capaz de pôr essas mãos em... em uma *louça suja*? Não, ela ganha dinheiro demais para perder tempo lavando pratos.

Beyoncé puxou as mãos, pois uma coisa que ela jamais vai ser é arrogante, mas a família do Jay *riu* e garantiu que tudo aquilo foi uma brincadeira.

Esse foi o início da união dos Carter e dos Knowles em uma só família, e somos todos muito unidos até hoje. Nossos encontros se tornavam festas com muita risada, história, bebida e dança. A Bíblia fala em comer, beber e aproveitar a vida, e é desse jeito que são as nossas noites com os Carters. Minhas duas parceiras de dança favoritas são as irmãs de Jay, Mickey e Annie, e há anos, quando Gloria sabe que preciso de um estímulo, eu acordo com um belo ensinamento bíblico ou uma frase motivacional que eleva meu espírito. E a sra. Hattie White, sempre a matriarca por excelência, é a mulher mais perspicaz e amável, aquela que expressaria em palavras muitos dos nossos sentimentos quando discursou, em seu aniversário de noventa anos, palavras tão sábias que Beyoncé por fim as incluiria em sua canção "Freedom": "Eu tive meus altos e baixos, / Mas eu sempre encontro força interior para me levantar. / Me serviram limões, mas eu fiz limonada".*

Os estilistas passaram a nos abordar em todos os lugares, me pedindo para visitar seus showrooms em Nova York. Prometiam me dar o que quer que eu desejasse. Eu entrava nos mesmos lugares de onde as pessoas, quase que literalmente, haviam me expulsado antes, dizendo que jamais vestiria as garotas com aquelas roupas. As vozes dos guardiões da moda tremiam, na esperança de que eu tivesse esquecido o que me disseram no passado. Porém, eu me mantive educada, me impondo enquanto aproveitava ao máximo essas relações.

Eu poderia agir dessa forma em prol das minhas filhas ou dos filhos dos outros, como o Maxwell, e incorporar a Tenie B. Encrenqueira e ser a defensora que eles precisavam. Contudo, eu tinha mais dificuldade quando

---

* Tradução livre do trecho "I had my ups and downs/ But I always find the inner strength to pull myself up/ I was served lemons/ But I made lemonade". (N. E.)

se tratava de agir em minha própria defesa. Em 2002, as pessoas começaram a tentar me entrevistar cada vez mais, e às vezes a minha voz ficava trêmula. Quando fomos ao programa da Oprah Winfrey, em Chicago, ela não permitiu que eu me escondesse e *me fez* participar da entrevista, porque sabia da minha importância para aquelas jovens. Além do nervosismo, desde o início eu não queria estar na frente das câmeras, pois não gostava de parecer tão cansada. Não havia como dormir mais com a lista interminável de tarefas que eu tinha a cumprir, então comecei a me tornar invisível, um fantasma vestido com roupas escuras, indo e voltando do quarto enquanto cuidava das coisas.

Mesmo quando o grupo estava de folga, eu tinha dificuldade em desacelerar. Estávamos aproveitando um daqueles dias raros que éramos somente Solange, Beyoncé e eu em nossa casa, em Houston, após o Destiny's Child encerrar uma turnê mundial. Beyoncé estava enclausurada no quarto, vestida com uma calça de moletom e uma camiseta gasta pelo tempo que pareciam ter servido na guerra. Eu estava inquieta, ciente de que o ciclo de correria e de figurinos criados de última hora recomeçaria. Por semanas, eu havia esperado ansiosamente poder ficar apenas quieta; e quando chegou a hora, eu não conseguia.

No instante que Solange pediu para irmos ao shopping, eu já corri e peguei as chaves do carro. Quando estávamos saindo, gritei em direção ao quarto de Beyoncé. Ela estava descansando depois de todo o trabalho, assistindo TV e enfrentando o mesmo problema que eu, provavelmente.

— Vamos ao Galleria, querida — avisei.

Escutei um "Eu quero ir também" distante.

— Ih — eu fiz. Solange e eu nos olhamos rapidamente. É claro que queríamos sua companhia, mas estava ficando complicado ir a qualquer lugar com ela sendo reconhecida e parada. — Vai ser muito difícil para você andar no shopping.

— Sim, mas estou entediada — disse ela, já saindo da cama. — E eu quero ir.

Enquanto dirigia para o shopping, me peguei planejando o melhor acesso para entrar e sair. O Galleria era um dos maiores shoppings dos Estados Unidos, e Solange queria ir à loja da Versace. Ao chegarmos, pensei como era ótimo estar em Houston, onde as pessoas simplesmente não se importavam com toda essa coisa de fama. Ali, Beyoncé ainda poderia ter um refúgio. Eu havia sido muito idiota por achar que não seria assim.

Do nada, a loja da Versace começou a encher de gente. A notícia de que Beyoncé estava lá se espalhou. Por questão de segurança, a equipe tentava impedir a entrada dos curiosos. Pessoas gritavam o nome da minha filha. Estavam felizes em vê-la, e eu apreciava o amor que sentiam por Beyoncé, mas era muita gente ao mesmo tempo.

Em pânico, a equipe nos levou às pressas para o depósito e nos guiou até uma porta nos fundos. O ruído da multidão se tornou silêncio — éramos só nós e algumas caçambas de lixo. Puro glamour.

— Nem chegamos a fazer compras — brinquei, tentando manter o clima leve. — Também tivemos toda aquela dificuldade para conseguir uma vaga no estacionamento.

Enquanto caminhávamos até o carro, me dei conta do tanto que a vida de Beyoncé havia mudado — a de todas nós. Mesmo ali em Houston, onde ainda estávamos acostumadas a poder fazer qualquer coisa. Dirigimos de volta para casa quietas e de mãos vazias. Eu sabia o que Beyoncé então também passara a saber: que a sua vida nunca mais seria a mesma, e que o tempo em que podia ir ao shopping ou fazer qualquer coisa corriqueira havia terminado.

COM OS OLHOS ERGUIDOS PARA AS MONTANHAS

Primavera de 2003

Os escritórios do edifício da Sony em Manhattan eram intimidadores. Você pode ser o número um do mundo ou mesmo fazer parte de um dos grupos femininos campeões de vendas de todos os tempos, mas o lugar pode fazer os artistas se sentirem deslocados quando vão até lá sozinhos. Havia algumas pessoas fantásticas na gravadora, mulheres como Yvette Noel-Schure e Stephanie Gayle, que realmente se importavam com os artistas. Porém, também havia aqueles que progrediram por seguir algumas das piores orientações do manual de regras da indústria.

    Os executivos da Columbia esperavam por nós na sala da diretoria, para o que imaginávamos que seria uma reunião de última hora sobre o lançamento futuro do álbum solo de Beyoncé, *Dangerously in Love*. Como grupo, o Destiny's Child havia decidido dar uma pausa para permitir que as garotas se dedicassem a projetos que fossem totalmente individuais. Michelle foi a primeira, com *Heart Toyours*, que se tornou o álbum gospel campeão de vendas de 2002. Depois, Kelly dominou o verão com o seu *single* em parceria com Nelly, "Dilemma". Por mérito próprio, nossa princesa havia criado um clássico que chegou ao topo das paradas nos Estados Unidos e em toda a Europa, e que a lançou para sempre como uma estrela internacional. Essa foi uma das razões de seu álbum *Simply Deep* ter estreado como número um no Reino Unido.

Beyoncé havia adiado seu próprio álbum para que Kelly, sua irmã, pudesse aproveitar ao máximo o sucesso individual. As pessoas falam com frequência que o objetivo sempre foi que Beyoncé seguisse carreira solo, mas se fosse esse o caso, ela teria feito isso logo de início. Ela amava ser parte de um grupo. Porém, era a hora para *Dangerously in Love*. Ela havia enviado o trabalho para Nova York, e Mathew foi a Londres levar pessoalmente o álbum para o escritório da Sony no Reino Unido para despertar o entusiasmo dos executivos e fazer com que pensassem em uma promoção de lançamento global.

— Você acha que conseguem dar conta da reunião com Donnie enquanto eu estou fora? — Mathew me perguntou, ao ler uma lista com cerca de cinco outros engravatados cujos nomes não consigo lembrar.

Donnie era Don Ienner, presidente da Columbia e que logo seria o presidente de todo o grupo Sony após a saída de Tommy Mottola. Ienner era famoso por seu temperamento e pelo que chamava de "reuniões de guerra", nas quais ele e outros caras da companhia traçavam o destino de um artista. Apesar disso, eu gostava do Donnie e o achava um homem bom. Eu entendia sua paixão, mesmo sabendo que a origem de seu sucesso estava em saber dominar a mentalidade do negócio da música.

— Conseguimos — respondi.

Mathew havia sido executivo e representante de vendas de primeira linha na Xerox, conhecia todos os truques de intimidação que um engravatado poderia usar contra uma garota do interior que não fez faculdade, que era como eles me viam. Eu nunca me pronunciei em reuniões como aquela, apenas dava minha opinião para Mathew e as garotas antes e depois. Beyoncé e eu fomos sozinhas e nos sentamos de frente para aqueles engravatados, sem saber que se tratava de uma reunião de guerra contra *nós*, uma armação no escritório do diretor, programada para o momento em que sabiam que Mathew — a quem confundiam como o nosso único guerreiro — estaria a milhares de quilômetros de distância.

— Nós escutamos o seu álbum — disse um dos engravatados. — Não tem nenhum *single* nele.

— Nenhum — ecoou um outro, que mexia com a caneta como se tivéssemos desapontado todos eles.

Aquele álbum já tinha "Crazy in Love", "Baby Boy", "Naughty Girl", "Me, Myself and I", um cover de "The Closer I Get to You" com o sr. Luther Vandross…

— Não achamos que esse disco esteja pronto — nos falou Ienner. — Vamos precisar adiar o lançamento. — Ele olhou diretamente para minha filha. — De volta à estaca zero.

— Não — discordou Beyoncé. — Quer dizer, eu acho que o disco já está pronto.

Conversamos por vinte minutos, e eu deixei que Beyoncé defendesse a qualidade de seu trabalho.

— Vamos combinar o seguinte — falou o que mexia a caneta. — Convidaremos alguns formadores de opinião para vir aqui amanhã e poderemos colher suas opiniões.

— Ah, isso é ótimo! — exclamou Beyoncé.

Quando retornamos à sala da diretoria na tarde de sexta-feira, ficamos surpresas ao ver que ela estava abarrotada com umas vinte pessoas, algumas do selo e alguns DJs de rádio — era uma reunião de "influenciadores", como eles viriam a ser chamados posteriormente. Eles nos cumprimentaram com afetação, mas agimos com cortesia. Fiquei quieta, observando como aquelas pessoas se esforçaram para nem sequer balançar suas cabeças no ritmo da música de Beyoncé.

— Pois é, bom, você sabe, essa aí é boa — até que por fim alguém sugeriu.

Ao final, os papagaios taramelaram seus pontos de vista:

— Ah, tem potencial, mas eu acho que precisa ser mais trabalhado.

Somente umas duas pessoas falaram algo *ligeiramente* positivo, mas mesmo assim elas olharam ao redor e se esquivaram, com medo de serem relegadas ao ostracismo.

Saímos daquela reunião e, no instante em que sentamos no banco de trás do carro, Beyoncé pegou o celular.

— Preciso que o Jay participe de "Crazy in Love" — disse ela, digitando o número dele em seu aparelhinho flip. — Porque esse pessoal não teria coragem de fazer isso com *ele*. Eles não falariam com Jay dessa forma.

Jay estava na cidade. Nós o pegamos e fomos ao seu apartamento em Nova Jersey para que escutasse o álbum finalizado e desse sua opinião.

— Isso vai ser um sucesso — afirmou Jay. — Cada uma dessas gravações já é um sucesso. — Essa foi a opinião de um artista amigo, com uma motivação que os engravatados jamais poderiam entender.

Saímos de lá e fomos imediatamente para um estúdio que ele reservou. Foi a primeira vez que vi o trabalho de Jay. Ele não fez anotações, apenas escutou "Crazy in Love" duas, três vezes seguidas, pegou o microfone e começou a fazer o rap. Eu e Beyoncé dançávamos, gritávamos, jogávamos as mãos para o alto. Foi uma solução — ela não fez uma concessão de sua arte, mas a reafirmou.

Levamos aquela gravação de volta à Sony. Entramos direto na sala da diretoria e colocamos "Crazy in Love" para tocar. E, então, com a participação de Jay, eles falaram sem pestanejar:

— *Essa* faixa é um hit. — O que significava que eles ainda queriam segurar o lançamento do álbum. — Apesar de o feedback dos formadores de opinião não ter sido bom.

Mathew ainda estava em Londres, mas se postara diante em um viva-voz, graças a uma caixa no centro da mesa da sala da diretoria da Sony britânica. A conexão não estava boa, e a caixa de som de Mathew só fazia emitir um longo zumbido de estática enquanto ele perdia a paciência. Eles diminuíram o volume.

— Bom, eu tenho que dizer — Beyoncé falou pausadamente, com sua voz baixando para um registro mais grave —, que eu não concordo com ninguém que estava naquela sala mais cedo.

E eu estava furiosa. Pensei em todas as vezes que tive que brigar. Brigar com diretores e iluminadores de estúdios de TV que não sabiam como usar a luz em garotas Negras e as deixavam cinza. Ensinar suas funções na hora de gravar. Ou brigar com alguém que me intimidava em um set, falando "Não, você tem que deixar que elas façam de novo. A música não entrou na hora certa". Defender as minhas garotas para que as pessoas parassem de ser tão indiferentes aos seus sentimentos e à sua arte.

— A propósito — eu comecei, forçando o meu sotaque para soar bem do interior —, todos eles eram um bando de *haters*, cada uma daquelas pessoas lá dentro, com exceção de um ou dois. E caso não saibam o que é um *hater*, significa que *nenhum deles* quis achar que o álbum era bom. — Eu estava dando o melhor de Galveston, o vento do Golfo soprava pelo horizonte de arranha-céus de Manhattan. — Me ofende o fato de vocês reunirem pessoas que não sabem distinguir o próprio rabo de um buraco na parede.

Beyoncé se endireitou na cadeira, e também foi firme com eles. Não do meu jeito interiorano, mas com a mesma chama que eu havia lutado para manter acesa por todos aqueles anos:

— Nós *não* vamos adiar o lançamento. Escutem, eu sou a artista. E eu sei que essa é uma gravação de sucesso.

— Está bem, então — concordou um dos engravatados. — Vamos fazer o lançamento, mas só queremos dar a nossa opinião.

— Obrigada por sua opinião — agradeceu Beyoncé —, mas nós vamos lançar o disco. Então, vamos nos mexer.

Foi o fim da discussão. No corredor, Beyoncé citou Erykah Badu:

— Agora, não se esqueça, eu sou uma artista e sou sensível em relação às merdas que faço.

"Crazy in Love" já era um sucesso, porém, mais uma vez, a adversidade trouxe algo ainda melhor. Jay estava destinado a fazer parte daquilo. Beyoncé apenas se tornou mais determinada em proteger o álbum, acrescentando mais instrumentos para deixar cada música ainda melhor. Ela trabalhou no disco por mais duas semanas e o lançou no prazo.

Anos mais tarde, em uma gravação no Wynn em Las Vegas para um especial da ABC que depois foi lançada em CD e DVD, Beyoncé brincou com o fato de o selo ter dito que ela não tinha um único sucesso no álbum:

— Acho que, de certa forma, eles estavam meio que certos… Eu tive *cinco*.

No outono de 2003, estávamos em um daqueles momentos em que Solange criava uma quietude ao seu redor enquanto seguia em frente. Era como um truque de desaparecimento que ela havia aperfeiçoado. Mesmo aos dezessete anos, não importa o quanto sua vida parecesse extraordinária para os outros, isso deixou de satisfazer seus impulsos criativos. Ela teria que deixar o mundinho que havia construído a seu redor para criar outro. Quando se tem uma filha tão criativa quanto ela, nos acostumamos a essas idas e vindas. Primeiro, aceitamos a porta do quarto fechada e um diário; e, depois, respeitamos isso.

Solange ainda estava se reajustando após o lançamento em janeiro de seu primeiro álbum. A Columbia queria uma Beyoncé mais nova, em vez disso se deparou com essa artista que havia estado atenta durante todos aqueles anos de viagens pelo mundo. Ela era *boho e country*, além disso, se inspirava em elementos das culturas jamaicana e japonesa com uma curiosidade real e não como se servissem apenas para uma indumentária. O selo reclamava que ela não queria se vestir como Beyoncé, mas, na verdade, ela apenas queria se vestir como ela mesma. A outra questão era que, embora ela tivesse o olhar e o gosto de uma artista veterana, não tinha orçamento. Para isso, contudo, ela também tinha uma solução: sua poupança para a faculdade. Aquela em que Mathew e eu estávamos investindo havia anos. Eu ainda tinha o sonho de que ela surpreenderia novamente a todos nós e revelasse interesse em cursar uma faculdade. E assim se afastasse desse negócio que era capaz de me deixar tão vazia.

— Mamãe, eu quero sacar o meu dinheiro — Solange me disse. — E quero investir no meu trabalho. Quero criar estilos, sets; tudo tem que ser mais amplo.

Entramos em um acordo. Eu não a deixaria sacar tudo, mas poderia investir parte de seu próprio dinheiro no projeto. Minha filha tinha uma visão muito criativa do que ela queria, bem diferente de outros artistas iniciantes que aceitam qualquer coisa para se manter em cena. Caso a Columbia quisesse uma garotinha de saia curta, quando eu percebesse ela já estaria criando sua própria versão de um vestido de dez metros de comprimento, comigo a ajudando a subir os degraus da escada mais alta que conseguíssemos arrastar para a praia, para ela pudesse se sobrepor àqueles homens com pensamentos limitados.

Fiz de tudo para que o dinheiro de Solange rendesse. Enquanto estávamos em Nova York, ela informou que queria um cavalo na capa do seu álbum.

— Solange, não podemos pagar por um cavalo — expliquei. — Já estouramos, e muito, o orçamento.

— Eu quero um cavalo.

Conversamos com Stephanie Gayle, da Columbia, uma especialista em fazer as coisas acontecerem, e elaboramos um plano: lembrei que havia visto cavalos pelo Central Park West e ela organizou a sessão de fotos sem complicações, com cabelo e maquiagem, um assistente e um fotógrafo. Solange usou um vestido branco lindo, e saímos do hotel caminhando para encontrar o cavalo.

Acariciei o rosto do animal.

— Vamos ter que retocar você — informei ao bichinho —, mas você vai ficar lindo.

E ficou. E pareceu que havíamos gastado uma fortuna para fazer aquela foto.

O álbum foi bem-sucedido, mas Solange ficou frustrada quando começou a promovê-lo. Imagine criar um álbum com o qual você se importa tanto e, quando ele é finalmente lançado, o entrevistador que nem sequer ouviu o disco faz uma única e rápida pergunta:

— Uau, a caçula dos Knowles! Você está empolgada? — E aí direcionou toda a conversa para Beyoncé e o Destiny's Child.

— Eu não estou aqui para falar sobre isso — retrucava Solange.

No entanto, a situação chegou a tal ponto que ela não queria mais dar entrevistas e, naturalmente, parava de falar. Depois de uma entrevista muito ruim, quando ignorou o interlocutor, tive uma conversa séria com ela. Sua experiência poderia ser a de uma veterana, mas as pessoas não conseguiam entender isso.

— Escute, você está tentando se tornar conhecida. Você não pode se dar ao luxo de recusar publicidade. Essa é sua estreia.

— Eu não estou fazendo isso — disse ela.

Ela se sentiu do mesmo jeito em relação a atuar, quando fez participações especiais em programas para adolescentes, mas os atores de sua idade nem sempre a recebiam bem. Já nas filmagens de *Férias da família Johnson* ela havia se saído tão bem que o astro do filme, Cedric the Entertainer, decidiu que Solange seria a protagonista do seriado que ele estava produzindo.

Porém, isso só aconteceria em um ano ou mais. Solange tinha um namorado, Daniel Smith, um colega de Houston. Ele havia acabado de se formar na Madison High School e iria jogar futebol americano pela universidade. Seu planejamento inicial era entrar para a Texas Southern, mas acabou indo para o Los Angeles Pierce College. Em casa, em Houston, com Daniel longe, Solange se aproximou de sua amiga Marsai Murry, que era apenas três meses mais velha que ela e estava no último ano da L. V. Hightower High School. Marsai era a guia ideal para a vida normal — ela mesma era excepcional, uma veterana das equipes de debates e de dança da escola, uma amiga perfeita para Solange. Enquanto eu viajava pelo mundo com Beyoncé, as duas ficariam na casa de Swan Isle com Mathew, e Vernell iria regularmente checar se tudo estava bem. Nas pausas da turnê, minha caçula me contava o que tinham feito naquele dia, que se admiraram por terem ido a uma festa de colégio ou, uma de suas coisas favoritas, terem ficado sob os holofotes em um jogo de futebol americano do colégio. Parecia que era a primeira amizade que ela tinha em que as duas só se preocupavam com coisas de menina, passavam a noite na casa uma da outra e faziam o cabelo e depois as unhas. A novidade de uma vida normal.

No final do dia 8 de novembro, um sábado, eu estava na Inglaterra com Beyoncé. Ela tinha mais uma apresentação em Newcastle antes de fazer duas noites em Wembley, que seriam gravadas para um especial. Solange estava em Houston. Na noite anterior, ela e Marsai haviam ficado acordadas até tarde da noite, inventando danças, escolhendo os nomes dos filhos que teriam no futuro e jurando que depois de serem mães continuariam melhores amigas. Solange só escolheu o nome de uma menina, tão certa como eu havia sido de que ela seria um menino.

As duas planejavam ir ao jogo de futebol americano da Hightower no estádio Mercer, em Sugar Land. Porém, o padrinho do namorado de Solange, Daniel, lhe pediu um favor, se ela poderia levar sua filha menor, que era irmã de consideração de Daniel, ao jogo do Houston Rockets naquela noite. Então, Solange levou a menina de carro ao novo Toyota Center para o jogo de basquete, enquanto Marsai foi ao jogo de futebol.

Recebi a ligação já bem tarde da noite, na Inglaterra. Era a menininha, que dizia que Solange estava no chão, gritando. Tudo o que ela sabia era que Solange havia recebido uma ligação no jogo do Rockets. Foi horrível não saber qual era o problema e tentar ajudar aquela garota tão novinha a superar isso.

— Você pode tentar... — eu pedi. — Você consegue fazer com que ela fale no celular?

Quando Solange tentou falar comigo, tudo o que conseguiu dizer foi:

— Eles atiraram nela, eles atiraram nela.

— Em quem?

— Marsai!

Houve uma discussão do lado de fora do Mercer Stadium após o jogo. Alguém foi atropelado. Um jovem de 21 anos pulou em um carro, disparou um tiro contra um homem e errou, matando Marsai, que simplesmente passava por ali com uma amiga.

Liguei para Cheryl Creuzot e pedi que apanhasse Solange e a menininha no Toyota Center, e logo em seguida comprei uma passagem para voltar para casa. Não consegui um voo direto e tive que fazer escala em Atlanta. Eu só queria estar com Solange. Como mãe, eu sabia que minha filha tinha então perdido uma terceira pessoa — o primeiro fora seu terapeuta, depois Johnny e, então, Marsai, os guardiões de seus segredos de infância. Criamos nossos filhos os enchendo de amor e força, esperando que eles nunca sejam testados. Passei um dia com Nettie, a mãe de Marsai, que estava em choque, sentindo uma tristeza tão profunda que eu mal podia imaginar. O funeral foi realizado uma semana depois, na Windsor Village, nossa antiga igreja, onde Marsai costumava ajudar nos cultos. Solange cantou no funeral, e eu fiquei novamente admirada com sua força.

Na sequência, houve uma aceleração na vida da minha caçula. Quando eu tinha a idade dela, aos dezessete anos, me lembro de sentir que não teria tempo suficiente para fazer tudo o que eu queria. Eu precisava fugir para começar. Porém, Solange tinha provas de como a vida pode ser curta. Ela não queria esperar por nada.

Eu estava tentando ficar perto de Solange, ansiosa pelo Dia de Ação de Graças em casa, no Texas, com ela e a família, quando recebi uma ligação cedo pela manhã. Uma voz com sotaque irlandês falava rápido:

— Aqui é o Bono e estou ligando para pedir a você que Beyoncé venha se apresentar no concerto que estamos organizando na Cidade do Cabo para arrecadar fundos para a compra de medicamentos contra a aids e promover a educação na África.

Ele foi muito persuasivo ao falar sobre como o show na África do Sul homenagearia Nelson Mandela e que, na verdade, esse evento se chamaria 46664 porque o presidente Mandela esperava fazer algo de positivo com o número que ele recebeu na prisão e que carregou por 27 anos.

— A única coisa — ele pontuou, já se preparando para minha resposta —, é que será no Dia de Ação de Graças.

— Ah, não poderemos ir — recusei de imediato. — Nós temos uma comemoração grande de Ação de Graças com minha família e minha irmã...

— Tina, eu sou um cara branco tentando arrecadar dinheiro para combater a aids na África. Eu tinha mais ou menos cinco pessoas na lista, e todo mundo cancelou porque é o Dia de Ação de Graças. Isso é importante para o seu povo, Tina. São vidas.

Eu pensei: "Quem é esse homem branco para me falar sobre o meu povo?". Contudo, aquela foi uma maneira de me conquistar, e aposto que foi por agir assim que ele fez um trabalho tão bom. E, então, eu tinha que reunir todo mundo para fazer aquela viagem. Mathew estava dentro e, quando soube do que se tratava, Beyoncé disse:

— Mamãe, eu vou. Veja se você consegue reunir todos os outros, porque sei que queremos ficar juntos.

Eu não iria sem Solange, e ela concordou, mas Kelly tinha um compromisso. Depois, consegui que Flo e Ty também participassem.

Na Cidade do Cabo, eles tentaram fazer um jantar tradicional de Ação de Graças para receber os americanos, e Oprah Winfrey e o arcebispo Desmond Tutu estavam lá. Foi muito gentil, mas todos concordaram que eu deveria ter chegado antes para que me deixassem cozinhar. O que *adoramos* foi o *jollof*, um prato de arroz da África Ocidental que leva tomate e ervas, e todos nos empanturramos com ele.

O concerto seria incrível, com bandas como u2 e Eurythmics e, no último minuto, Beyoncé foi convidada para se apresentar duas vezes. Ela abriria o show, depois voltaria para cantar uma balada e ficar ao lado do sr. Mandela. Esse momento seria pessoalmente importante para ela e, como artista, ela queria honrar a ocasião e o público vestindo uma segunda roupa feita com um tecido tradicional africano.

Sem tempo a perder, Ty e eu pulamos para dentro de um carrinho cedido pela produção e seguimos para o mercado local atrás de tecido. Imaginei uma estampa *kente* e orei durante o trajeto: "Deus, o Senhor precisa trabalhar comigo. O que o Senhor quiser, eu farei". Na loja, Ele colocou o mais lindo *bogolan* bem diante dos meus olhos — com tramas tingidas em tons de laranja, castanho e marrom, e padrões pintados à mão.

— Ah, este vai ser melhor — comentei com Ty —, porque ficará mais firme do que o *kente*.

Voltamos rápido para o local reservado para a troca de roupa — uma tenda com chão de terra batida — e eu tinha uns trinta minutos, talvez, para cortar o tecido à mão e fazer um vestido reto e sem alças, sem usar qualquer molde além da memória. Colocamos uma máquina de costura em um banquinho de quinze centímetros para podermos pressionar o pedal manualmente. Por obra e graça de Deus, o vestido serviu maravilhosamente bem em Beyoncé, que amarrou no cabelo a faixa de tecido que eu havia reservado para ela usar como turbante, um gesto perfeito e muito adequado ao momento.

Avisamos que queríamos fazer uma boa ação na região e interagir com as pessoas. Eles nos falaram de um lugar em Cape Flats, o orfanato Baphumelele, para crianças com HIV, cujos pais morreram em decorrência da aids. Beyoncé foi taxativa ao pedir que nenhum fotógrafo nos seguisse, pois achava que seria invasivo à privacidade das crianças que íamos visitar, mas alguém do grupo tirou uma foto pessoal. Beyoncé segurava um bebê que estava tão doente, tão perto do fim, que eu estava convencida de que aquele pequeno já havia morrido. Porém, ela acolheu o bebê e lidou com o momento com muita dignidade e de forma autêntica, oferecendo à criança amor para sua jornada.

Enquanto Beyoncé e Solange conheciam as crianças, conversei com a fundadora do orfanato, Rosie Mashale, uma professora de ensino fundamental que viu a necessidade e atendeu a um chamado. Notei uma menina que parecia ser mais velha do que a maioria das outras crianças, com cerca de dez anos, que permaneceu afastada e claramente triste.

— Ela tentou se matar — a sra. Mashale explicou para mim e para Solange. — Toda a sua família morreu, e ela é a única que restou.

Como mãe, meu instinto era a chamar para perto, mas Solange, com dezessete anos, a entendia melhor por ser alguém que também havia sofrido uma perda. Ela chamou a menina e elas se sentaram um pouco mais afastadas, para conversarem a sós ou simplesmente ficarem juntas em silêncio. Eu fiquei envolvida batendo papo com a sra. Mashale e, quando olhei para o lado, a menina estava aconchegada em Solange, que a embalava suavemente.

Quando saímos, a menina estava mais feliz e confiante. Do lado de fora, Solange olhou para trás, e então, com aquela voz suave que só a minha pequena tinha, sussurrou para mim:

— Está vendo, mamãe? Ela está sorrindo.

Minhas filhas podem se apresentar para milhões de pessoas, mas é sempre a maneira como tratam uma única o que me enche de orgulho delas.

Em 8 de fevereiro de 2004, Solange e eu estávamos no banco de trás de um carro a caminho do Grammy. Estávamos quase lá, com tempo de sobra para chegar ao Staples Center. Beyoncé iria abrir o show fazendo um *medley* com Prince e, após duas horas, cantaria a faixa-título de *Dangerously in Love*. Naquela noite, ela levaria cinco Grammys para casa, e Jay receberia dois por seu trabalho em "Crazy in Love". Na semana anterior, ela havia cantado o hino nacional no Super Bowl, em Houston; era a concretização de um desejo que tinha desde os nove anos, quando assistiu à Whitney Houston cantar o hino no mesmo evento.

Solange parecia nervosa durante o trajeto e, quando estávamos chegando, ela falava como se estivesse prestes a perder sua chance de algo.

— Mamãe, preciso falar com você.

— Tudo bem, pode falar.

Ela olhou para o motorista. Tínhamos acabado de estacionar e eu pedi que ele saísse do carro enquanto conversávamos. Solange então começou:

— Só quero que saiba que você é a melhor mãe.

Eu não tinha ideia de onde aquilo ia dar.

— E, sabe, você não fez nada de errado. — Ela fez uma pausa. — Mas eu estou grávida.

Comecei a dizer algo e não consegui, mas ela continuou:

— E eu estou feliz com isso e quero me casar. Quero seguir com a minha vida porque não vou viver até ser tão velha.

Era muita coisa de uma vez só, mas a última parte partiu meu coração.

— Por que você acha que não vai viver até...

Ela olhou para mim. Foi a Marsai, foi seu terapeuta, foi o Johnny. Você não vive porque as pessoas querem que você viva. Não há garantias.

— Eu só quero seguir com a vida — disse ela. — Não quero fazer séries de TV, não quero fazer música. Eu só quero casar e ter a minha família.

Consegui dizer um "ok" atordoado e um "eu te amo" repetido. Esperava que meu abraço pudesse dizer o que eu não conseguia. Ela sabia que eu tinha que ir, e talvez tenha programado aquela conversa para quando minhas responsabilidades me impedissem de falar muito com ela sobre o assunto. Assim, ela poderia seguir por conta própria.

Já do lado de dentro, deixando Beyoncé pronta, eu estava chateada por Solange estar grávida, mas não com raiva. É claro, eu tinha receio de que ela fosse jovem demais para ser mãe e esposa, mas entendia a urgência que minha filha tinha para viver sua vida. Também me preocupei que ela se arrependeria por desistir da carreira. Ela poderia ser mãe e ser uma artista. Nós a ajudaríamos a fazer isso. Porém, ela falava em se afastar de tudo.

Eu sabia que pessoas de mente pequena a julgariam e falariam absurdos sobre Mathew e eu sermos um fracasso como pais, mas nunca me importei com essas coisas. Minha *menor* preocupação era o que a opinião pública achava da minha família, e muito menos o que as pessoas diziam sobre mim. Minha prioridade era a mesma de sempre: proteger minha família.

Contei ao Mathew e ele ficou arrasado. Ele e eu estávamos passando por outro momento difícil, mas continuávamos juntos, cientes de todos os sacrifícios que Solange e nós havíamos feito para que ela pudesse ter a carreira que desejava.

— Ela não precisa se casar — ele repetiu várias vezes.

Tentei argumentar com Solange sobre esperar para se casar, os encorajando para que tivessem o bebê e aguardassem. Quando ela insistiu, recorri às "ameaças falsas" que minha irmã mais velha, Selena, e meu irmão, Skip, teriam usado para fazer valer seu ponto de vista.

— Nós não vamos ajudar você — provoquei. — E você vai ter um bebê, vai ficar sem dinheiro e terá que arrumar um emprego no McDonald's.

Isso começou como uma ameaça brincalhona, mas se intensificou porque Solange nos dizia na mesma hora onde deveríamos enfiar nossas chantagens. Minha sobrinha Angie e eu bolamos um esquema que teria feito Johnny revirar os olhos e me chamar de Lucy. Sabíamos que não haveria como convencer Solange a esperar, então nós ligaríamos para Daniel para o dissuadir do casamento. Nós o animamos, convencendo-o de que eles eram muito jovens e que poderiam se amar e ainda continuar juntos sem se casar. Então, falamos que ele tinha que avisar Solange sobre a decisão.

Ele nos ligou de volta, chorando.

— Ela me disse: "Dane-se você, dane-se minha mãe e dane-se Angie, porque eu sei que elas envolveram você nisso".

Solange desligou na cara dele e desapareceu por dois dias. Estávamos morrendo de medo, e mesmo que sumir fosse sempre o modo de Solange agir, eu estava muito furiosa.

— Angie, você sempre acha que sabe tudo — eu me queixei.

— Tá, mas parecia que ia *funcionar* — disse ela.

Fizemos várias ligações até encontrarmos Solange na casa de uma amiga. Ela tinha levado a sério o que eu havia dito sobre ter que ganhar o próprio dinheiro e, por isso, penhorou suas joias. Era o que uma criança faria, um lembrete de que ela tinha apenas dezessete anos. Todas se foram, inclusive o bracelete que eu havia mandado fazer sob medida, uma peça grande, coberta de diamantes. Gastei uma fortuna nele, e ela o penhorou por uns mil dólares. Em resumo, ela me contou que tinha recebido três mil dólares por tudo. Ela não nos contou onde havia vendido as coisas.

— Não preciso que vocês façam nada — minha filha garantiu.

Fui até a casa da amiga, nem que fosse só para abraçar Solange.

— Tá tudo bem, tá tudo bem — eu disse, mostrando que não ia brigar com ela. — Bom, se você vai casar, pelo menos me deixe dar a festa de casamento. Para que você possa ter lembranças.

— Eu não quero um casamento; eu só quero ser *casada*. Vai ser no cartório. Não quero envolver as pessoas em um assunto que é meu. E elas vão descobrir que estou grávida.

— Vão descobrir de qualquer jeito.

— Eu quero fazer isso hoje.

Soltei o ar. Era uma quarta-feira. Se aquilo estava acontecendo, eu queria reunir toda a família, mostrar a ela que estávamos ali, quer ela quisesse ou não estender a mão para nós.

— Me deixe resolver isso — falei, rápido, como se fosse fácil. — Me dê três dias.

Ela concordou com a cabeça. Ela se casaria no sábado, 28 de fevereiro. A correria havia começado. Liguei para Stephanie Gayle, da Columbia, e depois para nossa amiga Yvette Noel-Schure, do departamento de mídia. A Sony realmente se prontificou, e alguém da gravadora entrou em contato com John Travolta, que possuía uma propriedade equivalente a um resort particular na ilha de Grand Bahama. Ele nos ofereceu o local e fizemos planos para levar todo mundo até lá. Até Stephanie veio para cuidar de nós. Fiquei muito emocionada com a forma como Don Ienner protegeu Solange e a família — se a história vazasse, qualquer funcionário da Sony poderia ter vendido a notícia e nenhum deles o fez.

Dei a mim mesma um único dia para comprar os vestidos de dama de honra para Beyoncé, Kelly e Angie, e encontrei uns perfeitos, em tons de rosa, em uma pequena butique em Houston. Depois, Solange e eu fomos na David's Bridal para comprar seu vestido de noiva. Ela experimentou três modelos e escolheu o mais simples. Um vestido sereia sem alças, de renda branca, perfeito para as Bahamas. Corri para a Neiman's e encontrei um conjunto para mim, no mesmo tom rosa dos vestidos de suas irmãs. Em um dia, tínhamos tudo.

Voamos para as Bahamas no dia seguinte. Beyoncé e Jay vieram de Nova York, e Mathew também, mas em outro voo. Ele ainda estava muito chateado.

— Não vou assinar os papéis para ela se casar — disse ele.

— Você não pode lutar contra isso — falei —, e nem controlar. Portanto, é melhor seguir em frente. Você conhece a sua filha. Essa é a vida dela.

Mathew cedeu. Ele levou Solange até o altar ao som de "By Your Side", da Sade, uma música que seria importante para ela nos anos seguintes. "I'll tell you you're right when you're wrong",* Sade canta, uma frase que pode confundir as pessoas que nunca conheceram o amor, romântico ou maternal. Não, eu não queria que ela se casasse, mas confiava na minha filha. Durante a cerimônia, meditei sobre isso e sobre o Primeira Carta de Paulo aos Coríntios, que sempre me vem à mente em casamentos. Não apenas o trecho "O amor é paciente, o amor é bondoso", que todo mundo conhece, mas os mais difíceis: "O amor sempre protege, sempre confia, sempre espera, sempre persevera". É a maneira de Deus dizer que o amor, de qualquer tipo, requer compreensão.

Com o casamento concluído, eu poderia me concentrar em uma mudança. Estava na hora mais uma vez. As pessoas estavam entrando às escondidas no nosso condomínio em Swan Isle, caminhando até nossa casa e tocando a campainha várias vezes. Depois, jogavam pedras, na esperança de ver uma das minhas filhas em alguma janela. Logo antes do Super Bowl, quando Beyoncé estava se preparando para cantar o hino nacional, Angie e Solange estavam sozinhas em casa quando um homem totalmente desequilibrado apareceu, dizendo que era casado com Beyoncé e que tinha escrito todas as músicas dela. Espumando de raiva, ele fez ameaças terríveis, e coube a Angie pensar rápido e chamar a polícia. Em outra ocasião, saí pelos fundos para olhar o lago e havia um homem branco enorme deitado em uma espreguiçadeira.

— Posso ajudá-lo? — perguntei.

— Estou procurando a Beyoncé — informou ele.

— Ah, espere aí — falei.

Entrei em casa, tranquei a porta e liguei para o Mathew.

— Nós temos que sair dessa casa — ele disse.

Fui embora naquele dia e nunca mais voltei.

---

* Em tradução livre, "Eu direi que você está certo quando estiver errado". (N. E.)

Encontrei um apartamento mobiliado no centro da cidade e me mudei no dia seguinte. Mathew e eu fomos felizes lá por um tempo, mas então ele voltou aos velhos hábitos. Mais uma vez, comecei a pensar em uma vida sem ele. Quando descobri que Mathew estava vendendo a Music World Entertainment, a empresa da família, para a Sanctuary Records, fiz ele me dar metade do negócio e usei o dinheiro para comprar a minha própria casa. Aos cinquenta anos, apesar de todas as vezes que fugi, eu nunca havia estado realmente sozinha em minha vida.

O ninho vazio me assustava, então mentalizei: "Se eu comprar uma casa grande o suficiente para caber todo mundo, eles vão me visitar o tempo todo". Solange estava morando com Daniel em Los Angeles, mas ela daria à luz em outubro. Ela precisaria da mãe, como eu tinha precisado da minha e não tive, então eu deveria achar um lugar onde eu pudesse construir uma área inteira para ela e o Daniel, incluindo um quarto de bebê para o meu primeiro neto.

Comprei uma casa enorme em Houston, de pouco mais de mil metros quadrados, com paredes altas maravilhosas para toda a minha arte, e a parte dos fundos toda em vidro, com vista para o parque Buffalo Bayou. Planejei uma ala para Solange, Daniel e o bebê que nasceria em breve. O quarto do meu neto, em minha casa, foi uma surpresa para Solange.

— Mamãe, eu nunca disse para comprar essa casa.

— Bom, eu disse que estava comprando uma casa grande o suficiente para todos vocês ficarem. Eu nunca teria comprado uma casa tão grande só para... — Eu não terminei o "só para mim".

Encontrei maneiras para evitar que eu me mudasse sozinha para a casa. Houve a turnê de primavera com Beyoncé, depois as reformas constantes. Sempre tive insônia e meu medo era saber como seria dormir a sós em um lugar tão grande. À noite, Mathew me mandava mensagens sobre algo importante relacionado ao trabalho, e na rápida troca daquela hora tardia, havia algum pedido de perdão ou uma frase que ele achava que poderia funcionar comigo. Até mesmo um "eu te amo". Eu sabia que ele estava falando sério. *Eu também* estava falando sério, embora não falasse isso para ele.

Eu não respondia. Colocava o celular para baixo e deixava o amor e o orgulho travarem sua velha luta, para ver quem venceria. Até que, finalmente, eu estava tão exausta da batalha que dormia. E, então, fiquei tão exausta que simplesmente cedi e deixei Mathew voltar para a minha vida. Antes disso, porém, eu o fiz assinar uma declaração de separação total de bens. Tudo o que ele possuía era dele, e tudo o que era meu, era meu. Eu falei para ele que essa era a única maneira de eu continuar o casamento. Ele assinou feliz o documento, e Mathew e eu acabamos nos mudando juntos para meu refúgio.

O nosso padrão se manteve: eu não sabia como viver sozinha, e ele não sabia como viver sem mim.

ALEGRIA E SOFRIMENTO

Julho de 2004

Quando eu era pequena, me perguntava se minha mãe cozinhava tanto aos domingos porque as pessoas vinham para a nossa casa, ou se as pessoas só continuavam vindo porque minha mãe cozinhava. De qualquer forma, a tradição continuou, mesmo no apartamento que Mathew e eu tínhamos em Nova York, no Upper West Side. Naquele domingo em particular, eu estava fritando peixe e alimentando, um a um, o vaivém de pessoas que entravam para dar oi e pegar um prato. Eu estava vestida com uma camiseta e com meu jeans *stretch* da Stella McCartney.

Solange estava ao celular, me surpreendendo ao planejar o seu próprio almoço de domingo a quase cinco mil quilômetros de distância, em Los Angeles.

— Mamãe — disse ela, antes mesmo de me cumprimentar —, me ensina a fazer o seu frango assado.

Virei o peixe, que já estava em um tom marrom-dourado maravilhoso.

— Você tem o saco de assar, né? — Foi minha mãe quem me mostrou os sacos de assar, o item de mercado que ela previu, e com razão, que seria o meu melhor amigo na cozinha. Até o meu peru de Ação de Graças eu asso em um deles.

— Sim — respondeu ela.

— Ok, você vai pegar o frango, lavar, temperar bem com alho em pó, cebola em pó… — Fui explicando. — Depois, corte algumas cebolas em pedaços e as jogue no saco junto com o frango. Ponha também uma colher de sopa de farinha de trigo e balance bem até empanar tudo, para que não fique grudento. Então, coloco mais ou menos três ou quatro colheres de sopa de água no saco.

Eu conseguia ouvir o barulho das cebolas sendo cortadas. Imaginei ela grávida de sete meses, com os instintos de aninhamento sendo despertados. Eu estava mergulhada nos planos para o chá de bebê que estava organizando na nova casa, em Houston, para o domingo seguinte.

— Estou orgulhosa de você, de verdade — eu disse.

Sempre focada em qual fosse a tarefa que estivesse executando, ela não ouviu.

— Mas quanto tempo leva para cozinhar?

— Qual o peso do frango?

— Aqui diz novecentas gramas.

— Bom, levando em conta essa informação, uns 45 minutos.

— Tudo bem.

Voltei ao meu peixe. Ty havia chegado para comer, então fiz um pouco para ele. O óleo continuava superquente enquanto o peixe fritava.

— Você pode fazer só mais um pedaço de peixe para nós? — perguntou Mathew.

Coloquei a última porção no óleo fervente quando o meu celular tocou. Era Solange de novo.

— Mãe — ela gritou. — Você não me falou para colocar o frango em uma travessa!

— Ah, não, você é doida? — gritei de volta. Sem conseguir evitar, comecei a rir. — Você colocou o saco direto na grelha do forno…?

— O caldo começou a vazar, e então eu peguei o saco e o meu frango caiu no chão, e estou muito brava com você. *Foi culpa sua!*

Eu ri muito. Tanto que ela desligou na minha cara. Ri com tanta força que, ao abaixar o celular, bati minha mão no cabo da frigideira.

Ela voou de cima do fogão, indo em direção à minha barriga e à pélvis. Virei correndo para desviar, já sabendo o que estava prestes a acontecer.

A onda de óleo superquente atingiu a lateral da minha perna esquerda, por onde escorreu como se fosse lava em ebulição, *queimando, queimando, queimando.*

O óleo derreteu o jeans, depois a minha pele e chegou até o músculo. Caí no chão, incapaz de gritar. Emiti uma espécie de som gutural e ofegante. Mathew e Ty estavam na sala de jantar, de onde era impossível me ver. Eu estava no chão, tentando urgentemente puxar do meu corpo a parte da calça que havia sido atingida pelo óleo quente, a ponto de queimar os meus dedos. Eu estava desesperada.

Não perdi os sentidos. Fiquei presa a uma dor excruciante, com o calor do óleo me penetrando cada vez mais, até os ossos. Finalmente, Mathew entrou.

— O que aconteceu? — ele perguntou.

— Arranca — foi tudo o que consegui dizer.

E ele tentou, mas foi horrível demais. O jeans grudou na pele e, ao puxar a calça, o músculo foi junto.

— Meu Deus, estou arrancando sua perna! — ele gritou.

Ele não sabia o que fazer, e gritava para o Ty pegar gelo. Em pânico, Ty encheu um saco de lixo com gelo e água para colocar minha perna. Não era o procedimento correto, mas foi feito. Enquanto Ty ligava para o socorro, Mathew teve dificuldade com a calça jeans, recuando ao ver o meu osso e gritando para mim:

— Não olhe. Não olhe.

A dor era generalizada e me imobilizou. Além disso, eu havia queimado os nervos dos meus dedos. Eu não conseguia senti-los e pensei que os havia perdido. Não conseguia olhar para nada.

Os policiais chegaram antes da ambulância. Viram uma mulher chorando no chão, gritando por causa de sua perna e com medo de olhar para qualquer lugar que não fosse o céu. Mathew estava segurando a parte superior do meu corpo, me embalando e também chorando. Os policiais permaneceram parados onde estavam, enquanto ele sussurrava em meu ouvido:

— Ai, meu Deus. Queria que tivesse sido comigo. *Queria que tivesse sido comigo.*

— Senhor, precisamos que vá para a outra sala — pediu o policial branco.

— O quê? — perguntei.

— Para podermos ajudá-la, o senhor precisa ir para a outra sala. — Mathew teria feito qualquer coisa naquela hora para me ajudar. Eu queria que ele ficasse comigo.

— O que está acontecendo? — perguntei.

— Senhor. — insistiu o policial, com voz firme. Mathew levantou.

Depois que Mathew já estava em um quarto, o policial olhou para mim, que ainda estava me contorcendo.

— Ele fez isso em você?

— Não — consegui dizer.

Ty se juntou a mim, repetindo:

— Não, não.

Minha vida, naquele instante, se resumia a raiva e dor.

— Eu estava fritando peixe. Por que você está fazendo isso? — eu quis saber, ofegante.

— Ele estava cochichando para você. Estava lhe ameaçando?

— Não. — Voltei a chorar. Mesmo em momentos como aquele, éramos suspeitos.

Os paramédicos estavam na porta para me levar às pressas ao hospital, e foi na ambulância que gritei novamente, pelo caos nos nervos das minhas mãos.

— Eu tenho dedos? — gritei. — Eu tenho dedos?

— Sim, você tem os seus dedos — respondeu o paramédico. Não consegui olhar, com medo de descobrir que ele mentia. Estava com medo de tudo. No hospital, enquanto esperava pelo médico especialista, implorei para que me colocassem para dormir, que fizessem qualquer coisa que parasse a dor.

— Por favor, me ajude.

— Temos que esperar até que o médico chegue — disse alguém de jaleco.

Mathew enfim estourou. Meu marido doido, o homem que eu amava, virou uma bandeja com raiva:

— Dê à minha esposa a porra de um remédio para dor! Dê algo para ela agora mesmo!

Foi o que fizeram. Vi a injeção se aproximando, e torci pelo esquecimento. A dor aliviou aos poucos, e olhei finalmente para meus dedos. Eles estavam lá, com a pele manchada e cheia de bolhas. Eu ainda não conseguia olhar para a minha perna.

O médico veio, e foi direto ao explicar que minha perna esquerda simplesmente não se recuperaria por completo. Provavelmente, ela seria bem mais curta do que a direita.

— Eu quero minha perna — eu disse. — Não me importa o que vocês têm de fazer. Eu quero a minha perna.

Após o choque daquele domingo, passei a confundir os dias em minha mente. A Sony conseguiu um ótimo cirurgião e um quarto com vista, amplo e bem iluminado. O médico planejou realizar uma cirurgia de enxerto de pele, mas primeiro eu teria que passar pouco mais de uma semana fazendo desbridamento diário, um procedimento que remove a pele morta e infectada para ajudar na cicatrização da ferida. Todas as manhãs, eles me davam uma injeção de morfina e me levavam para a câmara de tortura. Eu a chamava assim porque, embora eles fossem gentis, o procedimento consistia em lavar a pele queimada com jatos de alta potência para remover a camada superior. Quando eu os ouvia chegando para me pegar, começava a chorar, implorando para não ser levada. Quando a porta se abria para a área de desbridamento, era possível ouvir os outros pacientes gritando, e a pior parte era saber que você também faria o mesmo.

Durante o dia, tentei agir normalmente, planejando o chá de bebê de Solange para o domingo e uma sessão de fotos do Destiny's Child para a capa de uma revista, em Nova York na segunda-feira, um dia antes da minha cirurgia. As meninas haviam se reunido novamente para fazer mais um álbum, o *Destiny Fulfilled*, então toda a arte tinha que ser especial. Transformei meu quarto de hospital em um ateliê e Ty puxou as roupas e as pendurou em um cabideiro que montamos. As enfermeiras entravam, riam e depois admiravam o trabalho. Eu queria qualquer fuga para escapar da dor.

Mathew era o meu principal defensor no hospital, brigando para que eu tivesse o melhor tratamento e os melhores médicos. Esse era o lado do Mathew que fazia com que todo o sofrimento por amá-lo parecesse valer a pena. O pior marido tinha em si a capacidade de ser o melhor.

E o que eu queria naquele momento, hoje parece um absurdo. Mesmo assim, ele aceitou: eu queria ir ao chá de bebê da minha bebê. Pela Solange, eu não deixaria de estar lá. Minha mãe sentiu falta de me ver grávida, sentiu falta de todos os rituais que chegam com essa alegria. Eu estaria lá para segurar a mão da minha filha.

Como era de se esperar, os médicos não concordaram.

— Você não pode pegar um voo — explicou um deles. — Não pode ficar com a perna dobrada por três horas e meia.

Mathew viu a minha expressão, a desolação.

— E se ela fosse em um avião particular com uma cama? — Ele assumiu o papel de negociador. — Um espaço onde ela pudesse se esticar?

Os médicos nos disseram que não valia a pena correr o risco, mas eles não eram capazes de avaliar o quanto eu valorizava as coisas. Foi decidido. Mathew ligou para Donnie Ienner para conseguir um avião. Eu voaria para Houston no domingo de manhã, e chegaria para o chá de bebê; depois, voaria de volta para Nova York na segunda-feira de manhã, para estar no hospital um dia antes da cirurgia. Eu estava lá por minha filha, mesmo que tivesse que usar muletas. Abraçar Solange foi um remédio.

E então eu forcei a barra. Eu queria ir à sessão de fotos do Destiny's Child quando voltasse para Nova York.

— Trabalhei tanto para essa sessão — eu disse. — Só quero estar lá e assistir.

Quando cheguei no local, as garotas estavam vestindo peças em couro da Dolce & Gabbana.

— O que você está fazendo aqui? — gritou Kelly.

— Pulando em uma perna só — disse Beyoncé.

— Só quero me certificar — respondi, já arrumando o decote de Beyoncé, cuidando para que tudo estivesse perfeito. Meus dedos ainda estavam cicatrizando, e pensei em minha mãe e no quanto desejava que a dor da artrite passasse para poder sentir o toque do tecido. *Só para se certificar.*

Voltei para o hospital mais tarde do que o esperado. Pedi desculpa e disse que meu voo atrasou. No dia seguinte, o médico arrasou na cirurgia. Ele cortou uma camada inteira de pele boa da parte superior do meu quadril até a metade da minha coxa, e depois a enxertou no ferimento. Fiquei no hospital por mais duas semanas — sem mais chás de bebê ou sessões de fotos —, e permaneço muito agradecida pelo trabalho deles.

Outubro chegou e todos nós aguardávamos o dia do parto de Solange. Suas irmãs e Michelle queriam muito que ela participasse do videoclipe de "Soldier", o segundo *single* de *Destiny Fulfilled*, depois de "Lose My Breath". É uma música sulista, e as garotas planejavam imprimir na gravação a atmosfera de um grupo de proscritos do Texas e de Atlanta reunidos em Los Angeles. O que seria disso sem sua irmãzinha?

Do jeito que as coisas funcionaram, a gravação calhou de ser no dia marcado para o parto de Solange, mas seus médicos lhe haviam dito que o nascimento provavelmente atrasaria — assim como aconteceu comigo quando ela nasceu. A locação seria perto da maternidade, e eu até descobri o melhor caminho para o hospital, tentando fazer com que ela participasse do videoclipe. Ela insistia em recusar:

— Estou muito grande.

— Solange, não se preocupe com isso — eu disse. — Você está radiante. — O que era verdade.

Então, pedimos ao seu marido para participar. Sabíamos que ele a convenceria, apesar da teimosia de Solange:

— Eu não quero ir até lá.

No fim das contas, porém, ela acabou concordando e sorriu ao ver todo o amor e as bênçãos que recebeu no set.

Passariam mais sete dias até que Solange tivesse o bebê. Ela ficou em trabalho de parto por muitas horas, comigo, Beyoncé, Kelly e Angie ao seu lado o tempo todo, e seu marido, Daniel. Foi muito diferente de quando eu tive a minha primeira filha, quando me senti muito sozinha sem a minha mãe. Cada uma de nós podia segurar suas mãos e a cercar de amor. Quando ela deu à luz ao seu filho, estávamos bem ali, com a sua música, e agora a de sua família, preenchendo o quarto, "By Your Side", da Sade. Quando ele nasceu, um lindo menino que eles chamaram de Daniel Julez, ela o acolheu com todo aquele amor.

— Vou valorizar você. Vou lhe dar o mundo. — Solange repetiu isso várias vezes, aquela jovem mulher que agora era mãe na sua essência mais verdadeira.

Como avó, eu podia abraçar Julez e me gabar para ele sobre sua mãe e como ele era amado. Isso era algo que eu sempre repetia para ele.

— Sua mãe o valoriza muito — eu sussurrava. — E sabe o que ela vai lhe dar? O mundo.

A nova família veio morar comigo, exatamente como eu esperava. Eles estavam em Houston havia cerca de um mês quando Daniel recebeu uma notícia. A Universidade de Idaho o havia contratado; ele se formaria enquanto jogava como recebedor no time de futebol americano deles, os Vandals.

Solange foi clara:

— Eu vou com ele, mamãe. Nós vamos nos mudar para Idaho.

38

paisagens americanas contemporâneas

Janeiro de 2005

EIS UMA BREVE AULA DE HISTÓRIA sobre Moscou, Idaho, porque eu precisava saber para onde a minha bebê e o meu neto de poucos meses estavam indo: a cidade tem um pouco mais de 15.500 quilômetros quadrados, um décimo de Houston; fica na parte superior e mais estreita do estado, bem na fronteira com Washington. A Grande Migração* praticamente ignorou Idaho e, com certeza, pulou Moscou. Quando o marido de Solange, Daniel, se tornou um dos atletas-estudantes Negros da Universidade de Idaho, o censo mais recente mostrava que apenas 1% de *toda* a população do estado era Negra. Mesmo assim, Solange, uma canceriana como minha mãe, que também se viu na adolescência com um bebê e longe da família, queria estar com Daniel e fazer o possível para, como esposa e mãe, tornar aquilo um lar.

Eu queria estar lá o tempo todo, mas não podia. Primeiro, eu estava me preparando para o Oscar, que seria em fevereiro, o que consumiu muito tempo

---

* A Grande Migração foi um movimento de 6 milhões de afro-americanos que saíram do sul rural dos Estados Unidos em direção às regiões urbanas do nordeste, centro-oeste e oeste. O movimento ocorreu em duas grandes ondas, entre os anos de 1916 e 1970. (N. T.)

e foi bem arriscado, porque eu estava criando os *looks* de Beyoncé para três apresentações de músicas indicadas. (Para aumentar o estresse da noite, quando ela estava descendo a escada do palco durante sua interpretação da segunda música — "Learn to Be Lonely", de *O fantasma da ópera* —, o salto agulha de seu sapato ficou preso no tule da longa cauda de seu vestido. Ela não podia parar e teve que continuar descendo os degraus com um pé calçado em *um* salto de treze centímetros, enquanto o outro, preso na roupa, fazia com que tivesse que se equilibrar na ponta dos dedos — e mesmo assim não errou uma nota.) Depois, eu estaria na estrada com o Destiny's Child para uma turnê de despedida que cumpriria 68 datas, iniciando na primavera e seguindo até o outono. Contudo, eu continuava aparecendo em Idaho quando podia, e evitava dar conselhos quando Solange mencionava problemas conjugais em nossas conversas ao celular. Era uma situação delicada, pois eles eram jovens recém-casados e pais. Ela e Daniel brigavam por coisas que pareciam pequenas, mas que eram fundamentais *naquela* nova vida. Ela queria uma babá; ele achava que poderiam viver sem uma. As discussões sempre terminavam com os dois sem se falar, e então eu recebia uma ligação:

— Mãe, venha.

"Ah, Senhor, vou ter que interromper o que estou fazendo", eu pensava. Porém, eu estaria lá sempre que pudesse. O problema era que para chegar a Moscou eu tinha que pegar dois aviões, fosse correndo pelo aeroporto de Seattle para fazer a conexão, ou tomando chá de cadeira durante a espera pelo voo seguinte para o pequeno aeroporto local. Quando eu chegava na casa de Solange, eles em geral já tinham feito as pazes.

Aquele inverno foi muito frio em Moscou, uma terra que, de alguma forma, era plana e montanhosa ao mesmo tempo. A casa de Solange ficava encravada em uma colina coberta de floresta ao fundo e, quando nevava, a cobertura de nuvens parecia próxima e opressiva. Mesmo assim, ela enxergou beleza ali e começou a pintar. Criou paisagens abstratas, em sua maioria cenas com pessoas pequenas que os arredores tornavam minúsculas.

Sempre que eu a visitava, Solange queria ir à maior atração de Moscou:

— Mamãe, vamos ao Walmart.

"Walmart?", eu me perguntava. No entanto, nós íamos e, enquanto eu visitava o local, a primavera chegou. Começamos a parar para tomar sorvete depois do Walmart, e Solange decidiu que a sorveteria era a segunda maior atração da cidade. Percebi que sua arte estava melhorando ainda mais, deixando de lado as primeiras incursões na tela para se dedicar a coisas mais interessantes. Ela começou a trabalhar com calma, aprendendo e aperfeiçoando a técnica de acordo com o seu próprio padrão. Sempre que pessoas que eu mal conhecia me perguntavam sobre Solange estar em Idaho, elas meio que inclinavam a cabeça em sinal de preocupação. Não conseguiam imaginar a vida criativa de uma artista fora dos circuitos tradicionais de sucesso. Solange não era apenas uma artista, ela *é* arte.

Ela tinha dezoito anos e trabalhara na indústria da música por cinco, mas havia participado dela por mais tempo, na verdade. O trauma pelas perdas do seu terapeuta, de Johnny e de Marsai foi um fator determinante em sua vida. Minha filha cresceu em ônibus de turnê e aeroportos, e ficava furiosa se eu a fizesse faltar à escola. E, então, ela estava enraizada em Moscou, pelo menos por enquanto.

As circunstâncias mudariam para ela, e mais tarde, em 2007, Solange tomaria a decisão de entrar com um pedido de divórcio. Daniel permanece sendo o meu filho extra, e sou próxima dele até hoje. Solange passaria a dividir seu tempo entre Houston e Los Angeles. E quando lembro daquele período em Idaho, penso nela como uma artista em uma residência, dando a si mesma espaço e tempo para explorar sua mente em um novo ambiente.

Estava na hora de eu fazer o mesmo.

Quando foi a primeira vez que eu disse sim? Em um tapete vermelho, talvez em Londres. Como outros haviam feito no passado, um dos repórteres perguntou:

— Quando você e Beyoncé vão lançar uma linha de roupas?

Minha resposta-padrão sempre foi "Eu adoraria fazer isso", e mudava rapidamente de assunto para falar da excelente noção de estilo de Beyoncé.

Daquela vez, porém, foi diferente:

— Ah, muito em breve! — E entreguei ainda mais. — Será muito em breve mesmo, estamos trabalhando nisso.

Porém, não estávamos. A frase simplesmente escapou dos meus lábios. Assim, quando voltei para os Estados Unidos, falei com meus advogados para transformarem aquele blefe sem-vergonha em algo mais oficial. Eles me mandaram para uma feira de indústria e comércio em Vegas para que eu tivesse noção do que as pessoas estavam fazendo, mas eu estava muito mais interessada nos modelos que vi em mulheres reais quando, no último segundo, eu dava uma escapada das sessões de fotos para ir atrás de algum acessório perfeito. As roupas que vi em mulheres lindas de todos os tamanhos no Brooklyn, no Harlem ou nas ruas de Houston. Uma coisa que eu adorava era abordar uma mulher e lhe dizer que estava linda, e depois ver seu orgulho em poder me mostrar o que havia criado. Os melhores *looks* eram uma mistura de peças básicas e sofisticadas. E se a nossa linha também fizesse isso — uma combinação de alta costura com moda urbana?

Beyoncé e eu nos associamos a Arthur e Jason Rabin, uma equipe influente de profissionais da moda formada por pai e filho, que dirigiu a Kids Headquarters e de quem gostávamos de verdade. Eles conheciam o ramo e nós entraríamos com a criatividade, o marketing e o design. Beyoncé daria o rosto à marca. Fizemos um acordo com os Rabin de que os lucros seriam divididos meio a meio, mas o problema era que eles realmente não tinham tempo para lidar com os aspectos comerciais da linha, então eu tive que assumi-los mesmo sem ter experiência. Por causa disso, contratei um codiretor criativo, Heather Thomson, que havia trabalhado com marcas de celebridades.

Decidimos batizar a nossa linha de House of Deréon, em referência ao nome de solteira de minha mãe, porque Beyoncé disse que isso se encaixava na sua visão de incorporar a moda das três gerações: a dela, a minha e a da minha mãe. Incorporei o máximo que pude da minha mãe, pequenos toques que ela apreciaria: as árvores cobertas de musgo e os jacarés de Weeks Island, o padrão de flor-de-lis da sua cultura crioula... Quando fizemos a campanha publicitária, todos os cenários incluíam uma foto emoldurada da minha mãe para que, assim, ela pudesse fazer parte daquilo.

Nova York era onde a moda acontecia, então montamos um escritório no coração do Garment District. Mathew e eu conseguimos um apartamento no 42º andar da Bloomberg Tower. As janelas iam do chão ao teto e exibiam a paisagem de Nova York, toda em vidro, aço e possibilidades. Dois andares acima, Beyoncé conseguiu outro apartamento, o 44B, com o seu número da sorte, o 4, em dobro.

A combinação de preços altos e baixos da House of Deréon significava um diferencial que não agradava alguns clientes. Estávamos em lojas de alto padrão, como a Neiman's, e os fãs não queriam investir em uma única peça. Queríamos que eles tivessem as roupas, por isso os Rabin sugeriram que acrescentássemos uma marca júnior, a Deréon, mantendo a House of Deréon como a marca de referência. Essa linha júnior, um sucesso garantido, ajudaria a financiar o trabalho mais sofisticado.

Nosso negócio decolou decolou como um foguete. Em 2006, Beyoncé usou um moletom com capuz e estampa de flor-de-lis no videoclipe de "Irreplaceable". A peça fez um sucesso estrondoso nas lojas, com o jeans que as mulheres juravam ser o mais confortável e o de melhor modelagem entre todos os que já haviam experimentado. O segredo do caimento era apenas que eu sempre colocava pences nos jeans de todas as garotas, para os deixar menor na cintura e com mais espaço nos quadris e na bunda. De tudo o que fizemos, ele foi o jeans que se tornou o preferido das pessoas, que me abordavam para dizer:

— Nunca um jeans me serviu tão bem.

Naquele ano, nosso faturamento líquido foi algo em torno de 100 milhões de dólares. Eu deveria saber de cor esse valor, mas o que eu realmente me lembro, o que posso descrever nos mínimos detalhes, eram aquelas pessoas — de todos os tamanhos e origens — que se moviam com mais atitude pelas ruas e pegavam a minha mão para me dizer que adoravam como minhas roupas as faziam se sentir.

Muita coisa boa estava acontecendo aquele ano. Conheci Tina Turner na Casa Branca, onde todas as celebridades ficaram espremidas antes de Beyoncé prestar sua homenagem no Prêmio Kennedy, interpretando "Proud Mary".

— Sabe, nas vezes em que penso em inspiração — disse Beyoncé no palco —, eu penso nas duas Tinas da minha vida: minha mãe, Tina; e, é claro, a incrível Tina Turner.

Eu teria a chance de conversar mais com Tina Turner quando ela e Beyoncé ensaiaram para um dueto no Grammy.

— Eu conheci você há muitos anos e isso mudou minha vida — eu disse a ela. — Eu havia acabado de me mudar para Los Angeles e trabalhei na Broadway...

— Ah, eu costumava ir à Broadway o tempo todo. — Ela riu.

— Eu vendi alguns brilhos labiais para você.

— Aaah, que graça — comentou ela, e eu voltei a ter dezenove anos.

Beyoncé também parecia uma criança. Estava literalmente saltitante por conhecer e abraçar Tina Turner. Enquanto conversavam, duas artistas incríveis ajustando o que iriam apresentar, Tina se agachou para se concentrar em um trecho da coreografia. Com quase setenta anos de idade, em cima de um salto agulha. Beyoncé também se agachou, com medo de perder qualquer coisa que aquele gênio dissesse. Isso é algo que só uma mãe pode notar, mas nos anos seguintes eu sempre adorei ver minha filha nos bastidores se agachar de repente sobre os calcanhares para se concentrar em uma apresentação.

— Ah, agora você está tentando ser como Tina — falei para ela.

— Eu achei isso tão cheio de atitude! — explicou Beyoncé. — Ela estava de salto alto e simplesmente se agachou enquanto conversava de um jeito tão casual.

No entanto, aquela vida incrível também podia ser esmagadora. Durante um intervalo de sua turnê mundial de 96 apresentações *The Beyoncé Experience*, minha filhae eu estávamos em Nova York, no alto de nossa torre. Ela havia absorvido a energia de todas aquelas pessoas durante meses e estava sobrecarregada. É possível amar o que se faz e ainda assim precisar de um descanso. Porém, ela não podia ir a lugar algum. Naquele momento, sua fama nos mantinha naquela torre, porque até mesmo andar na rua significava atrair uma multidão. Ela não reclamava, mas eu podia ver o custo que ela estava pagando por isso. Havia uma tristeza nela, por saber que sua vida nunca mais seria a mesma.

— Vamos dar uma escapada até Galveston — sugeri. Eu tinha acabado de comprar uma casa de praia para toda a família, localizada bem depois de West Beach e bem perto da água. — Ninguém vai saber que você está lá. E quem estiver não vai se importar.

Ela me olhou do jeito que uma criança olha para a mãe quando a escuta falar a coisa mais louca de uma vida inteira de loucuras.

— *Mamãe*.

— É segunda-feira — insisti. — A maioria dos vizinhos só aparece nos finais de semana. Vamos ver o que acontece. Podemos voltar na sexta.

— Tudo bem — ela por fim concordou.

Pegamos um voo para Houston e então fomos de carro direto para a casa de praia. Os seguranças nos acompanhariam até Galveston, mas queríamos ficar sozinhas na casa. Meu primeiro plano foi uma caminhada na praia. Como de costume, fiquei atrás da minha filha para arrumar o cabelo dela, embaixo de um boné de beisebol, e depois fiz o mesmo com o meu. Nos olhamos no espelho e colocamos óculos escuros grandes.

— Alguém me disse que Beyoncé está na cidade — brinquei —, mas não a vi.

— Ah, mamãe — disse ela.

— Ouvi falar que ela é muito simpática. — Calcei minhas sandálias para sair. — Aquela mãe dela é tão bonita, como ela se chama?

— Doida. É assim que a chamam.

Eu sentia falta disso, da espontaneidade de proclamar um Dia da Praia para a minha menina. Foi tão agradável caminhar à beira da água que queríamos que o dia não terminasse. Entramos no carro e fomos primeiro ao Menard Park, para onde fui levada por aquele policial que me prendeu por andar de moto para que todos vissem a Tina Beyoncé algemada na traseira de uma viatura. Depois, fomos até o meu antigo bairro, que pareceu tão pequeno.

— Tenho que mostrar esse quintal para você — eu disse, muito orgulhosa. Peguei sua mão, e caminhamos em silêncio até os fundos. A nogueira-pecã ainda estava lá.

— Esse quintal era muito grande — eu disse, e Beyoncé riu porque não era. — Menina, isso era grande para Galveston — contei para ela.

Ela estava se divertindo tanto que me fez um pedido:

— Eu quero ir na Walgreens.

— É o que mais você quer fazer?

Ela concordou com a cabeça. Aquela garota ficou quase uma hora na loja de departamentos, pois estava muito feliz em poder andar pelos corredores e pegar e examinar cada um dos itens. Quando estávamos na seção de brinquedos, fazia questão de exclamar um "ah!" para cada baldinho e pá em que colocava os olhos. Ela demorou tanto que procurei uma cadeira de praia para abrir e me sentar.

Quando saímos, ela estava radiante, tão fortalecida que falou:

— Agora eu quero ir na Ross.

Eu achei que estávamos nos arriscando muito, mas a levei mesmo assim. A loja Ross Dress for Less não estava cheia, mas também não estava vazia. Ela vasculhou as araras, afastando cabide por cabide, segurando as peças na frente do corpo e se olhando no espelho. Nem uma única pessoa se aproximou dela. Nenhuma.

Aquilo parecia ser mesmo um conto de fadas, e Beyoncé tinha mais um desejo:

— Vamos ao Luby's.

Era a rede de restaurantes da sua infância, o lugar aonde sempre íamos aos domingos, depois da igreja, para comer o bife Salisbury, o favorito dela e da Solange. Sentamos em uma das mesas de madeira castanho-claras e, então, percebi três garotas sentadas do outro lado do salão. Uma delas estava quase nos apontando, enquanto as outras duas olhavam de soslaio. Li os lábios de uma delas: "Não, não são elas".

Desviei rapidamente o olhar, fingindo estar interessada em algo do lado de fora, mas uma delas, persistente, havia se aproximado.

— Sra. Tina?

Encostei o dedo em meus lábios e concordei com a cabeça.

— Eu prometo, não vamos… — ela sussurrou, olhando de relance para Beyoncé. — Prometo que não vou fazer uma cena. Vou ficar bem *quieta*, mas é que… — Ela abriu um sorriso enorme. — Estou tão empolgada.

Sorrimos de volta, em cumplicidade. Eu a assisti voltar para junto das amigas, que abafavam gritos de excitação. Esse foi o choque de realidade que surgiu quando terminávamos nossa refeição rápida.

— Aquelas meninas foram discretas, e tivemos sorte por isso — eu disse a Beyoncé. — O dia foi um sonho, mas está na hora de voltarmos.

Ela concordou.

— Eu me diverti.

— Você precisava disso.

Beyoncé ficou a semana toda em Galveston, recarregando as baterias. Pela manhã, líamos os livros de oração da Stormie Omartian, compartilhando o que achávamos que nos daria força ou orientação.

matriarca 421

À noite, Beyoncé e eu sentávamos na varanda, sem perguntas para responder nem decisões a serem tomadas. Somente nós e a brisa que vinha da água, observando as ondas acariciarem a beira da praia sob a luz da lua.

À MINHA MODA

Fevereiro de 2008

Eu tinha dezoito metros da seda branca mais deslumbrante *que já existiu* guardados em minha casa em Houston. O que eu estava fazendo era tão secreto que somente Jaime e eu sabíamos. Beyoncé se casaria em alguns meses, e como ela não poderia simplesmente sair para experimentar vestidos de noiva, decidi fazer um para ela de surpresa.

Peguei o manequim e comecei a drapear a seda, prendendo as dobras com alfinetes, para dar forma ao modelo, enquanto Jaime o alinhavava. Literalmente, estávamos fazendo o vestido no manequim. Eu sabia que Jay havia dito a ela que gostava de vestidos com modelagem sereia, e a única outra coisa que ela havia me dito que imaginou era algo sem alças. Resisti ao desejo de usar renda e mantive tudo muito sofisticado e moderno.

Quando o vestido ficou pronto, voei para Nova York com ele na mala e o escondi no meu apartamento. Durante uma visita habitual, eu disse para ela:

— Você tem que experimentar seu vestido de casamento.

— Ah, meu Deus, você fez um vestido de casamento?

— Sim.

— Tá bom, mamãe. — Ela foi muito gentil, mas notei que não ficou empolgada como achei que ficaria. Então, ela experimentou o vestido, e eu fiquei com lágrimas nos olhos.

— Amei esse vestido — disse ela por fim. — Ele é lindo.

Eles fizeram o casamento na própria casa, em 4 de abril, porque sabíamos que era o único lugar de onde não vazaria nada. Contratamos uma senhora para fazer cortinas brancas de 7,5 metros, para cobrir as paredes e janelas do teto ao chão. Foi uma cerimônia maravilhosa e cheia de flores, oficializada pelo nosso pastor, Rudy Rasmus, que veio do Texas com sua esposa, Juanita. Os detalhes são da minha filha e do meu genro, mas o que posso dizer é que me juntei à avó e à mãe de Jay na preparação de toda a comida. Fizemos a nossa refeição caseira típica, é claro, a melhor opção para uma noite de dança e de amor em família.

Não havia muito tempo, tínhamos revitalizado a House of Deréon. A linha de roupas para adolescentes e jovens da Deréon havia sido muito bem-sucedida, mas Beyoncé e eu queríamos nos concentrar em vestidos que transmitissem os objetivos originais de sofisticação e glamour da nossa marca. As garotas literalmente me paravam na rua e pediam que eu fizesse os seus vestidos para os bailes de formatura — e muitas vezes eu fazia — e, dessa forma, eu poderia ajudar um número maior delas.

Para expandir o meu alcance, também assinei um contrato com a loja de departamentos HSN para vender uma linha que batizei de Miss Tina. Foi uma ótima oportunidade, mas o problema era que a sede da HSN ficava em Tampa, na Flórida, e conforme a linha vendia bem, as expectativas em relação ao meu tempo aumentaram e o clima entre nós ficou desagradável. Quando me tornei o que eles chamavam de "favorita dos fãs", isso significava que me queriam em Tampa todo mês, sendo pontual, me mostrando disponível, com cabelo e maquiagem irretocáveis, e falando sem parar. E toda hora eu recebia recados dizendo que eu ficava muito tempo conversando em ligações com os clientes, quando o que eu deveria fazer era os despachar logo. Entrar em conexão com os clientes era a minha parte favorita de trabalhar com a HSN, mas acabei percebendo que as minhas obrigações na empresa eram muito restritas. Eu administrava a House of Deréon e trabalhava nos projetos da Beyoncé, e a gota d'água foi quando eles recusaram me deixar trocar a data de um compromisso para que eu pudesse ir ao Egito em uma das datas da turnê.

Procurei um novo lugar para colocar a linha Miss Tina, e lancei a minha marca no Walmart. Eles poderiam me garantir um preço acessível para todos, e tamanhos inclusivos para que *todo* tipo de corpo pudesse usar. Na HSN, eu sempre exibia mulheres vestindo nossas roupas em diferentes tamanhos, se possível três modelos usando o mesmo item. Eu sempre tive a noção de que quando as linhas de vestuário eram "inclusivas" para mulheres que usavam tamanhos maiores, isso significava que eles selecionavam somente um ou dois itens para que fossem realmente produzidos em todos os tamanhos, peças que *eles* achavam que eram as apropriadas para mulheres *plus size*. E que em geral se resumiam a modelos que ocultavam as curvas e batas pesadas feitas em tecido de uma cor única, que comunicavam às mulheres que elas precisavam esconder os seus corpos.

Sempre lutei para ter pelo menos até o tamanho cinquenta em todos os nossos itens, mas sempre me diziam que teríamos prejuízo. Eu explicava, porém, que preferiria aceitar aquela perda porque nunca quis que minha cliente mais curvilínea visse algo que eu oferecesse e, em seguida, fosse até a loja e não conseguisse encontrar.

E essa estava longe de ser a minha única briga. Ao criar qualquer coisa que mostrasse a pele, eu ouvia:

— Elas não usariam isso.

No entanto, eu insistia:

— Sim, elas usarão e se sentirão ótimas.

Não é esse o objetivo da moda?

No verão de 2008, Beyoncé foi para Los Angeles para trabalhar no filme *Obsessiva*. Fui junto para ajudá-la a se instalar e ficamos no Beverly Wilshire enquanto ela procurava um lugar na cidade. Ela era produtora do filme e estava lotada de dúvidas. Nós duas também estávamos fazendo dieta — ela, para perder o peso que ganhou ao interpretar Etta James em *Cadillac*

Records, um pouco antes; e eu, para perder o que ganhei por comer demais devido ao estresse com a House of Deréon e a Miss Tina. Ela adorou trabalhar em *Cadillac Records* e pesquisar o papel da cantora problemática mas brilhante, e a oportunidade de ir ao centro de reabilitação Phoenix House, no Brooklyn, para conhecer mulheres reais que lidavam com o vício. (Beyoncé doou o cachê que recebeu pelo filme para o centro.)

Porém, agora ela estava estressada. Ela passou o dia todo em filmagem e veio ao meu quarto.

— Você me salvou — eu falei, ao abrir a porta. — Estou aqui procurando um lanche.

Ela não riu. E parecia muito *triste*. Fui abraçá-la, mas havia algo que ela queria me falar.

— Mamãe, eu não sei fazer nada.

— Ah, não, isso não é verdade. O que é nada?

— Eu não sei nem mesmo reservar um quarto de hotel.

— Acredite em mim, isso é superestimado, meu bem. Há pessoas para fazer isso por você.

Ela olhou para baixo e eu insisti.

— Por que isso importa para você?

— Eu não sei fazer nada e nem mesmo tenho um escritório!

— Você é cantora e atriz, por que você precisaria de um escritório?

— Porque eu preciso começar a minha própria empresa.

— Ah, tudo bem. — Foi uma resposta discreta, mas reconheci a urgência. Eu havia sentido isso antes do Headliners.

Sendo a faz-tudo que sou, no dia seguinte comecei a olhar os lustres em Melrose. Pensei que se Beyoncé tivesse um escritório, ele teria um lustre, e assim por diante. Fiz uma maratona de compras e enviei coisas para Nova York.

Encontrei um escritório no mesmo prédio da House of Deréon, no 34º andar, um ambiente que não era muito grande, mas com espaço para o que fosse que ela quisesse começar. Eu o decorei em duas semanas: fiz quatro pequenos escritórios, uma sala de conferências e uma sala de trabalho. Era lindo, mas percebi que não era nada funcional. Eu havia comprado mesas de laca preta e os lustres importantíssimos, mas não havia um único armário de arquivos lá dentro.

— Mamãe, está muito lindo — disse ela no primeiro dia que lhe mostrei o local.

— Agora você tem um escritório e uma central telefônica... — Eu parei de falar.

— Bem, e agora, o que fazemos com ele? — brincou ela.

Começamos a rir. Ela faria seus planos em breve, mas até hoje me emociono ao pensar em como ela estava prestes a alcançar um papel de liderança. Às vezes, Deus coloca uma visão em nosso coração, um sentimento de precisar ser mais quando achamos que já demos tudo o que tínhamos para dar.

Ele também tinha uma visão para mim, mas primeiro eu teria que estar partida. Um dos meus trechos favoritos nos Salmos é o 34:18: "O Senhor está perto dos que têm o coração quebrantado e salva os de espírito abatido".

Deus estava prestes a me segurar bem perto dele.

40

ANTES E DEPOIS

Março de 2009

As semanas que antecedem o início de uma turnê mundial são sempre de prazos apertados e indefinições. Estávamos nos preparando para o início, em 26 de março, da *I Am... Tour*, a turnê mais teatral de Beyoncé até então. E nesse período em que os riscos eram tão altos, quando até mesmo os cochilos de três horas geravam sonhos que eram a continuação das discussões com a equipe de planejamento da turnê, Mathew me contou que recentemente ele havia terminado um caso.

Estava terminado, ele informou, e não queria mais nada com a mulher. Contar para mim fazia parte do processo de terapia ao qual ele estava novamente se submetendo para descobrir por que continuava fazendo aquilo, e me contou que o meu perdão seria a chave para sua recuperação.

— Não apareça nessa turnê — falei para ele. — Se aparecer, eu não vou falar com você e vou envergonhá-lo.

Mathew manteve distância até o quinto show, realizado em uma noite de 1º de abril, o dia da mentira, em Seattle. Chegamos na cidade na noite anterior, assim como Mathew. Ele apareceu no meu quarto de hotel e, quando não o deixei entrar, me importunou até de manhã. Ficou batendo na porta e implorando para que eu falasse com ele. Não dormi e, no dia seguinte, não havia tempo para descanso. O show tinha que continuar.

Depois do show, eu estava muito cansada, mas precisava passar a noite toda na minha suíte com Tim White na máquina de costura e Ty Hunter me ajudando a organizar e a aperfeiçoar os *looks* de Beyoncé para a turnê promocional de imprensa do filme *Obsessiva*, que começaria na manhã seguinte. Enquanto trabalhávamos, porém, Mathew voltou a me importunar, falando pela porta e telefonando. O que me fez explodir com ele foi o fato de que eu não pude me concentrar no trabalho. Abri um pouco a porta, mantendo a trava de segurança presa, e o adverti aos sussurros:

— Me deixe em paz! De uma vez por todas. Você está me torturando com isso. E se não sair deste hotel, vou fazer um escândalo e tanto.

Mathew baixou a cabeça. Fechei a porta. Eu não sabia o que fazer com toda a minha mágoa. O trabalho precisava ser feito, e pedi à minha mãe que me desse forças enquanto Tim, Ty e eu retomávamos as tarefas que tínhamos pela frente.

No dia seguinte, delirando de tanto sono, acompanhei Beyoncé nas sessões com a imprensa. Eu a vi se preparar para uma entrevista com Billy Bush, do *Access Hollywood*. Ele fez perguntas que já esperávamos, sobre como equilibrar as carreiras de atriz e cantora. Em seguida, mudou o tema e a conversa passou a ser sobre ela.

Billy contou para Beyoncé que havia notado que todas as vezes que alguém passou um tempo com ela, a pessoa saiu dizendo: "Você é uma pessoa muito elegante, muito alegre, muito simpática".

— Você atribui à sua mãe e ao seu pai o mérito por isso? — ele perguntou.

Ela fez uma pausa. Eu me inclinei para a frente, nervosa. Eu estava do lado dela, mas fora do alcance da câmera.

— Com certeza, atribuo às pessoas ao meu redor o mérito por me manter com os pés no chão — respondeu ela, com mais calma dessa vez do que nas outras perguntas. — E principalmente minha mãe. Porque eu confio nela, e faria qualquer coisa por ela, e a admiro muito. Quero dizer...

Mães sabem quando seus filhos estão prestes a chorar, e eu também tentei conter as lágrimas, mas desisti conforme ela continuou.

— Sempre que há algo de errado, minha mãe aparece e fica acordada a noite toda para garantir que tudo esteja perfeito. E eu sempre posso contar com ela... Olha, estou começando a me emocionar...

— Você *ama* a sua mãe — pressionou Billy. — Você já pensou em tudo o que ela sacrificou por você?

— Sim. É tudo uma loucura, mas sou muito sortuda por tê-la.

Eles ligaram uma câmera nos bastidores para me mostrar chorando. Deixei as lágrimas escorrerem.

Eu *havia* me sacrificado muito. Todas as mães fazem isso, tanto que paramos de perceber, e certamente não esperamos que nossos filhos notem isso.

Porém, mesmo depois daquela revelação, após passar uma noite em claro e quando eu estava no limite da exaustão e sustentada apenas pela fé, Mathew conseguiu o que queria. Eu voltei para ele. Nunca consegui ficar longe dele por mais do que alguns meses. Eu me convenci de que a terapia o havia ajudado daquela vez, e ele estava tão patético em seus pedidos de desculpas que parecia errado o abandonar. "Siga em frente", eu disse a mim mesma, quando tudo o que eu fazia era ficar no mesmo lugar.

Tão previsível quanto o nascer do sol, entramos na fase lua de mel do nosso ciclo, que durou mais ou menos cinco meses de cumplicidade real.

Em 2 de outubro, durante a segunda pausa da *I Am... Tour*, Beyoncé recebeu o prêmio de Mulher do Ano da Billboard. O almoço de premiação foi realizado no Pierre Hotel, próximo ao Central Park, em Nova York, e Gayle King a entrevistaria no palco. Mathew estava lá, circulando pelo local e sendo visto naquele evento que tinha tanto peso na indústria da música. Eu tinha um prazo para cumprir, então fui embora mais cedo.

Quando eu saí, havia cerca de dez repórteres do lado de fora, o que não é incomum em eventos para os quais a minha filha é convidada. As publicações que cobrem celebridades mandavam seus profissionais ficarem de plantão do lado de fora, na esperança de conseguirem uma declaração que pudessem usar junto com uma foto dos *paparazzi*. Em geral, eles apenas me perguntavam: "Como está Beyoncé?", mas, naquele dia, uma jovem encabeçou o grupo e perguntou:

— Sra. Tina, como se sente sobre os acontecimentos de hoje?

— Ah, eu acho incrível. Estou muito agradecida por minha filha ser reconhecida por seu trabalho. — Entretanto, enquanto eu falava, percebi uma expressão estranha nos rostos dos jornalistas e a moça que me fez a pergunta parecia desconcertada.

Enquanto caminhava para o carro que me esperava, fiquei pensando o que eu havia falado de errado. Eu não fazia a menor ideia do que eles sabiam: eles foram informados de que Mathew havia sido oficialmente notificado no evento sobre um processo de paternidade. Pela mulher de quem ele havia me falado.

Voltei para o apartamento e já estava trabalhando havia 45 minutos quando Mathew chegou.

— Tina, tenho que contar uma coisa.

Quando ele falou, eu gritei:

— Saia daqui! Saia daqui! — eu repetia aquilo como se ele fosse uma espécie de demônio. — *Eu odeio você!*

Ele tentou falar comigo, mas o vendedor talentoso, o mestre das desculpas, não tinha argumentos e foi embora. O apartamento então pareceu muito quieto, mas o meu mundo havia explodido. Acordei naquela manhã sem saber que estava vivendo no Antes, alheia por mais algumas horas, e naquele momento eu estava no Depois.

Uma ligação da portaria quebrou o silêncio — um aviso de que havia repórteres do lado de fora do prédio perguntando por mim. A Bloomberg Tower não tinha saída de serviço, e se eu não fosse embora naquele instante, ficaria presa. Joguei algumas coisas em malas, passei direto pelos repórteres até um carro que me esperava e segui para o aeroporto para pegar o primeiro voo que saísse da cidade. Poderia me esconder em Houston.

Eu estava paranoica, convencida de que todo mundo no aeroporto olhava para mim. Verdadeira ou não, a sensação foi o suficiente para me fazer ir ao lounge da Delta. Eles tinham uma espécie de sala de cinema onde se podia assistir às notícias, e eu me sentei atrás de algumas pessoas. E o que aparece no noticiário é o rosto da minha filha, e depois o meu junto com Mathew. "Últimas notícias: pai de Beyoncé envolvido em escândalo com bebê". Enquanto o repórter falava, uma imagem sem som me mostrava saindo do almoço de premiação, sorrindo como uma tola na vida de Antes. Imaginei que as pessoas na sala fossem se virar. Ninguém sequer prestou atenção. Eu ainda estava humilhada e tentei ficar invisível até a hora do meu voo.

Em Houston, as pessoas estavam realmente olhando para mim, pois eu ia até lá com muita frequência. Eu sempre sorria, sempre parava por um instante para elogiar alguém. Eu adorava aquele momento de contato entre pessoas. Naquele dia, porém, mantive a cabeça baixa e usei óculos escuros para esconder as lágrimas. Mais uma coisa que ele havia tirado de mim.

Pedi o divórcio. Daquela vez foi diferente das outras em que optei por deixá-lo. Ali, eu não tinha escolha. Após aquela explosão, mantive o ritmo da minha vida, como fazia havia anos, presa a minha rotina e deixando que o trabalho me anestesiasse e me conduzisse. Porém, me dedicar aos outros ao ponto de perder a minha individualidade, deixando de priorizar os meus desejos, não era mais um projeto de vida. Eu sobrevivi a outubro, e segui aos tropeços até 2010, na esperança de que uma mágica me fizesse sentir melhor.

Quando não consegui, alguém que eu não acreditava que pudesse ser de confiança surgiu como uma bússola para a minha desorientação. O último homem que eu poderia esperar.

41

FRANGO FRITO E CHAMPANHE

Abril de 2010

Minha assistente e eu estávamos em meu escritório na House of Deréon, em Manhattan, analisando uma lista de metas para a semana seguinte. Uma das minhas fotos favoritas da campanha primavera-verão 2010 estava em minha mesa: Beyoncé flutuando no ar após dar um pulo, em um vestido verde radiante que esvoaçava com a brisa de Santorini. Eu adorava a liberdade daquele visual.

Enquanto conversávamos, o barulho insistente de uma sirene se destacou no trânsito de sexta-feira à tarde na Broadway. Verifiquei a hora. Minha assistente percebeu e foi pegar o celular para conferir minha agenda.

— Eu tenho que ir a Houston. — Entreguei a ela a pilha de aprovações que eu havia concluído. Ela ainda estava concentrada na minha agenda, mas meu voo não estaria lá. Era um segredo.

— Ué — disse ela, confusa. — Outra pessoa fez a reserva para você?

— Eu mesma reservei. Tenho que cuidar de algumas coisas na casa de praia.

— Você não esteve lá no fim de semana passado?

— Estive. — Eu me levantei para encerrar a conversa. — É... hum... tem muita coisa por lá.

Ninguém sabia a verdade. No aeroporto, eu caminhava eufórica em direção ao meu portão de embarque, com nada além da minha pasta de trabalho. Fui a última a entrar no avião, e o belo comissário de bordo me entregou um champanhe.

— Que bom que você conseguiu chegar a tempo — ele disse.

Quando estamos nos esgueirando, cada sorriso que recebemos parece conspiratório. Como se todos e ninguém estivessem envolvidos no plano. Eu nunca havia escondido um romance antes, nunca havia sentido aquela emoção de fazer algo que a minha mente sabia que era proibido. Finalmente, eu estava me *divertindo* de novo.

Os encontros estavam acontecendo havia mais ou menos um mês, inicialmente em Nova York e, depois, se transformando naqueles finais de semana secretos em Houston. O voo pousou, e eu mal podia esperar para vê-lo. Eu havia prometido chegar a tempo de assistirmos ao pôr do sol juntos. E lá estava ele, me esperando na casa.

Mathew.

Ter um caso com meu ex-marido era a última coisa que eu esperava depois que dei entrada no divórcio em novembro. Não nos falamos durante três meses. Porém, ele foi ao meu apartamento em Nova York e abriu seu coração. Ele havia mudado depois de uma nova terapia. Eu não acreditei nele, mas Mathew foi insistente, provou que havia buscado ajuda e, enquanto me cortejava, me vi novamente apaixonada. A atração magnética entre nós, aquele cordão cósmico que eu havia tentado cortar tantas vezes, estava mais forte do que nunca.

Acredite ou não, nós éramos realistas e sabíamos que o nosso vínculo parecia mais forte porque estávamos nos escondendo. Não contamos para ninguém, muito menos para as nossas filhas, e passamos a ter a mesma rotina feliz todo final de semana. Nos encontrávamos em Houston, depois dirigíamos até League City, onde guardávamos os nossos dois barcos. Se fosse uma viagem rápida, pegaríamos *Miss Tina*, uma lancha rápida como eu, é claro. Porém, preferíamos o *Daniel Julez*, um barco *cruiser* de 42 pés, bem abaixo do limite legal que exige a presença de um capitão. Seríamos apenas nós dois no barco. Sabíamos que o divórcio já tinha uma data marcada no tribunal, no fim do ano, mas cancelar o processo chamaria a atenção. Era uma decisão nossa, e sabíamos que as meninas ficariam furiosas conosco se descobrissem que estávamos novamente juntos.

Aquele fim de tarde começou como todas as nossas noites secretas no barco: no caminho para a marina, pegamos uma garrafa de Veuve Clicquot e frango frito do Frenchy's. Mathew pilotava o barco e, uma vez que estivéssemos seguros na água, apenas navegávamos sem pressa e relaxávamos. Comendo, bebendo e dançando ao som de todas as músicas lentas dos CDs que eu havia levado. Eu queria apenas os CDs com os maiores sucessos, os nossos favoritos entre todos os favoritos que tínhamos: Marvin Gaye, Isley Brothers, Sade e Teddy Pendergrass. Com Mathew, que amava a água tanto quanto eu, fomos envolvidos por uma sensação de tranquilidade. O único prazo que tínhamos era o pôr do sol. Ele era sempre a nossa deixa para voltar para casa, e navegarmos para Galveston sob o manto da escuridão.

Durante três meses, essas noites de navegação ao pôr do sol terminaram na casa de praia. Eu falava para as minhas filhas que estava relaxando no litoral e tenho certeza de que elas imaginavam a mamãe solitária fazendo caminhadas na companhia de uma caneca de chá, abraçando um cardigã em vez de um homem. Quando elas ligavam, Mathew ia para outro cômodo. Éramos um casal de adolescentes se escondendo.

No Dia das Mães, em maio, Mathew e eu estávamos na casa de praia e passávamos um final de manhã preguiçoso na cama. Todas as minhas garotas estavam ocupadas: Kelly estava na Europa promovendo o seu *single* estilo dance "Commander", uma sequência da colaboração com David Guetta de seu grande sucesso "When Love Takes Over"; Beyoncé e Solange tinham alguns assuntos indefinidos para resolver naquele final de semana, e ambas tinham se desculpado por me deixar sozinha na data. Eu, porém, disse que não se preocupassem comigo.

Meu celular tocou.

— Adivinha onde estamos? — falou Solange.

Eu olhei para Mathew, fazendo sinal para ele ficar em silêncio.

— Onde? — perguntei — Nós quem?

— Estamos em Galveston, mamãe! — gritou Beyoncé.

— Ah, meu Deus — eu disse lentamente, esperando que o meu choque fosse interpretado como alegria.

— Estamos no carro — vibrou Solange, muito feliz com a surpresa.

Comecei a gesticular para que Mathew se mexesse.

— Tá bom, vejo vocês logo mais.

— O que faremos? — perguntou ele, recolhendo suas coisas.

Eu dei um pulo.

— Deixa eu pensar. Preciso contar para elas. Acho que vai ser melhor se eu contar para elas.

Mathew tinha que ir embora rápido e não podia estar lá quando nossas filhas chegassem. Seria um choque para elas, que precisariam de um tempo para absorver a novidade. Enquanto ele pulava no carro para voltar para Houston, eu sumi com qualquer traço da presença do pai delas. Cheguei até mesmo a lavar as duas canecas de café que usamos pela manhã.

Foi por pouco que elas não o pegaram. Solange e Beyoncé entraram de repente, muito animadas e terminando as frases uma da outra em um turbilhão de explicações:

— Só pensávamos em você aqui sozinha e quisemos vir para animá-la.

Deixei que elas se acomodassem, e contei assim que as fiz sentar. O momento me fez lembrar de quando eram pequenas e eu tive que lhes dizer que havia deixado o pai delas.

— Escutem — comecei —, eu tenho que revelar algo para vocês duas, e sei que não vão ficar felizes com isso. Seu pai acabou de sair daqui. Ele buscou ajuda e nós... nós decidimos que não vamos nos divorciar e estamos juntos desde então.

O silêncio era absoluto. Ponderada, Beyoncé concordou com a cabeça.

— Ok, tudo bem.

Solange, porém, explodiu:

— Mamãe, como assim? *Como assim?* O que vocês dois estão fazendo? O que *você* está fazendo?

Respirei fundo. Deixei que ela colocasse a emoção para fora, mas, mesmo assim, eu ainda era sua mãe.

— Isso não é problema seu. Você vive a sua vida. Eu não digo a você com quem ficar. Você não pode *me* dizer o mesmo.

Beyoncé foi mais compreensiva do que Solange, que eu sei que estava apenas me protegendo. Cada uma amava o pai a sua maneira, e eu às vezes achava que, por ser tão parecida com ele, a minha caçula sentia mais fundo na alma os momentos de fracasso de Mathew.

Eu estava dividida entre proteger tanto as minhas filhas quanto meu marido. Só mais tarde eu perceberia que não me preocupei comigo. No dia marcado para o nosso divórcio no tribunal, não comparecemos. Passamos o dia navegando, em um lugar onde a razão nunca nos encontraria.

Tenho um carinho por esse momento de reencontro com Mathew, esse um ano de minha vida. Ele coincidiu com a época em que Beyoncé decidiu, com relutância, se desvincular de Mathew como seu empresário. As coisas estavam confusas e ela queria que seu pai fosse apenas isso, seu pai. Como toda jovem, ela precisava sair do ninho e voar por conta própria. Pegar todas as dicas fantásticas que ele lhe ensinou sobre negócios — o controle e o direito sobre o trabalho que ele a encorajou que tivesse — e aplicar por conta própria essas lições. Em março de 2011, Beyoncé anunciou que seu pai não era mais o seu empresário. Seu álbum seguinte, chamado *4*, seria todo dela.

No início da atividade em seu escritório, ela havia preenchido o lugar com 25 pessoas, e há um vídeo de sua primeira reunião com todos os funcionários, um momento que adoro por ser muito fofo:

— Todo mundo sabe quem é cada um de nós? — ela pergunta, enquanto coloca a bolsa no chão. — Muito bem, eu sou a Beyoncé. A presidente.

Naquele dia, ela assumiu seu poder e compreendeu a líder extraordinária que sempre foi. Ela sempre havia sido a pessoa no controle, mas, naquele dia, o reivindicou.

É possível ser corajosa e medrosa ao mesmo tempo. Aventurar-se por conta própria é um risco e, quando uma mulher faz isso, há muitas pessoas que esperam vê-la fracassar. Ao mesmo tempo, há uma legião de mulheres, garotas e pessoas que se importam com ela, que precisam de um modelo dessa coragem. Uma mulher pode ter seu próprio negócio — seja um salão de cabeleireiro ou uma gravadora — e, em vez de mudar a sua personalidade para se tornar a ideia de alguém sobre o que é ser "chefe", ela pode continuar sendo quem é conforme o sucesso apresenta novos desafios e objetivos. Da mesma forma que todas as minhas filhas foram inteligentes ao recusarem mudar quem eram para serem bem-sucedidas, Beyoncé pôde se tornar mais *ela mesma* como chefe.

Ela deu o nome de Parkwood para a sua empresa, pois sua primeira ideia para algo tão importante e pessoal foi a rua de sua infância. Foi onde tudo começou. Onde todo dia ela e Kelly ensaiavam, com Solange marcando o tempo e observando até que estivesse no mesmo lugar que elas. Parkwood foi o núcleo do Destiny's Child, onde tudo começou.

Eu me lembro perfeitamente de observar Beyoncé em seu processo de formatação do álbum e de escolha da sequência das músicas. Antes, o pai dela pegava o disco e havia uma troca de ideias. "Você acha que precisa de uma introdução aqui?", e ela dizia: "Bom, acho que precisamos dela ali". Ela testava as suas ideias em comparação com as dele, e Mathew ficava no estúdio dia e noite para mixar e masterizar tudo. De repente, era apenas ela, e Beyoncé não confiaria em ninguém para fazer isso. Ela tinha que confiar em si mesma. Era um nível totalmente diferente de trabalho excessivo e privação de sono. Com isso, todas nós passamos a entender duas coisas: o quanto Mathew fez e, também, o que a própria Beyoncé era capaz de fazer.

Do trabalho de arte da capa do álbum até os planos iniciais para o lançamento, 4 surgiu naquele pequeno escritório lotado. Quando Beyoncé ficou maior do que aqueles 140 metros quadrados, descemos a rua e garantimos um 24º andar inteiro para uma garota que, até bem pouco tempo, achava que não era capaz de reservar um quarto de hotel.

Ela estava servindo de exemplo, dando um salto. E eu também precisava fazer o mesmo. Eu sabia claramente que meu relacionamento com Mathew não era saudável, e era o medo de seguir sozinha que me mantinha presa. Nos últimos tempos, eu o estava evitando, com receio de cortar o cordão que nos unia, e ele me retaliou saindo com outra mulher.

Assim que descobri sobre esse novo caso, soube que o casamento estava acabado. Eu tinha uma terapeuta em Houston, Elizabeth, que por anos havia me orientado e quem Mathew e eu também havíamos frequentado juntos para terapia de casal. Ela havia tentado tudo o que podia para nos ajudar, e então eu a chamei para dizer que estava finalmente pronta para romper o ciclo de vez. Ela organizou um "retiro" exclusivo em minha casa em Houston, chegando na sexta-feira e ficando até segunda. Elizabeth é judia e trouxe a sua amiga Sydney, que é cristã, porque sabia que orar me fortaleceria.

Foi um intensivo espiritual, com rodadas e mais rodadas de terapia com aquelas duas mulheres que me nutriram, mas que também foram diretas comigo. Fizeram chá para mim e me enrolaram em mantas, me pedindo para dar detalhes do que eu havia passado no casamento. Aquilo não era para elas, mas para *mim*. Elizabeth segurou a minha mão conforme eu falava sobre tudo, inclusive sobre a mulher mais recente que Mathew havia trazido para dentro da minha casa e do barco em que ele me fez sentir tão especial e em segurança. Por meio de conversas e orações, Elizabeth e Sydney me ajudaram a encarar a minha dor em relação à decisão que eu havia tomado. Eu havia permitido que a minha vida, para além das necessidades das minhas filhas, se tornasse desfocada, sem nunca encarar de fato o quanto as coisas ficaram horríveis. Elizabeth me ajudou a perceber que era por isso que eu sempre perdoava Mathew; como eu o poderia responsabilizar quando nunca absorvi o quão dolorosa toda aquela merda tinha sido?

— Chore, Tina — disse Elizabeth. — *Grite*. Você tem o direito de tomar um tempo para sentir a tristeza e a dor.

Eu não sabia que precisava de permissão para ter aquele tempo, mas precisei. É necessário. Enquanto eu orava com Sydney, li uma passagem do início do Salmo 40: "Coloquei toda minha esperança no Senhor; ele se inclinou para mim e ouviu o meu clamor. Ele me tirou de um poço de destruição, de um atoleiro de lama; pôs os meus pés sobre uma rocha e firmou-me num local seguro. Pôs um novo cântico em minha boca, um hino de louvor ao nosso Deus".

Eu tinha 58 anos e estava prestes a revolucionar a minha vida. Deus me deu o poder para me erguer daquelas profundezas, mas eu teria que fazer o trabalho sozinha.

Na segunda, falei para Mathew que eu queria o divórcio.

42

O ANTIGO BATER DAS ASAS

Agosto de 2011

Eu estava no escritório de Mathew, e ele havia destampado caneta. Os papéis do divórcio estavam a sua frente, prontos para serem assinados. Ele havia passado por todo o processo de preparação para termos um divórcio amigável, tão amigável que Mathew acreditava, no fundo do seu coração, que nunca aconteceria. Fomos o mais civilizados possível. Listando nossos bens, lembrando um ao outro do que tínhamos. Em janeiro, vendemos as marcas House of Deréon e Miss Tina, dividindo igualmente o valor de 66 milhões de dólares pago pelos compradores. Continuei trabalhando nas linhas, indo aos escritórios da House of Deréon sempre que estava em Nova York. Mathew e eu estávamos orgulhosos por termos tanto para dividir.

— Qualquer coisa que você quiser me dar está bom — disse ele. — Me dê o que quiser.

— Bom, que tal os objetos de arte? — Eu estava disposta a lhe dar qualquer coisa que Mathew havia comprado com o dinheiro dele.

— Ah, você sabe que eu não entendo nada de arte. Apenas me dê qualquer coisa que você não queira.

Até rimos quando falamos do piano Baby Grand que ele comprou para mim. Mathew disse que o queria, mas eu adorava o instrumento.

— Foi um presente — insisti. — Vá comprar outro. Você é bom nisso.

— Sou sentimental. — Ele olhou para mim, tentando criar um clima.

— Eu sei que é. Escute, eu vou lhe dar alguns objetos de arte porque são caros. Quero ser justa.

— Farei o que for preciso. — Ele repetiu algo que havia me dito quando lhe falei que estava tudo acabado. Porém, eu já tinha dado o basta. Ele morava na minha casa, e deixei claro que ele tinha que sair. Contudo, Mathew não queria mesmo ouvir, e ainda tentava voltar para mim.

— Escute, assine esses papéis de boa-fé, e provavelmente eu não levarei isso adiante — pedi, mas ele não me atendeu de primeira. — Apenas os assine por enquanto, para provar que você está realmente me ouvindo e entendeu que acabou.

— Está certo — disse ele e assinou os papéis.

— Está certo — eu também falei. E fiz exatamente o que ele pensou que eu nunca faria. Peguei aqueles papéis e os arquivei.

Três meses depois, em novembro, eu estava em uma sala de tribunal com meu advogado e minhas amigas Angie Phea e Cheryl Creuzot, ambas advogadas. Eu ainda não havia contado ao Mathew que tinha oficializado o pedido de divórcio, pois temia que, se eu contasse, ele simplesmente trabalharia em dobro para me fazer mudar de ideia.

Meu advogado perguntou à juíza se podíamos seguir com os procedimentos em sua sala de audiências. Graças a Deus, ela aceitou. Ela era mais nova do que imaginei que uma juíza seria, talvez tivesse uns cinquenta anos. Pediu que eu colocasse a mão sobre a Bíblia e jurasse dizer a verdade e nada além da verdade. Meu estômago embrulhou enquanto ela repassava os fatos do que eu havia declarado: não poderia haver nenhuma expectativa razoável de reconciliação.

— Declaro este divórcio definitivo.

Não houve qualquer sensação de alívio. Não senti qualquer liberdade inédita. Eu me senti *enjoada*, fisicamente doente em meu estômago, em meu âmago. Consegui agradecer ao meu advogado e segui para o carro. Eu estava profundamente triste, não por causa de Mathew, mas por causa do casamento. Sentia que havia fracassado. Falhei com nós dois, com as minhas filhas — e comigo mesma.

Eu não queria estar em Houston quando contei ao Mathew que o divórcio estava consumado de modo definitivo. Fui para o aeroporto para pegar um voo para Nova York. Eu já o havia convencido a vender o nosso apartamento na Bloomberg Tower e me mudei para o de Beyoncé dois andares acima. Ela estava morando com o Jay na cobertura deles em Tribeca, então aquele lugar poderia ser só meu. Mathew não teria acesso.

Fiz o meu corpo se mover rapidamente, com movimentos curtos e eficientes, para esconder que eu estava vazia por dentro. Havíamos sido um casal por mais de trinta anos. Eu não perdi apenas um marido, mas uma testemunha de vida em comum. Foi como se eu tivesse guardado três décadas de filmes caseiros e álbuns de fotos em uma biblioteca e depois a tivesse visto pegar fogo. Memórias que só ele conhecia de minha mãe, meu pai, nossos irmãos — tudo virou cinzas. A pior parte é que eu achava que também estava naquelas cinzas. Eu estava prestes a completar 58 anos. Que tipo de vida eu teria a partir dali? Era tarde demais para mim.

O avião tocou o solo em Nova York, uma aterrissagem abrupta que fez com que as pessoas ao meu redor se inclinassem para a frente e, em seguida, fizessem piada para mostrar que não estavam abaladas.

Não reagi. Eu estava muito entorpecida. No fundo, porém, meu coração batia sem que eu soubesse. Aquelas borboletas no meu peito que me fascinavam quando eu era criança ainda estavam ali. Eu as sentia toda vez que corria mais rápido que os meninos ou subia no galho mais alto de uma árvore, tão lá em cima que só conseguia ouvir o ritmo constante da pulsação em meus ouvidos, mais alto do que qualquer uma das pessoas que gritavam: "Tenie, desça!". Naquela época, eu achava que um dia o meu coração bateria tão forte que aquelas borboletas me abandonariam e voariam para longe. E, naqueles últimos anos, eu talvez tenha achado que sim.

Meu coração estava lá, mesmo que eu ainda não o sentisse. As borboletinhas estavam lá o tempo todo, esperando que eu seguisse novamente seu comando.

TERCEIRO ATO

Uma mulher

43

O QUE ACONTECE COM UM CORAÇÃO PARTIDO?

Novembro de 2011

Olhei para o Central Park, da vista que tenho do alto do 44º andar, e esperei me sentir melhor.

No passado, eu sempre me dei três dias para superar algo. A necessidade e a prática reduziram esse prazo para dois. Eu podia me recuperar, sacudir literalmente a cabeça, como se estivesse acordando de um pesadelo. Falava isso em voz alta, como uma repreensão, nomeando a tarefa que estava diante de mim. Ou, simplesmente, lembrava a mim mesma que havia pessoas em situação muito pior do que a minha e que eu não podia ficar ali me lamuriando como se eu fosse alguém que não tivesse trabalho a fazer.

Estava divorciada havia dois dias e o meu pequeno método — aquela coisa que eu achava que era "resiliência" — não funcionava. Eu ainda não havia contado ao Mathew que seguira em frente e oficializara nosso divórcio. De alguma maneira, eu talvez esperasse que a notícia fosse divulgada pela imprensa, que ele ficasse sabendo e que eu teria apenas que confirmar que era verdade, em vez de ser eu mesma a partir o seu coração. Ainda o amava esse tanto.

Eu havia adiado aquilo por tempo suficiente. Fui para o trabalho porque me sentia mais forte na minha mesa na House of Deréon. Liguei para o escritório de Mathew e sua assistente disse que ele não estava lá.

— Ele parece bem — informou ela. — Está de bom humor, mas está chovendo muito aqui. O céu está bastante fechado. É provável que ele esteja dirigindo, caso queira ligar para o celular dele.

Era agora ou nunca, falei para mim mesma. Quando liguei, pude escutar o temporal pelo celular. Pedi que ele estacionasse e contei, de forma direta, mas com amor. Minha voz ficou embargada e a dele também, e nós dois choramos por tudo que havíamos perdido.

Isso iniciou um ciclo de vindas do Mathew para Nova York para tentar me ter de volta. Ele voltou várias vezes, querendo conversar sobre o assunto, e todas as vezes eu lhe dizia que não havia nada para ser conversado. Que ele fosse para casa, que voltasse para Houston.

Certa tarde, no escritório, refleti sobre o fato de que o Texas ainda era a minha casa também. Em Nova York, eu agia no automático, aparecia para trabalhar e nunca desabafava com ninguém nem deixava transparecer minha tristeza. E sempre dizia para as minhas filhas que estava tudo bem comigo, porque eu temia muito ser um fardo para elas. Porém, a dor me dominou.

Eu sabia que Elizabeth, a minha terapeuta, poderia me ajudar. Eu tinha receio de fazer o trabalho emocional, mas continuar naquele estado era ainda pior. Antes que eu pudesse reconsiderar a ajuda, decidi tirar um mês de folga do trabalho. Voltaria ao Texas com uma nova tarefa: *me recompor*.

Ao chegar a Houston, pausei tudo. Pela primeira vez em toda a minha vida, me permiti ficar na cama o dia inteiro. Fiz isso por uma semana, conversando com Elizabeth pelo celular. Certa manhã, nos falamos. Nós nos encontramos pessoalmente no dia seguinte e ela queria um relatório sobre o meu progresso. O único avanço que eu havia feito, entretanto, foi acabar com toda a comida da geladeira. E, diante disso, veio a disciplina com carinho:

— Tina, enquanto você está aí sentada, sentindo pena de si própria...

— Ah, é pior do que você pensa: estou deitada.

— Por pior que você ache que seja a sua vida agora, quero que faça algo para mim. Preciso que faça uma lista de todos os piores momentos de sua vida. Cite todos os seus fracassos e tudo o que acredita que esteja errado com você.

— Está bem — concordei, sem esconder o medo.

— Ainda não terminei. — Elizabeth riu de leve. — E preciso que faça uma lista de todas as suas *vitórias*. Todas as coisas incríveis em ser você.

— Elizabeth, minha vida não foi isso tudo.

— Apenas coloque tudo isso em um papel e me entregue amanhã.

Começando pelas coisas ruins, todas as minhas inseguranças se aglomeraram na primeira fila da minha mente, enquanto eu tentava dar a elas alguma ordem de importância. E então, desisti, e passei a anotá-las conforme surgiam. Eu nasci pobre, escrevi, o que me surpreendeu. Nunca tive dinheiro para fazer muitas coisas. As freiras abusavam de mim. Minha mãe nunca me defendeu. Nunca mantive um padrão na escola, em um minuto eu era uma aluna nota dez e, no outro, abaixo de cinco. Às vezes, eu tinha bloqueios mentais e, se eu fosse uma criança hoje em dia, provavelmente seria diagnosticada como alguém com transtorno do déficit de atenção com hiperatividade.

Balancei a cabeça, para avançar no tempo e entender por que eu estava tão confusa naquela época. Estava casada havia 33 anos e meu marido vivia me traindo. A conclusão óbvia sempre era que eu não devia ser boa o suficiente.

Houve momentos em que não me senti atraente, mas escrevi o que importava mais: "As pessoas não me respeitam como designer de moda. Não tenho educação formal, então elas zombam de mim".

Refleti sobre o último item e tive uma sensação curiosa: alguém que, como eu, ama estar na água, sabe que há um momento em que mergulhamos até bem, bem fundo. De modo instintivo, o corpo faz uma curva e gira, até que os pés toquem o fundo. Toda a força das pernas entra em ação e nos impulsiona, essa explosão de força e o ar que resta nos pulmões nos levam para cima, de forma direta e constante. Essa foi a sensação que eu tive.

Quando me levantei, a segunda lista, com as coisas boas a meu respeito, rodou em minha mente como uma cena. "Eu desenhei roupas muito bonitas", escrevi, "e não preciso da validação dessas pessoas". Visualizei todas essas roupas — o vestido dos anos 1970 que desenhei para o filme *Dreamgirls: em busca de um sonho*, glorioso e inspirado nas cores de um pavão. Em seguida, a homenagem de Beyoncé à icônica minissaia de bananas de Josephine Baker, um tributo que conquistou o amor e a aprovação de seu filho Jean-Claude. E também um vestido que fiz para que ela usasse na estreia de um filme, que era tão bonito que as pessoas o creditaram à Givenchy, e eu nunca as corrigi.

Listei os lugares que havia visitado desde que tirei o meu primeiro passaporte, do Cairo a Milão, de Paris à Cidade do Cabo, onde conheci Nelson Mandela. Todas aquelas pessoas notáveis que eu havia conhecido, monarcas como a rainha Elizabeth II e seu filho, o agora rei Charles. Líderes estrangeiros e presidentes na Casa Branca — fiquei fascinada com o presidente Obama e encantada por Michelle e sua linda mãe. E também fiquei extasiada pelas conversas com Tina Turner e Sade.

Refleti como o TDAH havia sido um presente, ao permitir que eu fizesse tantas coisas enquanto me alternava entre o hiperfoco e as multitarefas. Eu era uma empresária, às vezes a provedora da casa, a que havia criado o Headliners a partir de uma ideia. Comecei com um salão de 46 metros quadrados e o transformei em um verdadeiro pequeno império. Fui mentora de pelo menos quinze mulheres que abriram seus próprios salões, sem mencionar aquelas que se tornaram médicas, advogadas e profissionais do setor imobiliário. Tudo isso começou no Headliners, o lugar onde as minhas filhas também aprenderam com a minha ética de trabalho. Mathew Knowles era um empresário à frente de seu tempo, mas eu tive um papel imenso no sucesso do Destiny's Child. Eu era a empresária do dia a dia das garotas, ainda que não tivesse o título, e eram minhas as muitas ideias criativas que elas executaram de um jeito tão lindo. Para mim, nunca foi importante ter o reconhecimento, mas eu mesma nunca o havia *me* dado.

Teria significado muito para a criança que fui saber que eu tinha a minha casa e que não estava sob pressão financeira. "Já chega de sentir pena de mim mesma", eu disse, olhando para a segunda lista. "Sou muito abençoada." Eu havia deixado um espaço em branco na parte inferior do papel. Escrevi então naquelas duas listas: "Aquela garotinha de Galveston". E li a segunda frase em voz alta, orgulhosa de mim mesma: "Você é foda".

E então pensei: "Se eu me conhecesse, eu iria querer me namorar. Se eu me conhecesse, eu iria querer ser minha amiga. Eu iria gostar de mim".

Eu só precisava me conhecer.

Levantei a bunda da cadeira, tomei uma chuveirada e me arrumei. Se eu estava indo me conhecer, decidi me levar ao Museu de Belas-Artes de Houston, onde não ia havia anos. "Quando foi a última vez que eu fui sozinha a uma galeria ou a um museu?", me perguntei. Quando eu tinha dezenove anos e me sentia à vontade em minha própria companhia, ia sozinha a espaços de arte em Los Angeles. Eu comprava então uma litografia ou uma arte abstrata emoldurada, só porque eu sabia que isso faria com que eu me sentisse bem. E, então, eu ficava sabendo de uma mostra que queria ver e não tinha tempo. Eu simplesmente encomendava o catálogo da exposição e o juntava à pilha que já colecionava. Acho que eu tinha uma centena deles — nenhum lido.

De início, me senti estranha por visitar o museu sozinha. Reclamei comigo mesma por não ter qualquer senso de direção, mas achei a exposição principal *Tutancâmon: o rei dourado e os grandes faraós*. A peça que todo mundo queria ver era o "minissarcófago", uma maravilhosa urna funerária feita de ouro com pouco menos de trinta centímetros de altura. Havia sido confeccionada para guardar somente o estômago de Tutancâmon, bem no estilo das tumbas egípcias que imaginávamos quando éramos crianças. Tive uma rápida lembrança de uma visita ao Egito, quando eu tinha 31 anos, *o que pareceu mais um lembrete de minhas bênçãos.*

Porém, enquanto eu caminhava sozinha pelo museu, a peça que mais me marcou foi uma parte de três metros da estátua colossal do rei Tutancâmon, com plissados finos esculpidos em sua túnica, o toucado listrado de faraó de sua cabeça caindo sobre o seu peito e o amplo colar de contas em forma de gotas e tubos. Admirei os detalhes e achei seu rosto muito familiar. Tut tinha dezessete anos quando morreu, e vi naquela estátua um jovem Negro, como os caras que conheci em Galveston. Três mil anos nos separavam, mas estávamos ali. O tempo, e talvez a malícia, havia desfigurado seu rosto, mas os olhos fortes ainda me olhavam — assim como aqueles com os quais eu o olhava de volta.

Passei o dia no museu sem uma meta, parando onde o meu coração indicava. Antes de ir embora, fui à loja para comprar outro livro de arte. E, ao chegar em casa, não o juntei à pilha da minha coleção. Dessa vez, li a obra inteira até o sol começar a se pôr.

Ao fechar o livro, tomei uma decisão. *Eu havia tido uma vida incrível como mãe e esposa, e agora era a hora de começar a minha* própria *vida.*

Olhei para as pilhas de livros de arte em minha casa e decidi começar por elas. Todos os catálogos que eu havia encomendado para apoiar artistas Negros ou comprado na esperança de ler algum dia, quando eu tivesse tempo para respirar. Aquele era o momento de levar aquele plano a cabo. Comecei a empacotar os livros para enviá-los a Nova York e desfrutar deles de verdade. Dessa forma, eu aproveitaria a *vida.* Eu estava de volta.

44

ALMA SOBREVIVENTE

Inverno de 2012

Havia uma nova vida para me inspirar enquanto eu começava a retomar o meu caminho. Beyoncé teve sua bebê, Blue Ivy, em 7 de janeiro de 2012, logo depois do meu aniversário de 58 anos. Estávamos tão ansiosos pelo nascimento de sua primeira filha que, na festa de Ano-Novo de Solange, em Nova York, dançamos tanto que queríamos que a bebê nascesse ali mesmo.

Aquela gravidez foi a maior benção que chegou à nossa família depois de um período terrível. Beyoncé havia sofrido abortos espontâneos antes e, não fazia muito tempo, havia passado por mais uma perda, uma que foi especialmente dolorosa: considerando o seu histórico, daquela vez ela esperou chegar às doze semanas para contar à família de Jay e também a Kelly e Michelle. No dia seguinte, depois de dar pessoalmente a notícia da gravidez para as ex-companheiras de grupo, ela foi ao médico para fazer o acompanhamento e acabou sendo informada de que não havia batimentos cardíacos. Eu estava na House of Deréon quando Beyoncé me ligou chorando, arrasada, e corri para ficar com ela.

Com a nova gravidez, foi compreensível Beyoncé querer esperar um tempo maior antes de contar aos amigos mais próximos. Aquela jornada em que ela se encontrava era tanto emocional quanto fisicamente desgastante e, como sua mãe, prometi que a ajudaria a manter segredo absoluto pelo maior tempo possível. Algo prático que eu poderia fazer por ela era sempre encontrar novas maneiras de camuflar sua barriga, que se tornava evidente, com todos os tipos de truques de moda.

Por volta de meados de agosto, esconder a barriguinha e manter a sua privacidade estava se tornando um desafio. O mais difícil seriam as quatro noites de apresentações no famoso Roseland Ballroom, em Nova York, um espaço menor e mais intimista do que os estádios enormes nos quais minha filha se acostumara a fazer shows. O público ficou muito próximo a ela, mas, mesmo assim, conseguimos. Hoje, as pessoas passam um pente-fino nas imagens daquele show, congelam o enquadramento em uma curva de seu vestido dourado e afirmam que é possível ver a barriga. Contudo, naquela época, ninguém se deu conta disso. Por um pouco mais de tempo, seu segredo permaneceu seguro.

Minha filha esperou mais duas semanas para dar a boa notícia no palco do MTV Music Awards, bem no final de agosto. Ela só tinha mais quatro meses de gravidez pela frente, e ficamos todos mais tranquilos. Até que, em outubro, ela fez uma aparição na TV australiana, usando um vestido com um tecido firme que formava uma dobra quando ela se sentava. Os meios de comunicação ajudaram a espalhar um boato maldoso de que ela estava fingindo estar grávida — houve até mesmo um boletim da ABC News que chamava essa história de "mistério". As fontes dos veículos tradicionais de comunicação publicaram fotos antigas de Beyoncé em eventos de meses anteriores, quando eu havia usado truques e tecidos para esconder a barriga que crescia; ao noticiarem "a especulação", alimentaram a ficção absurda de que ela não estaria grávida e só podia estar encobrindo uma barriga de aluguel.

Depois de ter vivido a dor de uma tragédia, aquele momento sagrado foi estragado por algumas das merdas mais absurdas que eu já havia visto. As pessoas não conseguiam entender como era dolorosa a exploração midiática que colocava em xeque a existência e a origem de uma vida tão milagrosa. O pior é que as pessoas não tinham ideia de como foi difícil para Beyoncé passar por vários abortos espontâneos e, quando foi finalmente abençoada com a possibilidade de seguir com a gravidez e ter um bebê, o mundo passou a importuná-la enquanto ambas tentavam alcançar o objetivo final.

Aquela criança foi suplicada e abençoada — um bebê desejado, querido e *real*, e as pessoas estavam lucrando ao dizer que ela era uma mentira. Eu queria xingar algumas delas e gritar com aqueles perdedores para que esclarecessem as coisas. Eles não tinham ideia do que Beyoncé e Jay, e toda a nossa família, haviam passado. Foi um dos piores momentos dos quais Beyoncé não permitiu que eu falasse publicamente.

— Mamãe, você não pode dar atenção a esses ignorantes — dizia ela para mim. — Deixe-os falar, não me importo. Isso vai parar.

Contudo, não parou. E as pessoas me perguntavam, sem pudor, "A Beyoncé está mesmo grávida?", quando na verdade queriam indagar: "Você é mentirosa? É a sua filha? Você usaria algo tão sagrado e mentiria sobre a existência desse bebê pelo qual você diz orar para que sobreviva?".

Aquela linhagem materna — de gerações que lutaram para ficar juntas, para literalmente segurar os filhos nos braços e os manter a salvo do perigo — era então objeto de uma mentira cruel. Eu ficava furiosa, tão furiosa que implorava repetidas vezes para Beyoncé:

— Me deixe dizer algo a esses idiotas.

— Eu tenho que ter essa bebê, e ela vai saber disso quando for mais velha. Então, não, mamãe. Deixa para lá.

Ela estava certa. Isso me faria sentir melhor naquele momento, mas qualquer coisa que eu dissesse seria cortada e editada em artigos intermináveis, até que apenas o meu nome impresso fosse a única informação legítima na publicação.

O nascimento de Blue não pôs fim à mágoa. Um dia, ela ainda terá que ler que as pessoas disseram que a sua mãe não é a "verdadeira". Esses infelizes chamaram Beyoncé de coisas que não podem ser mencionadas, e o ponto principal é que estão mentindo. Como mãe, os constantes rumores fazem com que eu me sinta impotente, incapaz de proteger minhas filhas. Posso lidar com qualquer outra coisa que surja, mas boatos? Isso parece estar fora do meu controle. Desde o estrelato das minhas filhas, observei como as megaestrelas eram assediadas e visadas, torturadas de um jeito ou de outro até que suas vidas se tornassem um verdadeiro inferno — apenas para serem celebradas depois que morressem. Flores oferecidas no túmulo. Eu já disse isso antes e digo novamente: vocês não vão matar as minhas filhas com essa loucura.

Por enquanto, porém, estávamos todas seguras e juntas em nosso pequeno mundo na cidade de Nova York. Mathew veio visitar Blue pouco tempo depois do seu nascimento, algo que eu defendi. Havia um distanciamento entre Beyoncé e o pai, mas perguntei se ele poderia ver a bebê. Em meu apartamento, Blue e seu avô se encontraram pela primeira vez. Infelizmente, Mathew estava resfriado no dia da visita, então todos achamos melhor que ele não segurasse o bebê. Ele ficou arrasado.

— Eu sinto muita falta de todas vocês — ele falou para mim depois que Beyoncé foi para casa com a recém-nascida. — Eu faria de tudo para ter a minha família de volta.

Não respondi.

— Tina, por favor, não me faça voltar para o hotel. Me deixe ficar aqui com você. Prometo que não vou incomodar. Dormirei no sofá.

Eu cedi, como sempre fazia, e deixei que ele ficasse, mas daquela vez eu estava decidida como na primeira vez em que um alcoólatra vai a um evento em que haverá bebidas. Era um teste, e eu queria passar nele. E acabou que nós dois passamos. Naquela noite, Mathew foi um perfeito cavalheiro e não me incomodou. Na manhã seguinte, antes de eu ir para o trabalho, fiz café e tomei uma xícara com ele. Quando ele saiu, eu queria dizer algo profundo na porta, mas ainda não estava pronta.

— Espero — comecei —, sabe, eu realmente espero que você esteja bem.

Duas semanas depois, ele ligou dizendo que queria aparecer para ver a Blue e poder segurá-la dessa vez. Novamente, Beyoncé foi até a minha casa e eles conversaram por algumas horas, enquanto Blue balbuciava nos braços do avô. Quando Beyoncé saiu com a bebê, Mathew repetiu o seu pedido:

— Estou muito triste, Tina. Posso ficar aqui no sofá de novo? Não vou incomodá-la.

Eu acreditei nele, então aceitei.

Quando fui deitar, tranquei a porta do meu quarto. Fiz isso por força do hábito, um hábito ao qual fiquei agradecida quando Mathew quebrou a promessa e começou a bater na porta. Como eu não abria, ele começou a beber. E voltou a tentar.

— Por favor, fale comigo — ele pedia.

Isso durou metade da noite, e eu me recusei até mesmo a lhe dirigir a palavra.

Na manhã seguinte, fiz café para o meu ex-marido, como fizera antes, mas o avisei que ele não poderia passar a noite em minha casa novamente.

— Me aceite de volta — implorou ele.

Balancei a cabeça e respondi com um sonoro "não".

Daquela vez, quando Mathew saiu pela porta, o fim do casamento se tornou finalmente um fato concreto. Tive uma boa crise de choro. Nem sei a quem recorri primeiro, eu estava uma bagunça. E, então, alguém ligou para alguém. Quando o pedido de socorro chegou às minhas filhas, Solange, Kelly, Angie e Beyoncé apareceram para me ajudar.

— Estamos indo aí — foi tudo o que eu ouvi, e era tudo o que eu precisava ouvir.

Minhas filhas — as meninas que eu havia ajudado a se tornarem mulheres adultas — estavam, por sua vez, cuidando de mim. Eu tinha uma cama grande, espaçosa o bastante para todas nós deitarmos juntas e assistirmos a um filme. Naquela noite, tomamos alguns potes de sorvete Häagen-Dazs, já que estávamos longe demais do Texas para conseguirmos os da Blue Bell, e nos acomodamos confortavelmente para assistir a um filme retrô dos anos 1990, o *Até as últimas consequências*. Ficamos cheias de coragem ao assistir a quatro mulheres tão cansadas do sistema que decidiram dar o troco se livrando de tudo que não lhes servia mais.

Kelly pausou o filme para pegar mais sorvete de caramelo com flor de sal no freezer, e quando voltou ao quarto eu estava tomada pela emoção, pela pura alegria de vê-la e pelo conforto de estar cercada pelas pessoas que eu mais amava no mundo. Percebi que não me sentia feliz havia muito tempo.

— Venha aqui e me deixe abraçar você — pedi.

Eu a envolvi em meus braços e, então, Solange nos abraçou. Antes que eu percebesse, Angie e Beyoncé também fizeram o mesmo. Minhas filhas estavam me preenchendo ao retribuir todo aquele amor.

— Eu me sinto abençoada. Sou muito abençoada por ter todas vocês aqui. — E comecei a chorar um rio de lágrimas que me purificava. — Estou bem.

Aquele era o avanço que elas estavam esperando. Minhas filhas já haviam me deixado sentir pena de mim mesma por tempo suficiente, e então, naquele momento catártico, elas queriam que eu soubesse o que nunca foi segredo para elas:

— Mamãe, você é foda — disse Solange.

— *Muito* foda — repetiram em coro Beyoncé e Angie.

—A *mais foda* — completou Kelly, com atitude. — E ponto.

Elas me lembraram de que eu tinha muito pela frente para achar que a minha vida estava acabada. Deus tinha algo para mim, maior do que eu poderia sonhar, da mesma forma que eu não podia imaginar todas as outras bênçãos em minha vida. A bondade de Deus é infinita — e, apesar do meu divórcio, minha existência incrível era a prova disso. Eu só precisava me lembrar de confiar.

Admiti para as garotas que eu tinha esperança de encontrar um amor novamente. Naquele momento, eu não conhecia outra maneira de me sentir realizada sem ter um parceiro com quem compartilhasse a minha vida. E não conseguia imaginar encontrar um homem quando estava começando de novo aos 58 anos.

— Mamãe — disse Solange —, eu tenho *quatro* amigas que têm mães ou pais divorciados, e que estão na faixa dos cinquenta e sessenta anos. E todos eles casaram novamente e são muito felizes.

— Eu não acredito nisso — duvidei.

— Ah, não, você vai conhecer alguém e vai ter uma vida boa — garantiu Angie.

— Onde eu vou conhecer alguém? Não frequento clubes. Não vou a...

— Não sei, talvez em um avião? — apostou Solange, tentando parecer convincente. — Alguém que frequentou a mesma escola que você? Quem sabe? Mas vai acontecer.

— Mãe, você é uma mulher lin... — Kelly começou, mas a interrompi com uma expressão de descrença.

— Ah, por favor.

— Não faça isso — pediu Beyoncé. — Mamãe, você não aceita um elogio. Se eu falo: "Ah, você está bonita hoje", você sempre diz: "Ah, meu Deus, eu nem tive tempo de me maquiar direito" ou "Meu cabelo está...".

— Apenas responda "obrigada", porque é verdade — disse Kelly, com delicadeza.

— Não, sério, eu tive que aprender a fazer isso sozinha — queixou-se Beyoncé.

— E ela teve que me ensinar — lembrou Kelly. — Beyoncé teve que me ensinar a aceitar elogios e a responder apenas "obrigada".

Eu tive um momento de revelação: apenas *falar* a lição não funciona, é preciso pô-la em prática. Eu havia tentado ensinar as minhas filhas a reconhecerem o próprio valor para que elas tivessem confiança, mas não tinha sido de fato um modelo de como fazer aquilo. Em vez disso, eu me apeguei ao que aprendi com a minha mãe e com as freiras do Santo Rosário — o que tantas mulheres crescem aprendendo —, confundindo vergonha com humildade. Como se emburrecer um pouco, esconder sua luz para que as pessoas não se sintam ofendidas ou intimidadas. Negar sua própria beleza. Beyoncé quebrou o ciclo e havia mostrado às suas irmãs o que descobriu sozinha. Agora ela estava mostrando à sua filha. E, aparentemente, também à sua mãe. Porque eu mesma não havia aprendido isso.

— Está bem — concordei. — Eu *sou* fodona. Obrigada pelo elogio.

Todas nós caímos na gargalhada, e, de novo, abracei todas as minhas filhas, agradecida de verdade pela lição fundamentada na maturidade e no amor extremo delas. Às vezes, os filhos se tornam os sábios, os pais que cuidam da criança ferida que existe em você. E se estiver aberto a isso, às vezes seus filhos lutarão por você e o defenderão, de uma forma que você achava que só uma mãe poderia fazer.

Levei essa nova percepção para a terapia com Elizabeth e, juntas, fizemos a conexão de que desde cedo aprendi que era bom cuidar dos outros, porque isso vinha com os elogios que provavam o meu valor. Minha mãe esteve doente desde que eu me entendo por gente, então cuidei dela e, depois, transferi todo esse trabalho e preocupação para cuidar das minhas filhas e de todas as crianças que peguei e protegi ao longo do caminho. Ser mãe para alguém é um trabalho tão importante que você naturalmente se coloca em segundo plano, quer se sair tão bem que acaba por perder a individualidade. Eu não era um capacho, mas com certeza era muito cabeça-dura em relação a cuidar de todo mundo, menos de mim. E, sim, eu recebia elogios por isso.

Eu poderia recitar esse "diagnóstico" com a mesma clareza com que um aluno de escola católica reza uma ave-maria — é só dizer as palavras certas. Porém, sentir e entender o que isso significou durante toda a minha vida e fazer algo a respeito? Me colocar não *apenas* em primeiro lugar, mas em pé de igualdade com a minha família, os meus amigos ou… qualquer pessoa? Com essa idade? Era aí onde trabalho seria feito.

Elizabeth me recomendou experimentar a terapia de dessensibilização e reprocessamento por meio dos movimentos oculares (ou EMDR, na sigla em inglês). O nome parece muito técnico, mas a prática consiste em manter uma lembrança em sua mente enquanto a terapeuta direciona o movimento dos seus olhos para a esquerda e para a direita e aplica um estímulo de toque nas suas pernas. Ela pediu que eu pensasse em um momento difícil da infância, e imediatamente fui para o Santo Rosário. Eu me via como uma garotinha de cachos perfeitos e uniforme escolar, e via aquelas freiras como bruxas, gritando comigo e me batendo. Eu não havia percebido o quanto isso tinha ficado guardado em mim, moldando os meus relacionamentos e o meu instinto de fugir. Quantas vezes eu havia corrido de situações críticas com Mathew, simplesmente o deixando ficar com a casa da família para encontrar algum lugar por conta própria? Mais importante, quantas vezes eu havia fugido de mim mesma?

Porém, a verdadeira descoberta aconteceu na sessão de EMDR em que me vi como adulta e conversando com minha mãe. Ela não me protegeu das freiras, sempre preferindo aquelas mulheres a mim. Isso me ensinou que eu não era digna e que deveria colocar todos antes de mim.

Nós tínhamos tocado nesse assunto quando minha mãe e eu conversamos pelo telefone no período em que eu vivia na Califórnia e eu lhe agradeci por ser uma mãe maravilhosa, mas perguntei por que ela não confiava em mim. Sei que minha mãe morreu com a certeza do quanto eu a honrava e adorava. Eu queria ser como ela em uma infinidade de aspectos e, no entanto, já no primeiro suspiro das minhas filhas eu falei que nunca seria como minha mãe naquele sentido. O tema que definia meu estilo de criação — "Eu quero que minhas filhas saibam que confio nelas" — era uma crítica à minha mãe. Foi um choque perceber o quanto eu estava brava com ela. Eu não queria estar.

Durante a sessão, eu a vi e a mim mesma tão claro como se fosse um filme em minha mente. Segurei as suas lindas mãos e simplesmente conversei com ela. *Eu a perdoei.* Eu a perdoei por não confiar em mim e ter medo de me deixar sonhar, e percebi que esse era o seu jeito de me proteger das decepções que ela havia experimentado em sua própria vida. Ela havia sido expulsa da Louisiana apenas com as roupas que podia carregar. Ela se virava bem, sua jovem família dependia da conversão frágil de seu ex-marido, de pecador a salvador. A segurança da nossa família dependia de sua capacidade de suportar a artrite em suas mãos que eu tinha na memória e, ainda assim, eu precisava que ela me falasse para sonhar? Para arriscar?

Deixei de lado esse ressentimento e passei a ter uma nova compreensão sobre minha mãe e uma nova perspectiva dos seus sacrifícios — o que me ajudou a me conhecer.

O movimento seguinte foi conversar com minhas filhas. Não me arrependo de ter vivido para elas, de as ter acompanhado pelo mundo todo e protegido contra tudo e contra todos, mas eu havia perdido muita coisa na vida por ficar de guarda. Ficou claro que, para ser a mãe maravilhosa que eu sempre quis ser, eu precisava ser exemplo de um novo tipo de amor-próprio.

— Escutem, se vocês precisarem de mim, estarei lá, mas agora, na verdade, tudo vai girar em torno de mim — avisei a cada uma delas, individualmente. — Essa é a minha era egoísta.

Eu temia essa conversa por ser codependente. Tinha medo de parecer egoísta. Em vez disso, todas ficaram *extasiadas* por eu ter essa percepção. Minhas filhas nunca colocaram esse fardo sobre mim; eu o coloquei sobre mim mesma.

— Mamãe — disseram cada uma delas, e cada uma a seu modo —, você tem que viver a sua própria vida. Nós vamos ficar bem.

Bebê Beyoncé com sua touca . . .
Idêntica a mim!

Matt + Beyoncé + Tina

Estava escrito . . . (na areia)

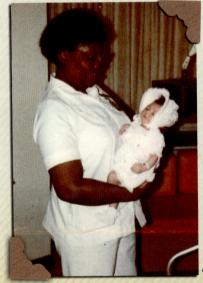
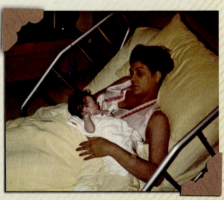

Os Knowles

As diversas fases minhas e do Mathew

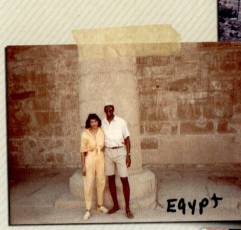

Mathew e Tina

Egito: primeira viagem às nossas origens

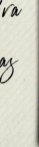

No rio Nilo

(mal sabia que estava grávida de Solange)

Solange, 1988

Solange

Beyoncé, Solange, Tina, Angie Beyincé e Bono, 2003

Nossa estrela solo

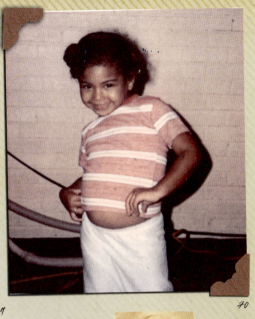

Beyoncé 9 anos

Beyoncé, uma garota crescida

+ seu primeiro carro aos dezessete anos

74

75

76

77

Sempre irmãs

78

A cabeça do Headliners

Salão Headliners, 1986

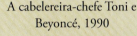

A cabelereira-chefe Toni e Beyoncé, 1990

A feira de produtos e serviços de beleza Bronner Bros., c. 1994

Tina

+ sempre trabalhando, fazendo cabelos ou prendendo apliques

Minha doce Kelly

Doris Garrison e Kelly Rowland

Presente de Deus para mim

Christopher Lovett e Kelly Rowland

A evolução do
Destiny's Child

Beyincé

Buyincé

Beyoncé

Beyoncé, Sir, Blue e Rumi, 2020

Meus bebês tiveram bebês

Solange e Julez, 2005

Kelly, Tim, Titan e Noah, 2021

Um novo começo:
Mulher do Ano de 2024 da Revista Glamour

SOLTEIRA NA CIDADE

Primavera de 2012

Foi uma das moças do escritório da House of Deréon quem me falou sobre ele. Ele era o seu ginecologista obstetra, um médico talentoso.

— Ele viu a sua foto e disse: "Olha, ela é linda".

— Você tinha, do nada, uma foto minha em sua consulta? — brinquei. — Ou estava tentando nos apresentar?

— Bom, sim. Ele é um homem muito gentil, sra. Tina. Está divorciado há algum tempo e quer levá-la para jantar. Ele te acha gostosa.

— *Gostosa?* Sério? Ele disse "gostosa"?

— Disse — confirmou ela. — E você deve imaginar que ele conhece muitas mulheres.

Eu ri.

— Verdade. — Ouvi a voz de minhas filhas em meu ouvido, me lembrando de aceitar o elogio.

— Bom, então está certo.

Combinamos que o médico me buscaria em meu apartamento depois do trabalho para um jantar na sexta-feira às oito da noite, e na hora de me arrumar, troquei de roupa pelo menos cinco vezes. Liguei para Beyoncé para descrever a primeira troca.

— Tire uma foto — pediu ela.

Enviei a imagem para ela e o celular tocou imediatamente.

— Não, não use isso — declarou ela, sem rodeios. — É muito antiquado, use algo estiloso.

— Estiloso — repeti. — Está bem.

Conversamos sobre as possibilidades, analisando quatro opções e incluindo Solange na decisão, até que escolhi uma calça jeans justa de corte reto, uma jaqueta muito estilosa e todas as minhas joias. O que é engraçado, porque esse era meu estilo de todo dia.

O médico também se preparou para o encontro e perguntou à minha amiga sobre mim. Qual era meu tipo de comida preferido, meu gosto para música e o que eu achava de flores. Quando ele chegou no meu endereço, fiquei emocionada por ter me trazido rosas.

Fomos a um restaurante italiano no Soho que ele escolheu, e fiquei sabendo rapidamente, durante o jantar, que o doutor havia terminado recentemente com uma jovem e que ainda estava um pouco triste com isso. Aos poucos, contudo, ele começou a falar sobre todas as referências culturais que marcaram as pessoas Negras da nossa idade. Lembramos de *Julia*, a primeira série semanal de TV estrelada por uma mulher Negra, a incrível Diahann Carroll, e ele me contou tudo sobre sua visita ao estúdio de gravação do programa de dança *Soul Train* quando era jovem. Além dessas lembranças, porém, ele não conversou sobre nada além do seu trabalho. "Aquela jovem devia estar muito entediada com esse cara", eu pensei.

Quase ao final do jantar, ele disse:

— Eu me diverti muito. Adoro conversar com você.

— Bom, sabe, talvez possa se divertir nesses encontros se parar de sair com novinhas. Uma coisa que tenho certeza é que se já nos sentimos velhos por tentar explicar os anos 1980 para as pessoas, imagine os 1960.

Ele começou a rir.

— Eu nunca conheci alguém como você. Você é doida.

Ainda estava cedo e eu queria que a noite continuasse, então perguntei ao grande doutor:

— Você costuma sair para dançar?

Pela expressão dele, parecia que eu havia sugerido pularmos de paraquedas. Mesmo assim, ligou para a filha e ela recomendou uma casa de jazz. Quando chegamos lá, porém, ele confessou que nunca dançava. Estava tocando uma música com ritmo moderado, então perguntei:

— Você se importa de se soltar um pouco? Tipo, se eu me levantar, você balançaria o corpo, pelo menos?

— Não, eu não danço.

E foi isso. Eu temia que um encontro fosse aquilo. Estar com homens acomodados em seus hábitos. Aceitei sair mais duas vezes com ele só para ver se algo mudava, e então decidi não continuar.

Rimos quando contei a minha história sobre o grande médico em um jantar com Beyoncé e Jay. Meu genro sugeriu que talvez eu devesse tentar namorar alguém jovem.

— Não sei se esses homens velhos conseguem acompanhar você.

— Eu não *gosto* de homens mais novos. Nunca iria querer que um cara andasse por aí achando que eu sou sua *sugar mama*. Mesmo que eu não fosse, mesmo que ele ganhe dez vezes mais do que eu, não gosto desse enredo para mim.

Aquilo não era apenas vaidade: eu gostava de ter uma história em comum para conversar, mesmo que tivéssemos vivido coisas separadamente. Eu não queria falar sobre onde ouvi Marvin Gaye cantar "What's Going On" pela primeira vez e ele dissesse: "Ah, minha mãe costumava ouvir os discos dele".

Suspirei.

— Se vocês não me apresentarem a alguém, vou recorrer à leitura de obituários e ir a funerais para conhecer viúvos. Vou dizer que eu era muito amiga da falecida.

Nós rimos e encerrei o assunto para voltar a falar sobre meus netos. Porém, falei sobre o assunto com a minha terapeuta.

— Tina — falou ela —, você precisa beijar mais alguns sapos antes de encontrar o príncipe. Continue assim.

Eu ouvia "você vai conhecer alguém" tantas vezes que parecia que eu iria fracassar tentando. De repente, eu estava me lançando novamente na causa e efeito do trabalho e da maternidade. Isso era o que eu amava e achava gratificante, sem dúvida. Quem teria tempo para emoções se eu simplesmente me mantivesse ocupada?

Naquele verão, acompanhei Solange na gravação de seu videoclipe "Losing You", na África do Sul. Ela havia se tornado uma artista independente com um orçamento muito limitado, então ela e a diretora Melina Matsoukas optaram por uma produção menos elaborada e mais informal, no melhor estilo de "guerrilha", em locações na Cidade do Cabo. Para ajudar, levei Ty Hunter, Vernell e minha amiga Alvia Wardlaw, uma historiadora da arte renomada, especializada nas culturas africana e afro-americana. E todos nós *trabalhamos*. Vernell e eu, assim como Alvia, fomos os assistentes de câmera e iluminação, ajudamos na produção, fornecemos a alimentação e assumimos a direção de arte — fazíamos qualquer coisa que fosse necessária.

Nas vizinhanças da filmagem, para onde quer que eu olhasse, havia variedade cultural. Durante o dia, as mulheres circulavam vestidas em tons de azul-royal e verde-limão, e usavam maquiagens que seguiam a combinação dessas cores. Eu exclamava "Ah, meu Deus, olhe para isso" para cada varal com tecidos, estampas e objetos tão coloridos — em um deles havia uma capa vermelha linda ao lado de um espanador laranja e amarelo. As cores se complementavam tão bem que a disposição das peças parecia premeditada.

Solange e Melina estavam no paraíso na Cidade do Cabo, um lugar onde cada esquina parecia um trabalho de direção de arte. Eu tinha que ficar de olho nelas, porque se eu virasse as costas, elas correriam para um terreno baldio onde tinham visto um monte de colchões velhos e sujos para juntá-los em uma pilha bem alta.

— Você não vai subir aí — eu dizia para Solange.

— Mamãe, é por isso que eu não queria que viesse. Você precisa sair daqui.

— Bom, é por isso que estou aqui. — Nós duas rimos.

A verdade é que Deus me colocou lá para me revigorar. Estar na África, poder ver a criatividade inata das pessoas com as quais compartilho minha ancestralidade, me fez lembrar o quanto somos fortes como povo. Como somos resilientes. Essa capacidade de apreciar a beleza e a recriar no dia a dia é transmitida em nosso DNA — de vida para vida, de história para história — não importa para onde o destino nos leve. Saí de lá com um apreço ainda maior pelo meu povo. E com uma nova confiança em mim mesma como mulher.

46

RECUPERE O RITMO

Janeiro de 2013

Começou por volta do meu aniversário de 59 anos — os olhares de "pobre sra. Tina" que eu recebia tanto de conhecidos quanto de estranhos. Honestamente, eu não queria que o divórcio definisse a minha vida — eu era muito fodona pra isso —, mas era difícil não perceber o olhar de julgamento dos outros sobre mim. *"Ignore e trabalhe"*, eu falava para mim mesma. Porém, a verdade é que a irritação que eu sentia por essas pessoas escondia uma depressão real. Até mesmo as fodonas sofrem de tristeza.

Beyoncé estava preocupada comigo. Estávamos sentadas no sofá em sua casa, conversando sobre sua próxima turnê mundial, *The Mrs. Carter Show*, que começaria em abril. Ela falava sem parar, cheia de ideias, e eu concordava com a cabeça. E então, ela me fez uma pergunta simples.

— Mamãe, o que a faz feliz?

A pergunta foi tão repentina, tão incisiva, que fiquei na defensiva.

— Como assim? Por que você está me perguntando isso?

Ela ficou esperando por uma resposta.

— Hm, você sabe — me vi obrigada a continuar —, os meus netos. O Julez e a Blue me fazem feliz. Quer dizer, vocês todos me fazem feliz.

— Está certo. Bem, o que faz você *rir*?

Parei um instante para pensar e respondi, para minha surpresa:

— Monica. — Monica Stewart era uma amiga que tive, mas com quem, de alguma forma, havia perdido o contato. Nossa principal conexão era uma amiga em comum, Gwen, que morrera de câncer de mama havia muitos anos. — Minha amiga Monica me faz rir.

— Monica? — repetiu Beyoncé. Fazia anos que eu não mencionava o seu nome. Ela e Gwen eram como irmãs escandalosas, o tipo de rebelde que me fascinava. Eu nunca faria o mesmo que elas, mas claro que eu adorava testemunhar tudo aquilo. Elas sempre disseram que eu era toda certinha.

— Ah, ela era muito doida — expliquei. — Quer dizer, acredito que ela ainda seja. É uma daquelas pessoas que nos faz rir porque não tem filtro. Nenhum! Ela consegue ler os outros como ninguém, é puro entretenimento.

— Ligue para ela — sugeriu Beyoncé, e olhou para o meu celular na mesinha.

— Faz tanto tempo… nem mesmo sei se tenho o número correto dela. Acho que ela ficou aborrecida comigo por alguma coisa, não consigo lembrar o que foi.

Monica e eu sempre havíamos tido essas pequenas brigas, do jeito que Lucy e Ethel tinham, porque aquelas duas realmente mandavam ver.

— Descubra, então. — Ela me entregou o celular.

Busquei nos meus contatos. Eu havia mudado de número tantas vezes que tinha certeza de que o da Monica não estava mais lá. Todavia, ele continuava ali, um número que eu reconhecia por o ter discado nos telefones fixos de Houston todos aqueles anos.

Ela atendeu!

— Monica?

— Ah — disse ela, muito correta e fria. — Tina. Sim?

— Ué, por que está falando nesse tom?

Ela fez uma pausa.

— Tina, minha mãe morreu.

— Eu não fazia ideia.

— Não, não fazia, porque não falo com você faz uma eternidade.

— Sinto muito por ouvir isso. Gostaria de ter estado ao seu lado. — Fiquei com o coração partido por ela e, ao conversarmos sobre o que Monica havia passado, senti que ela estava se abrindo mais para mim.

— Bom, o que a fez entrar em contato? — ela perguntou.

— A verdade é que me divorciei e estou muito triste. Beyoncé me perguntou quem me fazia rir, e pensei em você na hora. Porque você fazia. Você faz. E ela disse para eu ligar para você, e eu estava nervosa porque já faz um tempo, mas estou ligando e você pode ficar com raiva de mim, se quiser, mas precisa superar isso porque nós nos amamos.

Parte de nossa desavença aconteceu porque, quando a minha vida mudou e fiquei tão ocupada que mal retornava as ligações, ela interpretou a minha falta de comunicação como se eu a estivesse deixando de lado.

— Você sabe que sempre me orgulhei das meninas, mas você se tornou inacessível para mim.

Ela achava que eu estava em algum lugar, viajando de primeira classe e tomando champanhe o tempo todo. E sem ela.

— Eu estava trabalhando sem parar, Monica. Não tinha tempo nem para mim mesma.

Aos poucos, eu e ela quebramos o gelo que havia se formado, o bastante para que ela quisesse fazer planos.

— Bom, eu vou aí visitar você — prometeu ela —, mas vá me buscar no aeroporto. Eu não quero nenhum serviço de transporte. Quero você.

— Garota, eu não vou me despencar para nenhum aeroporto. O JFK fica a uma hora daqui e, mesmo se alguém me levar, vou perder um tempo que eu não tenho. Acabei de falar para você que estou sem tempo para nada.

— Isso é importante para mim — ela insistiu.

Imaginei que qualquer coisa diferente do que ela me pedia poderia parecer que eu estava me exibindo, portanto, quando ela chegou a Nova York, fui buscá-la com um motorista.

Monica e eu caímos no ritmo da amizade em Nova York, mas parecia que duraria pouco. Eu logo começaria a trabalhar na turnê de Beyoncé. Nós duas estávamos no Cabana, um restaurante cubano perto do meu apartamento, onde eu sempre comia frango com tempero *jerk*, arroz amarelo e feijão-preto, e recitei para ela a lista de cidades da etapa inicial da turnê.

— Praticamente toda a Europa durante toda a primavera.

— Como assim você não está animada?

— Bom, na verdade não temos tempo para conhecer esses lugares, Monica. É sempre muito trabalho.

— Bom, então *não* trabalhe — ela disse, e defendeu o seu argumento quando viu que eu ia começar a protestar. — Tudo bem. Você vai com a Beyoncé e vai me levar, e nós não vamos trabalhar. Iremos a museus, comeremos muito bem e conheceremos um homem para você.

Tentei recusar, mas Monica foi clara:

— Tina, vamos recuperar o seu ritmo.

Aquela conversa mudou a minha vida. A primavera encantada começou com Monica e eu entrando no avião para viajar com a banda como groupies. No início, foi difícil para mim apenas estar presente, sem provar a cada segundo que eu era útil.

Monica e eu passávamos as manhãs nos exercitando, pois o nosso objetivo era ficar muito em forma nessa viagem, e tenho que dizer que conseguimos. Depois, íamos a museus e cafés. Jay nos ajudou nesse momento de descoberta, nos dando os nomes dos melhores restaurantes em cada cidade. Lucy e Ethel se divertiam. E em cada show, pela primeira vez em muitos anos, eu pude assistir à minha filha do chão, na frente do palco, e não trabalhando nos bastidores. Em todos os shows, há um espaço de cerca de três metros entre o palco e os primeiros lugares, e eu me escondia ali. A parte de trás da minha cabeça aparece em muitos vídeos gravados pelo público nos shows.

Naquela turnê, a equipe com quem minha filha trabalhou — novatos e velhos amigos — passou a *me* conhecer. Não a sra. Tina, a pessoa que consegue resolver qualquer problema de figurino com supercola, ou a pessoa que consegue que Beyoncé responda sobre qual bota ela quer usar. Apenas eu. Houve momentos nos quais tive que me adaptar. A fotógrafa da turnê, Yosra El-Essawy, uma linda jovem britânica de origem egípcia, havia sido contratada cerca de uma semana antes da primeira cidade e, por mais que eu me escondesse dela, ela me seguia por todos os cantos para tirar fotos e viu que eu me esquivava do enquadramento.

— Sra. Tina, você é tão linda.

— Garota, por favor — eu disse, e pensei em como eu não estava pronta.

— Você merece ser registrada — insistiu Yosra. — Um dia, você vai ficar muito feliz por ter essas fotos.

Eu quase não tinha fotos minhas da época do Destiny's Child, pois era incapaz de apreciar minha beleza.

Yosra me deu esse presente e, durante o tempo que passamos juntas na turnê, passei a amá-la, pois, para mim, ela se tornou como se fosse da família e uma amiga muito próxima da minha filha. Infelizmente, um pouco antes do início da etapa norte-americana da turnê, e algumas semanas antes de seu aniversário de 32 anos, ela foi diagnosticada com câncer de esôfago. Eu conversava com ela todos os dias e, perto do fim da breve vida de Yosra, Yvette Noel-Schure nos contou que um dos últimos desejos de Yosra era fazer uma festa do pijama com a Beyoncé e comigo. Conseguimos fazer isso para ela, servindo chá e tocando música. Ela até teve forças para se levantar e dançar um pouco. Pude dizer a ela o quanto significava para mim o fato de ela ter me enxergado, independentemente de como eu havia tentado desaparecer.

PRONTA
PARA AMAR

Junho de 2013

Eu estava em Los Angeles em uma quinta-feira, perto do fim de junho, entrando no restaurante do hotel Bel-Air com Monica. Nós nos hospedamos lá, e eu estava nos estágios iniciais do processo de reduzir a minha vida ao essencial e diminuir as minhas obrigações, mas havia concordado em planejar o casamento de Vernell. Seria lógico pensar que o fato de ela ter reencontrado o amor me daria esperança, mas não foi o que aconteceu. Minha melhor amiga também estava surpreendendo a todos nós ao se tornar uma *noiva neurótica*. Eu não queria planejar um casamento dos sonhos quando não conseguia nem mesmo marcar um encontro com algum homem.

Para piorar, e muito, a situação, Mathew estava prestes a se casar com sua namorada em Houston, uma semana antes do casamento da minha amiga. Eu não queria voltar com ele de jeito nenhum, mas ainda assim aquilo foi um duro golpe para o meu ego.

Naquela quinta-feira antes do casamento, Monica não estava interessada em outro almoço em que ela se sentasse para me ouvir lamentar sobre ser solteira. Havia um casal em uma mesa um pouco mais próxima da nossa, e eu a vi olhar para eles depois que nos sentamos.

— Tina, como esse plano funcionou? — Monica me perguntou.

— Qual plano?

— Você queria tanto um homem que ia até debaixo da ponte para conseguir um — disse ela, sabendo que tinha chamado a atenção daquele casal.

— Garota, é melhor você parar.

— Você disse, e eu repito: "Vou dar um bom banho nele, fazer sua barba e vesti-lo bem. Vou levá-lo para sair e ele será o meu homem".

— Monica! — Forcei uma risada para que o casal, então no mais completo silêncio, soubesse que era apenas minha amiga maluca falando demais. Eles não riram comigo.

— Como ele funcionou?

— Nada bem, já que estou aqui tendo que olhar para a sua cara.

— Bom, então qual é o próximo plano? — Ela finalmente saiu do personagem e riu. — Vamos ver alguns homens.

— Garota, onde vamos achar alguns homens na nossa idade? E onde eles são guardados? Porque eu não sei onde os encontrar.

Monica fez uma expressão de dúvida. Ela também não sabia, mas é daquelas que sempre arruma uma solução. Ela pegou o celular.

— Está ligando para quem? — perguntei.

— Oi, Richard — falou ela. Richard Lawson era o irmão mais velho da Gwen, a grande amiga que tínhamos em comum. Ele era ator em Los Angeles e eu o havia conhecido havia cerca de trinta anos, um pouco depois de ter iniciado minha amizade com sua irmã. — Ei, você sabe que a Tina está na cidade, então… — Monica falou sem rodeios antes de fazer uma pausa, como se tivesse subitamente se lembrado das boas maneiras. — O que você está fazendo? — Logo depois, porém, ela atropelou a resposta dele. — Onde podemos encontrar alguns *homens*? — ela perguntou em um tom ansioso.

Ao notar que meus olhos se reviravam, sem querer me virei para o casal da mesa ao lado. Eles estavam assistindo ao show da Monica. Praticamente mastigavam a pipoca.

— Monica, você vai me fazer parecer a pessoa mais desesperada…

— Está bem, vejo você lá. — Ela encerrou a ligação e contou que Richard sugeriu irmos à aula de atuação que ele estava ministrando aquela noite em Los Angeles.

— Ele quer mais detalhes sobre o que você está procurando.

— O que eu estou procurando?

— Quero dizer, ele não sabe que você só quer uma emoção. — Ela sorriu para o casal, para quem eu sequer conseguia olhar. — Uma emoção fraca já está bom. Uma pequena batida aqui e ali.

Fomos para a aula de atuação de Richard e sentamos no fundo, pois chegamos um pouco atrasadas. Reparei que todas as alunas olhavam para ele de maneira apaixonada.

— Onde estão os homens dessa aula? — perguntei à Monica, que me deu um olhar de quem havia percebido o mesmo que eu.

Depois da aula, fomos os três tomar um drinque, e Monica começou a falar imediatamente:

— Certo, Richard, precisamos que a Tina conheça um cara legal. Só para dar os primeiros passos e reaprender a caminhar.

Richard olhou para mim.

— Bom, o que você está procurando?

Comecei a falar antes que Monica fizesse piada. Eu havia pensado muito sobre aquilo, então soube imediatamente o que responder.

— Eu quero alguém que seja íntegro e que acredite em Deus. Alguém que goste de dançar, de arte e que seja totalmente… — Então, me escutei dizer: — Livre.

— Ah — expressou calmamente Richard. — Bom, que tal eu?

Monica e eu congelamos por meio segundo e nem foi preciso nos olharmos. Nós duas falamos ao mesmo tempo:

— *Claro que não!*

Richard simplesmente não era o que eu buscava. Monica e eu o conhecíamos desde sempre e pensávamos nele apenas como o irmão mais velho da Gwen. E eu não estava a fim de competir com todas aquelas mulheres que olhavam para ele de um jeito apaixonado. Porém, aquela noite na companhia dos dois foi legal, então combinamos de nos encontrar na sexta-feira para dançar e depois, na noite seguinte, ir a um clube de jazz.

Eu sabia que o dia seguinte, o dia do casamento de Mathew, seria doloroso para mim, então perguntei a Richard se ele poderia indicar uma igreja em Los Angeles para Monica e eu irmos. Ironicamente, o sermão foi sobre deixar ir. Tive um daqueles domingos em que sentimos que o pastor está falando diretamente para nós. Eu me ajoelhei e orei, e pude sentir que um peso de meia tonelada saía dos meus ombros. Naquele exato momento, deixei Mathew ir embora.

Saí daquela igreja leve e despreocupada.

— Vamos comer e assistir a um filme — sugeri para Monica. Quando liguei para Richard para o agradecer por ter indicado a igreja perfeita, ele perguntou se poderíamos almoçar no dia seguinte.

— Sem a Monica — ele disse. — Só nós.

A euforia de deixar Mathew para trás me impediu de perceber que aquilo poderia estar levando a algo com Richard. No almoço, contei a ele como eu estava aliviada.

— Sinto que minha vida vai recomeçar. É algo novo e me sinto *bem*.

A única coisa que me preocupava era que Beyoncé faria um show em Houston em duas semanas.

— Não quero que as pessoas olhem para mim e digam "coitada da sra. Tina". — Fiz uma cara de tristeza profunda e Richard riu, e eu gostei daquela risada. Confessei que me preocupava cogitar que Mathew apareceria no show com a sua nova esposa.

— Ah, bom, vamos provocar ele um pouco — brincou Richard. — Eu vou até lá e serei o seu acompanhante. Você sabe, só como amigo. As pessoas, contudo, podem pensar o que quiserem.

Assim ele fez, e nos divertimos tanto que começamos a passar o máximo de tempo juntos sempre que possível. Fazia tanto tempo que eu não tinha um companheiro com quem eu só queria compartilhar coisas que me deixavam feliz. Eu o levava a museus, a cafés, saíamos para tomar café da manhã, almoçar e jantar — encontrávamos motivos para ligar um para o outro e dizer: "Sabe o que poderíamos fazer?", e então saíamos para viver alguma aventura.

Certa noite, antes de ele sair da minha casa, olhei bem nos seus olhos e disse:

— Obrigada por ser meu amigo. — Eu estava falando sério.

— Estou muito feliz por estar aqui para você e por ser seu amigo. — Richard então fez uma pausa. — Porém, eu também me sinto atraído por você.

Eu respirei fundo e, então, fui direta:

— Sou muito velha para você. — Ele só tinha sete anos a mais que eu, porém, antes que ele pudesse argumentar, acrescentei: — Você gosta de mulheres jovens.

— Sim, mas você tem mais energia do que qualquer pessoa que eu já conheci. Você é a primeira mulher que consegue acompanhar de fato a minha energia.

E foi assim que tudo começou. A bondade e a disposição de Richard em ajudar as pessoas — e a sua energia — me atraíram. Nunca ficávamos sem assunto para conversar, porque sempre havia alguma ideia nova sobre como poderíamos contribuir para fazer do mundo um lugar melhor. Era um novo amor, mas era confortável após décadas de amizade.

Kelly nos procurou trazendo a melhor notícia no início de 2014: ela estava grávida. Eu estava nas nuvens, pois teria outro neto. Sempre disse à Kelly que ela poderia fazer qualquer coisa, mas logo soube que ser mãe seria o que ela faria de melhor. Ela é muito sensível às necessidades e emoções das outras pessoas e prioriza a família — quando se combina isso ao fato de ela ser uma eterna aprendiz e de estar sempre lendo algum livro, fiquei animada com a sorte que essa criança tão esperada teria.

Ela e Tim Weatherspoon já estavam noivos, minha filha estava ao lado de um homem gentil e presente com quem namorou por anos. Kelly planejou um casamento pequeno na Costa Rica. Ela mesma organizou uma cerimônia apenas para a família, junto a uma cachoeira majestosa. Como Doris estava gravemente doente, ela não pôde viajar para estar lá. Para mim, foi um privilégio e uma honra levar Kelly até o altar. Depois da cerimônia, dançamos a noite toda e, em seis meses, suas mães e irmãs estavam ao seu lado no St. John's Hospital, em Los Angeles, quando ela estava pronta para ter o bebê. Sua mãe Doris, eu, Beyoncé, Solange, Angie, todas nós estávamos lá com o Tim para lhe dar apoio. Eu tinha uma cirurgia no joelho marcada para novembro, então andava de um lado para o outro pelo St. John's em uma pequena scooter, animada demais para ficar parada. Nós nos unimos em oração ao redor de Kelly, as famílias de sangue e de Deus, enquanto ela dava as boas-vindas a seu lindo filho Titan.

Nunca tive a dádiva de ter um filho biológico, mas Deus me deu os meus genros, Tim e Jay. Eles são verdadeiras bênçãos, e eu não poderia pedir melhores provedores e protetores para as minhas filhas e os filhos delas, e sempre me emociono ao saber que o senso de proteção deles se estende a mim. Jay é um exemplo para os filhos por ter uma origem quase sem nenhum privilégio e ter superado todos os obstáculos do mundo para se tornar o empresário bem-sucedido que ele é. Tim é humilde e quieto, mas muito perspicaz, e gerenciou a carreira de Kelly por anos antes de se tornar um executivo da Nickelodeon. Mesmo com todas as coisas em que estão envolvidos, o melhor desempenho de ambos é como pais.

A nota triste dessa época é que, apenas um mês depois de Kelly ter se tornado mãe, Doris, a mãe dela, faleceu de um ataque cardíaco. Perder aquela contadora de histórias vibrante e divertida um mês após o nascimento de Titan foi devastador para todos nós. Seu funeral seria realizado na Geórgia. Eu havia feito a cirurgia no meu joelho na semana anterior, por isso meu médico disse que eu não poderia viajar de avião. Porém, de forma alguma eu deixaria de estar ao lado de Kelly no momento mais difícil de sua vida. De certa forma, eu compreendia perfeitamente o que era estar no lugar dela, uma nova mãe enfrentando o desconhecido sem a presença de sua própria mãe. Ela depois me disse que estava grata por eu ter conseguido viajar:

— Eu tinha uma mãe no céu e uma mãe ao meu lado.

Nós nunca a deixaremos.

Em um certo dia naquele ano de amor e perda, quando Deus nos ajudou a ver o que era essencial, minha neta Blue, com apenas dois anos, perguntou para mim e para o Richard:

— Quando vocês vão se casar?

— Blue, se isso acontecesse, você aprovaria? — quis saber Richard.

— Sim — respondeu ela.

Ela nos viu juntos e provavelmente pensou: "O que está acontecendo aqui? Porque eu sei que, quando duas pessoas se amam, elas devem estar casadas". Não foi a pergunta de Blue o que nos levou ao altar, mas abriu possibilidades. *E se?*

Nos casamos em 12 de abril de 2015, em uma cerimônia linda em um barco na Newport Beach. Foi muito importante para mim usar branco. Eu iria quebrar qualquer regra que tentasse me dizer que eu não poderia fazer isso por causa da minha idade. Aquele era o meu dia.

Foi uma benção passar o dia na água com as minhas filhas e também com meus irmãos e irmãs. É claro que recordamos nossa mãe nos levando de Galveston para Louisiana, ida e volta, naquela balsa gratuita e nos dizendo: "Este é nosso próprio barco".

Ainda éramos as mesmas crianças, porém. Eu era a irmãzinha que não conseguia entender as piadas sem graça do Skip, e eu gargalhava e balançava a cabeça enquanto Flo e Selena chiavam. Eu havia dito a um charmoso Butch que ele não poderia tirar fotos com os nossos amigos atores, como Samuel L. Jackson e Glynn Turman, mas lá estava ele, segurando o celular para tirar uma selfie enquanto contava para eles uma história de aventura pronta para essas ocasiões, sobre um militar reformado que praticava caratê e pilotava motocicletas.

Todas nós, mulheres, estávamos de branco, com exceção de Selena, que usava um conjunto de jaqueta e saia de tweed em tom dourado suave, e estava tão elegante e deslumbrante como sempre. Eu queria que o fotógrafo tirasse uma foto de Selena, mas era difícil para ela ficar em pé por muito tempo, por isso pedi que alguém pegasse uma cadeira. Só que Blue, que queria estar em todas as fotos daquele dia, se sentou nela e fez pose. Peguei outra cadeira e decidi que o registro teria que ser com Selena e Blue sentadas juntas — uma com quase noventa anos, a outra com apenas três —, a mais velha e a mais nova em todo o seu esplendor.

Eu estava fazendo a direção de cena para a foto quando percebi que tanto Selena quanto Blue estavam com as mãos pousadas no peito da mesma forma que minha mãe fazia quando tinha que ficar parada para sair em uma fotografia. E ambas estavam com os lábios pressionados, desenhando um sorriso em linha reta igual ao da minha mãe, como se dissessem: "Pronto, tire a foto". Corri para estar na foto com elas, pois não queria perder aquele momento. De pé, orgulhosa por estar entre as duas, coloquei minhas mãos em seus ombros, me sentindo grata por unir ambas as gerações.

48

RAÍZES DA LOUISIANA

Junho de 2016

Solange havia se mudado para a Louisiana para compor sua obra-prima, *A Seat at the Table*. Ela achou um lugar para realizar as gravações em uma cidade pequena perto de New Iberia, bem ao norte de Weeks Island, uma casa antiga com muitas árvores. Ela caminhava pelo mesmo espaço que seus avós, a mesma terra sob os seus pés. Porém, a atmosfera na propriedade parecia particularmente pesada, e ela pediu a alguém para pesquisar a área. Sua intuição estava certa: a casa havia sido parte de uma grande fazenda escravagista. Os registros históricos também indicavam uma forte possibilidade de sermos parentes do homem branco de quem ela estava alugando o imóvel. Ele não gostou de saber que poderíamos ter algum tipo de parentesco.

— Ah, não, eu duvido — ele retrucou quando Solange levantou essa possibilidade.

A família não saía do meu pensamento. Meu irmão Skip havia falecido em março, e nós, seus irmãos e irmãs, sentíamos demais a sua ausência. Eu fiz um filme, uma espécie de obituário visual, para o qual entrevistei as pessoas que conheciam nosso irmão. Pelo menos cinco delas tinham histórias sobre estar andando com Skip em sua caminhonete e ter que mudar de assento, porque ele parava para dar carona a algum desabrigado. Não importa para onde estivessem indo, a viagem teria que esperar, já que Skip queria levar a pessoa para comer alguma coisa. A história contada por sua esposa, Cynthia, superou todas as outras, ao lembrar as vezes em que Skip chegava em casa sem os sapatos, porque havia parado para os doar a uma pessoa descalça que viu na estrada.

Eu compensava essa perda indo sempre ao Instagram para anunciar "a hora da piada sem graça". Ninguém poderia saber que isso era realmente para Skip, que contava a pior piada do mundo e depois a explicava nos mínimos detalhes, bem do jeito dele.

Minhas filhas não me queriam em redes sociais porque tentavam me proteger. Elas diziam:

— Mamãe, as pessoas são muito maldosas no Instagram e vão massacrar você.

— Estou preparada para isso — eu insistia. — Sabem por quê? Eu não dou a mínima, de verdade.

Quando ficamos mais velhos, nos tornamos mais livres. Eu estava recuperando o tempo perdido.

Portanto, eu disse sim quando Solange me ligou, perto do final das suas sessões de gravação, para perguntar se ela poderia me entrevistar para o álbum.

— Eu gostaria de usar alguns depoimentos no meu disco — ela me explicou.

Nessa época, ela tinha um estúdio de gravação em Nova Orleans, e havia pedido ao Master P que fosse lá para dar o seu toque como uma espécie de narrador do trabalho. Fazia muito tempo que Solange admirava a sua mente empresarial e seu empreendedorismo, e Mathew o considerava um exemplo de alguém que possuía a própria marca, a No Limit. Master P nunca teve que se comprometer como artista, pois construiu seu próprio império vendendo discos no banco de trás de seu carro, conforme Mathew havia me contado.

Solange tinha duas salas no estúdio, e eu percebi que ela ficava olhando discretamente para a porta da outra sala, como uma criança ansiosa para ver como as coisas estavam se desenrolando. Por fim, ela simplesmente disse:

— Mamãe, meu pai está aqui.

— Ah, é mesmo? — perguntei. Fazia quase cinco anos desde que Mathew e eu estivéramos juntos no mesmo ambiente pela última vez. Eu tinha zero contato com ele. Nesse tempo, não trocamos nem uma única palavra. Solange havia montado uma armadilha para nós.

— Por que você não me contou?

— Ah, porque… você sabe… apenas calhou dele estar aqui esta semana. Era para ele vir em outra ocasião.

Quando Mathew entrou na sala, eu o abracei.

— Cuidado — eu o alertei. — Ouvi dizer que sua ex-mulher está por aqui.

Nós demos uma risadinha, e a partir daquele dia eu comecei a entender como lidar com Mathew. Ele era como um irmão mais novo problemático — nós o amamos e podemos ficar felizes em vê-lo, mas não dá para ficar perto dele o tempo todo. Ao conversarmos naquele dia, vi que Mathew havia amadurecido muito — um homem que mudou depois de enfrentar seus demônios.

Na participação de Mathew no álbum, o interlúdio "Dad Was Mad", Solange o entrevista sobre o fato de ele ser uma das seis crianças que frequentavam sua escola no Alabama e de conviver com ameaças de morte todos os dias nessa época. O meu interlúdio se chama "Tina Taught Me", no qual Solange me fez refletir sobre a beleza de ser Negra e ter orgulho da nossa história. A ideia havia surgido bem antes, em uma conversa que tive com uma mulher branca que se perguntava se o Mês da História Negra, fevereiro, ainda era necessário. Discordei dela com veemência, argumentando que todo dia era o Dia da História dos Brancos, mesmo em fevereiro. Tanto na época em que eu estava no ensino médio quanto nas escolas das minhas filhas, a história americana era ensinada como a história dos brancos. Eu disse a Solange o que sempre soube:

— Sempre tive orgulho de ser Negra — nunca quis ser outra coisa. Há muita beleza nas pessoas Negras, e me entristece muito quando não nos permitem expressar esse orgulho de sermos Negros. E se, mesmo assim, expressamos isso, então consideram que somos contra os brancos. Não! Somos a favor dos Negros, simplesmente, e tudo bem.

Foi fascinante observar Solange trabalhar em *A Seat at the Table*. Ela fez escolhas muito específicas como artista, uma daquelas que não se importava com dinheiro ou fama. Em janeiro de 2017, ela se apresentou no concerto

Peace Ball realizado no Museu Nacional de História e Cultura Afro-Americana em Washington. O show foi um ato de resistência durante a posse de Donald Trump, e Solange foi apresentada no palco por Angela Davis — um dos meus ídolos e a mulher que representei em meu próprio ato de resistência na Ball High.

Em seguida, vi Solange entrar em espaços que havia muito tempo estavam fechados para artistas Negros e para o público como eles. Conforme ela fazia isso, suas ações eram a personificação do que eu sabia sobre "mudar de lado". Uma verdadeira artista não muda a si mesma para atravessar uma barreira e chegar a um lugar supostamente melhor; ela remove essa barreira completamente, continuando a ser ela mesma enquanto cria, dando aos outros o exemplo e a oportunidade de fazer o mesmo. Após o *Peace Ball*, ela discursou na Faculdade de Direito de Yale, onde os ingressos para sua palestra se esgotaram em minutos. Lá, ela falou ao público sobre a resistência que enfrentou ao transitar pelo espaço branco da cena musical alternativa do Brooklyn e concluiu com a frase: "Eu pertenço ao espaço que eu mesma criei". A mensagem tinha que impactar os estudantes que, não havia muito tempo, haviam protestado contra a falta de diversidade no curso de direito de Yale depois que um relatório da American Bar Association[*] revelou que os Negros compunham apenas 5% do total de alunos do primeiro ano da faculdade entre 2015 e 2016. Ao longo do curso, esse número, que já é minúsculo, diminuía ainda mais.

Poucos meses depois, Solange se preparou para uma exposição no museu Guggenheim, em Nova York. Ao observar o interior do prédio — um espaço aberto com andares que ascendem em espiral até uma cúpula de vidro sob o céu —, ela planejou uma instalação e uma apresentação de dança. E, de novo, vi que encontrou resistência. Disseram-lhe que o local não poderia receber suas esculturas — belas formas geométricas de esferas e retângulos brancos. Quando ela foi inicialmente recusada, a mulher Negra sulista

---

[*] Associação voluntária de advogados e estudantes de direito dos Estados Unidos. As atividades da ABA incluem a definição de padrões acadêmicos para os cursos de direito e a formulação de um código ético para questões relacionadas ao universo jurídico. (N. E.)

guardada em mim sentiu que era porque nada havia mudado de fato. Ela poderia cantar e dançar ali, mas a sua arte física não teria lugar. Isso me lembrou de quando os cantores Negros tinham permissão para cantar em hotéis, mas não para se hospedar neles.

— Quando você está na casa de outra pessoa, precisa seguir as regras dela — eu disse para Solange —, mas vamos seguir com a sua apresentação, porque queremos nos divertir.

De qualquer forma, foi assim que eu encarei a situação.

Solange conseguiu o que queria e, por fim, levou suas esculturas, mas sei que ela entendeu o que estava em jogo. Como ela tuitou no dia anterior ao show: "Não estamos agradecendo a ninguém por 'nos permitir' entrar nesses espaços [...] até que nos seja dado de verdade o acesso para derrubar as malditas paredes".

A instalação foi surpreendente. Uma das coisas mais bonitas que já vi, e havia muito orgulho — orgulho Negro — do público, que estava fazendo com que aquele espaço fosse dela. Aquele não era o público habitual do Guggenheim, que um ano depois foi criticado em um relatório que dizia que 73% dos visitantes do museu eram brancos, enquanto apenas 8% eram Negros. O *New York Times* chamou o trabalho de Solange de "sublime" e destacou o poder transgressor de trazer sua arte para o Guggenheim (mesmo que o jornal tenha usado letras minúsculas para Negro):* "Encher o museu com os sons de um álbum que celebra a feminilidade e a masculinidade Negras — cantado, tocado e canalizado em movimento por mulheres e homens Negros — foi sua própria réplica simbólica às histórias de exclusão do mundo da arte (e do mundo da dança)".

Solange continuou a derrubar os muros, criando trabalhos e espaços para o público Negro em todo o mundo, da Opera House de Sidney à Academia de Música do Brooklyn, do museu Getty de Los Angeles a uma apresentação adaptada às esculturas de Donald Judd em Marfa, Texas. Ela até se tornou a primeira mulher Negra a compor músicas para o New York City

---

* Em inglês, é praxe grafar a palavra "Negro" com a inicial em maiúsculo quando o termo se refere a questões raciais. (N. E.)

Ballet. Essa é uma garota que falava de forma espontânea: "Quero fazer aula de sopro em vidro". E, do nada, ganhávamos de Natal vasinhos tortos, cheios de bolhas de ar. E claro que ela seguiu em frente e ficou *boa* naquilo, criando impressionantes obras em vidro e depois expandindo esse trabalho para criar um espaço para que os melhores sopradores de vidro Negros pudessem apresentar objetos "projetados com ideias Negras e criados por mãos Negras", como ela disse.

Há muitas semelhanças entre Solange e sua avó, duas cancerianas que se tornaram mãe cedo e que elevam a qualidade de cada objeto de arte que encontram. Sempre me pergunto o que minha mãe poderia ter criado se tivesse tido mais visibilidade, educação e oportunidades. Ela era muito promissora, e Solange, agora, é a realização de tudo isso.

49

OS ANJOS DA TINA

Outono de 2016

Eu sempre disse que, quando eu me "aposentasse", queria ser mentora de garotas. Com frequência, eu pensava em como a namorada do meu irmão, Lydia, mudou a minha vida naquela noite, quando eu tinha catorze anos, ao me levar para assistir à apresentação do Alvin Ailey Dance Theater em Houston. Ela abriu meus olhos não apenas para a cultura, mas para as possibilidades e a ideia de que, a partir delas, eu poderia construir a minha vida. Eu havia estado em Los Angeles com o meu marido Richard e, em minha vida nova, eu queria começar a ser mentora em tempo integral.

O sonho era ter um programa gratuito voltado para meninas, que as levasse em excursões a peças de teatro e restaurantes, expondo-as à arte e a oportunidades. Minha amiga Melba Farquhar me falou sobre sua prima, Kasiopia Moore, professora em uma escola pública de ensino médio, a Kipp, em Figueroa, no centro-sul de Los Angeles. Kasi estava aberta à minha ideia de iniciar o programa de mentoria e me falou sobre a escola, que era gratuita e cujos alunos eram quase todos qualificados para o programa de refeições gratuitas.

— Qual é o critério de classificação para entrar no seu programa? — perguntou Kasi.

— Hm, que elas queiram participar, e acho que deve ser obrigatório que os pais ou os responsáveis apareçam na primeira reunião.

— Bom, elas não precisam ser aprovadas em todas as matérias ou ter uma nota mínima no boletim escolar?

— Não, eu apenas quero ter crianças que eu possa ajudar. Posso ajudar qualquer uma.

Kasi distribuiu meus folhetos e conversou com os pais para explicar a oportunidade que aquilo representava. Ela conseguiu 26 meninas, e lá estavam elas reunidas em uma segunda-feira. Essa primeira conversa com os pais era orientada por mim, e depois eu entrevistava cada menina, individualmente.

A primeira menina que conheci, Arielle, tinha um jeito cauteloso.

— Se você pudesse fazer ou ser qualquer coisa na vida — perguntei a ela —, o que seria?

— Vou me mudar para uma casa na mesma rua que minha mãe.

— Sim, mas o que você vai *fazer*?

— Eu não sei — respondeu ela, parecendo já muito resignada para sua pouca idade.

— Escute. — Abaixei meu tom de voz. — Você é merecedora. E pode viver em *qualquer lugar* que quiser. Se tornar *qualquer coisa* que quiser ser. Não há problema em não saber ainda o que você deseja, mas quando souber, estaremos aqui para ajudá-la a conseguir. Eu prometo a você.

Uma pequena lágrima se formou, e percebi que aquela menina acreditava em mim. E isso significava que ela poderia acreditar em si mesma se eu mantivesse aquela promessa. E decidi que não havia como eu não manter. Eu não havia apenas encontrado o meu chamado; eu o havia atendido.

Conforme todos nós nos ajustávamos à mentoria, batizei o projeto de Anjos da Tina. Convenci meu marido a se envolver, dando início ao Guerreiros de Richard com doze meninos da mesma escola. Para as excursões, eu procurava qualquer coisa que despertasse a imaginação deles, como a minha mãe fazia quando vasculhava o jornal em busca de qualquer atividade gratuita para nos levar. A primeira coisa que fizemos foi os levar para assistir à apresentação do Alvin Ailey Dance Theater, como Lydia havia feito comigo, e depois a museus, para mostrar a eles a arte Negra que reflete seus estilos de vida. Aquelas crianças podiam ficar diante das obras de Kerry James

Marshall, pinturas lindas e enormes com cenas saídas de barbearias, salões de beleza e lojas de bebidas, e ver as atividades que aconteciam em seus bairros. Por estarem em um museu, contudo, isso mostrou a eles que aquilo que estava a sua volta era bonito e digno de arte. Lugares como o Museu de Arte do Condado de Los Angeles e o Museu de Arte Contemporânea pareciam bloqueados para elas, mas eram espaços que lhes pertenciam. Dei um diário a cada criança para que pudessem registrar e capturar o que viam e sentiam em suas próprias vidas.

Anos antes, eu havia lido a biografia da Cupcake Brown, um relato que nos faz sentir na pele como é ser um adolescente no centro-sul de Los Angeles. Comprei 26 exemplares e todas as segundas-feiras líamos o livro juntas, e sempre que aparecia um palavrão, falávamos apenas a primeira letra. O livro era um reflexo da vida de algumas das garotas com as quais eu estava realmente preocupada, e também narrava o que elas viam ao seu redor quando iam para a escola. A Kipp ficava em um quarteirão perigoso, com uma escola de ensino fundamental de um lado, uma de ensino médio do outro e, no meio, um *motel* que alugava quartos por hora. Isso significava que havia cafetões, prostitutas e traficantes de drogas por toda parte, em todo o terreno da escola onde as meninas estudavam. Elas adoraram o livro, e se eu tivesse lhes dado *As aventuras de Huckleberry Finn* ou algo do gênero, teriam dito: "Eu passo por prostitutas todos os dias. O que você acha que eu posso aprender com isso?".

Além do livro, também dei tarefas de leitura extra a uma aluna, Nyarae. Quando ela começou no projeto, lia como os alunos do segundo ano do ensino fundamental, mas adorava livros. Só precisava de apoio para continuar. Quanto mais eu a chamava para ler em voz alta, mais confiante ela se tornava, e todos nós a elogiávamos pela maneira poética como colocava as coisas.

Nyarae escreveu um pequeno texto chamado "Anjos da Tina" para compartilhar com o grupo:

> *Ms. Tina nos entrega diários vermelhos. Ela me diz: "Mantenha a cabeça erguida". Visitamos museus cheios de maravilhas para ver a nossa cultura e a nossa vizinhança, os estacionamentos e os salões de beleza, tudo sob uma nova luz. Somos as rosas*

que cresceram do concreto. Somos a prova de que a lei da natureza está errada. Aprendemos a voar quando nos dão asas. Parece engraçado, mas ao mantermos os nossos sonhos, aprendemos a respirar ar fresco. Vida longa ao legado que cresceu do concreto. Quando alguém se importou.

Conforme o projeto crescia — conseguimos até mesmo levar dez crianças para visitar Gana no Ano do Retorno,[*] em 2019 —, continuei a monitorar todas as minhas "turmas", mas sou especialmente próxima daquele primeiro grupo. Também fico feliz em dizer que, após anos tentando, a Kipp finalmente conseguiu comprar aquele motel para o demolir, uma iniciativa que foi liderada pela prefeita de Los Angeles, Karen Bass.

Uma das tradições de que gosto no final do ano letivo é reunir todos na Zuma Beach, em Malibu, uma reminiscência de quando eu estava crescendo e via as praias segregadas com suas espreguiçadeiras e guarda-sóis. Agora, damos uma grande festa com todos os Anjos e Guerreiros, tanto os do passado quanto os atuais. Ao final do encontro, presenteamos os formandos do ensino médio com um conjunto completo de malas para serem levadas em suas novas jornadas. É dessa forma que manifestamos o que desejamos para eles.

Quero continuar criando essas oportunidades para os jovens. Continuo a me surpreender com o fato de que tudo o que precisam é de alguém que realmente acredite neles. E nós podemos fazer isso por alguém. Não precisamos mentorear 26 crianças — basta mentorear *uma*.

---

[*] Série de eventos realizados ao longo de 2019 em Gana para marcar o 400º aniversário do desembarque forçado dos primeiros africanos escravizados oriundos do país em Hampton, no estado norte-americano da Virgínia. (N. T.)

50

LUA DE CAPRI

Verão de 2021

Jay esperou até não ter ninguém por perto para me contar sobre o seu plano secreto para o aniversário de quarenta anos de Beyoncé, em setembro. Depois do almoço, estávamos no pátio externo da casa de verão deles em Hamptons, e ela tinha acabado de sair para caminhar.

— Quero que esse aniversário seja o melhor de todos que ela já teve — Jay sussurrou, embora estivéssemos a sós. — Quero que todos que ela ama estejam lá. Vou levar todo mundo para a Itália de avião.

Eu sorri.

— Isso parece muito bom.

Jay moveu o seu maxilar inferior, se preparando para dizer algo.

— Tenho um grande favor a lhe pedir.

— O quê?

— Você concorda que o pai da Beyoncé esteja lá?

— *Quê?*

— Quero que você se sinta à vontade. Sei que seria uma verdadeira prova de amor para você, mas estou lhe pedindo: você concordaria que ele fosse?

— Bom, vai ser na Itália — falei, como se isso fosse a questão, então comecei a gaguejar um pouco. — E-eu nunca pediria a ele para ir a essa festa em que estaremos eu e o Richard, porque quero ser cuidadosa com... Ele precisaria levar alguém com ele.

Jay inclinou um pouco a cabeça.

— Ah, sim, ele teria a companhia da esposa — concluí, percebendo o quanto aquilo soava estranho. — É claro. Ah, meu Deus, não sei se estou pronta para isso.

— Bom, apenas pense sobre o assunto — pediu ele.

— Claro — eu disse.

Naquela tarde, reservei um tempo para orar. Ao fazer uma reflexão profunda sobre mim, percebi que não guardava nenhum rancor ou animosidade de Mathew. Tínhamos filhas lindas e construímos uma vida juntos. Nunca questionei se Mathew amava ou não a mim e a sua família, e foi isso que tornou seus problemas tão difíceis para mim. Eu era muito protegida por ele — se mexessem comigo, teriam que lidar com ele — e a única pessoa que ele deixava me machucar era ele próprio com os seus demônios.

Ao entardecer, quando a luz refletida na lagoa tinha um brilho dourado, encontrei Jay.

— No fim das contas, o que importa mesmo é que Beyoncé seja feliz — eu disse. — E eu sei que ela ama o pai. Então, é claro que ele pode ir e levar a esposa. Eu mesma ligarei para convidá-los. E só tenho que aceitar a realidade.

Quando chegou o dia do aniversário de Beyoncé, Jay conseguiu um barco grande o suficiente para acomodar a família e os amigos da minha filha, e o ancorou próximo à ilha de Capri. Para ele, era importante homenagear a esposa e demonstrar seu amor por ela, planejando o melhor aniversário da vida de Beyoncé. A comemoração começou com cinco dias no barco na companhia de seu círculo íntimo, e assistimos a cada helicóptero chegar para deixar as pessoas no heliporto, como no seriado *A ilha da fantasia*. Angie veio comigo, depois Kelly chegou com o marido, Tim. Vimos sair primeiro do helicóptero os pezinhos de seu filho, Titan, e começamos a gritar de emoção. Sabíamos que a Solange não poderia ir por causa de um compromisso importante que ela tinha, mas Beyoncé admitiu para mim que a cada helicóptero que pousava, ela pensava: "Espero que seja a Solange".

Em seguida, o plano de Jay era organizar um almoço para um grupo maior de pessoas queridas. Os novos convidados chegaram de barco. Michelle foi a primeira, e eu fiquei animada ao ver Jay Brown e Kawana chegando com Mai e James Lassiter, como também Emory, Andrea e Justice Jones. O iate estava cada vez mais cheio, mas eu estava esperando por Mathew e a sua esposa. Eu me sentia ansiosa, incapaz de relaxar de fato até que os primeiros momentos de constrangimento tivessem passado.

Quando o último barco chegou e eles não apareceram, fiquei aliviada. "Ah, bom", pensei comigo mesma, "talvez eles tenham perdido o voo." Deus deve ter rido, porque em seguida o barco deles chegou. Os dois foram literalmente os últimos convidados. Beyoncé cumprimentou o pai, animada por vê-lo depois de tanto tempo e em um dia realmente especial. Ela cumprimentou a esposa de Mathew, depois ela e o pai foram conversar a sós.

"Tina, você precisa ser uma mulher adulta." Fui até a esposa de Mathew para que ela se sentisse bem-vinda, e ela me abraçou. Talvez um pouco demais, mas foi muito simpática.

— Ah, meu Deus, é um prazer conhecer você — disse ela.

Quando eu, então, me afastei um pouco, comecei a conversar com Angie e Kelly, mas percebi que ninguém mais estava interagindo com a esposa de Mathew. Havia um sentimento de lealdade — #TimeTina — que eu tive que deixar claro de que não precisava. Voltei a conversar assuntos triviais com ela, sobre o voo e o que fizeram no verão. E aceitei ambos os fatos de que aquilo era estranho e de que havia a possibilidade de um dia deixar de ser. O Mathew e eu não demos certo — às vezes, quando as duas pessoas têm vidas dinâmicas e expansivas, e também grandes carreiras, elas não são compatíveis. Eu era demais para o Mathew, e não havia equilíbrio. Porém, nunca desejei mal a ele e fico feliz que esteja feliz. Ela é perfeita para Mathew.

Mais tarde, Beyoncé me procurou dizendo que Jay havia acabado de lhe contar que eu mesma havia convidado o seu pai e a esposa. Ela estava radiante de felicidade, mas com os olhos cheios de lágrimas.

— Mamãe, essa foi a atitude mais altruísta que você poderia ter. — Ela me abraçou tão forte que eu também fiquei com lágrimas nos olhos. — *Obrigada*.

Jay alugou uma ilha particular para o jantar, fazendo uma surpresa para todos. Quando nos aproximamos da ilha em um pequeno barco, vimos o que pareciam ser pelo menos mil lanternas brancas flutuando na água para nos guiar até a praia. Visualizei todos nós vestidos com nossas roupas brancas mais elegantes, indo para a celebração da minha filha.

As bebidas e os aperitivos foram servidos em um restaurante exclusivo construído em uma caverna, e depois fomos até a praia para encontrar a mesa mais linda posta, colocada sobre a areia e próxima ao ir e vir das ondas. Jantamos, depois dançamos até as cinco da manhã sem querer que a noite terminasse, mesmo quando saudamos o sol. Um por um, brindamos com Beyoncé, homenageando seus quarenta anos de vida. Foi a festa mais mágica da qual eu já havia participado — não apenas por ser tão luxuosa, mas porque, como mãe, pude testemunhar o esforço extraordinário de Jay para mostrar a ela o quanto era especial para ele. Fiquei maravilhada que minha filha parecesse se sentir tão valiosa, tão feliz, tão surpresa e *percebida*.

Na tarde seguinte, de volta ao navio, quando a festa já havia terminado e quase todo mundo tinha ido embora, me sentei no convés com a aniversariante, Angie, Kelly e Michelle. Ficamos apenas apreciando a beleza de Capri: as formações rochosas gigantescas como castelos de pedra esculpidos pelo mar e pela brisa leve e constante; os penhascos de calcário embelezados com vilas de terracota e mármore. Estávamos tão longe que as ondas azuis dançavam sem parar ao nosso redor. Continuei adaptando os meus olhos ao esplendor da criação de Deus e, ao longe, um helicóptero apareceu. Primeiro bem longe, depois, sem dúvida, vindo em nossa direção.

— Ah, Senhor — pediu Beyoncé. — Faça com que um sapato de grife maluco saia daquele helicóptero.

A porta da aeronave se abriu e de lá saiu o salto de um sapato de tiras colorido. Solange! Beyoncé gritou, e as irmãs correram uma para a outra.

Todas as minhas garotas passaram o resto da viagem pilotando jet skis, sem ninguém por perto, rasgando a água e rindo. Era uma festa todas as noites, e todas nós vestimos pijamas de seda azul monogramados para sentar no deque enquanto Beyoncé tocava um pouco de *Renaissance*, o álbum em que estava trabalhando. Enquanto eu dançava diante do cenário de luzes cintilantes de Capri, minha filha cantou para mim "Church Girl", minha música favorita: "I'm finally on the other side. I finally found the urge to smile"*.

---

* Em tradução livre, "Finalmente estou do outro lado. Finalmente encontrei a vontade de sorrir". (N. E.)

51

CUBRA COM CRISTAIS

Outubro de 2022

Bem, eu tinha me metido em confusão, mas era por uma boa causa. Quando a United Airlines doou duas passagens de primeira classe para o leilão que aconteceria na quinta edição do evento anual de arrecadação de fundos Wearable Art Gala do Waco Theater Center, achei que seria uma boa ideia incluir um prêmio maior. "Vou comprar ingressos para um dos futuros shows da Beyoncé." O álbum *Renaissance* tinha acabado de ser lançado naquele verão e eu sabia que ela estava começando a planejar uma nova turnê. Acho que eu disse algo como: "Acredito que será nesse verão, mas qualquer que seja a data, diga que farei um tour pelos bastidores com os vencedores".

Esse foi um acréscimo de última hora, por isso não conferi a apresentação feita pela equipe, até que ela foi vista na tela por todo mundo. "United e Waco oferecem a você a chance de ver Beyoncé em sua *Renaissance World Tour*, a partir do verão de 2023…"

Olhei rapidamente para Beyoncé e o seu olhar dizia: "O que você fez?". Eu corri para o palco.

— Em primeiro lugar, não há nenhuma turnê *Renaissance* — gritei. — Ela não tem um nome; nem sequer foi planejada! — E você acha que as pessoas se importaram? Elas sabiam que seria um *show*.

Semanas mais tarde, a equipe de Beyoncé teve uma reunião para tentar definir essa turnê. Estávamos falando sobre coisas que poderiam ser feitas para os fãs, e eu sugeri um concurso. Beyoncé olhou para o Jay e disse:

— Bom, sabemos que isso pode ser feito, não sabemos?

— Sim, eu fiz isso. — Ri. — Mas não fiz *tudo* isso. Eu apenas falei sobre ingressos no futuro.

Porém, o futuro estava chegando, e por fim Beyoncé estava realmente planejando o show que seria chamado de *Renaissance World Tour*, com início naquele mês de maio, em Estocolmo. Assistir a esses períodos de preparação para as turnês se tornou uma aula magistral em artes cada vez mais complexa. Um dia típico funciona da seguinte forma: depois de deixar os filhos na escola, Beyoncé vai direto para o escritório da Parkwood. Ela está em modo de luta, vestindo uma calça de moletom muitos números acima do seu e um abrigo com capuz, e os dias são superlongos. As salas estão cheias de quadros-brancos para anotações, já que ela entra e sai de reuniões. A primeira pode ser com os designers de palco, a segunda pode tratar da iluminação, a terceira da coreografia. Depois, figurino, produção, adereços... Quando você assiste ao show, ela já cuidou de cada detalhe, sem poupar despesas. Ainda assim, ela é a única artista que eu conheço que aperta o orçamento, maximizando cada dólar não para ela, mas para que os fãs recebam o melhor pelo valor que pagaram.

Ela então discutia as turnês anteriores e como poderia tornar a próxima ainda *maior*. No passado, Beyoncé sempre trocava de roupa dez vezes em um show, mas ela queria uma roupa totalmente nova para abrir o show a cada noite. Na abertura, nenhum modelo era repetido, e depois acrescentávamos novos *looks* para todos os números e em qualquer noite. Haveria cerca de cinquenta shows planejados, talvez mais, e eu falei sobre o estresse que sofre o estilista — essa pessoa já comia, respirava e dormia a turnê. E agora, como seria com mudanças contínuas de guarda-roupa?

— Bom, eu quero *dois* estilistas — disse Beyoncé.

No passado, eu desenhei muitos dos figurinos para os dançarinos, com o incrível Tim White confeccionando as roupas, e não achava que dois estilistas seriam suficientes para executar aquela ideia. A pressão sobre eles seria muito grande, pois os planos de Beyoncé eram para algo em torno de

24 dançarinos trocando de roupa dez vezes a cada show, e do jeito que ela estava falando, eu sabia que até o final das 56 paradas da turnê, Beyoncé poderia ter mais de duzentas trocas de roupa e seiscentos figurinos.

Ela disse que queria dois estilistas, mas quando eu saí, o meu objetivo era reunir um time de quatro estilistas de alto nível, e um outro que seria exclusivo dos dançarinos. Aquilo jamais havia sido feito antes. Caso conseguíssemos, entraria para a história da moda.

A primeira ligação foi para Shiona Turini, uma amiga da família e estilista com quem trabalhamos por um tempo. Em seguida, adicionei Karen Langley, uma inglesa que trabalhou com a Beyoncé na linha Ivy Park. Entrei em contato com Edward Enninful, então diretor da *Vogue* britânica, que foi generoso ao me encaminhar para a diretora de estilo da sua revista, Julia Samois-Jones. E, finalmente, KJ Moody, bisneto do meu irmão mais velho, Slack Jr. KJ cresceu em Dallas e estudou design. Eu sabia que ele era especial desde que tinha oito ou nove anos, quando o deixei entrar nos bastidores de um show do Destiny's Child para ver a sala de figurinos. Ele viu todos os brilhos e os trajes e disse: "Eu me apaixonei por isso".

Lançamos para ele o mesmo desafio que demos a todos os estilistas: sim, conhecemos o seu talento. Agora, nos mostre do que é capaz.

Beyoncé estava muito envolvida em cada pequeno detalhe. "Não, isso precisa de óculos". "Não, encontre este tipo de bota e corte o salto". "Não, precisamos colocar látex com isso e podemos…" Eu a vi dando opiniões valiosas sobre tudo e dedicando tempo não apenas para desafiar os estilistas, mas também para os ensinar e, assim, eles poderem estar à altura da ocasião.

Há muitas coisas que é preciso saber para deixar tudo *pronto para o palco*. A entrega dos figurinos pelo designer é apenas metade da batalha. As roupas precisam se manter inteiras para que não causem nenhum contratempo, e devem permitir que você *se mova nelas* sem limitações, e que o público veja esse movimento. Aprendi há muito tempo que, quando vestimos Beyoncé com alta costura, ela está se matando de dançar por baixo daquela coisa, mas não é possível ver nenhum movimento. E a roupa também tem que parecer boa de todos os ângulos do palco.

E quando tudo o mais falhava, a nossa piada recorrente era: "Cubra com cristais". Um pouco de brilho e strass faz uma grande diferença.

• • •

A *Renaissance World Tour* era real. Parecia que o mundo inteiro estava coberto de prata. Nossos estilistas formidáveis, de nível mundial, haviam realizado o sonho extravagante de Beyoncé. O público vibrou quando ela apareceu como um raio de luz e cantando em alto e bom som "Dangerously in Love" com um *body* Alexander McQueen personalizado. O design futurista do cenário e o figurino eram de tirar o fôlego. Isso foi algo *maior*, exatamente o que a minha filha imaginou um ano antes. Já a vi se transformar em muitos palcos, mas ela se tornou uma deusa hipnotizante na noite de abertura da *Renaissance World Tour*.

Escolhemos Paris como base central de operações da família durante a turnê, e passamos muito tempo juntos em nosso hotel. Beyoncé queria que todos nós tivéssemos um sentimento de normalidade, e eu adorava estar diariamente com os meus netos, Blue, então com onze anos, e os gêmeos Sir e Rumi, que completaram seis anos durante a turnê.

Em abril, Beyoncé havia alugado o maior estádio da Europa para os ensaios, o La Défense Arena, em Nanterre, na França. Blue tinha aulas lá, e participava dos ensaios na maioria dos seus dias livres. As pessoas fazem piadas sobre Blue ser a empresária de Beyoncé, porque ela está sempre a par de tudo, sempre opinando nas reuniões. Ela é uma criança muito responsável e assistia aos ensaios de dança com muita atenção, da mesma forma que Solange costumava observar Beyoncé e Kelly praticando suas coreografias quando eram crianças. Às vezes, Blue ensaiava as coreografias com os dançarinos da *Renaissance*, mas não era nada oficial.

Não muito tempo depois do início da turnê, Blue me disse:

— Vovó, eu quero de verdade dançar uma vez com minha mãe.

— Bom, você deve… — eu me contive. Uma avó sabe quando lhe pedem um aval. — Deveríamos conversar com sua mãe sobre isso.

A resposta imediata de Beyoncé foi "não".

Foi uma medida protetora, reconheço, mas Blue não desistia.

— Eu sei a coreografia toda.

Ser capaz de dançar não era o suficiente, explicou Beyoncé:

— Você tem que trabalhar duro. Você não pode simplesmente sair por aí e fazer o que bem entender.

— Farei isso — garantiu ela.

Beyoncé pensou por um segundo. Ela era protetora e não queria que a filha fosse exposta naquela idade.

— Eu vou deixar você fazer uma vez, e pronto.

Blue começou a trabalhar imediatamente, e teria duas semanas para aprender uma coreografia complicada que os dançarinos experientes tiveram três meses para dominar. Ela estrearia em Paris no final de maio e, se desse certo, o plano era que ela se apresentasse em alguma outra cidade. Talvez. Ela se juntaria aos dançarinos durante "Black Parade" e "My Power" — duas músicas que reivindicam a força de sustentação de nossas raízes. Blue se esforçou muito durante essas duas semanas.

— Eu sei fazer isso — ela me dizia. — Eu sei de verdade.

Eu a ajudei a arrumar o cabelo antes daquele primeiro show em Paris. Antes que eu me desse conta, Blue estava lá fora com a mãe, rodeada por dançarinos, todos eles com *looks* eletrizantes. Chorei ao ver a minha neta se apresentar. Aquela criança que havia sido intimidada por estranhos ainda antes de nascer estava disposta a mostrar os seus dons na frente de quase setenta mil pessoas. A reação da multidão foi incrível, milhares de pessoas adoráveis que torciam por ela.

Blue Ivy nasceu de pais famosos, mas ainda era uma criança. Pessoas horríveis disseram que a mãe dela fingiu a gravidez, e adultos zombaram de um bebê porque Beyoncé optou por não pentear o cabelo de Blue para trás, a deixando ter um lindo afro. A ironia foi que, quando era pequena, Blue deu início a uma nova tendência, pois as pessoas passaram a deixar os filhos usarem o cabelo natural, e viam beleza neles. Isso é algo do qual ela poderá se orgulhar para sempre. E então lá estava ela, com apenas onze anos, transformando o orgulho de uma menina Negra em uma coragem extraordinária para dançar em estádios lotados, noite após noite. Ela fez isso, e quero que Blue se orgulhe disso pelo resto da vida.

Rumi e Sir fizeram seis anos durante a turnê. Sir evitava tudo que dizia respeito ao entretenimento que norteava a vida de sua família, e amava os livros e a ortografia tanto quanto os carros e os caminhões. Já Rumi dizia todos os dias para Beyoncé: "Estou pronta. Estou pronta para o palco". Ela sabia toda a coreografia e as letras de todas as músicas.

"Aquelas garotinhas Carter", eu me pegava dizendo enquanto a observava se movimentar no ritmo da música, o que lembrava o "Aquelas garotinhas Knowles" que eu costumava ouvir na aula de dança da srta. Darlette, em Houston.

Uma das outras alegrias dessa época foi ver Kelly voltar a atuar, atividade que ela amava muito. Todas as minhas filhas possuem talentos incríveis, e algo que notei nela é o quanto a câmera a adora. É só apertar um botão e Kelly consegue deixar qualquer um ligado, criando uma conexão com o espectador. Ela havia acabado de filmar *Mea culpa*, de Tyler Perry, que se tornaria durante um bom tempo o filme mais assistido da Netflix.

— Você está apenas tocando a superfície do que pode fazer — eu falei para Kelly, usando o mesmo discurso motivacional de quando ela tinha onze anos.

Meu sonho é vê-la interpretar Donna Summer em um filme biográfico, um papel no qual sei que ela arrasaria.

— Você não pode esperar — continuei. — Terá que criar isso você mesma. Consiga o roteiro e depois encontrará o apoio.

Eu sei que ela vai, porque a Kelly nunca deixou de desabrochar, sempre se desafiando a enfrentar qualquer coisa que a assuste para ser a mulher que ela quer ser. Em outubro de 2018, ela havia encontrado seu pai biológico, Christopher Lovett, depois de trinta anos sem vê-lo. Ela tinha muitas perguntas, mas disse que optou por ouvi-lo primeiro, para que ele pudesse contar o seu lado da história complicada deles. Desde aquele primeiro dia, eles se tornaram novamente muito próximos, e eu gostei que em 2022, após quase quatro anos de conversas quase diárias, eles decidiram compartilhar sua jornada de reconciliação em uma entrevista conjunta no programa *Today*. Nada é impossível quando se trata de família.

52

EU ME ESCOLHO

Julho de 2023

Houve uma manhã que eu acordei vendo tudo com clareza. Não foi como se a luz de um novo dia brilhasse em mim, me concedendo alguma revelação. O que aconteceu foi que eu me permiti *enxergar* o que havia estado claro por tanto tempo: meu casamento com Richard precisava terminar. Embora fôssemos amigos por muitos anos antes de darmos início ao nosso relacionamento de uma década, e ele tenha ótimas qualidades, simplesmente não as despertávamos um no outro.

Eu já havia conversado com ele sobre os meus sentimentos um tempo antes, mas na manhã em que me decidi, acordei e percebi que conversar não mudaria nada. Eu simplesmente *amadureci* aos 69 anos e percebi que merecia muito mais. Eu queria ser feliz. Queria que alguém ficasse feliz quando eu entrasse em um ambiente. Se eu continuasse naquele relacionamento, nunca me sentiria completa, amada, querida e respeitada. E *percebida*. Nada mais importa em um casamento se não formos a prioridade um do outro. Havia também a pressão de ser um exemplo para tantas pessoas que esperavam encontrar uma segunda chance no amor. No entanto, eu tinha que escolher.

E eu me escolhi. Em julho de 2023, dei entrada ao pedido de divórcio. Os detalhes não importam tanto quanto os fundamentos: novamente, os princípios de Coríntios, capítulo 1. O amor é paciente, o amor é bondoso. O amor também não é uma competição ou está atolado em ciúmes. Tomei a decisão de me divorciar com o coração pesado, mas totalmente sem malícia, e não perdi uma noite de sono sequer por causa disso — o que, para mim, significa crescimento. Quando passei pelo meu primeiro divórcio, aos 58 anos, achei que fosse morrer. Antes de tomar a decisão, eu estava sofrendo uma dor emocional terrível, mas a própria ideia me deixava fisicamente doente. Minha pastora, Juanita Rasmus, diz que, quando enfrentamos uma dificuldade, isso significa que estamos *seguindo em frente* — não vamos ficar presos ao problema. Vamos chegar ao outro lado e sobreviver.

Eu não apenas sobrevivi, mas *prosperei*. Não estou dizendo que foi fácil passar novamente por um divórcio. Eu teria preferido muito mais estar casada e feliz, e planejar uma aposentadoria para me dedicar à filantropia em tempo integral. Porém, não fiquei paralisada pela tristeza, nem sofri do mesmo vazio de antes. Minha missão era me concentrar nas coisas que me trazem alegria e segurança e que não têm a ver com casamento. Eu gostaria de ter um companheiro de vida, até mesmo de me casar novamente, mas estando ou não com alguém, eu ainda ficaria bem. Eu levaria uma vida plena, porque passaria a valorizar de verdade a mulher que via no espelho. Eu nunca havia sentido que poderia afirmar essas coisas antes com confiança — e isso, por si só, era um presente incrível de se receber, mesmo que fosse naquele momento tardio da minha vida.

Havia pessoas que não achavam que eu deveria me sentir incrível. Nas redes sociais, desconhecidos disseram coisas maldosas, inclusive uma que me fez rir: "Tina Knowles não consegue manter um homem". Bom, eu fiquei com um por 33 anos e com o seguinte por dez, mas tudo bem. Havia uma mensagem implícita em muitos dos comentários: não apenas eu não merecia ser feliz, mas a minha idade me tornava inelegível até mesmo para tentar. As pessoas recortaram e editaram uma entrevista que eu e Richard demos para um programa de TV, destacando a parte em que falei que o meu marido não era perfeito, mesmo que antes eu tivesse citado todas as coisas excelentes nele.

Acho que, como acontece com muitas mulheres, mesmo que eu tenha listado várias qualidades positivas antes de dizer que ele era humano, isso foi visto como uma crítica. Olhando para trás, talvez eu devesse ter dito que ninguém é perfeito — eu certamente não sou. Ao ver todo o ódio direcionado a mim no Instagram, grande parte vindo de mulheres, pensei em como nós mesmas promovemos ideias sexistas, em como muitas vezes compramos a narrativa de que os homens são superiores e que devemos simplesmente os adorar. Será que eu já fui culpada disso? Refleti sobre as mensagens que todas nós recebemos, desde a infância até a idade adulta, que nos dizem que nosso valor está relacionado apenas à presença de um homem.

No belo casamento em julho da mãe de Jay, Gloria Carter, com o seu amor de muitos anos, Roxanne Wiltshire, realizado em Nova York, eu tive uma conversa esclarecedora com Tyler Perry. Isso foi semanas antes de eu anunciar o divórcio e, embora o Tyler tenha ficado desapontado com a notícia, pois gostava de mim e do Richard juntos, ele compartilhou algo que me daria força no futuro:

— Entende o quanto estou orgulhoso de você? Por decidir, aos 69 anos, que a sua felicidade e a proteção do seu estado de espírito são mais importantes do que as aparências?

Isso não foi uma indireta para o Richard, de quem Tyler realmente gosta. Ele estava falando apenas de mim e também das mulheres que conheceu em sua vida, mulheres que ele amou de todo o coração e que permaneceram casadas porque achavam que era a coisa certa a fazer. Tyler me lembrou que eu estava tomando aquela decisão não apenas por essas mulheres — as mães, as irmãs, as tias e as filhas —, mas pelos filhos que as adoram. Como mulheres, nós nos convencemos que sacrificar a nossa felicidade levará à felicidade de nossos filhos. Porém, eles nunca saberão o que é ser feliz se nós não formos. Eles nunca terão poder até que nós o tenhamos.

— Você tomou a iniciativa. — Tyler se inclinou para me olhar nos olhos. — Você está tomando a iniciativa por todas as nossas mães.

Apenas alguns meses depois do meu anúncio, Beyoncé e eu estávamos no banco de trás de um carro, vendo Houston passar por nós. Estávamos a caminho do meu hotel depois de passar a manhã de sexta-feira na inauguração da casa Knowles-Rowland, que a nossa família ajudou a desenvolver junto com a igreja St. John's Downtown. O espaço é modificado o tempo todo de acordo com as necessidades da comunidade. Primeiro, funcionou como um centro juvenil sem fins lucrativos e um espaço de eventos para crianças; depois, como um depósito para acomodar as necessidades crescentes do banco de alimentos da igreja. E, por fim, ele estava sendo transformado em 31 apartamentos com o objetivo de ajudar jovens que saem do sistema de adoção aos dezoito anos e não conseguem um emprego por não terem endereço ou telefone fixos. O complexo também vai oferecer serviços de saúde e um programa de auxílio ao emprego.

Estávamos em Houston para os shows de sábado e domingo à noite da *Renaissance World Tour* de Beyoncé, e Kelly participaria da inauguração dos apartamentos para representar a família. Naquela manhã, contudo, Kelly me ligou em pânico para informar que a babá que trabalhava com ela estava com Covid-19, de forma que não poderia ir. Beyoncé ouviu a ligação.

— Estou prestes a ir lá e fazer isso eu mesma — eu disse mais para mim do que para minha filha.

— Eu levo você, mamãe — sugeriu ela.

Eu fiquei muito emocionada, pois ela tinha feito um show na noite anterior e devia estar exausta. Ela ficou logo atrás de mim enquanto eu discursava sobre a importância do projeto e de suas raízes nos cultos de domingo da St. John's. Enquanto eu falava para minha querida comunidade, bem quando comecei a me emocionar, senti a mão da minha filha em minhas costas.

Quando seguíamos para nossa próxima parada, o motorista fez um desvio para fugir do trânsito e pegou uma rua lateral que ele não sabia que fazia parte do mapa da infância de Beyoncé e de meus primeiros anos como mãe.

— Mamãe, essa rua não vai dar na nossa casa?

— Sim — respondi. — Na da Rosedale.

Eu tinha um almoço no qual eu representaria a BeyGOOD, um projeto filantrópico de Beyoncé, mas pedi ao motorista que fizesse outro desvio para que pudéssemos ver nossa antiga casa. Enquanto seguíamos para lá, ela se sentou com a postura ereta e percebi que ela se lembrava daquelas ruas, as mesmas que lhe eram tão familiares quando ainda engatinhava.

— Você tinha por volta de um ano quando nos mudamos para a Rosedale — contei. — Foi a garagem daquela casa que reformei para transformá-la em meu primeiro salão. Foi lá que tudo começou.

Pedi ao motorista que parasse em frente à casa. No instante que soltei o cinto de segurança, Beyoncé entendeu.

— Mamãe, não vá.

Porém, já era tarde. Os atuais proprietários não estavam, mas em algum lugar há uma gravação feita pela câmera de segurança da casa que mostra que me aproximei do interfone e disse:

— Oi, eu morava aqui e queria saber se podemos entrar para dar uma olhada. Minha filha Beyoncé também morava aqui....

Quem viu, provavelmente pensou: "Ah, meu Deus!".

— Não tem ninguém em casa — informei à Bey ao entrar no carro.

— Eles viram você chegar — brincou ela. — Bom, não é... Espera aí! Minha escola ficava logo ali naquela rua.

— Sim, ficava bem ali mesmo — concordei, enquanto via minha filha se tornar uma aluna do jardim de infância novamente. — Siga um pouco mais em frente — pedi ao motorista, me lembrando de como a deixava todas as manhãs na Santa Maria da Purificação e seguia apressada para o Headliners.

É claro que dei um pulo na escola e vi aquelas crianças fofas atravessando o estacionamento. Com Beyoncé protelando um pouco, fui direto até elas para dar um oi, o que assustou a professora, é claro. Eu a ouvi dizer: "Depressa, crianças", conforme eu, uma mulher estranha, em um terno branco, ia até elas de braços abertos.

— Não, não, não — eu tentei me retratar. — Sabe, a minha filha frequentou essa escola e eu, nós, apenas queremos dar um oi para as crianças.

A professora ainda me olhava com cara de brava, então apontei para trás de mim.

— Bem, é a Beyoncé — informei baixinho.

Bey fez um aceno, e a professora relaxou, um pouco atônita, enquanto minha filha se aproximava para conhecer os pequenos e contar às meninas que usava uniformes iguais aos delas.

— Minha mãe adora a Beyoncé — uma delas falou com Bey diretamente na terceira pessoa. — Ela vai ver a Beyoncé no sábado à noite.

— Isso é muito legal — minha filha lhe disse. — Eu vou ver a sua mãe lá.

Então, um garotinho começou a dançar *break*, claramente querendo fazer um teste para se tornar seu dançarino. Todas nós rimos e ficamos torcendo por aquele menino tão simpático.

A enxurrada de lembranças continuou enquanto continuávamos nosso trajeto, e Beyoncé apontou para os arbustos ao lado da escola.

— Eu costumava colher frutas bem ali! — Ela estendeu uma das mãos e, naquele momento, voltou a ser minha garotinha do Third Ward, que comia frutas silvestres tão naturais e livres como ela.

53

LENDO AS MARGENS

Verão de 2024

Havia um final diferente planejado para este livro. Eu o vinha buscando há algum tempo, vivendo a minha vida com uma espécie de visão dupla: mantendo os pés no presente, mas entendendo a totalidade da minha vida com uma leveza suficiente para me manter a uma distância segura, a fim de ter uma visão melhor. O momento tinha que ser significativo o bastante para ser digno de ser compartilhado aqui com você, mas também atemporal, algo profundo que eu pudesse lhe oferecer e saber que resistiria ao desgaste e às lágrimas da *sua* vida.

Achei que tinha encontrado um final na semana do Quatro de Julho, ao passar um período com os meus netos na casa da Beyoncé, em Hamptons. Ficamos o tempo todo na piscina, e houve um momento em que me senti muito viva ao brincar com Rumi, que, aos sete anos, me contava tudo sobre o mundo como ela o via. Foi como aqueles dias na praia com a minha família, em Galveston. Entre uma tentativa e outra de mostrarmos quanto tempo conseguíamos prender a respiração embaixo d'água, subi à superfície e senti que alguém me olhava. Reconheci uma calma peculiar no ambiente, a consciência singular de estar sendo observada com amor.

Por instinto, me virei, meio que esperando ver minha mãe. Só que era Beyoncé, observando a filha rir com a avó. Eu sorri, e ela sorriu de volta, ambas gratas a Deus.

A alegria é algo transformador para as mulheres Negras. O histórico de doenças e violência sofridas pela minha mãe fez com que ela tivesse medo da vida, mas as suas orações eram para que eu e todas as crianças que ela criou tivessem algo que parecesse tão milagroso assim. Todos nós juntos em algum lugar, nadando no milagre da segurança, da liberdade e do amor.

Naquela noite, eu ditei esse momento no gravador do meu celular, para o deixar salvo.

Porém, Deus tem Seus planos, e enquanto minha mãe orava pela minha alegria, ela também pedia pela minha força. Naquela mesma noite, decidi voltar para Los Angeles mais cedo, ao contrário do que eu planejara. Eu havia adiado fazer as biópsias de duas massas potencialmente cancerosas em meus seios.

Três meses antes, minha médica me perguntou quando eu havia feito minha última mamografia, e eu lhe disse que fora em 2022. Contudo, quando fui marcar o novo exame, me informaram que a última que eu havia feito tinha sido quatro anos antes. Eu havia agendado um exame em 2022, mas me disseram que não estavam fazendo mamografias naquela época por causa da pandemia de Covid-19. Depois, minha vida ficou tão agitada que, aos poucos, caí no conto da memória falha e achei que tinha feito a mamografia. Então, em abril, eu fiz uma bateria completa de exames, e o principal resultado que preocupou os médicos e a mim foi que a camada interna do meu útero havia engrossado onze milímetros, um possível sinal de câncer. Eles queriam agendar imediatamente uma biópsia endometrial. Também disseram que a mamografia estava um pouco estranha, e eu devia fazer biópsias de duas possíveis massas, uma em cada mama. No entanto, o exame endometrial foi considerado prioridade.

Eu fiz a biópsia uterina logo em seguida e, quando descobri que era apenas um mioma, tive uma falsa sensação de segurança em relação a minha saúde. Eu já havia feito mamografias ruins antes, que se revelaram alarmes falsos, por isso não contei às minhas filhas. Liguei várias vezes para agendar as biópsias de mama, mas não havia vaga ou o médico estava fora da cidade e não insisti muito. Isso se arrastou por meses, até que consegui finalmente uma data. Eu havia perdido muito tempo, mas me convenci de que não poderia ser tão ruim se ninguém estava realmente me apressando para fazer as biópsias.

Eu ainda não havia contado à Beyoncé, e ela me incentivou a simplesmente ficar em Hamptons e relaxar, sem saber que isso só atrasaria as coisas. Parte de mim queria ceder ao adiamento, mas saí cedo de Nova York para voltar para casa e fazer as biópsias na manhã de segunda-feira, 8 de julho. Fiquei totalmente acordada durante o procedimento, aplicaram apenas lidocaína para anestesiar a área. A biópsia da mama direita foi guiada por ultrassom, mas para a da esquerda foi necessária uma mamografia, e notei que a médica sempre voltava para retirar mais tecido.

Aquilo me deixou inquieta, mas fiz uma oração e deixei para lá. Uma semana depois, eu estava em uma reunião importante no final do dia na Cécred, a linha de produtos para cabelos da Beyoncé que foi lançada em fevereiro de 2024. Eu havia me envolvido muito no desenvolvimento dos produtos e, como vice-presidente da empresa, a dirijo no dia a dia junto com a CEO, Grace Ray. Quando a assistente de Grace veio me dizer que a minha médica estava na linha, por reflexo eu respondi que ligaria de volta.

— Não, ela quer falar com você *agora*.

E foi aí que eu soube. Fui para o meu escritório e fechei a porta. Na sala só estavam Deus e eu.

Minha médica me disse que eu tinha câncer de mama. Um pequeno tumor na mama esquerda era cancerígeno; o tumor maior na mama direita era benigno, mas também teria que ser removido. Ela disse que eu estava no estágio 1A, e me assegurou que meu prognóstico era bom. O próximo passo foi conversar com um oncologista e com um cirurgião de mama.

— Parece que descobrimos isso muito cedo — informou a médica. — Você vai ficar bem.

Quando desliguei, fiquei ali sentada, atordoada, esfregando o pescoço. Pensei imediatamente no meu pai, em todas as vezes que o levei para fazer quimioterapia e em tudo que o câncer tirou dele. Eu havia passado por todas essas coisas na vida para chegar aos setenta anos e ter câncer?

A casa parecia mais solitária, agora que eu tinha aquela notícia para compartilhar. Eu queria ter um companheiro para não passar por um momento assim sozinha. Eu tinha as minhas filhas, mas não queria ser totalmente dependente delas. Sou mãe, e sempre haverá uma parte de mim que as protege. Eu não queria contar para a Beyoncé à noite, porque sabia que ela não conseguiria dormir, então esperei até surgir a luz de um novo dia. Ela reagiu bem, se mantendo positiva, e eu já podia sentir a sua mente acelerando, concentrada naquilo como se fosse uma tarefa a ser enfrentada com precisão. Ela encontraria o melhor especialista para mim, e me lembro perfeitamente de ela me dizendo: "Quero que você tenha uma segunda opinião sobre qualquer que seja o curso do tratamento".

Solange era a minha bebê, e eu sabia que seria difícil para mim contar para ela.

— Mamãe, nós vamos cuidar disso — ela me disse. — Nós vamos descobrir o que fazer.

Kelly orou comigo, e Angie se certificou que eu manteria o espírito de luta. Minhas garotas se tornaram o meu time.

Beyoncé conseguiu marcar uma consulta com uma das melhores especialistas em cirurgia de mama dos EUA. Eu já estava agendada com a cirurgiã de mama do hospital para a segunda-feira seguinte e com a oncologista na terça-feira, mas essa outra médica poderia me atender na sexta-feira anterior. Concluí que eu havia sido muito passiva. Esperei pela resposta da médica para fazer uma mamografia, e a culpa foi minha por não ter feito o acompanhamento. Depois, esperei para fazer as biópsias, me convencendo de que, se eles achassem que era algo importante, seriam mais atentos. *Eu* tive que ser a minha própria defensora.

Portanto, as duas opções estavam em minhas mãos: a nova cirurgiã de mama ou a anterior. Gostei da energia da primeira logo de cara — tranquilizadora, mas aberta às minhas preocupações. Ela me falou sobre dois exames pré-operatórios que gostava de fazer nas pacientes, para planejar a melhor estratégia: um deles era o MammaPrint, que usaria o tecido mamário para mostrar o tipo de câncer que eu tinha:

— Ele indicará se você está lidando com um poodle ou um rottweiler — ela explicou, acrescentando que o teste poderia ser feito com o tecido que já havia sido extraído da biópsia. O outro exame era relativamente novo, um exame de sangue chamado Signatera, que mostraria se havia outras células cancerígenas no meu corpo.

Na consulta de segunda-feira com a cirurgiã do hospital, eu falei para ela que queria fazer os dois exames.

— Fazemos o MammaPrint *depois* da cirurgia — ela informou —, porque ele não tem nenhuma influência sobre o resultado da nossa decisão em operar ou não. Para esse exame, usamos o tecido que será retirado durante a cirurgia.

— Bom, eu quero esse exame antes *e* depois, e pagarei por eles.

— Se você insiste... — ela concordou, mas havia algo nessa resposta que me incomodou.

No dia seguinte, fui à consulta com a oncologista, mas ela não concordou que eu fizesse o exame de sangue Signatera que a especialista havia sugerido. Na verdade, ela disse que a maioria das pessoas não gostaria nem de saber os resultados do exame de sangue.

— Você só vai ficar estressada, esperando que algo ruim ou inevitável aconteça.

— Isso é uma decisão individual, certo? Eu quero saber.

— Ah, você quer saber se vai morrer de câncer?

Bom, aquilo acabou comigo. Ela tentou se corrigir, dizendo que o exame só contribui para os pacientes se preocuparem, mas como eu continuei a fazer perguntas, aquela falta de sensibilidade contaminou tudo. Ela previu que eu não precisaria de quimioterapia, mas com certeza precisaria de radioterapia — de cinco a dez sessões, se tivesse sorte. Na verdade, ela disse que eu teria que tomar um bloqueador hormonal por cinco anos, o que anularia qualquer estrogênio natural que meu corpo ainda produzisse. Ela não foi receptiva às minhas perguntas sobre o que aquilo significaria para a minha qualidade de vida.

De acordo com o hospital, os médicos agiam da mesma forma com todos os pacientes, o que me soou como uma abordagem padronizada. Aquilo não me pareceu certo e somente agora, ao escrever estas palavras, percebo por que me sinto tão incomodada com médicos que se acham Deus. Quando eles me ignoram ou rejeitam as minhas perguntas válidas, isso traz à tona sentimentos infantis de impotência diante dos médicos. Sem ser ouvida, me sinto vulnerável e à mercê deles, mesmo na minha idade.

Saí do consultório muito deprimida e confusa. Naquela noite, conversei com a CEO da Cécred e lhe expliquei que continuaria a trabalhar até bem próximo da cirurgia. Grace me disse que uma de suas amigas havia passado pela mesma situação e que, quando o tumor foi removido, ela também fez uma redução das mamas:

— Agora, ela tem os seios de uma mulher de 35 anos, bem empinados.

Quando Solange ligou para saber como eu estava, tentei manter a conversa leve, repetindo o que eu tinha acabado de ouvir.

— E, veja só, agora ela tem esses seios jovens e durinhos.

— Bom, mãe, esse é o lado positivo — comentou ela. — Você sempre quis ter seios menores.

Era verdade, havia muitos *looks* que eu não podia usar por causa do tamanho dos meus seios.

Liguei para a segunda cirurgiã e fiz essa sugestão. E ela disse que uma redução de mamas seria uma coisa boa, porque assim eles não precisariam ser tão minuciosos ao remover o tecido canceroso. Tomei minha decisão: eu não iria seguir com a cirurgiã do hospital que me tratava mal, mas, sim, com essa nova cirurgiã, a mulher que me deu opções e esperança. Ela recomendou um outro oncologista que, segundo ela, seria mais adequado para mim. Esta é a lição que quero compartilhar: mesmo que eu tivesse optado pela primeira cirurgiã, eu poderia ter pedido por outro oncologista. Muitas pessoas, especialmente os Negros, acham que têm de seguir com o médico que lhes é indicado, mesmo que não sejam bem tratados. Todos merecem uma segunda opinião, e é você quem deve tomar as decisões.

Marcamos a cirurgia para o dia 19 de agosto e, no final de julho, viajei para Houston para ter o apoio da minha família e dos meus amigos como parte do meu pré-operatório. Eu queria contar pessoalmente à minha irmã Flo sobre meu diagnóstico, e o fiz depois de assistirmos ao culto de domingo na minha igreja, a St. John's. Aquele momento foi muito bom para minha cura, e compartilhamos uma canção de entrega, pedindo a Deus que resolvesse todos os problemas que carregávamos dentro de nós.

Eu sabia que Flo reagiria mal. Nosso belo irmão Butch havia falecido pouco tempo antes, em fevereiro, aos 77 anos, e perder o nosso aventureiro foi muito doloroso. Butch permaneceu por uma eternidade nas Forças Armadas, até que se aposentou em Austin, onde morava com a sua esposa de tantas décadas, Jeanette, e a filha, Dana, uma moça muito devotada à família. Ele teve um derrame em 2019, logo após minha festa de aniversário de 65 anos, e as complicações decorrentes do uso de uma sonda de alimentação o deixaram incapaz de andar e até mesmo de falar. Em julho daquele ano, Selena faleceu, a menina que havia sido deixada para trás quando era pequena, apenas para se tornar a mulher que nos manteve unidos por mais de 92 anos. Ela morreu no dia do aniversário da nossa mãe, e eu as imagino reunidas no céu com o Johnny dela para nunca mais se separarem, reverenciadas em seu glamour e ungidas pela glória divina.

Slack Jr. havia falecido em 2012, e a ansiedade crescente de Larry tornava difícil nos comunicarmos com ele. Um tumor em sua retina causou cegueira, aumentando ainda mais seus problemas. Minha mãe havia me pedido para cuidar dele e foi o que todos nós fizemos. No ano anterior, o trouxemos para Los Angeles de forma definitiva para que pudesse ficar com seus filhos Larry Jr. e Angie. Flo estava com oitenta anos e tinha plena consciência de sua própria mortalidade. Ela se esforçou muito para cuidar de todos nós, mesmo quando reclamava que a deixávamos louca. Ela era a enfermeira da família, quem tinha as respostas.

Flo ficou comigo na minha suíte do hotel, mas logo voltaria para Galveston. Respirei fundo.

— Bom, tenho algo para lhe contar — eu disse. — Estou com câncer de mama. Não é ruim. Está em estágio inicial.

Ela pareceu chocada — e um pouco assustada —, mas logo se recuperou para cumprir o papel de irmã mais velha e me deu um abraço.

— Você quer que eu vá para a cirurgia?

— Não. Vou ter enfermeiros e outras pessoas irão se revezar para me fazer companhia. Prefiro que você vá depois da cirurgia, quando poderei aproveitar a visita. É isso o que vou precisar de você. Precisarei simplesmente da sua presença.

Éramos tudo o que restou de nossa casa em Galveston. Duas irmãs que sempre se amaram, mas que só se *conheceram* mais tarde na vida.

O dia havia sido tão pesado que eu só queria me divertir aquela noite. Liguei para as pessoas, reuni algumas amigas e fomos para um clube de R&B, como nos velhos tempos. Isso fazia parte do meu fortalecimento para conseguir trilhar a estrada que surgiu na minha frente.

Com esse propósito, saí de Houston e voei para os Hamptons para passar uma semana e meia desfrutando da dedicação exclusiva de todas as minhas filhas e netos antes de voltar para Los Angeles e fazer a cirurgia. Todos alugaram residências próximas, e Kelly, Solange, Angie e até Michelle, a minha "Belle", vieram me abraçar na casa da Beyoncé. Fiquei o tempo todo sem maquiagem e passava o dia inteiro brincando com meus netos. Julez veio passar alguns dias conosco, pois estava muito ocupado em Manhattan, trabalhando como modelo e em sua marca de *streetwear*. Eu me fortaleci ao conversarmos sobre tudo o que ele estava fazendo. Sempre fui muito próxima de Julez, um jovem gentil, amoroso e talentoso que sempre me protegeu muito.

— Você se parece muito com o seu bisavô — eu lhe disse ao reconhecer o meu pai em seus belos olhos e na covinha em seu queixo.

Eu e o Sir acordamos cedo, enquanto suas irmãs, que costumam dormir até mais tarde, estavam apagadas. Caminhei com ele até o balanço. Passamos algum tempo admirando os patos, como eu costumava fazer quando a mãe dele era pequena. Quando estão em Hamptons, Sir, Rumi e Blue andam a cavalo, e eu os vi cavalgar livremente. Blue, é claro, também é uma excelente amazona. Na época com doze anos, ela já tinha uma postura muito confiante.

Eu ficava maravilhada pelos filhos de Kelly, Titan e Noah, serem tão especiais, e sempre me surpreendia com a quantidade de informação que Titan, com nove anos, tinha sobre os oceanos. Eu lhe perguntava:

— Então, qual é a criatura mais feroz dos mares? — E, quando ele respondia, eu fazia um grande estardalhaço: — Uau, meu Deus. Sério?

E dez minutos depois eu percebia que todos tinham escapado da conversa, enquanto Titan seguia disparando novas informações. Eu, no entanto, continuava a ouvi-lo e ainda mostrava surpresa:

— Você está falando sério?

Houve um dia, na piscina, que as crianças ficaram tentando me empurrar para fora do colchão inflável porque eu não queria molhar o cabelo. E Noah, do alto de sua voz fofa de criança de três anos, tão protetor em relação a mim, falou:

— *Ele* disse a vocês que não quer se molhar!

Noah sempre se referia a mim como "ele", e eu o trouxe para perto de mim enquanto deixava a água me embalar.

Com os vários amigos que nos visitavam o tempo todo, não era raro haver mais de dez crianças na casa todos os dias, enchendo o ambiente de vida. Eu orava, não para barganhar ou implorar, mas para agradecer a Deus por aquele momento. Não pensei em finais — para este livro ou para a minha vida —, apenas permaneci presente com os meus amados.

Voltei de avião para fazer os meus exames pré-operatórios, e já bem cedo na segunda-feira, Angie e eu fomos para o hospital. Quando entrei, Beyoncé, Solange e Kelly já estavam lá, me fazendo uma surpresa. Elas me cercaram de amor e oração, e cantaram para mim. Escolheram "Walk With Me", a música que Michelle cantou quando fez o teste para o Destiny's Child.

Para deixar tudo mais leve, Solange pegou o celular e puxou um meme que viralizou nas redes, de uma jovem mulher trans que dizia: "Está vendo como faço a minha maquiagem para o trabalho? Muito recatada, muito atenta".

— Mamãe, quando você passar por essa cirurgia, você vai ser recatada e atenta. Vai ficar bonitinha.

E todas começaram a repetir isso, dando risadas. Rapidamente, fizemos mais uma oração, e quando eu estava sendo levada de maca para o centro cirúrgico, minhas filhas me disseram:

— Lembre-se, seja recatada!

Entrei na sala de cirurgia rindo graças a elas, com Deus caminhando ao meu lado, com a alegria e a força que minha mãe orou para que tivéssemos.

Pela graça de Deus e pelas orações feitas por mim antes mesmo de eu nascer, saí daquela sala de cirurgia sem câncer. Houve complicações que não foram percebidas de imediato: em setembro, tive que fazer uma segunda cirurgia para remover um hematoma — um coágulo que se formou após a redução dos seios. Quando desenvolvi uma infecção algum tempo depois, Beyoncé decidiu que queria receber as informações em primeira mão, e não através de mim, e insistiu que eu a colocasse no viva-voz durante a minha consulta com o especialista em doenças infecciosas. O médico ficou impressionado com as perguntas que ela fez; eu fiquei impressionada com o seu cuidado.

Beyoncé me fez mudar para sua casa, para que ela pudesse supervisionar a minha recuperação, exatamente como a minha mãe ou eu teríamos feito. Minha querida amiga Rachelle Fields veio para cuidar de mim 24 horas por dia, o que foi um sacrifício para ela, eu bem sei, porque ela se autodenomina uma eremita, e a casa dos Carter está sempre cheia de atividade.

Em minha mente, estabeleci o dia 8 de outubro como o prazo para estar bem o bastante para ir a Nova York. Eu receberia o prêmio Mulher do Ano de 2024 da Revista *Glamour* e, para mim, era importante estar na cerimônia.

— A sua *saúde* é mais importante — Beyoncé me advertiu.

Quando me recuperei o suficiente, as garotas reorganizaram suas agendas para estarem comigo em Nova York. Ao me levantar para fazer meu discurso, compreendi que aquele era um fechamento de ciclo: eu estava no palco olhando para as minhas filhas na plateia. Falei com o coração, me abrindo sobre as bênçãos da minha vida, sobre ter criado quatro filhas, duas que nasceram de mim e duas que foram um presente de Deus. Olhei para as minhas garotas, seus olhos também brilhavam enquanto eu falava sobre o que elas me deram.

— Elas são a minha equipe, a minha tribo, as minhas fortalezas, os meus amores incondicionais. Elas estiveram ao meu lado nos momentos mais difíceis da minha vida. — Minha voz começou a falhar. — E me incentivaram nos momentos mais felizes. Elas me fizeram sentir que eu posso conquistar qualquer coisa.

Kelly então gritou:

— Porque você *pode*!

A plateia explodiu em aplausos. Ninguém naquela sala, exceto minhas filhas — e agora quem me lê — poderia saber do que eu estava falando. Na época, eu ainda estava buscando as palavras para me expressar sobre a experiência do câncer, mas elas foram as minhas testemunhas. Minhas filhas e minha fé me ajudaram a superar.

Depois disso, Solange planejou um belo jantar em minha homenagem no Wall & Water, um restaurante no centro da cidade. Ela convidou meus amigos, tendo todo aquele trabalho por mim. O restaurante fica no topo de um edifício muito alto, com uma bela vista da cidade de Nova York e de suas luzes brilhantes. Todos fizeram brindes carinhosos, e chorei ainda mais de gratidão ao ouvir as histórias de como eu, de alguma forma, havia tocado a vida de cada uma daquelas pessoas. Quando a refeição terminou, as meninas ficaram comigo para conversarmos um pouco mais, apenas nós.

Eu não queria que a noite terminasse, me sentia como o meu pai em uma daquelas noites de festa com seus irmãos em Weeks Island, ou como a minha mãe em um dos bailes de máscaras do Santo Rosário, que admirava todas as crianças que eram suas ou que amava como se fossem. Ela havia ido para Galveston, aceitou a tristeza da vida e plantou um jardim. Mamãe sabia que o frio de fevereiro é a melhor época para plantar rosas. Ela transformou suas lágrimas em água para o seu jardim e se apoiou no sol pleno da luz de Deus para nos aquecer.

Olhando ao redor do salão para a minha família, vi as rosas que a minha mãe me confiou para cultivar, as flores vibrantes crescidas a partir de sementes de sabedoria e devoção, e transmitidas por uma linhagem matriarcal. E é esse o lindo jardim que eu deixarei para minhas filhas cuidarem.

FINALE

AS ONDAS DE MALIBU

Novembro de 2024

Estou sentada aqui, na varanda em Malibu, ainda me recuperando, mas ficando mais forte a cada dia. Há algum tempo, aluguei este pequeno bangalô para escrever meu livro. Fica bem perto da água e, quando estou aqui, consigo bloquear o mundo. Em Los Angeles, sempre há alguém para encontrar e falar sobre os Anjos da Tina. Nos escritórios da Parkwood ou da Cécred, o telefone toca sem parar e as pessoas fazem fila em busca das minhas respostas. Aqui, o oceano domina todas as distrações, de modo que posso estar presente enquanto caminho por meu passado.

Na primeira semana em que fiquei no bangalô, a previsão do tempo não era boa. Não chove com frequência em Malibu, mas quando acontece é para compensar os onze meses e meio de sol. Na manhã em que eu estava pronta para começar a escrever, minha assistente, Bria, me apresentou um motivo para procrastinar:

— Não precisamos ir para Malibu hoje. Vai chover o tempo todo.

— Esse é o meu clima favorito — eu informei.

Não acho que Bria tenha acreditado em mim. Sou teimosa, eu sei, sempre determinada a fazer dos limões uma limonada. Chegamos em Malibu com a maré alta e fui até a varanda. As ondas estavam *imensas* e avançavam pela areia como uma demonstração de poder. Toda aquela fúria me acalmou, e soltei um suspiro.

— Sra. Tina, a senhora *gosta* disso? — perguntou Bria.

— Eu *amo* isso.

Falei para ela sair e explorar Malibu, assim eu poderia ficar sozinha. A varanda ainda não tinha qualquer mobília, então estendi uma toalha no chão e me sentei em cima dela. Olhando para o Pacífico, ditei o início do meu livro no meu celular.

Voltei várias vezes a esta casa para escrever e apreciei todos os momentos em que o tempo estava bom, com a maré baixa e os golfinhos pulando. Porém, adoro quando as ondas se tornam mais ferozes. É nos momentos mais duros do oceano que sinto Galveston mais próxima. Sempre que havia uma tempestade, Johnny e eu íamos para a praia. Não que ele gostasse desses dias tanto quanto eu, mas ele *me* amava. Então, íamos até o píer de pesca para ver a água bater contra ele, respingando na gente. Minha mãe nos dizia para não irmos para o píer — "A água fará vocês voarem" —, mas, de qualquer forma, fazíamos isso porque eu adorava. E ainda adoro. Aos setenta anos, ainda sou aquela garota, embora eu tenha me esquecido disso em alguns momentos. Meu coração — aqueles pássaros que carrego no peito — ainda adora a sensação de estar ao sabor do vento.

Em janeiro, trouxe todas as amigas da minha vida para Malibu, para comemorar um marco: meu aniversário de setenta anos. As convidadas foram as mulheres que se tornaram a espinha dorsal desta história, me mantendo forte de Galveston a Houston e passando por Los Angeles. Minha irmã Flo, que também era aniversariante, Vernell, Cheryl, Angie Phea, Beverly, Toni Smith, Halcyon, Monica, Melba, Ada, Holly, Jo Ann, Denise, minha sobrinha favorita… Foi ambicioso reunir as velhas amigas com as novas, mas foi um fim de semana espiritual. Beyoncé alugou uma casa bem perto da água, onde cabíamos todas, e eu dei a Flo o quarto com a melhor vista. Quando ela quis ceder o espaço para outra pessoa, decidi que compartilharíamos o mesmo quarto, exatamente como nas manhãs de janeiro em nossa casa em Galveston, quando mamãe ligava o aquecedor para nos manter aquecidas e seguras. Minhas filhas organizaram um grande almoço para todas nós no Nobu Malibu e, é claro, a coisa toda saiu do controle com tantas mulheres vibrantes que riam até a barriga doer, todas aquelas amigas que competiam para provar quem me conhecia melhor, contando a história mais maluca da Tina. A melhor surpresa foi que Michelle voou de Atlanta para Malibu só para que ela, Kelly e Beyoncé pudessem fazer uma serenata para mim, uma reunião do Destiny's Child para cantar "Parabéns pra você" em perfeita harmonia antes de emendarem na versão do Stevie Wonder, quando todas as demais convidadas se juntaram a elas.

Para esta última sessão de escrita de hoje, enchi o porta-malas do meu carro com caixas de fotografias que me servem como fonte de pesquisa. Estou procurando algumas que quero compartilhar com vocês — um coração desenhado na areia, eu e meus sobrinhos ainda crianças com meus irmãos —, mas cada nova foto evoca uma lembrança, e me pego selecionando as pessoas para as colocar juntas aqui ao meu lado. Coloquei uma foto da minha mãe junto a uma foto da Beyoncé quando menina, e depois uma do meu pai ao lado de uma foto favorita da Solange. Pessoas que não estiveram juntas neste mundo nem por um momento, mas que parecem conversar o tempo todo. Uma foto das minhas filhas Kelly e Angie, de olhos fechados, abraçadas em Nova York, que tirei no mês passado, está ao lado de uma foto minha e de Johnny, tirada há muito tempo no Texas. De alguma forma, através do espaço e do tempo, este livro me dá um vislumbre da doce eternidade pela qual a minha mãe orou e que lhe foi prometida.

Essa tem sido a dádiva desse tempo que passei escrevendo para testemunhar a minha própria história — reunir todas essas pessoas para que eu possa expressar a minha gratidão enquanto faço um inventário das bênçãos e dos obstáculos que trouxeram *mais* bênçãos. A limonada que é a história de minha mãe, Agnes, e de minha avó, Odilia; de Célestine e Rosalie. E das minhas filhas e netos também.

Às vezes, esse gole de limonada simplesmente refresca sua perspectiva. Conforme continuo a crescer, me empenho a dedicar mais do meu tempo para apoiar os jovens que transformam sonhos em realidade. Espero encontrar o amor novamente, mas se eu sentir que o relacionamento não é mutuamente recompensador e estimulante, ou que não compartilhamos o melhor um do outro, então eu não quero isso para mim. Porque mesmo que eu não encontre um companheiro, vou ficar bem. E essa é uma nova revelação para mim. Tenho *setenta anos* e acabei de saber que *eu me basto*. Gostaria de ter percebido isso aos quarenta ou cinquenta, talvez até mais jovem, mas é por isso que estou lhe contando isso. Tentei reunir o máximo de sabedoria de que fui capaz para a transmiti-la aqui.

O sol está se pondo no céu escuro do outono, minha tonalidade favorita de laranja que se mistura ao dourado e a finas nuances de azul. Já fiquei bastante tempo nesta varanda observando as ondas, sabendo que terminaria o livro hoje. Este tempo precioso de reunir memórias está se encerrando. Não é um fim, eu sei, mas é o meu novo começo.

LEGENDAS DAS IMAGENS

Primeiro caderno

1. Odilia Broussard Derouen, minha avó materna.
2. Eugene Gustave Derouen, meu avô materno.
3. Célestine Joséphine Lacy Derouen, minha bisavó materna.
4. Amelie Oliver Boyancé e Alexandre Boyancé, meus avós paternos.
5. Agnes Buyince, minha mãe, c. 1959.
6. Agnes Buyince, minha mãe, grávida de mim, c. 1954.
7. Lumis Buyince, meu pai.
8. Eu bebê com a touca que a mamãe fez, c. 1954.
9. Eu, c. 1954.
10. Larry, Skip, Tommie e Ronnie (de máscara) — "Os Pequenos Marotos", c. 1960.
11. Meus irmãos: Larry, Butch, Skip e Florence (Flo).
12. "Celestine", estudante do Santo Rosário. Primeiro ano, c. 1960.
13. Johnny, meu sobrinho e melhor amigo, aos dez anos, c. 1962.
14. Eu, fotografia do quinto ano da escola pública, c. 1964.
15. Meu irmão Butch, c. 1971.
16. Minha irmã Flo — minha "gêmea de aniversário" — no segundo ano do ensino médio, c. 1960.
17. Mervin "Slack" Jr. Marsh, meu irmão, c. 1949.

18. Skip, meu irmão, no baile de formatura do ensino médio, c. 1967.

19. Minha irmã Selena, c. 1954.

20. Meu irmão Larry, c. 1966.

21. Gail, Polly e eu em um ensaio das Veltones, c. 1969.

22. Eu em um *look* que criei, c. 1971.

23. Eu na casa de Selena, c. 1971.

24. Eu em um *look* feito por Johnny, c. 1972.

25. Eu em Galveston, Texas, c. 1974.

26. Denise, minha sobrinha preferida, e eu, c. 1970.

27. Minha mentora, Lydia, sentada no colo de Larry, c. 1964.

28. Minha sobrinha Elouise e eu, c. 1967.

29. Eu com meu novo corte de cabelo assimétrico, no último ano do ensino médio, c. 1972.

30. Eu na Ilha de South Padre, seis semanas antes de dar à luz Beyoncé.

31. Eu na Ilha de South Padre, 1981.

32. Eu em uma praia em Mykonos, na Grécia.

33. Com meu novo corte na altura do ombro, c. 1977.

34. Eu com um corte em camadas, Havaí, c. 1984.

35. Com o cabelo novamente cortado na altura do ombro, c. 1984.

36. Eu em Paris, no Hotel de Crillon, c. 1983.

37. Eu fabulosa aos quarenta anos!

38. Mamãe Lou Helen (minha sogra), Mathew, eu e mamãe Agnes (minha mãe), no dia do meu casamento, 1980.

39. Mathew e eu no dia do nosso casamento, 1980.

40. Mathew e eu no dia do nosso casamento, 1980.

41. Mathew e eu cortando nosso bolo de casamento, 1980.

42. Eu grávida de Beyoncé, 1981.

43. Com meus amigos em Houston, 1981.

Segundo caderno

44. A bebê Beyoncé Giselle aos cinco meses de idade e a bebê Tina.

45. Eu, recém-mãe, praia de South Santo Padre, 1981.

46. O último dia de Beyoncé no hospital Park Plaza, 1981.

47. Beyoncé recém-nascida e eu, hospital Park Plaza, 1981.
48. Flo e Linda, minha irmã e minha sobrinha, c. 1980.
49. No meu *"look* Lena Horne" com Johnny.
50. Johnny em uma de suas famosas camisas de seda.
51. Ada, Johnny e eu em um vestido de couro e renda que eu mesma fiz.
52. Minha irmã Selena com seu filho Johnny (que fez o vestido que ela está usando).
53. Flo (minha irmã) e Peanut, namorado do Johnny.
54. Mathew e eu algumas semanas depois do nascimento de Solange, 1986.
55. Mathew e eu, conferência da MUSR, c. 1980.
56. Mathew e eu posando para um jornal local diante da coleção de troféus de Beyoncé, 1989.
57. Mathew e eu em Paris, 1988.
58. Mathew e eu, Egito, 1985.
59. Mathew e eu montados em camelos diante de uma pirâmide egípcia, 1985.
60. Mathew e eu como Marco Antônio e Cleópatra em um cruzeiro pelo rio Nilo, Egito, 1985.
61. Mathew e eu montados em um camelo no Egito, 1985.
62. Com as crianças egípcias que presenteei com meus braceletes, Egito, 1985.
63. Eu no rio Nilo, no Egito (grávida de Solange), 1985.
64. Solange, aos dois anos, a perfeita animadora de torcida.
65. Solange aos seis anos na revista *Hair International*.
66. A pequena Solange no Chuck E. Cheese, seu lugar preferido em todo o mundo.
67. Solange na seção de fotos de divulgação paras o álbum *Solo Star*, 2002.
68. Beyoncé, Solange, eu, Angie Beyincé e Bono na África do Sul, 2003.
69. Beyoncé aos cinco anos brincando com seu teclado em cima do nosso piano de cauda *baby grand*, Houston.
70. Beyoncé, uma garotinha crescida aos quatro anos.
71. Beyoncé demonstrando gentileza para um sem-teto, 1988.
72. Beyoncé posando aos nove anos.

73. Beyoncé no dia em que comprou seu primeiro carro, um Jaguar *vintage* conversível.

74. Beyoncé e Solange na aula de dança da sra. Darlette.

75. Solange (com as flores) e Beyoncé após a apresentação de dança da nossa caçula, 1998.

76. Beyoncé e Solange respectivamente aos sete e dois anos diante do gramado do nosso jardim em Houston.

77. Beyoncé e Solange na aula de dança da sra. Darlette.

78. Beyoncé e Solange no set do clipe de "Survivor".

79. Meu salão, o Headliners, fundado em 1986, em Houston.

80. A cabeleireira-chefe do Headliners, Toni Smith, e a jovem Beyoncé com tranças, 1990.

81. Trabalhando na máquina de costura, *Destiny Fulfilled Tour*, 2005.

82. Fazendo um cabelo na feira de cabeleireiros Bronner Bros., c. 1994.

83. Kelly aos cinco anos.

84. Kelly aos oito anos.

85. Kelly aos onze anos.

86. Doris Garrison e sua filha Kelly.

87. Christopher Lovett e sua filha Kelly.

88. O Destiny's Child (com as membros originais) no dia da assinatura do contrato de gravação, 1997.

89. Uma das primeiras sessões de fotos do Destiny's Child, para a revista *Honey*, 1998.

90. Michelle, Beyoncé e Kelly no Grammy de 2000 com vestidos que eu criei.

91. Michelle, Beyoncé e Kelly — o trio do Destiny's Child — na cerimônia de acendimento das luzes da árvore de natal do Rockfeller Center.

92. Skip, Flo, eu, Butch, Blue e Selena (ambas sentadas com as mãos cruzadas, da mesma forma que minha mãe costumava fazer), 2015.

93. Kelly, Solange, Bianca, Angie, Beyoncé e eu no meu casamento com Richard Lawson, 2015.

94. Beyoncé com meus netos Sir, Blue e Rumi, 2020.

95. Solange com meu neto Julez, 2005.

96. Kelly tendo um momento familiar com o bebê Noah, Titan e o marido, Tim, 2021.

97. Angie, Julez, Solange, Beyoncé e Kelly celebram a mim no baile de gala da entrega do prêmio Mulher do Ano de 2024 da Revista *Glamour*.

98. Angie, Beyoncé, Julez, Solange e eu no jantar que minha filha caçula organizou para mim, 2024. Foto de Rafael Rios.

99. Solange e eu posando no baile de gala da entrega do prêmio Mulher do Ano de 2024 da Revista *Glamour*. Foto de Rafael Rios.

100. Jules (que atualmente trabalha como modelo) e eu no baile de gala da entrega do prêmio Mulher do Ano de 2024 da Revista *Glamour*. Foto de Rafael Rios.

AGRADECIMENTOS

Não existe livro sem Deus...

Antes de tudo, gostaria de oferecer todos os agradecimentos e louvores ao meu Pai Divino, Jesus Cristo, a quem devo tudo.

Não existe livro sem antepassadas...

Mães, vocês me dão a honra? Sou orgulhosamente fruto de sua árvore ancestral: Rosalie, que gerou Célestine, que gerou Odilia, que gerou Agnes.

Não existe livro sem família...

Obrigada, mamãe, por ser o exemplo radiante do amor altruísta, da fé profunda em Deus e por achar uma saída quando não havia escapatória. As lições de amor e sacrifício que aprendi debaixo da nogueira-pecã foram os alicerces para a minha própria maternidade.

Papai, você sempre esteve lá por mim, a caçulinha da família. Toda menina precisa do pai, e sou muito abençoada por você ter sido o meu. Foi você quem me ensinou o significado do amor incondicional.

Minhas duas filhas incríveis que dei à luz, Solange e Beyoncé. E as minhas duas filhas que foram um presente de Deus, Kelly e Angie. O apoio delas durante o processo de escrita fez toda a diferença. Jamais poderei agradecê-las o suficiente por não só me permitirem, mas me encorajarem a contar tanto sobre minha vida, sobre nossas vidas. Todas vocês são meu esquadrão da alegria que está sempre a postos, e agradeço a Deus todos os dias por tanto amor. O mundo jamais conhecerá a ternura que vocês carregam dentro de si como eu conheço. Vocês quatro são as minhas maiores bênçãos. Minha *galera*.

Para os meus irmãos que estão no céu: Mervin, Minha Selena, Meu Burch e Meu Belo Skip. Vocês têm noção de como fui sortuda por tê-los na história da minha vida? Flo, sempre minha gêmea de dia de aniversário, olhe por nós agora. Significa muito para mim que tenhamos acabado nos tornando tão próximas. Amo você, irmã. Larry, ainda amo sua mente genial...

Julez, meu primeiro neto, meu fiel companheiro desde seu nascimento. Tenho tanto orgulho de quem você se tornou! Amo você com todo o meu coração. Para meus outros netos: Blue, Rumi e Sir, vocês têm sido uma boia de salvação repleta de alegria quando eu mais preciso! Titan e Noah, meninos, vocês me trazem a mais pura felicidade!

Johnny, meu irmão, minha irmã, minha alma gêmea. Ainda sinto sua falta.

Jay, obrigada por sempre ter me amado, por me apoiar, por me incluir e me aconselhar. Obrigada por amar e proteger Beyoncé e as crianças. Seu coração é imenso. Você é o melhor genro pelo qual eu poderia pedir e eu o amo.

Tim Weatherspoon, eu o amo com todo o meu coração e admiro profundamente o marido e o pai que você é.

Não existe livro sem uma equipe...

Kierna, minha linda editora, as inúmeras vezes nas quais nos conectamos nos levou a este momento. Estava escrito que era para acontecer.

Kevin, o outro Johnny da minha vida e minha alma gêmea de escrita, você encontrou fatos sobre a minha família e minha história de que nem mesmo eu sabia. E você me fez sentir segura o suficiente para contar coisas que eu jamais teria mencionado. Você é o melhor colaborador pelo qual eu poderia pedir. Nós conseguimos!

Albert da UTA e Andrea, vocês dois tiveram a visão e me fizeram acreditar que conseguiria fazer isso. Eu realmente agradeço pelo apoio constante.

Uma declaração de amor especial para a força de trabalho tão dedicada que atuou nos bastidores: Yvette, você fará parte da família para sempre. Justina, Tyler, Leah, Bria e Siena, obrigada por notarem todos os pequenos detalhes. Sou grata a todos vocês mais do que consigo expressar em palavras.

Muito obrigada à família One World que me ajudou a dar vida a *Matriarca*: Charles Jackson, Sun Robinson-Smith, Carla Bruce, Susan Corcoran,

Lulu Matinez, Tiffani Ren, Rebecca Berlant, Elizabeth Rendfleisch, Greg Mollica, Dennis Ambrose, Michael Burke, Avideh Bashirrad, Raaga Rajagopala, Casey Blue James e Hiab Debessai.

Para Kelani Fatai, muito obrigada pela estonteante obra de arte, você é incrivelmente talentosa, mas também muito gentil. Você ajudou a tornar este livro um belo objeto visual para ser contemplado. Mal posso esperar para ver sua carreira desabrochar.

Para toda a equipe da Parkwood, Cécred, Waco e BeyGOOD, simplesmente adoro suas mentes criativas. Obrigada por compartilharem seu brilhantismo.

Não existe livro sem uma comunidade...

Minha mentora Lydia, que mudou completamente a trajetória da minha vida no dia que me levou para ver Alvin Alley. Nenhuma palavra jamais será capaz de capturar o tamanho da minha gratidão.

Fui abençoada com as melhores amigas que alguém poderia ter. Elas gargalham e choram ao meu lado, elas me incentivam e sempre me mantêm com os pés no chão: Cheryl, Angie P., Rachelle, Wanda, Monica, Melba, Joanne, Halcyon, Ada, Denise, Toni, Beverly, Holly, Alvia, Lorraine e minha linda BFF desde o sexto ano, Vernell.

Também gostaria de agradecer a Road Dawgs, além de Rudy e Junaita Rasmus. Amo vocês e sou grata por tê-los em minha vida.

Tyler Perry, você é um anjo da guarda. Jamais esquecerei de seus dons de graça e compreensão. Michelle Williams, com você como minha guerreira das orações, sempre triunfarei.

E também devo agradecer em alto e bom som aos Anjos da Tina e aos Guerreiros do Richard: Melina, Kasi, Amanda, Johnny C., Ricky, Shiona, Jay e Kawana Brown, Emory, Andrea e Justice Brown, Neal F. Somer, Mellisa, Nakia, Kole, Trell, Terrance, Amanda, Neil B., Daniel S. Lese, Barbara L., Charlie, Cornelius e Reign. Eu amo, amo, amo todos vocês!

Mathew, o pai das minhas bebês, você sempre será nossa família.

Um agradecimento eterno ao BeyHive por me apoiar o tempo todo e sempre agir com amor. Vocês também são os meus bebês.

Não existe livro sem... Celestine Ann, a Tenie B. Encrenqueira, Lucy, Tina Beyoncé de Galveston, a Tina Quase Crescida de Los

Angeles, a sra. Knowles, a Tina do Headliners de Houston, a sra. Knowles-Lawson, Mamãe Tina e, agora, finalmente, Ms. Tina.

Sou grata a cada uma das minhas versões. Levou uma vida para que eu chegasse até aqui. Sem amor-próprio não existe *Matriarca*.

SOBRE A AUTORA

Tina Knowles é empresária, estilista, colecionadora de arte e ativista estadunidense. Nascida Celestine Ann Beyoncé em Galveston, Texas, de um pai estivador e uma mãe costureira, ela aprendeu a fazer roupas ainda muito jovem. Em 1986, abriu o Headliners, um salão de cabeleireiro inovador que se tornou um fenômeno multimilionário em Houston. Como estilista, designer e mãe, ela ajudou a guiar o dia a dia do Destiny's Child — o grupo musical composto por Beyoncé Knowles, Kelly Rowland e Michelle Williams, e as ex-integrantes LaTavia Roberson e LeToya Luckett —, pavimentando o caminho do grupo para o sucesso comercial em todo o mundo. Com sua filha Beyoncé, ela fundou e administrou a House of Deréon, uma marca de roupas cujo nome homenageava sua mãe. Mais tarde, ela acrescentou à empresa a linha Miss Tina, que revolucionou a inclusão de todos os tamanhos na moda. Em 2024, ajudou a criar a Cécred, a linha de produtos de cabelo de Beyoncé. Seu portfólio de filantropia inclui a organização sem fins lucrativos de artes performáticas Waco Theater Center, o Centro Knowles-Rowland para a Juventude em Houston e os Anjos da Tina, seu próspero programa de mentoria para jovens em situação de vulnerabilidade social do centro-sul de Los Angeles. Ela é presidente da BeyGood, uma organização também sem fins lucrativos dedicada a promover a equidade econômica por meio de uma vasta gama de iniciativas. Tina Knowles tem seis netos e é uma Matriarca para muitas pessoas.

ESTE LIVRO, COMPOSTO NA FONTE FAIRFIELD,
FOI IMPRESSO EM PAPEL IVORY SLIM 65G/M² NA LEOGRAF.
SÃO PAULO, MARÇO DE 2025.